镇江新区文史丛书

赵声年谱长编

赵金柏 编著

中国人民政治协商会议镇江市委员会新区工作委员会办公室 编

江苏大学出版社

镇江

图书在版编目(CIP)数据

赵声年谱长编 / 中国人民政治协商会议镇江市委员
会新区工作委员会办公室编；赵金柏编著. -- 镇江：
江苏大学出版社，2022.12
ISBN 978-7-5684-1899-7

Ⅰ.①赵… Ⅱ.①中… ②赵… Ⅲ.①赵声(1881－
1911)－年谱 Ⅳ.①K827＝52

中国版本图书馆 CIP 数据核字(2022)第 233856 号

赵声年谱长编
Zhao Sheng Nianpu Changbian

编　　者/中国人民政治协商会议镇江市委员会新区工作委员会办公室
编　　著/赵金柏
责任编辑/常　钰
出版发行/江苏大学出版社
地　　址/江苏省镇江市京口区学府路 301 号(邮编：212013)
电　　话/0511-84446464(传真)
网　　址/http://press.ujs.edu.cn
排　　版/镇江市江东印刷有限责任公司
印　　刷/南京互腾纸制品有限公司
开　　本/718 mm×1 000 mm　1/16
印　　张/22
字　　数/400 千字
版　　次/2022 年 12 月第 1 版
印　　次/2022 年 12 月第 1 次印刷
书　　号/ISBN 978-7-5684-1899-7
定　　价/76.00 元

如有印装质量问题请与本社营销部联系(电话:0511-84440882)

序
一

　　赵声是辛亥革命时期革命党的重要领导人之一，是中国近代杰出的民族民主革命家、军事家和宣传家，是黄花岗起义的总指挥。赵声对辛亥革命具有重大的、不可磨灭的历史贡献。系统地整理百余年来海内外有关赵声的研究，发掘、考订相关资料，进一步开展对相关薄弱领域和薄弱环节的研究，包括对其后裔和相关人士进行口头采访，建立赵声研究网站，以及建立赵声研究会等，都是应当进行的重要工作。而编撰新的《赵声年谱长编》是其中亟待开展的重要的基础性研究工作。

　　我在 2022 年《阅江学刊》第 2 期发表的《赵声研究的回顾与思考》一文中，曾经对有关赵声的研究提出了若干建议。同时，对百余年来出版的赵声的传记和年谱也做了一个初步的搜索。就目前所见，有关赵声的传记和年谱长短不一，共有 19 篇，其中江慰庐所著的《赵声事迹系年》和《赵声事迹系年补遗》可视为赵声简谱。而作为革命党重要领导人的赵声，其生平空白之处甚多，尤其需要进一步地发掘和补辑，因此编撰《赵声年谱长编》是十分重要而有意义的事。

　　年谱属于中国历史学研究的范畴。它以谱主为中心，以年月为经纬，比较全面地叙述谱主一生之事迹。朱士嘉先生在给《中国历代名人年谱目录》所作的序中提出，"叙一人之道德、学问、事业，纤细无遗而系以年月者，谓之年谱"。研究历史是需要长期知识积累的，编撰年谱是历史研究工作者的基本功。历史研究工作者常在前人编订的系年或者大事记等基础上，对已有的年谱或系年根据新史料不断地进行修订，使之可以看出历史人物的行动和思想演进的轨迹。编撰年谱者多对谱主感兴趣或者对谱主有过专门的研究，因为种种原因，此类人掌握的资料常较一般人为多，而且又肯在学问上下死功夫。赵金柏就是其中的代表。

赵金柏是镇江大港人，1956年生，是南京海军指挥学院电教中心的军教片编导，2004年退役，现从事历史文化研究与宣传的一些公益活动。他的论著主要有论文《玄象之道》《圌山——矢簜铭文之谜》和《近代民主革命先烈赵声的历史贡献》。2011年到2014年，他主修《大港赵氏宗谱》五卷，其中一至三卷是世系宗史，四到五卷记述家族文化。2006年，他承担了赵声故居维修工程的布展任务。2020年，他提出了编撰《赵声年谱长编》的计划。赵金柏是赵声的同族、同宗人，他与许多赵声后裔都相熟识，此次编撰的《赵声年谱长编》中对赵声有关"声"名字的考订、对赵声加入同盟会的时间考释是颇见功底的。尤其是对赵声作为黄花岗起义的总指挥，而未能提前进入广州起义地的分析是颇有见地的。他认为，并不仅仅是赵声怕被熟人所识被捉拿，更是因为赵声领导的作为敢死队"选锋"的队员中多为苏皖人，多不留辫子，他们在广东是很容易被人辨识的，从而难以大批提前进入广州。这是很有见地的合情合理的分析。同时，他通过对赵声革命经历的分析，交代了赵氏家族环境对其造成的影响，提出赵声作为赵宋宗室有家国情怀和爱国传统。赵金柏也指出，镇江是鸦片战争以后最早一批对外开埠的城市，接触到舶来文化加上开阔的眼界，使赵声成为时代骄子，他汲取了中西文化的精华，最终成为中国民主革命的先驱。这种分析是有一定道理的。

今年7月，江苏省辛亥后裔口述历史的编撰负责人蓝薇薇要我担任赵金柏的文章《赵声对辛亥革命的历史贡献》的审稿人，我进一步注意了赵金柏的赵声研究工作。今年上半年，江苏省谱牒与家族文化研究会会长赵建中教授嘱我为赵金柏的《赵声年谱长编》写序，这是海内外第一部研究赵声的年谱长编，我欣然答应。现写了上述的话，是为序。

江苏省历史学会会长，扬州大学原副校长　周新国

2022年9月18日

序二

　　中国近代民主革命先行者、黄花岗起义总指挥赵声，出生于江苏镇江大港镇。大港镇于 1992 年由丹徒县划出，成立镇江经济开发区，现为镇江新区大港街道。大港依山傍水，地灵人杰，1954 年在大港出土的"宜侯夨簋"为先秦吴国的顶级青铜礼器。其铭文表明，大港是吴国祭祀社稷、宗祖的圣地。吴国以农神后稷为核心的祭祀，种下了家国情怀的文化基因，由此香火传承，生生不息，深刻地影响着这里的历史文化。

　　靖康之难，大港特殊的地理位置与其承载的家国情怀，使之成为南渡移民的抗金驻扎地。赵声的先祖就是随韩世忠的抗金大军定居在大港的，他们的墓葬就选在面向北方故国的山坡上。在大港，强烈的家国情怀与深厚的人文底蕴交响共鸣，一代又一代的乡民谱写着爱国史篇。鸦片战争中，乡民们在圌山炮台的怒吼声中，打响了镇江保卫战。鸦片战争后，镇江成为对外开放的重要商埠。随着西风东渐，扬子江潮起潮落，中西文化在这里碰撞融合。大港根深蒂固的文化大树汲取中西文化中的优质养分，孕育了以赵声为代表的一大批爱国救亡的仁人志士。

　　赵声"生而有大志，龙行虎步，瞻视非常，既负奇慧，复擅神力，嫉恶如仇"。其父赵蓉曾在家宅天香阁讲学，"从游数百人，发名成业者甚众"。赵声受父亲教育，在天香阁学习成长，后考入江南水师学堂，转学陆师学堂，并东渡日本，于早稻田大学进修法学。他立志"手拯神州，出之茫茫巨浸中，使复见青天白日耳"。在中国生死存亡之际，赵声投身推翻专制、创立共和的伟大历史斗争中。他打入清廷赖以维持统治的新军，以过人的能力将南方新军改造为革命的主力军；在南方诸省精心设布，构成了一呼百应的战略格局；接连组织发动庚戌广州新军起义与黄花岗起义，从而引爆武昌起义，为辛亥革命做出了不可磨灭的历史贡献。

然而，由于赵声在黄花岗起义中过早地耗尽了年轻的生命，他的革命功绩与历史地位都没有得到客观的评价。章士钊痛感："逢民国纪元，事去伯先之死已半岁，自尔以来，国人所为，几无一不负先烈。"参与赵声组织指挥的庚戌广州新军起义与黄花岗起义并任分队指挥的莫纪彭先生，晚年在台湾指出："许多辛亥革命史已失真。"2011 年，在海峡两岸纪念辛亥革命100 周年活动中，赵声之名鲜为人知。对此，香港联合出版集团总裁陈万雄先生以"百年庆典岂能忘怀斯人"为题说明：赵声在改造新军上的作用最大，结集起来的新军革命力量成效最大，无人可比。"庚戌"和"黄花岗"两役虽在广东，但参与两役的领导者和重要革命党人遍及中南各省，这与赵声多年经营长江和广东新军形成革命力量的网络有关。而今"作为辛亥革命极之重要的人物赵声，即使不被遗忘，在学术界在社会大众心目中，如斯冷遇。心中戚戚"，陈万雄先生的感叹，道出了深深的历史遗憾。

了解赵声的革命经历是全面客观地深入研究辛亥革命、研究中国近代史的需要。对两岸关系来说，也是历史认同、价值认同的基础。赵声的革命实践与革命精神，对新区乃至国家来说，是一笔宝贵的精神文化遗产。年谱是人物一生的简明档案，历史人物之年谱是历史不可或缺的资料数据，具有重要的学术价值。我们编撰《赵声年谱长编》，力图全面客观地展示赵声的一生。

文化是地方的根脉，是发展的根据。赵声的家乡镇江新区是国家级经济技术开发区，新区高度重视文化建设。历史名人的突出贡献、非凡能力与高尚精神，是激励我们的巨大动力。名人作为一种传承文化的载体，具有特殊的凝聚力；历史名人具有文化的名人效应及文化作用；具有丰富而独特的名人文化内涵的景点能够吸引游客，成为一个城市旅游业的标志和名片。我们编撰《赵声年谱长编》，以促进新区经济文化建设。

政协镇江新区工委主任　孙家政

2022 年 10 月

凡例

一、赵声的革命活动前期处于地下状态，后期处在风起云涌的武装起义过程中，他的身边多为军人，对赵声的活动记载甚少，因此关于他的史实多从他人的传记中辩证而来。本书在史料记载事件的空白间做必要的逻辑叙述；谱前、谱后有所扩展，故定名为《赵声年谱长编》。

二、非引用资料公元日期用阿拉伯数字表示，农历日期用汉字数字表示，年龄按周岁记。每年略记国内外重要事件，以明时代背景。

三、对引用资料均注明出处，笔者增补内容加方括号"〔 〕"，文内小括号"（ ）"及其中文字为引用资料原有。

四、编排以时间先后为序，原文未注明时间者，原文时间不符合历史者，经考证、鉴别，置于相应的地方加以说明；有年无月者，置于年末；有年月无日者，置于月末。

五、赵声逝世时正值兵荒马乱，相关的资料零落散乱。本书所收材料或未足全，对各种不同史料的考证未必准确，尚蒙读者补充及纠正。

目录

谱　前

　　天潢贵胄　/003

　　家国情怀　/010

　　自强不息　/015

年　谱

　　1881 年（光绪七年，辛巳蛇年）　　诞生　/025

　　1882 年（光绪八年，壬午马年）　1 岁　/027

　　1883 年（光绪九年，癸未羊年）　2 岁　/028

　　1884 年（光绪十年，甲申猴年）　3 岁　/029

　　1885 年（光绪十一年，乙酉鸡年）　4 岁　/030

　　1886 年（光绪十二年，丙戌狗年）　5 岁　/032

　　1887 年（光绪十三年，丁亥猪年）　6 岁　/033

　　1888 年（光绪十四年，戊子鼠年）　7 岁　/034

　　1889 年（光绪十五年，己丑牛年）　8 岁　/035

　　1890—1892 年（光绪十六—十八年，庚寅虎年、辛卯兔年、壬辰龙年）
　9~11 岁　/036

　　1893 年（光绪十九年，癸巳蛇年）　12 岁　/038

　　1894 年（光绪二十年，甲午马年）　13 岁　/040

　　1895 年（光绪二十一年，乙未羊年）　14 岁　/042

　　1896 年（光绪二十二年，丙申猴年）　15 岁　/044

1897 年（光绪二十三年，丁酉鸡年）　16 岁　/046

1898 年（光绪二十四年，戊戌狗年）　17 岁　/048

1899 年（光绪二十五年，己亥猪年）　18 岁　/056

1900 年（光绪二十六年，庚子鼠年）　19 岁　/063

1901 年（光绪二十七年，辛丑牛年）　20 岁　/067

1902 年（光绪二十八年，壬寅虎年）　21 岁　/090

1903 年（光绪二十九年，癸卯兔年）　22 岁　/096

1904 年（光绪三十年，甲辰龙年）　23 岁　/112

1905 年（光绪三十一年，乙巳蛇年）　24 岁　/124

1906 年（光绪三十二年，丙午马年）　25 岁　/136

1907 年（光绪三十三年，丁未羊年）　26 岁　/152

1908 年（光绪三十四年，戊申猴年）　27 岁　/170

1909 年（宣统元年，己酉鸡年）　28 岁　/182

1910 年（宣统二年，庚戌狗年）　29 岁　/200

1911 年（宣统三年，辛亥猪年）　30 岁　/237

1912 年后　/290

谱　后

黄花岗起义中的赵声与黄兴　/311

赵声对辛亥革命的历史贡献　/322

后　记 /335

谱前

天潢贵胄

赵声，江苏丹徒大港镇（今江苏镇江新区大港街道）人，赵宋宗室后裔，家谱为《赵氏文翁分谱》，即大港赵氏文翁分支之谱。

赵声家谱中的《赵氏源流》继承赵宋玉牒，记载了从黄帝到赵宋宗室，再到大港赵氏的宗族史。这种记载，在文化认同与精神传承方面有着重要意义。

《赵氏源流》①全文如下：

按《宋玉牒传》云：浚仪赵氏，其先出自公孙姓，本黄帝孙高阳氏颛帝之裔，曰女修生大业。大业之妻女华生大费。大费佐禹治水有功，舜以立圭锡禹，禹曰："非予独能，亦惟大费为辅。"舜曰："咨尔费赞禹功，锡以皂游。"乃以姚女妻费，赐姓嬴氏，调驯鸟兽，是为柏翳，即伯益也。后仕禹，禹荐于天，避位于箕山，生子大廉，廉生文昌。昌阅八世而生中滴，中滴又七世而生中衍。中衍仕商佐太戊，九传而有蜚廉者，生二子：长曰恶来，生女防，后有非子者好马，为周孝王主马蕃息，分土为附庸，封邑于秦，乃秦之祖也；次子季胜，至五世而有造父，仕周穆王，善御，伐徐有功，封于赵城，由是子姓易嬴为赵。史书曰：伯益之后，为秦为赵，故云秦赵同祖也。

造父四世后而有奄父，仕周宣王，御千亩之战。奄父生子叔带，以幽王无道去周归晋，始建赵氏于晋也。叔带生子曰夙，夙生衰，以晋献公嬖骊姬杀太子申生，而伐重耳于蒲，衰从重耳出奔狄。狄人伐咎如得二女，以长妻重耳；次妻衰，生子盾，居狄十九年而返，辅晋侯得政，时称五霸。文公以姬女妻衰，生原仝、屏括、楼撄三子，皆食邑。姬知衰有前配与子盾在狄，请迎来晋同居，尊盾母叔隗为内子，立盾为嫡子，是为宣子。生子曰朔，晋灵公以女妻朔，是为庄子。

有大夫屠岸贾，妒贤嫉能，造谤谋灭朔族。朔客程婴、公孙杵臼计存朔有遗腹子武，匿居待长，以图后举。迨十五年，晋景公疾，命卜之，乃

---

① 《赵氏源流》，载赵蓉曾续编《赵氏文翁分谱》卷一，1913，第1页。

曰："大业之后，不遂者为祟。"景公以问韩厥："厥密知孤在?"对曰："夫赵自造父事周天子，封城赐姓，后叔带归晋，亦有明德。衰辅文公伯诸侯，盾事先君，屡世大功，而未尝有绝嗣者，今信谗谤灭宗，国人哀之。"景公悟曰："赵氏尚有后乎?"厥备以实对，景公遂立武为卿，始得灭贾复仇。至悼公立武为六卿长，是为文子。

文生景叔，景生简子鞅。鞅生二子，长伯鲁，以不守训词而废，立次子无恤为后，是为襄子。襄子生子曰桓，愚弗克嗣，遂立兄伯鲁之孙曰浣，是为献子。献子生籍，与韩魏并为诸侯，三分晋地，历武公、敬侯、成侯至肃侯者，与七国通称王。肃侯生武灵王昭，昭生惠文王仁，仁生孝成王彤，彤生襄王修，修生缪王迁，迁传代王公子嘉，迨六国皆为秦并，而子孙悉同编户矣。

阅五世而有广汉者，累官汉京兆尹，世居涿郡。传代二十有八，至唐贞元壬午，而僖祖朓生焉，年二十七登太和戊申进士，任幽都令。僖祖生顺祖珽，于大中乙亥，年甫十九，以明经举右正言，累官御史中丞。顺祖生翼祖敬，官拜佐台郎中，转营蓟涿三郡刺史。翼祖生宣祖弘殷，值梁季乱离之世，从后唐庄宗征伐，以功授洛阳将校，累迁殿前都指挥使，生太祖匡胤、太宗匡义、魏王匡美。太祖仕周，初为滑州指挥使，数从征伐立大功，屡迁殿前都点检。时主少国危，中外咸有推戴之意，以众心悦服，天命有归，受周禅而有天下。太宗以明继圣，克承天休，二祖相传一十八帝，南北共历三百二十余年，文子文孙，为君为王，振振蛰蛰，可胜计哉!

赵宋皇陵

太祖生四子，长德秀，封滕王，蚤世；次德昭，封燕王，生五子：惟正、惟吉、惟固、惟忠、惟和；第三子德芳封秦王，生三子：惟宪、惟察、惟宣；第四子德辉封舒王，蚤世。"德"字派以下，太祖定有："惟、守[从]、世、令、子、伯、师、希、与、孟、由、宜、顺"等字为后世子孙之派。

太宗生九子：长元佐封楚王，生二子：允弼、允成；次子元僖封许王，生一子允诲；第三子元侃嗣位，是为真宗。真宗生六子：允佑、允禔、允祗、允祉、允祁、允祯；[允祯]嗣位，是为仁宗；第四子元份封商恭靖王，生四子：允让、允淳、允谦、允逊；第五子元杰封越王，生一子允稷；第六子元偓封镇恭裕王，生二子：允袤、允袲；第七子元偁封周恭列王，生三子：允良、允明、允宏；第八子元俨加封荆王，生二子：允蠹、允齐；第九子元仪封冀恭信王蚤世。"元"字派以下太宗定有："允、宗、仲、士、不、善、汝、崇、必、良、友、季、仝"等字为子孙之派。

魏王生十子：长德恭封高密郡王，生二子：承庆、承寿；次德隆封广平郡王，生二子：承恩、承惠；第三子德彝封颖川郡王，生六子：承矩、承范、承衍、承晸、承拱、承锡；第四子德雍封广陵郡王，生五子：承睦、承炳、承亮、承操、承亶；第五子德钧封郑国公，生五子：承震、承干、承雅、承鉴、承裕；第六子德钦封江国公，生二子：承简、承遵；第七子德润封金城侯，生二子：承纬、承裔；第八子德文封东平郡王，生四子：承显、承选、承蕴、承俊；第九子德愿封姑臧侯，生二子：承猷、承瑕；第十子德存封纪国公，生二子：承诩、承行。"德"字派以下魏王亦定有："承、克、叔、之、公、彦、夫、时、若、嗣、古、文、献"等字为子孙之派。

今依玉牒，以僖祖为第一世，顺祖为第二世，翼祖为第三世，宣祖为第四世，太祖、太宗、魏王为五世，"德、元、德"一派为六世，"惟、允、承"一派为七世，"从[守]、宗、克"一派为八世，"世、仲、叔"一派为九世，"令、士、之"一派十世，"子、不、公"一派为十一世，"伯、善、彦"一派为十二世，"师、汝、夫"为十三世，"希、崇、时"一派为十四世，"与、必、若"一派为十五世，"孟、良、嗣"一派为十六世，"由、友、古"一派为十七世，"宜、季、文"一派为十八世，"顺、同、献"为十九世。使世世相传，宗序不紊云尔。

英宗生四子：长仲頊，嗣位是为神宗；次仲灏；三仲颢；四仲颎；诸王"仲"字派。下另立字行曰："孝、安、居、多、自、甫"。神宗生十四子，以"士"字为派，"士"字以下另立字行曰："有、乡、茂、中、孙"。徽宗生二十九子，三十四孙，更立字派曰："尚、初"。仁宗景祐三年，诏诸宗室聚京师，恐宗序素淆，乃置大宗正司，命修玉牒官李淑等纂修玉牒，十年一进。熙宁三年，神宗诏学士刘均、夏竦、宋绶、杨亿等纂修《皇宋玉牒》《仙源积庆图》《宗藩庆系录》《宗枝属籍》四书。敕宗正司，岁索内外续生宗子名讳候，正月元日，奏收登谱。元丰四年五月，帝观世系有感，追封晋程婴为成信侯公，孙杵臼为忠智侯，立庙绛州，岁时祭享，报其存赵之功。崇宁改元，诏河南应天府西南二京外，宗正司敦宗院非袒免亲两世以下分居之，始有内居外宗子之名。

赵宋皇陵

靖康末年，图籍皆沦于北。康王南渡，是为高宗。先徙睢雒二郡宗室于江淮；大宗正司移江宁；南外宗正移镇江止于福漳；西外宗正移扬州止于吴越，由是子孙散处。绍兴五年，边警稍宁，诏重修玉牒属籍图录。命旧掌北朝宗正少卿范冲、张询、邵大绶、郑刚中等点领较详，搜辑旧章、究访遗阙、赐名总要，三者合而一之，付龙图天章宝文阁较合，畀各邸子孙为照。绍兴十一年八月，帝因重修谱牒，复建祚德庙于临安，奉祀先祖；武以程婴、杵臼、韩厥配享。赵氏宗支源清派白，递至子礽公者乃太祖六世孙，燕王德昭五世孙也。燕王次子冀王惟吉生丹阳王守节，节生南康王世永，永生防御使令郐，郐生子褫，为南外居宗室，靖康末以南徙命渡江居京口，建炎巳酉，迁居大港，是为大港之始祖也。

绍兴壬子，上虞丞娄寅亮上书，乞选录太祖后，府君得授朝散大夫，赐田百顷为食邑。公生二子：长伯铢、次伯镤。伯铢生师莹，伯镤生师钳。师莹生希澄，师钳生希溃、希溎，溎居镇之东，世为东赵分祖；溃居镇之西，世为西赵分祖。希字派以下仍宗太祖所立"与、孟、由、宜、顺"等字为派，详见系图，姑不赘。

时在洪武庚辰岁舍谨识之以冠于序文之首云。

大港赵氏始祖墓牌坊（赵金柏 摄）

大港赵氏始祖赵子褫，字志南，为宋太祖六世孙，燕王德昭五世孙。在家谱上世系关系如下：

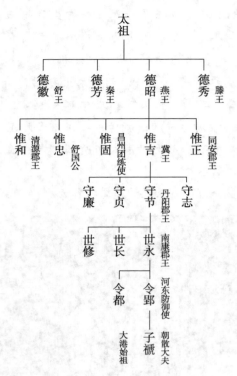

赵声是二十五世大港赵氏。《赵氏文翁分谱》记载的大港赵氏始祖赵子褫至赵声的世系关系如下：

子褫(大港迁祖)——伯铢(六一)

　　　　伯镶(六一)——师珊(七一)——希渍(太二)

　　　　　　　　　　　　　　希潣(太三)——与垚(省二)

　　　　　　　　　　　　　　　　　　　与垹(省六)——

——孟瑄(寿八)——由厚(大五)

　孟琦(寿十)　　由本(大十一)——宜安(忠廿三)——顺原(又廿九)——□(善三七)

　　　　　　　　　　　　宜容(忠廿五)　　　　　　　　□(善四八)

　　　　　　　　　　　　　　　　　　　　　　　　　□(善五十)

　　　　　　　　　　　　　　　　　　　　　　　　　之润(善五六)——

——赵滢(信廿四)——□(泰二)

　　　　　　　　□(泰五)

　　　　　　　　□(泰八)

　　　　　　帝居(泰十一)——可信(可十四)

□(泰十三)　　　可用(可廿六)——□(朝十九)

　　　　　　　　　　礼谦(朝三四)——□(贡三七)

　　　　　　　　　　　登龙(贡四二)——

　　　　　　　　　　□(贡五四)

——遵道(宴五七)

履道(宴六三)

唯道(宴七三)

凝道(宴七七)

缙云(宴九八)——正春(宠九九)——汝为(润九二)——祥麟(有九)——明纲(文十四)——

赵琪(宠百十二)　汝翼(润百八七)　桢麟(有十四)　明经(文三六)

瑞麟(有六一)

奇麟(有七五)

惠麟(有八四)

——彝鼎(翕七)——廷璋(启三)

廷靖(启十一)——懋元(佑四)

廷诏(启三四)　锡元(佑廿五)

述祖(佑三二)——宝霖(钟四八)

鸿元(佑三八)　蓉曾(钟七十)——赵声(毓四九)

念伯(毓七五)

赵光(毓八五)

《赵氏文翁分谱》书影

家国情怀

大港始祖赵子褫在南渡的太祖后裔中，"没有看到比他谱系地位更高的人"①，是最有资格代表太祖系长房大宗的长者。"绍兴十七年，太宗七世孙赵善湘开都督府于镇江，奏建燕王院于大港镇，立主奉祀。"② 燕王德昭是太祖的嫡长子，燕王院建在大港，表明大港赵氏是太祖长房大宗的香火继承者。

公元960年，赵匡胤建立赵宋王朝，为宋太祖。陈寅恪先生说，华夏民族之文化，历数千载之演进，造极于赵宋之世。1922年，日本学者内藤湖南发表《概括的唐宋时代观》，系统阐述了宋朝是中国近世开端的假说。他认为，唐代是中世的结束时期，而宋代则是近世的开始时期。英明神武、喜爱读书、崇尚道义、宽厚开明的宋太祖，不仅开创了政治开明、文化兴盛的宋代，也为宗室子孙确立了崇尚道义、追求文化的优良传统。"国朝之制，

宋太祖赵匡胤像

不属宗室以吏事……为选儒学士，切磋讲习，广之道义而已。"③ 王安石改革，神宗削减宗室待遇，"皇族祖免亲以下不再赐名、授官"④，象征性的虚名、虚官不再授予五服以下的"祖免"宗子。赵子褫作为太祖支派的"祖免"宗子，在徽宗朝远离政治中心居于南京（今河南商丘）的敦宗院，受到严格的约束，除享有读书学习、困难补助外，并无其他特权。这是赵子

---

① 贾志扬：《天潢贵胄——宋代宗室史》，赵冬梅译，江苏人民出版社，2010，第219页页下注②。

② 李廷机：《宋朝散大夫赵公子褫配戴氏仲氏合葬墓志铭》，载赵蓉曾续编《赵氏文翕分谱》序，1913，第11页。

③ 《全宋文》第十九册，巴蜀书社，1991，第566页。

④ 贾志扬：《天潢贵胄——宋代宗室史》，赵冬梅译，江苏人民出版社，2010，第70页。

褆读书学习、修身养性、铸定人格的重要经历。

靖康之难，38 岁的赵子褆扈从赵构南渡。南渡后，他随南外宗住镇江。三年后，赵子褆没有随南外宗迁往福建泉州，而是卜居在镇江东乡的大港。大港是一处非常特殊的地方，"风俗泰伯余，衣冠永嘉后"①。三千多年前，泰伯、仲雍从周原南奔建立吴国，大港是设立宗庙、安葬王陵的祭祀圣地。吴国祭祀以泰伯的先祖后稷为核心。后稷是农耕文化的神化，泰伯通过这种农神祭祀向人民昭示先祖后稷之德，推行王民治道；人民追求土谷而祭祀、结社。土谷农神祭祀关系着社稷民生，铸就、传承着乡民强烈的家国情怀，成为吴国历史文化发祥的源头基因。这种以农神崇拜为基因的社稷文化，对吴地的历史产生着根本性影响。大港地域的密集庙宇、浓烈香火、强悍民风，以及重义轻死的宗教精神、方言文化、地理地名等文化特性无不受其影响。三国孙氏高举吴字大旗，南朝宋、齐、梁、陈在镇江经营起家，都离不开香火承载的社稷王气与家国情怀。②

在军事地理上，镇江大港北面是波涛汹涌的长江，东、西、南三面都连接着起伏的山冈。宋人陈亮说镇江是"一水横陈，连岗三面，做出争雄势"③。宋人汪藻说这里"气概之雄，形势之险，实足以控制大江南北"④。这样的地理形势，正是进可以攻、退可以守，足以与北方强敌争雄的形胜之地。南宋抗金，镇江大港成为韩世忠大军的重要基地，村落被韩世忠的大军征用，大港成了抗金的"教场""营里"与"军港"。

---

① 刘禹锡：《刘禹锡全集》，瞿蜕园校点，上海古籍出版社，1999，第 297 页。
② 赵金柏：《圌山庙会探源》，《镇江社会科学》2009 年第 1 期；《圌山——矢篸铭文之谜》，《镇江市历史文化名城研究会论文集》，2015。
③ 胡云翼：《宋词选：典藏版》，上海古籍出版社，2017，第 234 页。
④ 刘雨男、刘挺：《中国镇江风景名胜》，南京大学出版社，2001，第 1 页。

大港镇古今图

南渡的赵子禙随南外宗居镇江，三年间耳闻目睹，受大港乡民香火精神的感染，以及受抗战王师驻扎大港的鼓舞，他卜居在大港的洪溪。洪溪因河流而得名，与陆家湾、车碾口呈犄角而立，陆家湾外是一江横陈的抗金天堑，车碾口里是四面环山的后勤基地。赵子禙选择在这里定居，寄寓着他恢复中原的期望。绍兴二年（1132），宋金议和后，宋高宗授赵子禙为"朝散大夫"，将大港军营腾出的地方赐给他"以为食邑"，当然也有以备军用之意。

大港赵氏谱牒中，常将大港地名"洪溪"写作"鸿溪"，这个"鸿"字反映了赵子禙不忘恢复故国的情怀。绍兴十五年（1145）镇江府官员"疏荐公［赵子禙］于朝，公称疾不起"[1]。笔者不知大港沿江一带的三江营、韩阙、圌山关、下令、寨上、韩桥、东烟墩山、营里、教场、豁子口（港口）、车碾口（山门）、西烟墩山、黄港、海船山、粮山等地留下了多少赵子禙的足迹，但从这些有着抗金烙印的地名可以想见，赵子禙不肯到大后方福建，也不肯到临安为官而一心抗战的决心。

赵子禙临终前嘱咐亲友，在他死后将其葬在车碾口面向北方的山坡上。赵子禙面北而葬，遥望故国中原，实际上把热爱故国、发愤图强的精神永远地标树在大港的山坡上。这位大港赵氏始祖的陵墓与赵声故居同在2011年列入江苏省文保单位。

---

① 李廷机：《宋朝散大夫赵公子禙配戴氏仲氏合葬墓志铭》，载赵蓉曾续编《赵氏文翁分谱》序，1913，第11页。

大港赵氏始祖陵墓（赵金柏　摄）

南宋中，赵子褫之玄孙、右武大夫赵与檍之子"重建［大港］东岳庙上、中殿"①，在享殿为岳飞、韩世忠塑像②。南宋末，大港赵氏在"镇之西北二隅既立汉寿亭侯祠［关帝庙］以倡义勇"③。如今，关公祠庙前两棵七百余年的银杏下依然香火不绝。南宋后，大港赵氏由宗室走向平民的过程中，不忘《太祖遗训》中"修厥德""晓诗书"④的要求，不忘大港始祖遗志，在历史的磨砺中，赵宋宗室优良的文化传统与大港吴文化融合，形成了一种家国情怀与道义担当相融合的家训文化。

元朝时期，大港赵氏是当时政府重点监控与打击的对象，在元军追查文天祥在镇江脱险的过程中，大港赵氏的"燕王院宇家庙、木主封植碑记尽灭其踪，仅存宋代先贤名公题赠谱序"⑤。《赵氏族谱》世系年表录记载，元初不足十房的大港赵氏有三个青壮年男丁亡卒无传。元末明初，大港赵氏第七世二十八房有十房无传，所剩十八房的后裔又有五大分宗族群整体消失。代表"太祖后府君"、始祖嫡长系的大宗第九世的三十房中有十一房断线无传，三房迁至云南，十五房隐藏在东赵分祖的名下。《赵氏族谱》修

① 《历世支行年表录》，载赵顺齐等编修《赵氏族谱》卷六，第 22 页。
② 赵家连：《我所见到的大港东岳庙及其庙会》，载政协丹徒县文史资料研究委员会编《丹徒文史资料》第三辑，1986，第 166 页。
③ 《得归且卧大江湄——伯先故居天香阁》，载镇江市史志办公室、镇江博物馆编《听风听雨吾爱吾庐——镇江名人故居撷珍》，江苏大学出版社，2019，第 41 页。
④ 《太祖遗训》，载赵顺齐等编修《赵氏族谱》卷一，第 12 页。
⑤ 李廷机：《宋朝散大夫赵公子褫配戴氏仲氏合葬墓志铭》，载赵蓉曾续编《赵氏文翕分谱》序，1913，第 12 页。

于明初，印于禁止刊载汉人反抗异族统治的清代。大港赵氏在元明之际的重大变故是否与反元复宋及朱元璋迫害异己有关等问题，不好记载于明清两代所修的谱牒中，但这段特殊历史在谱牒中留下了文化烙印。

大港赵氏修赵宋宗室之《赵氏族谱》，从明初 1400 年开始，到康熙年间付梓印刷。《赵氏族谱》收录了《希真子传》与《希真楼记》，希真是大港赵氏始祖的九世孙赵顺齐。赵顺齐字思贤，号希真，是历经元末明初重大变故而隐于远支东赵分祖名下的大宗代表人物。传记记载，希真公"早从诸名师，游群经子史"，"永乐初，诏求贤才，有司以为荐，固辞不就"①。他"以诗书礼乐相承……力本务农，不事浮末，思贤为人富而好礼且倜傥，有大志，慷慨尚义气，延师儒训乡之子弟，割廪帑，济人之困"②。大港赵氏把希真的传记铭刻在族谱之上，既是对谱牒创始人的纪念，更是进一步总结、倡导和传承了道义担当、人格独立、诗书传家的家训文化。

赵声家谱记载，乾隆年间，赵声的烈祖（上六世祖）赵祥麟就有一方"贻经葆素"的横匾传于天香阁。"贻经葆素"即把经典文化传给子孙，要子孙承续文化、弘扬道义、永葆本色。赵声之父蓉曾先生，饱读诗书，无意功名，"讲学于圌山之麓，从游数百人"③。大港赵氏从始祖志南公卜居抗金前线，希真公"修德凝道，救物济人"④，到镜芙公教书育人，一脉相承的是道义担当，家国情怀、崇尚文化的精神传统。这种精神内核记载在大港赵氏谱牒之中，谱牒传承着精神文化。

《大港赵氏宗谱》书影

① 陈宾述：《希真子传》，载赵顺齐等编修《赵氏族谱》卷五，第 48 页。
② 张徽大：《希真楼记》，载赵顺齐等编修《赵氏族谱》卷五，第 51 页。
③ 柳诒徵：《赵伯先传》，载周新国、弓楷、刘婷婷编著《赵声研究综览》，江苏人民出版社，2021，第 46 页。
④ 张徽大：《希真楼记》，载赵顺齐等编修《赵氏族谱》卷五，第 51 页。

自强不息

　　赵子禠因文化投缘而卜居大港。明代中后期，大港繁荣昌盛，大港赵氏继纂修《赵氏族谱》之后始修《赵氏分谱》，到1756年谱牒上记载有八十三支分谱，即八十三支分派。清末，大港赵氏约有一万人，分支之谱约有百部。

　　清末，大港集镇东西长约两千米，南北宽近一千米。大港河与东街平行直到镇中，然后拐弯九十度由南向北穿过街心，再向西拐九十度与西街平行，在镇西头拐入长江，入江口就是大港西码头。大港河上有九座桥，青石桥、太平桥在中间把东街与西街连在一起。大港庙宇祠观密集，东头有东岳庙，西头有关帝庙，南面有悟道观，镇中是财神庙，东街有准提庵、土地庙，南街有吉祥庵，西街有观音阁，北街有接引庵，河西南面有文昌宫。全镇有怀德堂、敦厚堂、厚德堂、有恒堂、四勿堂、三畏堂、礼耕堂、明恕堂、留耕堂、松龄堂、庆余堂、积善堂、式好堂、承启堂、静远堂、敦素堂等108堂；有铁叶大门、竹子大门、砖头大门、旗杆大门、八卦大门、元宝大门等"八大门"宅院。赵声故居在东街，坐北朝南，位于太平桥与赵氏宗祠之间，北门临街，斜对面是赵声家所属的赵氏分祠，名为"文武庙"，里面供着文昌、岳飞与赵氏分祖。北门过街是拾钵山，山冈与长江之间的农田原是宋代韩世忠的教场；南门前依次是晒谷场、农田、丘陵山冈，八百米处是荞麦山，山上有吴侯的土墩大墓与大港赵氏始祖墓。

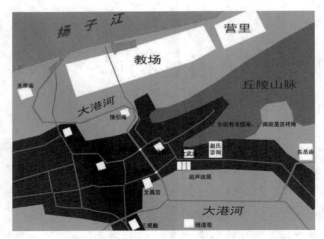

赵声故居所在的地理位置

　　赵声故居前后四进，硬山式，青砖黛瓦。故居前进为七架梁三开间，大门里为门堂过道；左为堂屋，堂屋毗连厢楼，楼呈钩曲形，中有天井。第二进院门高大，两边有一对雕刻"三狮盘球"的白石抱鼓，进大门为院子与厅堂，院子宽敞，内有一口水井；厅堂为七架梁三开间，是故居的主体建筑，厅堂南面是一排花格木窗门，后有一排屏门。第三进是三开间两层楼房。最后一进是厨房和小院子，内有一口水井；东侧排列四间厢房。赵声故居的西面还有两套与故居相似的建筑。三套建筑为一体相连的格局，间以防火马头墙。赵声故居的建筑面积为1224平方米，占地面积为5482平方米。

赵声故居（赵金柏　摄）

清代，中国进入专制社会的末期，文字狱、闭关锁国、愚昧专制、种族压迫等达到了极致。"克承先志，绍厥贻谋"①的大港赵氏韬光养晦，积蓄能量。赵声故居名号为"天香阁"，原是其父赵蓉曾（镜芙）给第三进书楼起的名号，后来成为故居之名。天香阁中堂上挂着一幅《蛟龙图》，大港人说："伯先家里中堂上的龙是真龙，天晴时活灵活现的；天阴时，那龙就云笼雾罩，跃然画上。"这大概是一种崇敬的心理作用，或是敞厅大屋的湿度环境对画面的作用，抑或是尚不为人知的什么现象。从文化上来说，这种认知的背后是汉民族的文化基因。《易传》说：龙，天之象，乾卦。从潜龙在田到飞龙在天，表现的是周而复始的天道规律与生生不息的人文精神，正所谓"天行健，君子以自强不息"。

天香阁大厅（赵金柏　摄）

1881年3月10日（二月十一日），赵声在天香阁诞生。家谱记载道："毓四十九，讳声，字百先。"②如今，几乎所有介绍赵声的资料都说"赵声原名毓声"，或"赵声谱名毓声"。这里必须说明，这些说法是错误的。在赵声的家谱中，"毓"是赵声这一代人在家谱中的排序用字，赵声的排序是"毓四十九"。据"毓"字查其家谱可知，赵声是二十五世大港赵氏，属"文翕分支［派］"，排行第"四十九"位。赵声的家谱、手迹与大港人的口传史都没有赵声使用过"毓声"名字的记录或痕迹。故"毓声"不是赵

---

① 赵紫瑜：《跋》，载赵顺齐等编修《赵氏族谱》卷六，第82页。
② 赵蓉曾续编《赵氏文翕分谱》卷十，1913，第16页。

声的"原名"或"谱名"。

笔者家在赵声故居北面一百多米处，小时候听奶奶赵田氏翠珍（1905—1982）说，伯先出生时，天上乌云密布，空气异常沉闷，只见闪电划破天空，随着一声霹雳巨雷，赵声降临人世。镜芙先生因为这声巨雷，就为应声而生的儿子取名为"声"。赵声出生的第二天是百花生日（花朝节），赵声曾说："我生偏在百花先。"① 赵声生在百花之先，所以小名为"百先"。大港方言中的"百"字与"伯"字同音，赵声走上革命道路后便以"伯先"为字。赵声还用过"痛哭生""雄愁子""宋王孙""葛念慈""天水王孙"等笔名或化名，在新军用过"先声夺人"的印章。从赵声的名字可见他忧国忧民的情怀和胸怀天下的大志。

赵声的"先声夺人"印章

赵声的成长与父亲的教育密不可分。那时的清廷专制腐朽没落，社会矛盾叠加中西文化矛盾，鸦片战争、太平天国运动、甲午中日战争、义和团运动、八国联军侵华等相继爆发，社会走入"数千年来未有之变局"②。洋务运动、维新变法相继失败，中华民族到了生死存亡的关口。1842 年鸦片战争，镇江守军在大港圌山炮台开始了英勇抵抗。1858 年 6 月 26 日第二次鸦片战争，清廷与英政府签订了《中英天津条约》，将镇江辟为通商口岸。1864 年，英国在镇江设立领事馆。大港也开大码头，设立"招商局""大达公司"，是近代中国最先与西方文化进行碰撞、交流的地方。沧海横流，千年巨变，中国人如何寄身托命？如何维持中国文化的命脉？赵声之父赵蓉曾"肃然应之而不辞"③，他按家训坚守文化根本、坚守大道义理。

赵蓉曾无意功名，跳出理学之窠臼，遵循"晓诗书"的太祖遗训，践行道义担当、人格独立、诗书传家的大港赵氏精神。赵蓉曾效仿先祖希真公"设义塾以教之"的做法，在自家天香阁设馆课徒，推行赵氏"晓诗书"

---

① 柳弃疾：《丹徒赵君传（附跋）》，载周新国、弓楷、刘婷婷编著《赵声研究综览》，江苏人民出版社，2021，第 41 页。

② 蒋廷黻：《中国近代史》，江苏人民出版社，2017，第 174 页。

③ 赵蓉曾：《谱叙》，载赵蓉曾续编《赵氏文翁分谱》卷一，1913，第 1 页。

文化。赵蓉曾将先祖"读书穷理""以诗书礼乐相承""以修身为本"① 的师道与注重整体的传统文化加以扬弃，有机吸收西方教学之优长，形成自己全面而深刻的整体式教育方式。其文化内涵可以归纳为：诗书艺术是天道与心性的物化意象，诗书就是道化的人文学说与艺术；诗书通文化、明道义、铸人格，诗书人文一道贯之。这种整体式的教育既与只管教书识字的一般私塾不同，也与西方分别德、知、体、美的做法有所区别，而是文道合一、知行合一、中西兼容的大道教育。

赵蓉曾的教育重视三个方面：一是强心励志，二是文化固本，三是补充西学。在励志上，赵蓉曾引导弟子"自强不息""行天下大道"，做"大丈夫"，不做抽象说教。每逢祭祀之日赵蓉曾便带领赵声在文武庙烧香磕头祷告，讲解其中的历史文化，培养其家国情怀。这文武庙供奉的岳飞像便深深地印在幼年赵伯先的脑中，成了他崇拜、仿效的对象。赵蓉曾经常以"为仁不让""临难不苟""有杀身以成仁，无求生以害仁"等传统的人生哲学来教导诸

赵蓉曾像

生，利用历史文化遗迹与民俗文化对弟子进行身临其境的教育。在大港一带，清明翌日是乡民登圌山的"王民日子"。在这由吴国祭祀传下的民俗节日里，赵蓉曾带着弟子登山，在浓烈的香火烟气中游览历史遗址，从自然景观到江山社稷，讲述韩世忠抗金、张煌言做《师次圌山》抗清、圌山军民抗倭抗英的历史，进行振聋发聩的爱国教育与亦歌亦泣的诗词吟诵。其中，蕲王韩世忠、越国公张世杰率部屯驻圌山抗战的历史与宋末三杰的爱国气节是必讲的内容。他用中华民族最大的文化危机、历史灾难与爱国气节，激发弟子发愤图强、树立天下兴亡匹夫有责的人生目标。

赵蓉曾残存的登山诗②如下：

> 为寻古迹入松关，越国忠贞孰可攀？
> 游到圌山神已惨，那堪风雨过崖山。

---

① 陈宾述：《希真子传》，载赵顺齐等编修明代《赵氏族谱》卷五，第48页。

② 杨积庆：《赵蓉曾和他的诗——读钞本〈镜芙先生诗集〉》，载丹徒县政协文史资料研究委员会编《丹徒文史资料》第九辑，1994，第76页。

越公故垒尚堪寻，塔影摩空暮霭侵。
可惜圌山留旧迹，文山才气叠山心。

寺访圌峰曲径通，萧萧故垒溯雄风。
金山当日喧桴鼓，张越韩蕲一望中。

平章军国误重重，残局支撑运不逢。
蟋蟀声中秋惨淡，休将葛岭比圌峰。

极目圌山势倚空，长江水碧落霞红。
登峰觅昔张公地，故垒萧萧气尚雄。

在文化上，赵蓉曾立足中国文化的整体性，以"大道"贯穿始终，使诗书直入道义，道义通达文化。比如书法，赵蓉曾通过对立和谐、相反相成、取象比类的书道法理，植入中国文化的天道心性，让弟子明了太极图理之文化基因，沟通国学之学术义理。

赵声的侄儿、南京大学教授赵俊欣在《家史简介》一文中说："蓉曾先生所教内容虽非新学，但在方法上颇有独到之处：他着重领会内容（抓住重点，深入浅出地讲课），鼓励思考（多出思考题作文），反对死记硬背（他从来没叫学生背过书），而且重视劳逸结合（我幼年从学时，同辈比我年长，当时组织了一个'清音队'——笙箫管笛队，每天下午四时就活跃起来，有时还到大门外'西北桥'上奏起乐来）。"[1] "天香阁"的教学始终伴随着诗词、书法与音乐。由"清音队"伴奏的诗词吟唱是"天香阁"课余的风雅娱乐活动。在这里，艺术与智慧、与兴趣、与知识、与能力、与素质都是相关的。诗词、书法、音乐教育意在形象，知识传授不离生动的形象，知识转化为能力也靠形象的想象。赵蓉曾讲解抽象的理性知识时不离感性的艺术形象，这不仅增强了弟子们的学习兴趣，让知识更有"厚度"，让知识掌握更加牢固，更重要的是培养了弟子们的想象力与直觉的领悟、创造能力。赵蓉曾的师道博大精深，从赵声、解朝东、赵绍甫、李竞成等弟子的书法墨迹中可以看出，他提倡碑帖双修，这在现在看来也是深刻而正确的。赵蓉曾教书不是机械背诵，而是融会贯通、通达无碍。赵声留下的《三海岩纪游》等诗文书法可见诗书

---

[1] 赵俊欣：《家史简介》，载政协丹徒县文史资料研究委员会编《丹徒文史资料》第二辑，1985，第28页。

合一、知行合一、人文合一的文化精神。1912 年，孙中山祭赵声曰："戎衣锵锵，剑胆诗心。"① 梁披云在其主编的《中国书法大辞典》中评价赵声的书法"融合碑帖，放笔纵墨，如意挥写"②。

弟子们在天香阁励志固本，打下坚实的中国文化基础后，便进一步学习西方知识，完成术业的进修。赵蓉曾先后有学生 500 余人，立业成名者众多。例如，从武的解朝东留学德国，回国后参加辛亥革命，授少将军衔，任江苏都督府军务司副长、江苏陆军小学校长与武汉陆军第二预备学校校长；从文的王家驹留学日本早稻田大学，回国后任北京法政专门学校校长、安徽教育厅厅长、中英庚子赔款文化基金委员会委员；赵声与赵绍甫投考江南水师学堂，后东渡日本考询军政，后成为中国民主革命的先

解朝东书法

行者。后辈中的银行家赵汉生、复旦通才赵宋庆、国医大师章次公、留洋英才赵俊庠、南大学者赵俊欣等，也都踏着父辈的足迹在"天香阁"启蒙，他们受到的教益远超读书识字。

学人赵醉侯撰联高度赞誉同邑的两位教育家："龙头咄咄马相伯，麟角峥峥赵镜芙。"③ 马相伯在上海用西学创建复旦大学；赵蓉曾在大港的人文环境下，对传统文化加以扬弃与发展，对人进行全面培养。天香阁培养的不仅是文化人才，更是具有时代价值的人杰。在民族存亡的历史关头，蓉曾先生的子女儿媳赵念伯、赵光、赵芬、赵芳、严承志，以及学生李竟成、解朝东、赵启骤都深明大义，投笔从戎，跟随赵声走上了推翻专制、创建共和的革命道路，立下了不朽功勋。他们中授将军衔的有赵声、赵念伯、李竟成、解朝东、赵启骤。辛亥革命后，蓉曾先生的孙辈后裔多从事科教工作，俊欣、彭生、英凯、英时、晓雷等都是著名大学的教授。天香阁人是具有自强不息精神的大写之人。

---

① 陆朝洪：《剑胆诗心伯先情》，载镇江市政协文史资料委员会编《辛亥革命与镇江》，江苏大学出版社，2011，第 151 页。

② 梁披云主编《中国书法大辞典》，广东人民出版社，1984，第 986 页。

③ 赵金柏：《镜芙先生的师道》，《金山》2020 年第 5 期。

年谱

1881年（光绪七年，辛巳蛇年）　诞生

3月10日（二月十一日辰时）生于大港天香阁，为赵蓉曾之长子。

赵声之父"蓉曾，字镜芙，清诸生，举岁贡，讲学于圌山之麓，从游数百人，发名成业者甚众"①。镜芙先生为儿子取名"声"。1912年，镜芙先生主修自家所在的分谱，他对儿子赵声的记载是："毓四十九，讳声，字百先。"②

是年，赵声父亲赵蓉曾30岁，母亲葛氏22岁。大港《赵氏文翕分谱》载：赵蓉曾"钟七十，讳蓉曾，字镜芙，乃佑三二公（赵述祖，字继之）次子也。廪贡生，生于咸丰二年壬子正月廿三日巳时。娶从九品葛恒足公女，生于咸丰十年庚申十一月廿八日未时"③。

"镜芙公娶本乡北角里葛氏为妻。葛夫人出自读书人家庭，温和贤淑，勤俭持家，与镜芙公伉俪情笃，相敬如宾，互以'先生'、'师娘'相称，乡里传为美谈。"④"镜芙公家境并不富裕，除束修外别无其它收入。葛夫人为维持家庭开支，把她的嫁妆和衣裙簪钗典质殆尽，她死后，在她的箱中发现许多当票。镜芙公毕生自奉甚薄，但乐善好施。"⑤

是年大事

2月24日　清廷与沙俄代表订立了《中俄伊犁条约》和《陆路通商章程》。沙俄归还伊犁，但割去了伊犁霍尔果斯河以西、伊犁河以北的大片领土，中国赔偿俄国兵费九百万卢布（折合白银五百余万两）。

3月20日（二月十九）　章士钊生于湖南长沙。

4月8日　慈安太后崩逝，慈禧太后垂帘听政。

---

① 柳诒徵：《赵伯先传》，载周新国、弓楷、刘婷婷编著《赵声研究综览》，江苏人民出版社，2021，第46页。
② 赵蓉曾续编《赵氏文翕分谱》卷十，1913，第16页。
③ 赵蓉曾续编《赵氏文翕分谱》卷九，1913，第21-22页。
④ 赵彭生：《我的曾祖父赵蓉曾》，载赵金柏主编《大港赵氏宗谱》卷四，扬州古籍印刷厂，2015，第5页。
⑤ 赵彭生：《我的曾祖父赵蓉曾》，载赵金柏主编《大港赵氏宗谱》卷四，扬州古籍印刷厂，2015，第6页。

4月8日（三月初十）　林述庆生于福建闽县（今福建闽侯县）。

6月9日　唐山至胥各庄运煤铁路建成，为中国自办最早的铁路。天津电报总局在紫竹林、大沽口、济宁、清江、镇江、苏州、上海七处各设电报分局，并与丹麦大北电报公司订立架设津沪电线的合同。

7月13日　山东济南美国传教士买民房改建教堂，后被士民拆毁。

是年，慈禧太后46岁，光绪皇帝10岁，康有为23岁［生于广东南海县（今广东佛山南海区）］，袁世凯22岁（生于河南项城），黎元洪17岁（生于湖北黄陂），谭嗣同16岁（生于湖南浏阳），孙中山15岁（生于广东香山），梁启超8岁（生于广东新会），黄兴7岁（生于湖南长沙），秋瑾6岁（生于福建厦门），陈天华6岁（生于湖南新化），柏文蔚5岁（生于安徽寿州），居正5岁（生于湖北广济），廖仲恺4岁（生于旅美华侨家庭），陈炯明3岁（生于广东丰海），陈其美3岁（生于浙江吴兴），陶成章3岁（生于浙江会稽），吴玉章3岁（生于四川荣县），刘揆一3岁（生于湖南衡山），胡汉民2岁（生于广东番禺），陈独秀2岁（生于安徽怀宁），吴禄贞1岁（生于湖北云梦）。

1882 年 （光绪八年，壬午马年）　1 岁

赵声早慧，在天香阁的读书声中牙牙学语，父母对赵声"钟爱特甚"①。

是年大事

1 月 14 日　上海《申报》记者通过天津、上海间的有线电报电路，拍发新闻专电，这是中国第一则新闻电讯稿。

2 月 21 日　丹麦大北电报公司在上海开通了第一个人工电话交换所。

2 月 23 日　李烈钧生于江西武宁。

4 月 5 日　宋教仁生于湖南桃源。

4 月 23 日　李鸿章奏请在上海试办机器织布局。

4 月 25 日　法国侵占安南河内。

7 月 23 日　朝鲜发生政变，史称"壬午政变"。

12 月 18 日　蔡锷生于湖南邵阳。

---

① 赵声：《赵伯先祭母文》，载周新国、弓楷、刘婷婷编著《赵声研究综览》，江苏人民出版社，2021，第 23 页。

1883 年（光绪九年，癸未羊年） 2 岁

"少负神童之目"①的赵声在天香阁受书香熏陶，茁壮成长。

是年大事

5 月 4 日 汪精卫生于广东番禺（今广东广州）。

7 月 法国以武力胁迫越南订立了《法越新订和约》，控制越南的内政外交。

8 月 英籍海关职员罗根在广州街上无故杖击中国平民，并以手枪打死儿童一名，伤两人。同月，葡萄牙人狄亚士在英轮"汉口号"上又无端将一名中国工人推挤至水中淹死。一个月之内发生两起命案，激起群众极大愤慨，他们冲入沙面租界示威，并烧毁洋商的一些房屋，史称"沙面示威"。

11 月 13 日 中法战争爆发，清军连战失利。

是年，中国发生了历史上第一次金融风暴，胡雪岩在与洋商的生丝商业对抗中失败，晚清民族产业被扼杀，传统商人阶层集体陨落，萌芽于晚明的纺织业彻底崩盘。

---

① 柳诒徵：《赵伯先传》，载周新国、弓楷、刘婷婷编著《赵声研究综览》，江苏人民出版社，2021，第 46 页。

1884 年（光绪十年，甲申猴年）　3 岁

天资聪颖的赵声在天香阁开始识字。

大妹吟仙出生。①

是年大事

8 月 5 日　法军军舰炮击台湾基隆。台湾军务督办刘铭传率军抗击，炮台被击毁，后刘铭传率军与法军展开陆战，法军大败逃回舰上。

8 月 23 日　法国舰队袭击福建水师，马尾海战爆发。中国舰队仓促应战，旗舰"扬武"号被敌水雷击伤；但以尾炮击中法国旗舰，毙、伤法水兵多人。此役福建水师损失舰船 7 艘，伤亡官兵 700 余人，马尾船厂亦被毁。

8 月 26 日　清廷下诏对法宣战，命令陆路方面滇桂各军迅速进兵，沿海各地严防法舰入侵。

①　编者注：谱载其名，出生年份为笔者推测。

1885 年（光绪十一年，乙酉鸡年） 4 岁

赵声在天香阁随父读书。

赵声的父亲"镜芙公传道授业有别于一般旧式私塾。他反对灌输式教学，不用戒尺，不要求死背课文，也从不苛责弟子，而是谆谆善诱，因材施教，启发引导他们在学业上循序渐进，为每个人的个性和才能留下广阔的发展空间。……蓉曾先生的学馆如同是一个大家庭，师生情同父子，家贫者免束修，道远者可寄宿，和先生家人一同饮食起居，如是一家人"①。

是年大事

1 月 法舰北犯浙江镇海，遭清军炮击，法军败退。与此同时，法军攻占边防重镇镇南关（今友谊关）。

2 月 新任两广总督张之洞遂起用老将冯子材为广西军务帮办，重新部署战备。

3 月 24 日（二月初八） 取得了镇南关大捷。

3 月 29 日（二月十三日），又取得了谅山大捷，重伤法军司令尼格里。刘永福黑旗军也在临洮大败法军。法国茹费理内阁亦因战败倒台。

4 月 4 日（二月十九日） 清政府与法国签订了《中法巴黎停战议定书》。

6 月 9 日（四月二十七日） 清政府授权李鸿章在天津与法国驻华公使巴德诺签订了《中法会订越南条约十款》。由于清廷的怯懦退让，中国不败而得败果，法国不胜却收到战利。

9 月 20 日 倪映典生于安徽合肥。

10 月 12 日 清廷将福建巡抚改为台湾巡抚，巡抚刘铭传常驻台湾。刘铭传在台湾任职期间，修建铁路，开煤矿，创办电信，改革邮政，发展航运事业，促进台湾贸易，发展教育事业，促进了台湾近代工商业的发展，台湾防务也日益巩固。清廷加刘铭传兵部尚书衔，帮办海军军务。

---

① 赵彭生：《我的曾祖父赵蓉曾》，载赵金柏主编《大港赵氏宗谱》卷四，扬州古籍印刷厂，2015，第 4—5 页。

10 月 20 日　朱执信生于广东番禺（今广东广州）。

是年，邹容生于四川巴县（今重庆巴南区）。蒋翊武生于湖南澧县（今湖南澧县）。

1886 年（光绪十二年，丙戌狗年）　5 岁

赵声"所读四子、五经诸书，三数遍便能默诵通过，乡塾中早有神童之誉"①。"声幼时就听慧异常，加以家学渊源，六［虚］岁就能作文。"②

是年大事

1 月 29 日　两位德国人朱卡尔·木茨和戈特利布·戴姆乐获得世界上第一辆汽车的专利权。世界上第一辆汽车诞生。

5 月 1 日　美国芝加哥发生大规模游行示威，芝加哥的工人为争取实行 8 小时工作制而举行大罢工，获得了胜利。1889 年 7 月，第二国际宣布将每年的 5 月 1 日定为国际劳动节。

6 月　美国基督教教士在重庆城西鹅项颈购地建房，地方士绅以其压断地脉为由，联名呈请县官制止，未得断结，众愤不平。适逢重庆府武童生府试，应试武生带头聚众数千人；于 7 月 1 日将鹅项颈美教士房屋拆毁，进城摧毁亮风垭、丛树牌两处英国教堂及城内的法国教堂，烧毁教士及教徒住宅。

7 月 24 日　奕劻与英签订《中英会议缅甸条款》。

夏，孙中山从香港域多利书院毕业，入广州博济医院附属南华医学堂读书。

是年，方声洞生于福建侯官（今属福建福州）。喻培伦生于四川内江。

---

① 姜泣群编《民国野史》，山西古籍出版社，1999，第 301 页。
② 同盟会：《赵声传》，载周新国、弓楷、刘婷婷编著《赵声研究综览》，江苏人民出版社，2021，第 74 页。

1887 年（光绪十三年，丁亥猪年）　6 岁

9 月 3 日（七月十九日），二弟赵馨（字驭六，后改名念伯）出生。

赵声学文之余，舞枪弄棍，展露个性。邑人学者柳诒徵的《赵伯先传》载："君生而有大志，龙行虎步，瞻视非常，既负奇慧，复擅神力，嫉恶如仇。"①

是年大事

3 月 2 日　清政府与葡方代表议定了《中葡草约》（又称《里斯本议定书》），承认葡萄牙享受最惠国待遇，允其永驻和管理澳门以及澳属之地，葡在澳门协同中国防止鸦片走私。

5 月 6 日　签订《中法续议商务专条》。主要内容为：边界贸易的进出口税再度减低，进口税减收十分之三，出口税减收十分之四；开放广西龙州、云南蒙自两通商口岸外，又增加云南蛮耗一处；法国在中国南境、西南境享有无条件的片面最惠国待遇。

10 月 31 日　蒋介石生于浙江奉化。

是年，熊成基生于江苏江都。林觉民生于福建闽县（今属福建福州）。

---

① 柳诒徵：《赵伯先传》，载周新国、弓楷、刘婷婷编著《赵声研究综览》，江苏人民出版社，2021，第 46 页。

1888 年（光绪十四年，戊子鼠年） 7岁

赵声"自幼聪慧，八［虚］岁即能属文，为乡里所重"①。

是年大事

3月 西太后那拉氏挪用建设海军经费修造颐和园。

7月 天津至唐山铁路通车。

12月10日 康有为第一次上书光绪帝载湉，请求及时变法。

12月17日 北洋海军建成，有大小军舰二十二艘，以丁汝昌为北洋海军提督。清朝成为当时世界第四、亚洲第一的海军大国。

---

① 惜秋：《民初风云人物》上，台湾三民书局，1976，第105页。

1889 年（光绪十五年，己丑牛年）　8 岁

赵声"赴镇江应童子试。镇江知府王仁堪，丹徒知县王某，见伯先坐凳上脚尚悬空，以年过小，不准与试。伯先述家世，知为镜芙先生子，令坐已案，观其如何。题既下，伯先振笔直书"①。

"九〔虚〕岁应童子试，文章雄伟，应列第一名，但以书法纵横，不被方格所拘，常溢格外，因而失去首名，然其书法则因此驰名，为人所重。"②

赵声从此用心临帖。

存赋专诸刺王僚五言古绝一首："暮色冷江枫，横秋剑气虹。灰鱼樽俎上，铁血洒吴宫。"③

10 月 15 日（九月二十一日），三弟赵馨（字翊三，后改名赵光）出生。

是年大事

2 月 6 日（正月初六）　在镇江，英国人无端殴打中国小贩，数千被激怒的镇江民众愤而焚烧了英国领事馆。

3 月 4 日　西太后那拉氏归政，光绪帝载湉亲政。此后虽名义上归政于光绪帝，实际上大权仍掌握在慈禧太后手中。

8 月 3 日　张之洞奏请设立粤省枪炮厂。

9 月 20 日　张之洞奏请在广州设立炼钢厂。

12 月 28 日　李鸿章奏请设立的上海机器织布局开车生产。

---

① 赵启骙：《赵声革命事迹》，载周新国、弓楷、刘婷婷编著《赵声研究综览》，江苏人民出版社，2021，第 209 页。

② 惜秋：《民初风云人物》上，台湾三民书局，1976，第 105 页。

③ 姜泣群：《朝野新谈戊己编》，书林书局，1914，第 50 页。

1890—1892年（光绪十六—十八年，庚寅虎年、辛卯兔年、壬辰龙年） 9～11岁

父亲赵蓉曾精心培养"既负奇慧，复擅神力"①的赵声。在赵声念书作文外，注重其树立志向、启发悟性、开阔心胸，对其进行能力、品德、体质的培养。在书法的学习上，父亲先是放纵他的才气与个性，在童子试后，便强调书写的规矩法度。赵声始修法帖，后由帖入碑，碑帖兼修。

壬辰龙年，二妹赵芬（字吟香）出生。

时镇江已经开放，根据《天津条约》，镇江是长江沿线对外开放的五个通商口岸之一。大港江面上来往的洋轮与圌山上成排的炮台，都是父亲赵蓉曾谈古论今、激励弟子心志、进行忧患意识与家国情怀教育的话题。山上对"半山土地庙"的祭祀，山下对抗金遗迹的凭吊，都深刻地铸着赵声的心志，"其敦品励学，所予伯先的影响固深且巨"②。

1890年大事

1月 江苏常熟、元和等县佃农连续进行抗租斗争。

3月17日 清政府驻藏大臣升泰与英国印度总督在印度的加尔各答签订《中英会议藏印条约》。

3月31日 中英订立《烟台续增专约》。

4月 张之洞在武昌创办两湖书院。

8月8日 四川大足县（今四川大足区）余栋臣为反抗法国传教士暴行，率众起义。

9月 湖南澧州（今湖南澧县）哥老会首领廖星阶率众起事，进袭澧州城，被清兵击败。哥老会周子意等谋在石埭起事，被捕。

是年，张之洞奏设汉阳制铁局。

---

① 柳诒徵：《赵伯先传》，载周新国、弓楷、刘婷婷编著《赵声研究综览》，江苏人民出版社，2021，第46页。

② 赵启骁：《赵声革命事迹》，载周新国、弓楷、刘婷婷编著《赵声研究综览》，江苏人民出版社，2021，第209页。

1891年大事

康有为租借"邱氏书院"作为讲学堂，创办了万木草堂，聚徒讲学，宣传改良主义思想，开展政治活动。万木草堂成为戊戌变法的策源地。康有为自任总教授、总监督。3月，撰《长兴学记》以为学规。康有为以《新学伪经考》《孔子改制考》为主要讲学内容，探讨中国数千年学术源流、历史政治及其沿革得失，兼授西方哲学、历史及社会政治学说，鼓吹托古改制，按照改良派的需要塑造孔子、改造儒学。学生最初不满二十人，光绪十九年（1893）增至一百余人，其中梁启超、麦孟华、徐勤、陈千秋、欧榘甲等都成为日后维新运动的重要骨干。

4月25日 开平煤矿工人反对外国侵略者的压迫，举行罢工。

9月2日 湖北宜昌群众焚毁法国及英、美教堂。

1892年大事

5月 湖南在籍道员周汉刊刻反洋教书籍，反对帝国主义利用传教进行侵略，遭清廷查禁。

7月23日 孙中山以第一名的优异成绩毕业于香港西医书院。随即在澳门、广州两地行医。但是，孙中山很快就弃医从政，走上反对清王朝的道路。

10月18日 江西萍乡哥老会起事，谋袭袁州、萍乡，事泄失败。

1893_年（光绪十九年，癸巳蛇年） 12 岁

赵声"发愤学书，至十三四［虚］岁，又以善书名"①。

赵声"擅书法，融合碑帖，放笔纵墨，如意挥写"②。

解朝东来天香阁师从赵蓉曾读书，"与赵师长子赵声友好如兄弟"③，后追随赵声参加革命。解朝东是葛村人，葛村在大港镇南面，相距十里。解朝东的先祖与赵声的先祖一样是在靖康之难中扈从高宗南渡的移民。

是年大事

2 月 17 日（正月初一） 英国商人丹福士在上海创办《新闻报》，蔡尔康为主笔。曾接受张之洞、盛宣怀等洋务派官僚和买办资产阶级入股，报纸的文字和版面安排尽可能地迎合中国读者的阅读习惯。光绪二十五年（1899），美国人福开森接办该报。

中国早期维新派思想家郑观应的代表作《盛世危言》出版。郑观应，字正翔，号陶斋，广东香山（今广东中山）人。《盛世危言》主张变法图强，发展资本主义；参照西方政治制度，立宪法、开议院，实行"君民共主"；批评洋务派只学西方坚船利炮是"遗其体而求其用"；提出要与外国资本主义进行"商战"，表达了要求"富强救国"的呼声。

11 月 29 日 张之洞奏设的汉阳炼铁厂建成，后称汉阳铁厂；又设汉阳枪炮厂，后称汉阳兵工厂。

12 月 19 日 李鸿章在天津开办医学堂。

陈炽撰成《庸书》。陈炽，字次亮，号瑶林馆主，江西瑞金人。光绪举人，历任户部郎中、刑部章京、军机处章京。遍历沿海各地，曾到香港、澳门考察。是中国早期维新派思想家之一。《庸书》分内、外两篇，各有五十子目。内篇论及农田、水利、政治、军事、边防、海口、学校、书院、

---

① 王立：《革命伟人赵声》，社科院历史研究所三所藏，1913，第 3 页。

② 梁披云主编《中国书法大辞典》，广东人民出版社，1984，第 986 页。

③ 谷阳：《解朝东先生事略》，载江苏省政协文史资料委员会、镇江市政协文史资料委员会编《辛亥镇江将军录》下，1997，第 615 页。

宗教等；外篇论及议院、报馆、工商、铁路、轮船、驿传、外交、巡捕、天文、格致、电学、西医等。主张改革专制政体，仿行西法，设立议院；改科举，兴学校；主张关税自主，建议设立商部，制定商律，保护民族工商业。该书对维新变法运动具有直接影响。

1894年（光绪二十年，甲午马年）　13岁

大港镇上的小官吏欺压平民，把一个无辜的百姓抓起来，并不确定罪名而加以拘囚。被拘者母亲哭求赵蓉曾想法说情释放。赵蓉曾正在苦虑办法时，敢作敢为的赵声独自闯进羁押处所与"虏吏"交涉。论理，"虏吏"说不过赵声；动粗，"虏吏"打不过赵声。气势如虹的赵声救出了乡民，乡亲们为此事叹佩不已。"大港固有虏吏，一日，捕市人置狱，其母泣请于君父，父逡巡未应，而君已入狱破械，挟囚出矣，时年甫十四［虚岁］，一市皆惊，吏亦无如何也。"① 因此，赵声被誉为"义侠少年"。

大港还流传着赵声爱打抱不平的故事。大港镇每年农历三月二十八日举行庙会。每逢此日，四乡八村的男女老少都上街赶会，人山人海，熙熙攘攘，做各种生意的摊子摆满了街道两旁，耍狮子舞龙灯、踩高跷变戏法以及打花鼓卖艺的，好不热闹。"有一伙富家恶少也来逛庙会，他们盛气凌人，横冲直撞，见到摊上的好东西随手就拿，如狼似虎，无法无天。而当见到一位年轻貌美的少女走过来时，这伙恶棍竟蜂拥而上，无耻地动手调戏。恰巧赵声路经这里，见此情景，怒不可遏，立即上前搭救那少女，将这伙恶少打翻在地，痛殴一顿。这些家伙早就闻知赵声颇有武功，拳脚厉害，这下算是尝到了苦头，个个像瘪了气的癞蛤蟆，喊爹叫娘，跪地认错求饶，并保证下次不敢再为非作歹了。站在四周围观的群众，无不拍手称快。"② 赵声"在大港镇庙会场上痛殴强抢民物、调戏妇女之流氓恶少，责令悔过③。

7月23日，日本军队占领朝鲜王宫，扶持大院君为首的傀儡政府。

7月25日，丰岛海战爆发，是中日甲午战争的开始。

8月1日，清廷被迫对日宣战，中日甲午战争全面爆发。

9月16日，平壤陆战爆发。

---

① 柳诒徵：《赵伯先传》，载周新国、弓楷、刘婷婷编著《赵声研究综览》，江苏人民出版社，2021，第46页。

② 肖梦龙：《赵声》，江苏古籍出版社，1984，第5页。

③ 江慰庐：《赵声事迹系年》，载周新国、弓楷、刘婷婷编著《赵声研究综览》，江苏人民出版社，2021，第144页。

9 月 17 日，甲午黄海海战开始。

11 月 21 日，甲午战争期间，日军攻占"东亚第一堡垒"旅顺口后，进行了四天三夜的旅顺大屠杀，市内群众 2 万人丧生，只有埋尸的 36 人幸免于难。

洋务运动以后，中国海军实力位列世界第八。但由于清廷政治腐朽，优良的军事装备无法发挥应有的战斗力，甲午战争最终失败。

"生而有大志"的赵声关心国家大事，急切关注甲午战争。"甲午中东战败，北洋舰队覆没不起，兵连祸结之际，化干戈为玉帛。赵闻之，悲愤不胜，一室抚膺，闭门饮泣。"①

是年大事

1 月 28 日　张之洞奏设湖北自强学堂。

6 月　孙中山抵天津，上书李鸿章，未获接见。

11 月 24 日　孙中山在夏威夷檀香山建立了中国近代第一个资产阶级革命团体——兴中会，以"驱除鞑虏，恢复中华，创立合众政府"为宗旨。

---

① 姜泣群：《朝野新谈戊己编》，书林书局，1914，第 50 页。

1895 年（光绪二十一年，乙未羊年）　14 岁

1 月 20 日，威海卫战役开始。

1 月下旬至 2 月初，威海卫战役中北洋舰队全军覆没，丁汝昌服毒自杀，标志着洋务运动的彻底失败。

1 月 21 日，孙中山以"干亨行"名义做掩护，在香港中环士丹顿街 13 号宣告成立兴中会总部，通过了修订的《兴中会章程》。

2 月 2 日，威海卫被日军占领。

2 月 4 日至 5 月 1 日，严复在天津《直报》连续发表《论世变之亟》《原强》《辟韩》《原强续篇》《救亡决论》五篇政论文，疾呼变法。

2 月 10 日，定远舰中鱼雷，北洋舰队将领刘步蟾追随自己的爱舰，自杀殉国。

2 月 11 日，北洋舰队将领丁汝昌在失败后宁死不降，吞鸦片自杀殉国。

2 月 13 日，清廷任命李鸿章为"头等全权大臣"赴日议和。

3 月 16 日，孙中山在香港主持兴中会骨干会议，决定在 10 月 26 日策动起义时以青天白日旗取代大清黄龙旗。

3 月 26 日，日本派兵占领台湾岛和澎湖列岛，遭到台湾人民的奋起抵抗。

4 月 17 日，中日甲午战争结束，清政府李鸿章和日本伊藤博文签署《马关条约》，将台湾、澎湖列岛割让给日本。

5 月 2 日，康有为联合在北京会试的举人一千三百多人于松筠庵会议，联名上书光绪皇帝，反对签订丧权辱国的《马关条约》，要求拒和、迁都、变法，史称"公车上书"。虽然上书被清廷拒绝，但在社会上产生了巨大影响。之后，康有为等人以"变法图强"为号召，在北京、上海等地发行报纸，宣传维新思想。严复、谭嗣同亦在其他地方，宣传维新思想。

赵声跟踪康梁维新思想，深切关注时政。

5 月 25 日，"台湾民主国"建立，唐景嵩出任总统。

5 月 29 日，日军开始进攻台湾，台湾军民英勇抗击。

6 月 1 日，清廷的代表李经方与日本签订《交接台湾文据》，台湾正式割让给日本。

6 月 3 日，日本陆海军同时向基隆发起进攻，基隆失陷，台北危急。

6 月 6 日，"台湾民主国"总统唐景嵩逃回厦门。

6 月 17 日，日本首任"台湾总督"桦山资纪在台北举行始政仪式，日本正式建立起在台湾的殖民统治。

甲午战败，丧权辱国，中国加速了半殖民地化的进程。对此，"悲愤不胜"的赵声痛定思痛，"方悟制艺所误。遂把十年前窗中呕心沥血之笔墨毅然束之高阁。父兄师长见其淡于功名，异而问之。赵答曰：制艺小道困煞心思，不足以立国，朝廷不久必当废，以今日藩篱尽撤之。中国读书者，非从声光电化理学机器制造工艺练兵，兴学出洋游历考察政治以归，溥国人不能复富强也"①。

是年大事

6 月至 10 月　台湾爱国军民开展大规模的抗日武装斗争。

10 月 27 日　兴中会谋广州起义失败，孙中山当晚乘轮船逃出广州。

11 月 7 日　陆皓东和会党首领朱贵全、丘四等被捕后英勇就义。

12 月 7 日　清广东地方政府悬赏花红银一千元通缉孙中山。

---

① 姜泣群：《朝野新谈戊己编》，书林书局，1914，第 50 页。

1896年（光绪二十二年，丙申猴年） 15 岁

李竟成①到天香阁求学，与赵声成为志趣相投的好友。

李竟成"经乡里介绍，得从大港'天香阁'名儒赵蓉曾（字镜芙）攻读两年，老先生赏识先君颖悟求进，悯其家境贫寒，给予免费读书。由此与先烈赵声同窗共读，日夕相处，意志相投，遂成莫逆。他俩每晚偕往东岳庙拜访老僧（老僧精少林拳术）学习武术，在学文习武之暇，畅论清朝统治百年来之腐败，广大人民处于水深火热之中，感到耻辱与愤慨，立志推翻清朝"②。

是年大事

3月　香港英国当局公布对孙中山的驱逐令。

3月21日　荣氏兄弟的广生钱庄在上海南市鸿升码头开业。

6月3日　李鸿章与沙俄代表在莫斯科签订《御敌互相援助条约》（即《中俄密约》）。

8月1日　上海徐园的"又一村"内放映了"西洋影戏"。这是中国第一次放映电影，也是外国电影商人在华活动之始。

8月9日　《时务报》（旬刊）在上海创刊，以"变法图存"为宗旨，梁启超任主笔。

8月28日　李鸿章乘"圣刘易斯"号邮轮抵达纽约，开始对美国进行访问。

8月28日　盛宣怀创办南洋公学，为今上海交通大学、西安交通大学、新竹交通大学、西南交通大学前身。

9月8日　沙俄强迫清廷签订《中俄合办东省铁路公司合同章程》。沙俄势力进一步渗入我国东北地区。

---

① 李竟成（1880—1935），生于圌山脚下的许弄村小桥头。其父李裕柏是个漆工，曾参加过太平天国农民起义，担任太平军某部旗官，家中藏有太平军军旗的铁质旗顶一只。

② 李明：《先君李竟成事迹概述》，载镇江市政协文史资料委员会编《辛亥革命与镇江》，江苏大学出版社，2011，第187页。

10 月 11 日　孙中山在伦敦被清驻英使馆诱捕囚禁。23 日，在英国强大的舆论压力下，清廷被迫释放孙中山。

10 月 25 日　中法订立滇越界约。

10 月 29 日　时任大清帝国直隶总督兼北洋大臣的王文韶向朝廷递交了《奏为拟设立铁路学堂所需经费在火车脚价等项下酌加应用事》的折子，而后山海关北洋铁路官学堂成立，为今西南交通大学的前身，是民国交通大学的另一源头。

张謇创办大生纱厂。

陆润庠在苏州创办苏纶纱厂。

严复在天津译《天演论》。

1897年（光绪二十三年，丁酉鸡年） 16 岁

是年，赵声考取了秀才，亲友来向他道贺，他淡然一笑说：大丈夫当为天下大事，小小一个秀才，不值一提。"年十七［虚岁］，入邑庠，亲友来贺，君笑曰：丈夫当为国宣力，区区一秀才何足言。"① 在那个时代，参加科举考试是读书人唯一的出路。许多读书人都抱着"十年窗下无人问"的决心和毅力，孜孜不倦地苦读，只求"一举成名天下知"的荣耀。面对甲午战败，清廷签订丧权辱国的《马关条约》，赵声不屑仕途，所谓"为国宣力"并非为清廷效力，而是与李竟成等同窗相约"立志推翻清廷"② 救国救民。

幺妹赵芳（字吟云）出生。

是年大事

2 月 4 日（正月初三） 李鸿章与英使窦纳乐订立《中英滇缅境界及通商修正条约》，即《中英续议缅甸条约》，亦称《西江通商条约》及《滇缅复位界约专条》。

浙江大学前身求是书院成立。

2 月 11 日 商务印书馆成立。

3 月 15 日 法国强迫清廷承认不割让海南及对面广东海岸与他国。

4 月 22 日 江标、唐才常等在长沙刊行《湘学报》，宣传变法维新。

4 月 26 日 清督办铁路大臣盛宣怀与比利时银行团代表在武昌签订了《芦汉铁路借款合同》，此为草合同。5 月 8 日，又在上海改订正合同——《芦汉铁路比国借款续订详细合同》。俄、法取得了芦汉铁路的投资、修筑和经营权。俄国的势力从此可由东北直趋南下，伸入河北、河南、湖北广大地区。

---

① 柳诒徵：《赵伯先传》，载周新国、弓楷、刘婷婷编著《赵声研究综览》，江苏人民出版社，2021，第 46 页。
② 李良庚：《李竟成的一生》，载江苏省政协文史资料委员会、镇江市政协文史资料委员会编《辛亥镇江将军录》上，1997，第 244 页。

7月　孙中山自伦敦抵加拿大，在华侨中进行革命活动。8月，离加拿大赴日本。

8月　浙江理工大学前身蚕学馆成立。

8月16日　中东铁路正式开工。

8月16日　中国第一套普通邮票由大清邮局发行。

10月26日　严复、夏曾佑等于天津创办《国闻报》。

10月　谭嗣同、熊希龄等在长沙开办湖南时务学堂，聘请梁启超任中文总教习。

11月1日　发生山东巨野教案。德国传教士能方济和韩理迦略二人途经张家庄，夜宿德国天主教神父薛田资的卧室，当夜为大刀会会众所杀。薛田资则以宿他处获免。济宁、寿张、菏泽、单县等州县人民，旋起焚毁教堂和教士住宅。

11月14日　德国借口两名传教士在山东巨野被杀，派军舰强占胶州湾，夺取青岛炮台。

12月15日　沙俄侵略军强占旅顺。

年底，沙俄为争夺清朝领土，将军舰强行开进旅顺口，随之便派人到大连湾和青泥洼勘察，决定在青泥洼开港建市。

是年，法国军舰白瓦特号为避台风闯入"广州湾"（广东湛江市前身），为这一深水良港而动心，献书法政府要租借"广州湾"，揭开了广州湾殖民地历史的序幕。

1898 年（光绪二十四年，戊戌狗年） 17 岁

1 月 5 日（丁酉年十二月十三日） 康有为等在北京成立粤学会。

1 月 27 日（正月初六） 清廷开经济特科，分内政、外交、理财、经武、格物、考工六门，命中外保荐应试特科者。

1 月 29 日（正月初八） 康有为上了《应诏统筹全局折》，吁请光绪皇帝决行变法，指出"能变则全，不变则亡；全变则强，小变仍亡"①。他提出了变法的具体办法：一是"大集群臣以定国是"；二是"立对策所以征贤才"；三是"开制度局而定宪法"。制度局下分设法律局、度支局、学校局、农局、工局、商局、铁路局、邮政局、矿务局、游会局（专管游学与学会）、陆军局、海军局十二局，分别推行各项新政。上书还谈到了派员出国游历、翻译西书、变通科举等问题。《统筹全局折》是维新派政治改革的全部要求，也是戊戌变法的施政纲领。光绪帝看了这个奏折，非常满意，更加坚定了变法之志。

2 月 谭嗣同、唐才常等在长沙成立南学会，黄遵宪、皮锡瑞、谭嗣同等轮流主讲，宣传变法维新主张。

4 月 28 日 光绪皇帝召见康有为。康力陈八股之弊。

4 月 29 日 康有为、宋伯鲁又上疏请改八股为策论。

6 月 11 日 百日维新（戊戌变法）：光绪皇帝颁布《明定国是诏》，表明变更体制的决心，这也是百日维新的开始。

赵声以极大的热情关注维新运动，维新派的改良强国梦在赵声的思想中引起了强烈的共鸣。他认为维新派的改良运动是"振聩发聋""开四千余年之新眼界"的大事。"赵声甚爱慕康梁才志，对于一切改革新政诸举极赞成，日与旧同窗友程佩芬、朱子骥、沈国贤以及识时诸士邹景、陶孝廉、万瀚蔚等结为诗社，杯酒相从，日谈国事。每言至激昂之语，必击节悲痛吁嗟太息，慨大局之沉沦，恨狂澜而莫挽，以今日之时世，非推翻旧局，改良新政，制造新国民，不足以富强天下以拒外侮也。首为国计而推及教

---

① 《上清帝第六书（应诏统筹全局折）》，载戴逸主编《康有为诗文选》，巴蜀书社，2011，第 180 页。

育，以养成尚武之风，方能立国，国计者萃天下之菁华而核其来去者也。今日政府只知有去路之不敷，而不审来源之短绌也。病根短绌，只仰屋咨嗟。有十八省之矿产而不思浚，各处口岸而不辟开，四百余州铁路而不兴筑，是不知理财良可慨也。有理财之方，而后得资教育，教育者为国家作育人材之计者也。异日用才得以备采，有才储焉而尚武之风从兹而养。今之天下一如春秋之天下也，以战论无学不足以敌人，所以有学之国胜，无学之国败；多学之国强，寡学之国弱，理所必然矣。子舆氏［孟子］言曰：天下有道，小德役大德，小贤役大贤。以拿破仑之才德感格国人，而法国民族之精神丕振；英国大将惠灵吞之战功一立，而国学趋夫尚武，可知教育者为关系夫强弱。故教育决不可少焉。嗟夫，中国今日几成为无教育之国者也。无教育故无尚武，沉沉弱弱积重于兹矣。忽者康梁为振聩发聋，改革新政，开四千余年之新眼界，赵于是爱慕。"①　其中"首为国计而推及教育，以养成尚武之风，方能立国"是他的追求。

　　9 月 21 日　慈禧太后发动戊戌政变，囚禁光绪帝至中南海瀛台，变法宣告失败。

　　9 月 28 日　百日维新的谭嗣同、杨锐、林旭、刘光第、康广仁、杨深秀（史称"戊戌六君子"）被问斩。

　　秋至冬，维新派康有为、梁启超分别逃往法国和日本。

　　在以那拉氏为首的反动势力的残酷打击之下，维新运动昙花一现。赵声备受打击。《朝野新谈戊己编》② 载：

　　　其保皇未几，康梁遁逃，忽而复旧，赵［声］忽而不乐，愤懑填胸，咨嗟抚叹，无限感怀，日夕相与邹景陶、万瀚蔚等吟诗廿余首，皆感慨时局。今搜得其原稿十数首，是秋感而作，署名痛哭生者，盖赵［声］也。今读此诗，与近吟之声调略异，此人生以时势而转移也。

　　诗云：

其一

浮云西北望长安，转绿回黄眼倦看。

堂额竟除新学字，门封重撒旧裁官。

早知秦相能相压，何有商君苦用钻。

---

①　姜泣群：《朝野新谈戊己编》，书林书局，1914，第 76-77 页。
②　姜泣群：《朝野新谈戊己编》，书林书局，1914，第 77-82 页。

孤负至尊忧社稷，千秋疑案说红丸。

其二

悲秋有客卧江城，难遣苍茫百感情。

河决未消黄水势，饥民易起黑山兵。

石人敢信因谣出，金狄真愁应谶生。

时虽年荒正无那，况堪江上鼓鼙声。

其三

不独江南赋可哀，伤心聊复此登台。

徜徉百虎存生命，改制公羊是党魁。

从此诗才兼史作，漫天秋色送愁来。

惊闻午夜鹃声泪，未久天津血战开。

其四

万山秋色赴重阳，莽莽乾坤意黯伤。

敢说巨君媚艾母，未容孝孺问成王。

东周纪月秋多蚀，四极占星夜动狼。

笑指黄花亦时势，金英开遍岛臣章。

又搜录其五律诗遗稿于左（戊戌变政后作）

未罢鸿都学，先停有道科。

金银潜气转，文武异才多。

解尽营中旨，休虞倒太柯。

浊流何混混，极目望黄河。

滨海无安土，潢池更弄兵。

鲸波春溢岸，孤火夜连城。

已误通商局，翻增保教名。

痴聋吾美尔，高会集群英。

天下谁健者，出门横佩刀。

常人叹龙种，神器等鸿毛。

木落诸陵哭，花矫大帅豪。

荆州刘表在，八俊自名高。

九叶华夷主，周大两岁星。

艰难为社稷，卧病自宫廷。

下诏医方出，朝正典礼停。

须防中外口，一疏护流星。

遗种传乌洛，飞车过紫蒙。

神龙秋失水，胡马夜嘶风。

外援怜桑相，中朝忆魏公。

浮云连北极，时论太汹汹。

空益朱车卫，难回铁路权。

蛮云遮楚粤，汉月冷幽燕。

愿请修宫价，先添横海船。

已无夷夏界，何处说防边。

莫向帝乡问，南阳多近亲。

未能成革政，相厄有尸臣。

庙算归权戚，官符付柝人。

空教天下士，痛哭念维新。

　　此诗得自昔日南洋新嘉坡《天南日报》所录也。后清《议旬报》亦有载之，其原诗非只此，昔见之有秋感前后共二十首之多，今搜查只得此数，照录之，可见其豪迈悲感之慨也。

　　是年秋八月，因康梁逋逃，孝钦皇太后（慈禧）训政诏下。忽传德宗景皇帝（光绪）御疾，下诏征医，各省人心惶惶，莫知所措。康时之党祸，语多骇听，赵［声］则漆室忧思，闭门饮恨，与旧窗友程佩芬、朱子骥谈论古今中外党人历史，牵连诛戮者恒有也。以法国七月、三月革命，诛戮者百余人。古之阮大铖罪，复社诸贤；明魏忠贤之罪，东林诸贤，元气断丧。前日本府幕之末叶亦如此。今日康梁株祸，六士喋血，盖非只株连六士，其中当轴诸公，或革职、或幽禁者，则有翰林侍读之徐致靖，湖南学政之徐仁铸、巡抚陈宝箴、其子吏部主事陈三立，仓场总督李端芬，户部侍郎张荫垣，两湖总督张之洞，广东学政张百熙，湖北巡抚谭继洵，詹事府少詹王锡蕃，旧湖南按察新擢三品卿衔黄遵宪，侍读学士文廷式，礼部主事王照，前湖南学政江标，霸昌道端方，直隶候补道徐建寅、吴懋鼎，山东御史宋伯鲁，工部员外郎李岳瑞，刑部主事张元济、洪仲汝，庶吉士熊希龄，侍讲志钧，工部笔帖式志锜，知府冯汝骙，出使美国钦差大臣容闳，□□□飞鹰军舰舰长因追捕康梁不及，中途乏煤，疑其义释，亦下狱，谭罢则凄咽不胜。各省士林，前于康有为得志时代，自非康党而冒为康党者，今噤若寒蝉，一时避康之名，如避虎矣，独赵［声］侃侃而论曰：罪者自罪，言者自言。同康罪者自同罪，不同康罪者，应不同罪。磊磊落落，吾赵某何常应言康者而不言哉。程佩芬、朱子骥亦深韪其言。后以康梁逃流外洋，其行为颇为中外各报所訾论，赵则洞烛之，甚悔当时误信两人也。

这一年，赵声的思想随着政局的演变而发生变化。他的诗词对以康、梁为代表的改良派寄予希望和同情；对"百日维新"像天上的浮云一样流逝而过，大失所望；对以慈禧、荣禄为首的顽固派废除新法的丑行、腐朽统治和卖国行径进行抨击；对慈禧挪用海军军费修建颐和园和荒废海防的腐败行径深恶痛绝；对清廷出卖铁路权等卖国行径进行了讽刺；对两面三刀的袁世凯表达了憎恨之情；对康、梁逃亡海外并组织保皇会，转向帝制保皇，表示愤怒和失望。他愤怒地说："不推翻清朝专制统治，中国无以言改革；而中国非急起改革，则无以图自存。"① 赵声写诗指出："'早知大祸已临头，何不长驱赶满洲！'明确地将矛头指向了清王朝，号召人们奋起推翻这个腐朽的统治集团。"② 赵声摆脱改良思想，坚定推翻清王朝的信念，决心探索革命道路。

10月，面对清王朝的腐朽没落，赵声满怀"天下兴亡，匹夫有责"的豪情壮志，进行社会考察。他"辞父母出游，先至镇江"③。赵声对西距大港28公里的古城镇江做了深入的考察。

第二次鸦片战争后，镇江被辟为对西方列强开放之地，英国在这里设立领事馆，划占租界区。英领事馆建在城西云台山的山腰上，云台山下的五十三坡和银山门一带全属外国租界区，建有"工部局（巡捕房）""税务所公馆""亚细亚火油公司""美孚火油公司"，以及耶稣教"浸礼教堂""基督医院"等。

---

① 肖梦龙：《赵声》，江苏古籍出版社，1984，第14页。
② 肖梦龙：《赵声》，江苏古籍出版社，1984，第14页。
③ 江慰庐：《赵声事迹系年》，载周新国、弓楷、刘婷婷编著《赵声研究综览》，江苏人民出版社，2021，第144页。

　　镇江古老的城垣，经历次战火的毁坏，已变成残垣断壁，看上去颇觉荒凉。北边沿运河至江岸有一段城墙是太平军攻防的遗迹。城西门的一大片缺口是镇江抗英保卫战的遗迹。1842 年 7 月，英军进犯长江，兵临镇江，镇江守军和广大群众奋起抗击。当时大港乡民自发组织乡团，圌山关至镇江城五十里沿江人民同仇敌忾，英勇战斗。最后，英军勾结奸细乘小船沿运河偷窜到镇江西门，用炸药爆破城门后才攻进城。镇江人民在市内的街巷与侵略者展开了一场气壮山河的肉搏战。

　　赵声目睹满目疮痍的大好河山，更加坚定了为拯救天下而献身的决心。他"与共应府试之蒋少成等学友同游镇江南郊竹林寺，自卜寺旁葬地，戏吟有'他日行人遥指道，竹林深处赵公坟'句"①。

　　"赵声在镇江访古问今，饱览名胜，结识一些志同道合的青年学友。之后，又乘船过江沿运河北上，先后到达扬州、淮安府等地。他在苏北的游历中，见到江淮一带人民的境遇更惨。由于淮河、洪泽湖长年得不到治理，任其洪水泛滥漫流，几乎年年造成水灾，不知淹没了多少村庄田园，广大人民群众家破人亡，逃荒要饭，卖儿鬻女。那里的人身价比牲畜还贱，出卖一个女孩子，多则几千文，少的竟只有五十文。清朝廷的苛捐杂税层出不穷，花样翻新。人民被压榨得实在活不下去，像掉在热锅里的蚂蚁一样，走投无路，终日受煎熬，常年在死亡线上挣扎。赵声一路耳闻目睹，城市萧条，农村荒芜，尽是民不聊生的悲惨情景。"②　"还有淮扬徐海民"，"每年饿死有三千，根根白骨弃沟边"③。

是年大事

　　清廷开始筹借第三期对日赔款。英德集团再次压倒俄法集团，取得了这次借款权。

　　2 月 9 日　清总理衙门与英国汇丰银行、德国德华银行在北京签订了《英德续借款合同》十七款，另附《付还本利日期数》一件。规定：借款总额为一千六百万英镑（合银一亿两）；以八三（83%）折扣交付，年息四点

---

　　①　江慰庐：《赵声事迹系年》，载周新国、弓楷、刘婷婷编著《赵声研究综览》，江苏人民出版社，2021，第 144 页。

　　②　肖梦龙：《赵声》，江苏古籍出版社，1984，第 12 页。

　　③　肖梦龙：《赵声》，江苏古籍出版社，1984，第 13 页。

五厘；分四十五年还清，不得提前或一次还清；以海关税和苏州、淞沪、九江、浙东货厘及宜昌、鄂岸、皖岸盐厘为担保。以上各处厘金由海关税务司派人征收；借款偿还期内，中国海关总税务司职位必须由英国人充任。

2月11日　清廷被迫向英国保证，不将长江流域沿岸各省租押或以其他名义让予他国。

3月6日　清总理衙门大臣李鸿章与德使海靖在北京签订了《胶澳租界条约》（亦称《德租胶澳专条》）。通过这一条约，德国不仅得以租借胶州湾，而且把山东全省变成了自己的势力范围，攫取了在山东的路矿特权。

3月11日　法国向清廷提出"租借广州湾"（今广东湛江）的无理要求，并于4月22日派出军舰在广东雷州府遂溪县的海头汛（今湛江市霞山区沿海）武装登陆，强占海头炮台。法国强迫清廷允其强租"广州湾"。

3月27日　清廷被迫与沙俄签订《旅大租地条约》。东北全境成为沙俄的势力范围。

3月　萍乡煤矿（安源煤矿）开办，这是直属于清廷中央的官办煤矿。系引进德国技术进行开采，向德国礼和洋行贷款400万马克，先后延聘德籍工程人员30余人。

3月　谭嗣同、唐才常等于长沙创办《湘报》，以"开风气、拓见闻"为宗旨，鼓吹维新变法。

4月14日　清廷与美国签订《粤汉铁路借款合同》。

4月21日　清总理衙门大臣李鸿章等与英驻华公使窦纳乐在北京签订《展拓香港界址专条》，将位于深圳河以南、九龙半岛界限街以北及附近岛屿的中国领土，即所谓"新界"，租借给英国，租期九十九年。

4月26日　清廷被迫对日本声明，不将福建省割让或租借给其他国家。

4月　法国强占广东遂溪县的海头汛（今广东湛江市霞山区），然后向东西两边的内地扩张。

5月　光绪帝发布"上谕"：自下科始，乡会试及生童岁科各试，一律废八股，改试策论。

5月　周樟寿（鲁迅）考入江南水师学堂，改名周树人。

5月　清廷与沙俄在圣彼得堡签订《续订旅大租地条约》六款，进一步确定俄国建筑及在租借地附近的独占权，中国东北成为俄国的势力范围。

继俄国之后，英国要求按照租让旅大的同样条件租借威海卫。清廷与英驻华公使在北京签订《订租威海卫专条》，规定将威海卫及其附近海面（包括刘公岛、威海湾之群岛及沿岸十英里地方）租与英国，租期二十五年，期满经两国相商仍可延长。

6 月 9 日　清廷被迫与英国在北京签订《展拓香港界址专条》，英国强行租借界限街以北、深圳河以南的九龙半岛北部，以及附近 235 个大小岛屿（后统称"新界"），租期九十九年。

7 月 1 日　清廷被迫与英国签订《租借威海卫专条》。

7 月 3 日　北京大学的前身京师大学堂成立，这是中国近代最早的大学之一。

7 月 5 日　英国向清廷提出了修筑天津至镇江等铁路的要求，与德国在山东的利益发生矛盾。英国被迫与德国政府直接交涉，以两国共同分割英国在非洲的殖民地为条件，换取德国在津镇铁路上的让步。德国对非洲觊觎已久，愿与英国妥协。双方遂于同年 7 月 17 日达成协定：天津到山东南境的铁路由德国修筑，由山东南境至镇江的铁路由英国修筑，全线竣工后由双方共同经营。英国的铁路投资范围是长江以南各省和北经河南至山西；德国的铁路投资范围是山东省以及自黄河沿岸至南京一带。实际上是双方互相承认了各自在华的势力范围。该协定签订后，两国联合向清廷提出了承筑津镇铁路的要求，并于光绪二十五年（1899）5 月 18 日逼迫清廷签订了《津镇铁路借款合同》。

8 月　清廷诏设农工商总局。

8 月 25 日　英国为了减轻芦汉铁路的重要性，并阻挡俄、法插足长江流域，急于揽到关内外铁路的借款权，以便向北扩展势力。关内外铁路会办胡燏棻与英国中英公司在北京签订了《关内外铁路借款合同》。规定：借款总额二百三十万英镑，年息五厘，九扣实付，四十五年还清；该款用于修筑奉天（今辽宁沈阳）中后所至新民屯（今辽宁新民）铁路及营口支线；备还津渝、津芦铁路欠款；以北京至山海关铁路财产、收入和新筑铁路收入作担保；铁路总工程师由英国人担任；中国保证合同内所指铁路永不让与他国。

冬，孙中山等与康有为、梁启超就反清问题进行多次会谈。

12 月 23 日　梁启超在横滨创办《清议报》。

1899年（光绪二十五年，己亥猪年） 18 岁

赵声广泛交游，搜罗阅读各种报刊消息，关注世界大事，研究中国问题。

赵声撰《宰割中国论》①：

呜呼！庞然硕尔之支那帝国，自甲午一役，其衰弱之实相，腐败之隐情，俨如魑魅魍魉。经日中天，夭怪丑媚，毕暴露于宇内，而不能自饰。虽五尺之童，樵薪之夫，亦知其终将不可恃也。故欧州［洲］列强群逐逐焉，觊觎于远东，遂亟日宰割我中国之势焉。嗟乎！三百年前，亚米利加旋已开辟矣。二百年后，澳大利亚旋已经略矣。近十余年，亚非利加又复剖割殆尽矣。南北冰洋之索，东西印度之拓，日复一日。地运自西而东，此时为然。驱我入闺阁，涩然如三月妇，任他人相逐，犹哑忍也。今若英俄法德奥意诸强，同心协力，奋智共谋，宰割我中土，以破碎我腐坏之帝国，以箝逼我黄种之人民，白种人为永久之殖民地，岂不悲欤。今彼一日蠕然而动，必贻我他日患也。辄曰：今中国四万万蚩蚩无教顽愚之众，只有愤忌白种之宗教，痛击教士之相侵，尤为愚矣。或残虐教士、或侵毁会堂、或挠害通商之利权、或背犯订定之条约，种种诱然自祸，悠然不识外情，不谙时务，顽冥之风习，蔽锢之性情，虽死而不改，悠悠以迄于今，含诟包荒如昔，适足长士夫之骄泰，草野之顽锢而已，犹时屠毒自己也，于事何裨哉。今者外人猛力搏击，以短我势权，以威其声望，不少宽贷，岂可如前之厚恕以待我者耶？其西历一千八百九十四年，俄之诺乌哑司暨报，论中日平壤及鸭绿江之战之说也。（平壤及鸭绿江之战，我军败绩，即甲午年也，议论森森，迫人听者战栗，我黄种之民能无悚惧）又同年，德国伯林京城，尼由乌爱尸铁那希利滕，亦著论曰（即德相卑尸麦克之机谋）今中国当溃败之余，各国竞申其封豕长蛇之欲，张其鹰搏虎啮之谋，以加威于中国。我德国者，岂可闭户自守，默然不出，而又不与列强争干涉之势哉。况居今欧洲列强，攘美利，收大欲于中国者，则英为最。我德其次也。如中国一经宰割，而我不与闻，而俄而英而法咸欲均其利益，势不至

---

① 姜泣群：《朝野新谈戊己编》，书林书局，1914，第 87 页。

卒于互相竞争不止。俄德此时，则虽欲步三国之后尘，啜三国之余腻，岂可得哉。我大德帝之声名，不委焉坠地乎。今为德国计，亟须上下同力，锐意愤心，以与各国干预宰割中国之权，是诚我德当近之急务，行政之要图也。又曰：为德国者，必须以地球上之帝国自负。不然，今日虽列为第一等国，他日将降为第二等，其若诸强何。今当风云变迁，龙蛇起伏之时，我德当奋袂而兴，乘运进取，以保持现存之形势，以扩张异代之远图，必能如愿以相赠也。如其否也，我德岂能袖手旁观，默听欧洲列强，擅行掠取亚东大陆而甘为牛后哉。既而一千八百九十五年（即光绪乙未年也），中日之战已定，马关之约垂成，欧洲列强楚子问鼎之谋，秦皇括囊之志，纷纷接踵于东方矣。我中国西南诸方闹教之案，蜂焉四出，遂使师曲于在楚，益长责言于西邻，而英法德米挟其兵威厉其长舌，要求我腐败之政府。政府束手畏威，莫可如何。为之宣谕，加其保护之劳，为之改约，长其法权之势，为之赔偿，为之抚恤，凶徒为之诛戮，疆吏为之斥黜（四川之教案，革四川总督刘秉璋；今山东之教案，复革山东巡抚李秉衡，进退之权已落他人手矣，嗟乎！），而后渐渐敛威而退。尤强迫无上上之权利，使英舰队得行驶长江上下，以示其威棱。而德国亦争效西子之颦，趋尼父之步。而广东汕头港，如英国例。得肆其舰队，出入无禁。而我腐败政府，慑其威重，屈首就盟，俨如予取予携，不汝瑕疵，有求必应焉。由斯益启外人觊觎之热心，日恣悍夫攘夺之猛志。于是德国诸报及商会公司，咸哆焉看破我中国政府，衰老羸弱，无复能抗拒外压之力，以我为稚夫孱子，可狎而侮之。故德国略中国之雄心愈炽，日煽动我政府，以张其剥割之谋。现德国协会，修书于该国相臣，虾乌恺吴罗乌爱君，其书中约旨，言当乘时领据中国海港，以扩张其殖民地，毋落他人后也。其领据之地，当以浙江之舟山诸岛为最。（先是西一千八百四十七年，中英条约内载舟山诸岛，后来除英国外不得让与他国云）然前协会建议之意，誓欲张拓一己之私利而已，以强夺为其主义焉。上海之地，若德国无所领据，而国在东方亚细亚之商务，必达希望其振兴于来日哉。虽然，德国诸东方协会其进取我中国之志，不可谓不炎炎如火矣。静以审之，事岂难为力哉，况我中国政府，已强颜卑言，表过谢罪，屈驯列强之请矣。于是德国之谋，遂振振其羽而起焉。（即西一千八百九十五年）比及来年（即光绪丙申年），德国诸报暨东方贸易商会，再申宿议，极昌言痛论，肆无讳忌，若谓一日宰割中国，机会已来。我德应为领据之地，当在黄河、长江之间，自黄河以北，区为俄界；自长江以南，区为英界。乃未几中国政界畀俄以东清铁路，中俄银行及满州〔洲〕筑路、采矿、行轮、修电种种特权。而朝鲜与俄之订立合同条约，国内之财政兵权，悉归俄人掌握。而俄国在极东之气焰，蒸蒸增长，益授德人之口实矣。于是德人遂振振猖论，咸醉日俄之经略东方，其政策如是之迅速，心手如是之敏捷，已映来轨之鉴也。德为此际，岂徘徊观望，踌躇而不进乎，则将举我中国四百余州之山河，四百余兆之民庶，悉委掷于俄人之指挥颐使，德故为之排斥，其恐落后至此，唯欲求一立锥之地其可得焉。然方斯时，俄新皇之亲臣，乌富施摩尸戏伊氏，奉承密诏，使赴中国，遂结合中俄交谊，巩固不解，弄我北京于抚掌之上，令俄之威力渐于中国。彼时俄之将军，曲埋罗夫氏，侈然狂论。俄之得长威力于东方，宣布中外，谓若中国、若海老、若突厥苏丹、若西藏、若印度，举东方诸国，皆上帝尊意畀授我皇领辖；东方诸土，将必归我俄管受，欧洲列强，尚复不畏天命，妄奋怒臂，而与德力争乎。审罗夫氏之语，足窥俄人尊强自大之姿态，益激荡德人领割我中国之雄心。其德国姑不究上帝之属意于俄如何，但其德审视俄在中国势力，宛然旭日之东上，横流之西决，无可遮蔽而遏抵之。矧其蚕食力之勇捷，非令德人所惧畏，而美望不置乎。其德不欲辟土地，葄我中国则已耳。不然，其德之欲乘运而攫夺我中国港岛，岂得已哉，然已非一朝一夕之故矣。我之舟山、厦门、胶州，昔德政治家垂涎久矣。然舟山已有中英之约，厦门已成互市之场，岂容德人插足乎。则德之所侧目者胶州也。第胶与旅顺，我国政府已贷俄舰避冬寄泊矣。若两港未专制于俄，英则可援千八百五十八年（咸丰戊午八年也）之约第五款，靡论中国何处港湾，均能随时自由进出，及一切采索薪水粮食，修缮船舰。推而视之，旅胶虽贷于俄，英岂不同沾利益乎，则亦不容疑虑矣。今德俄经画我中国秘策如是，英则如之何？则鉴观往事得失，绸缪事前以保其固有之权，更漠处静窥，如猫捕鼠，以图后日之利。倘我苟善于东方外交之政治家，知今英之经画中国情形，与昔年在亚非利加西海殖民地，尚无此甚也。观于一千八百九十年某日，铁哈无熙鸦伊君之说，足知德人经画中国之左券矣。

悲夫，英人昔之规画西海政策。而为经营今日我中国机谋也。当千八百二十五年（同治乙丑四年也）英员奉命调查西海领土者，其所布施之经略，一以为扩张西海岸领土于非州［洲］，多害寡益；二以为英领施行政要，唯欲诱导土蛮，文化日开，令其酋长建立自治之政；三以为管辖领地之权，当让于各部首长，便能知自立政体，时宜速放撤管辖政权，不预闻问。当时英府用之，徒拘拘于煦子之义而令同领。非州［洲］殖民地，受祸为不浅矣。夫铁哈氏木者，乐天主义之徒，当日尝预调查之任者也，今亦幡然追悔，附和同僚经略之失计，始以为主张土酋自治之说，果使骎骎渐于文明，无异其为代之也。庸知地不加辟，政不加变，反令德之商场衰退，如斯其剧乎。彼必不以为其德，以为其仇，而诱募法奥诸国侵削德权，代收其放弃之土。余于曩者，见其调查会商之时，意想所未周者也。嗟乎！铁哈氏之自悔如是，然此放任主义，英斤斤然施于中国者，盖已久矣。今试举英人侵权我中国之由，足为西海覆鼎之金证也。千六百八十年（咸丰庚辰十年也）中英二次之约，吾方诚然省误，其欲以昔之望西海者望中国，自外观之。其输进欧米之文明，振发中华之风气，使立自强治基，而不知其将有所冀于今日矣。我政府不审其鄙然自豪之性，倚虎豺而为邻。援蛇蝎以入室（指引英为保护之事）据我条约，削我商权，不啻西海酋长心法之相授。呜呼！念俯细非真西东同慨哉，斯所谓宜鉴观往事得失，绸缪事前者此也。然我中国政府，其心休休，无他技。所怖于外国者，惟威力已矣。此中英千八百五十八年六十年，商定条约时，英特权使臣爱鲁气吴氏愤政府之说也。斯言虽骛，不公于理，然以卅年来近事征之。诸约国驻扎北交使臣之察查窥验，咸白眼瞠视，觇破我政府性情之元素，积习之真形，假以诱披扶持，采法欧米，革新庶政，为好面具也。今举英进步之党，张张焉咸以爱鲁氏说为之鹄，谓英官纠寰球诸强国，忍辛艰，冒危险，排舰队，调戍兵，内则锋其说，以慑其情。外则廉其威，以锋其势。然后纵众之所欲，权众之所择，东南通其海港之场，西北辟其砂碛之地，矿产穷山晋秦，渔盐绝壑吴粤，汽艇川灌湘淮，铁轨邮通滇蜀。使五洲之众，勇者竞先，懦者踵起，簇簇蝇集。于亚东大陆，如附腥膻，如啜醴醪。我国之富藏利薮，咸吸强收，采取净尽，无余蕴焉。与其昔年开拓亚非利加一例同观也。斯实近十年来极东之状态也，无日不在众虎逐羊之际，群雄走鹿之场。犹忍隐漠处静窥，如猫捕鼠，以图他日之利也。嗟夫！我国慢藏之器，今人行路侧目，无不先为着鞭而去者矣。今吾推究我邦帝国贫弱之原，财政为之也。海防厘捐，既遍征南北各部矣。然剥削愈甚，饱蠹愈多，司农方兴仰屋之悲，周王益增筑台之虑。于是俄德法诸国强而要挟之案，繁于厘毛。偿货之期，急于星火。分析之虑，未敢决也。一千八百九十五年（光绪二十一年也）驻沪英之戏也迷吴领士，于斯事尝言之详矣。我政府不察，乱许增商埠，自贻束缚，以梗遏其富源，则破产之忧，不待继晷也，援救之术何哉？为今之计，当决言革故改良，勿作委蛇内政之举。施对外重迟迁远手段，勃然申威，坚立政府，而固城镇，勿谓华洋集处同室。先宜埋凿川河，纷灌内外航通之路，则运输得便，征纳遂丰，国债之贷款，度支之出纳，慎为相处。山海之宝藏，源源增拓。水陆师团，渐渐扩张。诸他费值，罔不咳唾立办。使得计臣，益善维持而经理之。何庸谬自日征苛捐，而为此损财伤民之举哉，此中国财政救败之善策矣，宜竭力为之。今夫中国政府之隐忧，固在足腓矣。其腹心尤甚，何以言其然也。患在外者蚕食，患在内者鱼烂。闻之一千八百九十一年，哈鲁哈乌鲁氏尝为演说，发布于埋吴既爱尸太阿地学协会云：其言中国乱党，名目种种，纷结内外，其强众者，滋蔓湖湘滇粤之间，卧榻之旁，岂能安枕。军制不讲求者素矣，神机绿营，固不足用。有事征募，率皆草野不逞之徒。急则需之，缓则弃之，故组结斯心腹患也。以国中之南北相去二万余里，而朝见之政化，夕安能逮于南方，广东西边，雷高琼廉诸州，海寇暴徒，累载烽煽，水陆梗通，民商交惫，与地方命吏，竟旷然相率，放弃其民命财产之任，绝不为之保护，一若耳无闻，目无见，以为是莫须有之梦幻也。若有控诉于有司则摈而去之，反以为是诲盗之咎，何为言其然也。于一千八百九十五与九十六二年，英驻廉州北海领士之执可据也。又据同年英驻广州领事，报告粤省不靖之风说，比岁而来，盗寇充溢，良民汹汹，不安于堵，其骚扰惶怖之状态，与雷高廉琼诸州勿异也。中日战争以后，财政窘迫，罗掘几空。诗云：此方多宝玉，慎勿嫌清贫。而不肖之绅吏，藉是为渔饵肥私之计，诱导有司，加税增厘，借捐饱橐。卒致民商忿怨，相率为难，久讼经年，犹不解免。所幸粤民卑顺，息事为宁，抗上之力，不逮其抵遏之势。驭富之气，不敌其治贱之威，虽其情有所不甘，志有所未逮，咸戢戢遵法，以为是有司当莫可如何之时，作此不得已之举也。最可痛者，夫粤吏且悬煌煌谕示于国门，旨谓以粤省之金钱，作粤省之保障。粤民举欣欣然，窃以为自是而后，我之生命，可免不虞矣；我之财资，可免滞留矣；我之产业，可免藉没矣；我之女子，可免标房矣；我之寝食、我之出处，可无宵暮之警、江海之患矣，岂意其担荷民生所寄之义，不能贷之重任。不寒暑间，相委然而放弃于中道也。反使民倚外权，以相托庇，粤之民情可见矣，欲祸不作，岂可得哉？岂可得哉！此驻广州英领事之所报如是也。况近数年来，我中国之有远志者，周游海外诸国，岁有所增络绎中外不绝，举地球上无不有华人足迹。其飞译东西变政诸书报，亦渐推扩，渐有人材，蔚然芽出。其东南诸方，一变其士人之风气，一新其民商之思望（谓南方之人多出外洋国也），外有所观，内有所感，其视乎晚近之政府，长有不满不平之念者矣。然使政府远察外情，参视近势，可少贷下权，以革新其国政。拔其平昔郁郁不平之徒，以共治为理，岂无二三豪杰，出而为我走集也。彼不将愤其血气，倾其心腹，耗其肝胆，馨其心蕴以奉上，而思自奋于风尘者哉。天下敖敖，方引领踵集矣，于自强何有焉。不然，革新之举，不速行也。外警之变，内腐之溃，决裂五出，痛臭之祸，可思拟哉，又况法人之蓄谋于南方久矣。粤之毗近越南（法国领殖民地也），擘析宵闻，而山海寇盗，逾越出没，常为法人患。萎靡之吏，无术以驱除焉，实贻法人之辞据。故劫虏之案，时有所传，要偿之求，纷于诸报。且法自领军队，逾域而摈攻之畀人大柄，欺迫滋甚。嗟乎！两粤三十余州之山河，终为法人所索求必矣。盖法之取越南，醉翁之意，岂在杯中物耶？今又试观英人之心焉。

虽然英于中国所必争者则商务也，故其厘税之征加，其货品之盈绌，与其借偿之衡权，其山河之浚通，无惮斤斤三复议之者，斯英经略我中国政策也。然英之政治家，屡诋我中国政府，尝谓中英之约我英既获之权利，今反有自我得之自我失之之憾。遂使英国输入我中国者，竟为厘中所窘，受弊为不细矣，抵制之术何哉。吾恐政府失是术也，是皆政府狃安纵涣一切之愆也。夫我国政府懵然不察，饮鸩蓄患于心腹，疮痍伏生于肘腋，晋宋之运，今其续哉。夫昔甲午之争，英之乌爱衣氏豫为托言曰：若帝室为日军所困，遽为热河之续，以迁彼南京，民心必摇，而欧州[洲]列强遂各顾私利，益逞其虎张吓喝之谋，肆其迫挟要求之志，牵制以陇断之。殆谢和之后，蹶而不振，悲乎！然而英于中国政策始终勿变者，则在商务，而土地非其所利也。何也？有代我守斯土，莅斯民，而我少无所损，其实皆满载而去，渍其余润以沾溉其不逮。则彼恩吾惠而怀吾德不暇，将相率弃己而趋彼者，是成英之外府而已矣。虽然，今俄德法诸强国，申其连横之势，张其胁迫之威，割掠我国土地及一切通商利权，则妨英之甚者也，岂英之能固守不变，虐鬻让名，以达经营其商务之主义耶？悲哉！今我国惫矣。俄德法将继于前，强于我势。英将缚于后，柔以夺我利，余则剔毛剥骨，啜嗒遗润。踵集于傍不能去，版籍虽大，民户虽庶，其北不趋为波兰，南不折为印度也几希。①

年底，义和团运动发展蔓延。

是年大事

　　春　朱红灯在山东长清、平原一带领导义和团反对外国教会势力。

　　4 月 17 日　广东东莞、新安（今广东深圳市）人民发起武装斗争，反抗英国在九龙半岛扩大侵占土地。

　　4 月 28 日　英俄互换照会，英国确认我国长城以北地区为沙俄势力范围。

　　6 月 13 日　康有为、梁启超于日本组织"保皇会"。

　　春至夏　孙中山派毕永年偕日本人平山周等赴湘鄂各地联络会党，准备在湘、鄂、粤同时大举。

　　7 月 20 日　康有为在加拿大创立"保皇会"。

　　8 月 6 日　梁启超与旅日华侨于日本东京创办高等大同学校。

　　9 月 6 日　美国国务卿海约翰提出针对中国的"门户开放"政策。

　　11 月 16 日　清廷不顾当地人民反对，与法国签订了丧权辱国的《广州湾租界条约》，把广州湾租借给法国，期限九十九年。广州湾划入法属印度支那联邦范围，设广州湾行政总公使署，受安南总督管辖。但慑于人民的反抗，法国不得不将租界西线从万年桥（现遂溪县新桥糖厂附近）退至赤坎西面的文章河桥（今寸金桥），租界范围从纵深一百几十里缩小至三十里。从此，广州湾成为一个独立的行政区域。

　　11 月　湖南岳州正式开为商埠，外国经济势力进入湖南。

---

　　①　编者注：《朝野新谈戊己编》说此文为 1903 年赵声在日本早稻田大学所作。笔者认为，此文称 1898 年俄德法诸强国与英国争夺在华通商权利为"今"，而没有提及 1900 年八国联军攻进北京之事，所以此文当成稿于 1898 年至 1900 年之间。

1900 年（光绪二十六年，庚子鼠年）　19 岁

1 月 27 日，在北京的英、美、法、俄、意等国公使团，一致要求清廷平息义和团暴动。

2 月 14 日，清廷悬赏十万两白银缉拿康有为、梁启超，并严禁民众购阅其所办报刊。

2 月 19 日，清廷命令直隶、山东督抚查禁义和团。

3 月 2 日，北京的各国驻华公使要求清廷严惩义和团。

3 月 20 日，美国国务卿海约翰宣称，中国"门户开放"政策已经获得英、德、法、意等国的支持。

3 月，义和团运动在直隶、山东一带迅速发展，随后进入北京、天津地区。

4 月 5 日，京城出现了义和团坛口和大量揭帖，声称"消灭洋鬼子之日，便是风调雨顺之时"。

4 月 10 日，袁世凯镇压山东义和团。

5 月 21 日，英、美、法、德各驻华公使再次照会清廷，敦促严厉镇压义和团及惩办镇压不力的官吏。

腐朽没落的清廷先是鼓动义和团抗击洋人，后是联合洋人镇压义和团。八国联军攻破北京，清廷卖国集团公然宣称："量中华之物力，结与国之欢心"，"宁赠友邦，不予家奴"。面对清廷与洋人相互勾结、狼狈为奸、宰割百姓的内忧外患，"痛哭生"赵声思考、寻求救国之道。

农历十月，母亲葛氏病危，饱受煎熬的赵声按大港风俗娶严吟凤①冲喜。"伯先母葛夫人患难产，势危殆。时伯先已与严吟凤订婚，因来视汤药，镇江风俗谓之'端茶'。母卒弃养，几无以为殓。镜芙先生将售夫人陪嫁妆奁，启箱视之，累累皆票质。是盖夫人生前，尽典裙钗，以济家用；学生中贫苦无以为食者，亦时补助之，积年以来，所耗至多，用心良苦，

---

① 严吟凤（1880—1956），后改名严承志，赵声之妻。广州起义失败后，在上海参加女子北伐敢死队，随后入镇江女子北伐挺进军。在光复南京等战役中组织女子敢死队，并任女子战斗队总指挥。抗战时期断然拒绝汪伪的抚恤金。镇军都督林述庆在《赵氏文翕分谱》卷十第 17 页中附语："吟凤，为承志，江南光复之初充北伐女军总司令官，此千古所罕见者也。"

先生不知也。本家赵玉汝者，号称乡绅，袖五十金以进，拒不收，其律己之严如此。"①

赵声母亲葛氏去世。葛氏"年四十一岁［虚岁］卒于光绪廿六年庚子十月初十日丑时，葬［大港］锣鼓山南首未山丑向兼坤艮三分"②。赵声父亲镜芙公悲痛万分，终生未再续弦。他在悼妻挽联中写道：

> 上寿本无庸，纵教百岁夫妻，终成死别；
> 中年胡可去，试看两行儿女，难以为情。③

年底，为分担家庭衣食之忧，更为进一步深造，赵声征得父亲的同意后经人介绍到南京勤工俭学，为报考军校做准备。

是年大事

1月2日　中国山东省高密县（今山东高密市）民众阻止德国建造铁路。海约翰提出"门户开放"政策。

1月5日　清廷批准法国租借广州湾并订立条约。

1月15日　南通大生纱厂正式投产出纱。

1月24日　杨衢云自日本抵香港，不久辞去兴中会会长职务，由孙中山继任。清廷立载漪9岁的儿子溥儁为皇子，史称"己亥建储"。西太后诏立端王载漪之子溥俊为大阿哥，欲废光绪帝。

1月25日　陈少白受孙中山之命在香港筹办《中国日报》。

4月13日　两江总督鹿传霖奏请于金陵设立工艺大学堂。

4月26日　杨衢云赴日与孙中山议谋广东起义。

4月28日　梁启超致书孙中山，举光绪为总统，使两党结合。

5月20日　列强驻京使团召开会议，强烈要求清廷镇压义和团。

5月26日　莫高窟"藏经洞"被发现。

5月27日　中国爆发义和团运动。义和团运动起源于直隶、山东两地。

---

① 赵启骙：《赵声革命事迹》，载周新国、弓楷、刘婷婷编著《赵声研究综览》，江苏人民出版社，2021，第209-210页。

② 赵蓉曾续编《赵氏文盒分谱》卷九，1913，第22页。

③ 李守静：《关于赵蓉曾的一副悼妻挽联》，载政协丹徒县文史资料研究委员会编《丹徒文史资料》第五辑，1990，第18页。

5 月 28 日　八国联军侵华战争爆发。

6 月 7 日　义和团纷纷涌入京城。

6 月 10 日　西摩率英、美、奥、意、俄、法、德、日八国联军，向北京进发。

6 月 13 日　八国联军在廊坊遭义和团袭击。

6 月 14 日　义和团进驻北京。

6 月 15 日　义和团围攻北京西什库大教堂。

6 月中旬　英、美、法、德、俄、日、意、奥八国正式组成联军，镇压义和团运动。

6 月 17 日　八国联军攻占大沽炮台。

6 月 18 日　庚子事变中慈禧太后下令杀死包括各国公使在内的所有外国人。

6 月 20 日　德国公使克林德被开枪打死。

6 月 21 日　慈禧太后以光绪皇帝的名义下诏向十一国列强宣战，在北京悬赏杀洋人。命各省督抚招集义民成团，借御外侮。这份诏书被称为《对万国宣战诏书》。

6 月　唐才常等在上海成立自立会，寻发起开"国会"于张园。后组织自立军，准备起兵"讨贼勤王"。

7 月 6 日　清廷重用义和团，慈禧太后赏天津义和团白银 10 万两。聂士成军在天津小西门击退联军。

7 月 7–13 日　清军日夜炮击京使馆。

7 月 8 日　清军与联军战于天津八里台，聂士成阵亡。

7 月 13 日　八国联军分两路向天津城内发起总攻，次日占领天津。

7 月 16 日　海兰泡惨案。

7 月 17 日　俄军屠灭江东六十四屯居民。

8 月 3 日　俄军大举入侵东北。

8 月 4 日　八国联军由天津向北京进犯。

8 月 11 日　秦力山在大通起事失败，亡命日本。

8 月 14 日　八国联军攻陷北京。

8 月 15 日　北京沦陷，慈禧太后与光绪皇帝出逃。

8 月 21 日　张之洞勾结英国领事在汉口英租界破获自立军机关，逮捕唐才常等二十余人。次日，唐才常等就义，自立军起义失败。

8月19日　俄国抢先占领颐和园，将珠宝窃掳殆尽。

8月20日　清廷以光绪帝名义发布"罪己诏"，向列强政府赔礼致歉。

9月3日　八国联军四出伐剿捕杀京郊义和团成员。

9月25日　清廷屈从德国惩处主战大臣。清廷向德国、日本发出国电，对克林德、杉山彬表示哀悼和歉意。

9月30日　英军抢先占领山海关。

10月11日　李鸿章抵北京，开始与八国联军谈判。

10月16日　英、德签订瓜分中国扬子江流域权利的《英德协定》。

10月19日　马克斯·普朗克发表他的辐射公式。

10月26日　慈禧太后等逃至西安。

10月28日　史坚如响应惠州起义，谋炸两广总督德寿，事败被捕。11月9日被杀。

11月6日　八国联军在保定组织军事法庭，审判布政使廷雍及守尉奎恒、统领王占魁等，然后将三人斩首示众。

11月9日　俄与增祺签订《奉天交地暂且章程》。

11月13日　清廷在各国逼迫下将十名王公大臣革除。

11月29日　清廷允张之洞奏，于武昌北门外十里开商埠。

11月30日　康有为辗转上奏清廷《公请光绪复辟还与京师折》。

12月10日　八国联军成立"管理北京委员会"。

12月14日　马克斯·普朗克发表他对量子的研究理论。

12月18日　尼古拉中央教堂在哈尔滨市南岗区落成。

12月27日　清廷接受列强提出的《议和大纲》12款。

12月　德法军队洗劫古观象台，将明代制造和清初制造的贵重仪器运往德国和法国。

1901年（光绪二十七年，辛丑牛年）　20 岁

赵声辞父别妻，应江苏候补知县沈韵锵之聘，赴金陵就馆家教。学生有四人：沈麇（十四岁）、沈尘（十二岁），都是东家沈韵锵的儿子；沈济安（十三岁）是东家的孙子；另外还有一个八岁的女学生，是东家的小女儿，刚开始学认字。

赵声一面承担家教，一面利用休息时间去钟山书院攻读。他参加书院所举办的考试，成绩多名列前茅，屡得嘉奖。

赵声日记①：

正月初七日

由家动身，至金陵就馆。晨（辰）刻，泣别母亲灵前，至南园茶馆，面告父亲而去。送至江干者，为磬、馨二弟，仁兄解子良，砚兄宗步青、颂平、柳桥、翔青、吴宝珊、章哲亭 [国医大师章次公之父]。同行者为同研宗文、少甫 [画家赵无极之祖父]。由鸿溪乘扁舟至焦山下，日已暮矣。灯下至镇江西门外轮船码头，晚餐于三益楼栈，二鼓后登瑞丰小轮，三鼓后，起碇而驶，一夜未睡。嗟乎，声生不幸，萱荫早凋，为衣食谋，遽去苦块，罪通于天，可胜恸哉！况复鲤庭问对，可破寂寥，强颜承欢，唯声是赖，二弟尚幼，未能任也，弱妹五岁，时善夜哭，恐伤父心，家政殷繁，倍劳父力，而声竟去，不亦忍哉！而声不去，终何了局哉！此声之所以难于自释者矣。

[正月] 初八日

晓抵陵岸，乘东洋车至少甫馆，蒯宅主人邀至买春园茶叙，因至石城桥会许君，荐馆人也，字佩之，行四。午后，至宗信符家，信符在辕未归，留刺焉。晚膳后，信符子味腴来回拜，谈及主战诸臣，并于初六日被诛矣。初六日，黄沙塞天下，其为此乎。晚下榻蒯宅。

---

① 《赵伯先日记鳞爪》，载政协丹徒县文史资料研究委员会编《辛亥革命先烈赵伯先》，《丹徒文史资料》第六辑，1991，第 4–16 页。

[正月] 初九日

馆东具柬来，请于十二日开学，通刺，主人为沈韵锵，字笈丽，江苏候补县，昧腴邀至买春园用点，午后少甫邀至得月台啜茗，随至家世模处。

[正月] 初十日

沈君来会，其人神气颇为充足。午刻，写家书一封，由邮政局寄王景周处转递。午后，偕少甫游秦淮，遇朱麓生茂才，邀至桃叶渡问渠茶馆啜茗。

[正月] 十一日

至督辕候信符，晤于湘春茶馆，遂游毗卢寺，其中题额无一可观者。又至明故宫，禾黍苍凉，亦可悲矣！适日已暮，诸古迹未能寻也。

[正月] 十二日

沈氏以肩舆来迎开馆，麎字君寿，年十四，尘字挥如，年十二，皆沈君之子。济安字凤姿，年十三，乃沈君之孙也。沈君长子名鹿字衡夫，即济安之父也。并女弟子一人，沈君之幼女也。八岁，学识字于案旁，真儿戏耳。书房窄狭异常，闷坐真难耐矣。晚席，陪客为山西李君叔镛，浙湖诸沈丹卿宪，章藻生瑞仙也。客散，独坐斋中，忍泣书一五古云："堕地二十年，未尝离父母。我母忽已亡，幽明路相左。唯有椿庭荫，如在春风坐。膝下日依依，承欢强笑哆。胡为衣食谋，来馆金陵城。去家虽不远，不闻父唤声。朝朝牵灵帷，低声唤母亲。母亲虽已死，儿心以为生。今则数百里，高呼不得闻。二弟年尚幼，未能谈诗文。父寂无人破，念我倍伤神。弱妹才五岁，相依阿姊边。慎勿多啼哭，父心益恸伤。临行唤哥哥，寄我双洋刀。不日便归来，观尔双手操。离家才数日，不啻有数年。入馆才半日，闷闷如数天。坐卧不能定，执笔泪潸然。欲哭不可哭，聊写诗一篇。"

[正月] 十三日

闷坐一日，实觉难耐，散晚学后，至少甫所。

[正月] 十四日

少甫偕解震皋来破寂、空谷足音，大可快也。震皋谈及子良事不能就，为之惘然。盖此处人地生疏，同群者不能同来，倍寂寥也。因又谈及钟山书院可以容人用功，前王维之砚兄、朱励生仁兄曾有坐书院之说，因缮信告之维兄，劝以来宁，不知能如愿否？午后，刘太华来。

[正月] 十五日

午后游卧佛寺，毫无雅景，晡时晤本家瀛洲，灯下代少甫作学政观风文一篇，题为于此有人焉四句。

[正月] 十六日

刘太华子送来致章哲亭信。午后代少甫作江防扼要一篇，晡时送至少甫所，因同至钟山书院报名。闻钟山甄别欲提至本月下浣，声十九回里，未知正赶得考否？灯下代少甫作以雅以南解一篇。

[正月] 十七日

少甫来取解，并示以所作张桓侯石刻七古，灯下代为少加润饰。

[正月] 十八日

收拾书箱。

[正月] 十九日

夜不成寐，半夜即起，坐以待旦，残月在天，遂行至少甫馆取信，步至下关，中途过陆师学堂，解震皋托寄家信一封，致子良信一封。辰刻抵下关，登镇丰小轮，午后始至镇，已灯下矣。疾趋至城内，宿叶万福栈。

[正月] 二十日

夜半，有知更鸡鸣声，以为唱晓也，急起行，至东门，锁钥方严，静听传更，方三鼓耳，遂坐官厅檐下以待启城。时方风雨交至，凄冷极矣。天大明，门始启，疾趋出城，尚无人行也。过京岘时，口占数语云："朝朝但思归，归来不见母，入门何所依。"每吟一句，恸哭数声，几不能行矣。

努力至谏壁，忽觉步健，至家，见吾母小影，悲不自胜。噫！吾母之死方百日耳，为衣食谋，遽离苫块，儿之罪可胜诛哉，儿之心能自安哉！大人问馆地景况，谕以早起当自备小食，不可受饿，又由金陵归，若中途日暮，便当留宿，不得夜行。

[正月] 二十一日

章峻哲亭邀东园茶叙。

[正月] 二十二日

徐静献廷邀东园茶聚，是日也，为家君五十生辰之前一日，本当会亲友杯酒祝寿，因在大丧之后，不合称觞，拟释服而后再行补祝耳。步青兄等不忍听其寂寞，设席于北山禅寺，请家君至其地，以避外人之烦，声亦随往。是日预宴者，为解子良、家伯厚、步青、颂平、立斋、心泉、兆庆、部子高、王安根，敬识之以昭铭感，家君偕步等留宿寺中，命声偕厚等归。

[正月] 二十三日

早起至北山寺叩祝，是日祝寿者，昨日诸君外，为杏农、友竹、穆安、子安、性之、际唐、郭兰生及伯厚之堂兄祝华之子也。晚宿寺中。噫！吾母今日而在，何等欢乐，今乃凄凉如此，真不孝等之难为情者也。口占云："人生皆有乐。唯我独无之。祝父五旬庆。是娘百日期。有酒不能饮。有泪岂敢垂。况复明日起，又与父远离。"

[正月] 二十四日

早，随父归，穆安邀父至南园茶叙，柳桥邀声至东园用点，盖送行也。即刻返舍，父尚未回，遂泣别母亲灵前，至南园，面告父亲，至上码头登舟，相送者为子良仁兄，同舟者为孙炳南，旧曾同研，现贾京口，一路甚为照应，至镇，午膳晚膳皆蒙款待。廿三日，声在北山寺，维之到舍送寿联，及朱励生、成谷采联，并留一信，又留朱励生一信，暨励生见惠画马，维信略谓觅得一馆在邗江，急往开学，故不暇至寺。励信略云，已请师在家教读。噫！前钟山书院之说成子虚矣，一叹。过商务局晤吴宝珊，宝及景周、炳南皆送声登镇丰小轮而还，有顷，景周又偕王廷伯登轮来觅，廷相告以伊亦欲游金陵为贾，约月底可到。

[正月] 二十五日

　　舟中遇江浦秀才韩幼薰八绖，天明抵陵岸，韩邀茶聚，乘东洋车过陆师学堂，晤解震皋 [解朝东]，过少甫馆，少甫邀至德星楼茶聚，午刻抵馆，补记十九日归时代寄各信，及今日来时所寄各信，并未有遗失等弊。

[正月] 二十六日

　　少甫来谈片刻，因偕上街买纸笔，借居停《晋书》十本。

[正月] 二十七日

　　甫写篆书真仿。

[正月] 二十八日

　　写家书，并致子良、步青信。

[正月] 二十九日

　　送信至少甫所，同至韩幼薰书斋，甚为雅洁，茶会得月台。

二月初一日

　　章哲亭来应科考，寄来解子良信一封，芝麻膏一茶缸。晚学散后，至卢妃巷回候不遇，因至小安所坐谈片刻。

[二月] 初三日

　　哲亭借书。

[二月] 初四日

　　哲亭寄家信，因附家报一，寄子良条一。

[二月] 初五日

　　解震皋来，午后同至哲寓。

［二月］初六日

　　寻哲亭考寓未遇。

［二月］初七日

　　哲亭来，告伊考经古题。

［二月］初八日

　　寻哲亭刘宅未遇。

［二月］初九日

　　小安子稚安来邀聚贤楼品茶。

［二月］初十日

　　到下江考棚，接章哲亭考，因至琵琶巷葛向荣宅回馆，知小安来候未遇。

［二月］十一日

　　哲亭还书，偕哲亭散步过小安所。

［二月］十二日

　　代哲亭看案，未取，解震皋、稚安来，写四号家信，并寄子良信，合初十日所写致鸿溪诸友、致王维之、致朱励生诸信，统交哲亭寄去，哲亭明日便回也。

［二月］十三日

　　至瀛洲所买布送小安所，因小安夫人慷慨代作衣也。还居停《晋书》十本，借下函十本，瀛洲来候。

［二月］十四日

　　五下钟后，出富德巷，欲寻陶宾南同案，忽恶风扑怀，仰见黄沙由北汹涌而来，顷刻蔽天，惊心动魄，因急回馆。案上《晋书》，大抵诸豪杰自命者，遭时不幸，多被诛戮，因自思生此时事孔亟之秋，又自知命薄，将来不知如何了局也？闷坐片时，不觉垂泪。

[二月] 十五日

至小安所，适稚安来馆未遇。

[二月] 十六日

至宾南馆坐谈片刻，颇觉激烈，并出所作诗数首，大抵慨时之作也。伤时而未免谇夷，亦非我徒矣。

[二月] 十七日

偕稚安登雨花台，并谒方正学先生墓，午膳小安所，又游莫愁湖，作小诗三首，异地栖迟，聊复尔耳，岂云寻乐，不免触悲矣。

[二月] 十八日

少甫来，因至少甫馆，接家君二月初七手谕一，二月十七日手谕一，子良信二，哲亭信一，励生信一，知步青考事寻常而已，少云，步前有信相寄，不知何以至今未到。

[二月] 二十二日

作诗赠解溪竹，补昨日写五号家信一封，复步青信一封，上街买扇并纸，因至稚安所，回馆而少甫在焉。

[二月] 二十三日

接王景周信，知前信已收，又知王亭伯已至苏不来宁矣。

[二月] 二十五日

少甫来，因同往青溪一带晚眺。

[二月] 二十六日

早起，小安邀用点，接王维之信，写回信。

[二月] 二十七日

　　偕少甫往江宁府文正书院报名。

[二月] 二十九日

　　偕少甫上街购笔，过小安所，雨暴至，因宿小安所。

[二月] 三十日

　　大早，乘东洋车到馆。

三月初一日

　　少甫来，告书院扃试。

[三月] 初二日

　　大早，至下江考棚，题系子曰善人教民七年两章，赋得安危须仗出群才，得危字，春秋诸侯用夷礼则夷之，夷而进于中国则中国之说，当日作一文一诗完卷，说次日作，二鼓出场，宿少馆。

[三月] 初三日

　　大早回馆作说，誊于少甫所，午餐焉，缴卷行台，接王效伯信，五号信，交少寄，遇解震皋。

[三月] 初四日

　　遇姬庄翟姓，舅氏之连襟也。

[三月] 初五日

　　偕稚安至行台，知文正扃试，因宿小安所，以便明日早起赴院。

[三月] 初六日

　　题系是故君子先慎乎德一节，策问广开民智何者为先，戌刻出场，晚膳小安所，回馆。

［三月］初七日

报惜阴名，复王效伯信。

［三月］初八日

瀛洲送来夹褂一领，午节始须取钱。

［三月］初九日

送致效伯信小安所，嘱伊由宝善源钱店寄。

［三月］初十日

至下江考棚，接惜阴卷，题系诗韩弈篇追国考，书王文成公寄杨邃庵阁老第二书后。昔黄陶庵、顾亭林考索时事，多得之于邸钞，今之京报，既不登机要诏疏，民报又未可尽信，欲期见闻广确，果何所取资欤！金狄系马晓莺边赋，以风流人物属苏仙为韵。舅氏来，午后，随舅氏雨花台西拜外曾祖墓。

［三月］十一日

至乔少泉处，欲借阳明文集也，伊无之，晚稚安抄得一稿见示。

［三月］十三日

接王景周信，接解子良信，将昨日所写家六号禀，请舅携去。大早，至上元县署，接四仲课卷，题系工欲善其事，必先利其器，居是邦也，云雷屯，君子以经纶，春雨赋，以春尽雨声中为韵，赋得起视蚕稠怕叶稀，得蚕字，五言八韵，江防扼要策，谢安论，书院学堂名实说，中西算学源流异同考，拟圣主得贤臣颂，春兴七律八首，用杜工部秋兴韵。

［三月］十四日

缴惜阴卷，接少甫信，因至其居停处。

［三月］十七日

解子良由镇来，看陶宾南缴四仲课卷。

［三月］十八日

小安请声暨良茶聚，翟邀沐浴，薄暮偕良步莫愁湖上。

［三月］十九日

送良回，因与翟茶叙，少甫来，接大人三月十二手谕。钟山文正案并发，声一本并未取。噫！何天之厄我一至斯也，愧恨交集。

［三月］二十日

至少甫处，托代买卷。

［三月］二十二日

接王维白［王家驹］、景周信，还居停《晋书》。

［三月］二十四日

少甫来，因邀至城南照像，事近华靡，原属不合，然鲤对久疏，而大人得见面目依旧，未必不开笑颜也。因随之往，燥渴未时得茶，困惫之至。至晚，寒热交作，神气模糊，呻吟之音，达旦方止，热退而发疝气。

［三月］二十五日

困卧，接子良信，服小安药。

［三月］二十六日

热退既清，但无力，不食。接王效伯、朱励生信，服小安药，强起复子良并景周信，因不能作真字，故未写家禀，且书院未取，亦不乐于告我堂上也。

［三月］二十七日

早起，腹痛大作，乘车至小安所，服川椒、生姜等物，寻愈，但疝气终未愈耳，晚又服伊药。

［三月］二十九日

　　少甫来，知四仲书院考课亦未取。

四月初一日

　　至少甫处，知惜阴书院所作二本，一未取，而一虽取亦甚低也。是日钟山师课题系孟子曰子之君将行仁政三句，损其疾使遄有喜讲义，管仲商鞅论，问沙定峰推陈涉为汤武后一人，王船山诋为千古乱民之祖，其说熟是，两艺为完卷，限初四日缴。

［四月］初四日

　　缴卷，偕少甫夫子庙散步。

［四月］初五日

　　晚写家禀第七号，致二弟书，复朱励生、王效伯信，致解子良、宗步青、章哲亭信。

［四月］初九日

　　小安处借来《素问悬解》。

［四月］初十日

　　钟山官课，题系行夏之时四章讲义，租庸调及两税得失论，科场展限一年，岁月宽闲，正进德修业之时，尔诸生宜如何争自濯磨，各言其志以对。自少甫处取卷。

［四月］十二日

　　缴卷，因偕少甫瀹茗得月台。

［四月］十四日

　　独往沐浴，因至小安所，观胡姓演拳，后见其滑也，绝之，略用咨询焉。念声去年颇勤习武，遭大故后，遂久废学，今遇此人，或者可理旧业乎。特事多不便，学不易成，筋骨久荒，大非故我，拊髀之叹，岂能已乎。

接王维之信。

[四月] 十九日

数日来神气甚闷，身似不适，疝又微疼。

[四月] 二十日

考钟山师课，题系神子不语节，货恶其弃于地也不必藏于己［己］讲义，史熟则名臣出论，江宁水道考。灯下作家禀第八号，并致二弟暨子良书。

[四月] 二十一日

缴卷，因至少甫处，偕少甫往养性园观大石，盖徐中山家之故物也。

[四月] 二十二日

偕少甫至钟山书院观案，声所作师课二本只取一本，又属特等也。午刻，代少作文正课次题第一道。

[四月] 二十四日

责学徒误微伤其颊，致该东之妄出诸不逊之言，万难入耳，不得已至少甫馆，经少解以容忍，亦不得不容忍也。不修其事，必来讪笑，且又难对荐馆之人，进退维谷，愧愤奚似。噫！我生不幸，丁此时事，际此境遇，依人成事，岂尚得为丈夫，欲求自立之法，而又无长策，终何了局也，嗟嗟。至陶君馆，欲倩诊脉，适以上杜观察书见示，又有郑滨卿在坐，谈既久，时二鼓矣。遂未诊而回，晚膳少馆。今日惜阴课题系孟子论舜文，曰若合符节，论周公兼三王，曰有不合者，仰而思之，合与不合，试阐厥其旨。工械技巧，物究其极论。国朝不由科第出身汉名臣考。拟陆云逸民赋，用原韵。晚接子良信，内有大人寄少甫信，并命传谕声数言，并有翔青、柳桥寄我书。

[四月] 二十五日

少甫、世桢来，倩代写信，过周伯炎，金陵秀才，瀛洲之店小主人也。

［四月］二十六日

　　还瀛洲、少甫款。

［四月］二十七日

　　送家禀第九号，托少寄，端午节本拟归省，而客中窘迫异常，川资无出，只得待六月归，以息夏为言耳，郁郁居此，谓之何哉，更不知大人更如何思念儿也。附寄复子、翔、柳三人信。苏放之，皖人也，前沈氏西席，查子怡之友也。因查故常来过，今日忽来借钱，而声处方窘，哓哓然又难却，不得已借以衣质库。

［四月］二十八日

　　接大人手谕，允以六月再行归省，并示以尔唯正心积学，以求不愧不怍，他日际遇不可知，亦不必知也。儿数日以来，不胜其闷，忽奉严训，不啻云雾中见青天也。缴惜阴卷，因领中山师课首次奖资，买裤二，路遇李茂才瑞叔。

［四月］二十九日

　　李瑞叔、朱瀚齐来。

五月初二

　　至下江考棚接卷，遇雨小憩小安家，雨止归馆。题系子语鲁太师乐一章，赋得□□□□□五言七韵，得阳字，国初诸儒称梅文鼎历算全书、顾祖禹读史方舆纪要、李清南北史合钞为三大奇书，究属评骘当否，试详言之。

［五月］初三日

　　周伯炎偕其友陈卿来过，晚缴卷。

［五月］初五日

　　食角黍小安所，沐浴，过灿云小安所，大港人也，至江宁县署报四仲名。

[五月] 初六日

小安子来约莫愁湖上晚眺，灯下赵金魁送来大人手谕，并夏衣，随缮复九号禀。

[五月] 初七日

金魁早来取禀去，是日江宁县四仲课，题系言忠信行笃敬至行乎哉，韩魏公审任守忠于蕲州赋，以出空头敕必自有说为韵，赋得燕许大手笔，得文字，狎犹考，问后魏时外域通于中国者有几，以今时舆图按之，其地当在何方，经纬若干度，试详言之。书晁错筹边募民二议后，拟韩昌黎石鼓歌，用原韵。门斗来告知二十所考钟山师课二本，一超一特。

[五月] 初八日

上街买地图，至行台领第二次钟山师课奖资。

[五月] 初十日

偕瀛洲茶聚得月台，买扇。

[五月] 十三日

过陈德卿馆，钟山五月初二官课案发，所作三本并未取。

[五月] 十六日

接卷考棚师课，题系于卫孝公公养之仕也。民之所欲天必从之讲义。陶侃论。问孔子删诗书，而诗录秦风，书终秦誓，说者谓逆知天下之将归于秦而存之，然欤否欤。

[五月] 十七日

缴卷，因散步秦淮，出通济门，徘徊九龙桥上，东望家山，云雾而已。

[五月] 十八日

瀛洲邀用点振和园，写第十号家禀。

［五月］十九日

　　薄暮游莫愁湖，同瀛洲。

［五月］二十三日

　　至钟山书院领惜阴卷，题系小戴不传曾子十篇说。王安石未大用时，吴奎、唐介、张方平、吕诲、苏洵莫不预烛其奸，而文、富、司马初皆善之，岂三公之识不逮数子哉，当必有说以处此，盍详陈之。棂星门考。

［五月］二十七日

　　缴惜阴卷。

六月初一日

　　连朝大雨，陵地低洼之所概成泽国，瀛洲约至夫子庙观水，画鹢已翱翔于棂星门下，归又遇大雨，阻于深巷之水，晚膳瀛洲所，因宿焉。

［六月］初二日

　　大旱回馆，是日考钟山官课，午后书院领卷，而书院宛在水中央，幸瞿鉴清涉水代取，水及骭焉。题系孟子曰人之所以异于禽兽者几希一节。苦雨诗，不拘体，不限韵。变法多主开议院设报馆，论者谓流弊滋多，能言其得失否。

［六月］初三日

　　缴卷。

［六月］初四日

　　上街买零物，将网篮送至内桥瞿店，遇景福子，托寄信。

　　赵声作文《孔子为宇宙一大思想家》[1]：
　　我国哲学思想家，古代岐分二派。孔子之学称为邹鲁学。战国时有老

------

　　① 姜泣群：《朝野新谈戊己编》，书林书局，1914，第 84 页。

詹者，著《道德经》。后孔子而别立一派。老亦一代之硕学，其博辩想足与孔子相敌焉。老子之学，后亦分而为二派，道家杨家刑名家是也；关尹子列子庄子，道家者流之铮铮者也。而庄子学兼儒老，于书无所不读，复妙于文章、巧于论辩，实我国古今之奇才。故老学至庄而大成焉，然后继无人，其学与战国共亡，同归湮灭，复无敷衍维持之者，至汉代淮南子，仅堪追踪，然亦犹耿耿星光，未能明照四海，流而为普代清谈之徒，讲哲学者放意肆志，专以虚无恬淡为宗。甚至书蒲博弈，荡然无制。又或炼丹以求不死，则所见益陋，盖道家至汉而已绝灭焉。杨家者杨朱倡之，虽名著当世，然亦无继起。若刑名家，则习之者皆主实务，而非逞思辩之徒，顾其学亦不永传。墨子亦周代一大思想家，学本出孔子，后独提倡兼爱尚同之义。然能使我国哲学生一波澜，亦不为不快也。如非命非乐，攻难孔子，亦当时一巨子也。然任侠尚气，舍身救人，复能卓然穷物理，而于经上下篇，发明诸种机器，岂非一代之奇材乎？其弟子亦非不著，然后世无一人能承继者，虽以鬼谷之妙悟，亦仅传一代而已，余皆不能步后尘也。

独孔子之学则不然。一传而为曾子，再传而为子思，三传而为孟子，以迄荀子。虽秦政焚书以来，其学渐衰，及汉兴其教遂炽，时则有贾谊、董仲舒、刘向、杨雄等接踵而起，盖虽未能与前贤方驾，然已足延道脉矣。在唐则佛教风靡一世，老学亦大盛，儒学稍衰。幸有韩愈、李翱之徒，毅然以儒学中兴为自任。宋代学者大率出入于佛教，其意盖欲采佛教之长，以补儒教之缺。濂洛关闽诸子，固非古人之比，然犹勉排佛而尚儒，孔子之道愈见充拓而光大。后世得儒道之盛者，未尝不赖诸子焉。窃思宋儒皆一代硕学，若欲持新见而别开生面，似亦不难，而终不敢为者，足令人钦孔学势力之大也。明代以降，学人多本宋儒之意，推尊孔子。故孔子之道，数千年后，愈致其盛，呜呼不亦伟哉。

孔子固古今极大之思想家也，然外包之思想，究非内容之思想，视老庄之幽远深邃，盖不同也。而其所以为孔子者，实在此焉。呜呼，我国上下二千余年，岂无才识出孔子之右者，而皆不敢自异，且惴惴焉，唯恐获咎于孔子，何也？非以孔子教化之力最大，毕竟不能抗之乎。

农历十月，赵声从南京返大港祭母，安葬停枢一年的母亲。

赵伯先祭母文①：

岁次辛丑冬十月癸巳朔，越十日壬寅不孝声、磬、馨等谨以瓣香束帛清酌庶馐之仪，哭奠于吾母之灵曰：

吾母之既死，岂遂不可以复生耶？去年今日，乃吾母弃不孝等而长逝之时。今年今日，又为吾母临出殡之期。去年泣别吾母，不复见吾母，而只见棺木，今日以后，虽棺木亦不得见矣，呜呼恸哉！吾母之孝谨和厚，固宜享大年，见不孝等成立以少慰期望之心，而乃祸生顷刻，竟罹产厄，令不孝等百身莫赎，何其惨哉！天道无知，不亦太甚哉！然吾母虽死，而邻里间称道吾母之德者益不衰，斯亦吾母所可略慰者矣。不孝等昏悖无知，语无伦次，敢即闻见所及者，一略陈之。

吾母幼时，外祖母无他子，家又素封，视吾母如掌珍，而吾母以稚龄即知先意承志，以博外祖父母欢。未几，外祖父卒金陵，吾母扶榇归，尽哀尽礼。吾母来归之时，我家业已中落，我大父母因外家之富也，又知吾母之素爱于外祖父母也，颇忧之。而吾母能勤苦，尽妇职，大非意料所能及，故俄而复以孝称。吾母尝言初来我家也，我大母见吾母起稍迟，辄卧不安席，曰：新妇得无病耶？是可见吾大母之慈，亦吾母孝可知耳。后我大父母相继得久病，吾母助吾父尝汤药，不解带者至月余。洎我大母大父相继终，我伯父亦于次年卒，叠遭大故，丧葬之资良乏，皆吾母搜环珥以补苴之，所居宅复倾倒，亦吾母助吾父力完之。

吾母好周人之急，虽家本拮据，凡有称贷，情可怜者，莫不匍匐以救。故吾母之死也，素被其惠者，几年痛不欲生，即邻里中素为吾母所不齿之人，亦莫不流泪，盖感人深矣。吾母最好人读书，受业吾父门有贫者，抚之如己子然。然卒以好人读书，因堂兄业贾事，与伯母不合，小人间之，致相龃龉，虽后复如初，而吾母以为终身之恨事。于临逝之辰，犹对不孝声妇曰：我一生只此一椿错事。噫，吾母之心，必有谅之者。

吾母之待亲族，老必扶持之，病必药饵之，有三奶奶者，五服外亲也，独而瞽，吾母迎养焉，有忽之者，吾母怒形于色。观此，余概见矣。吾母因孝于姑，而未能久养也，吾大母之妹老无子，吾母敬之与敬大母同，一年中必有半年在我家，乐吾母之敬也。吾外祖母虽有承祧之子若孙，然不

① 《赵伯先祭母文》，载政协丹徒县文史资料研究委员会编《辛亥革命先烈赵伯先》，《丹徒文史资料》第六辑，1991，第1-3页。

能一日离吾母，吾外祖母年老多病，吾母事之，真可谓竭力焉。外祖母之终也，年七十九，吾母悲号孺慕，犹恸不欲生。呜呼痛哉。吾母有以报外祖母，而不孝等无以报吾母。呜呼痛哉！

吾母之于人，虽乞丐不以厉色加之，虽仆隶必以和气待之。先是吾家有逃仆名李贵，既乃感吾母之贤，而不复去，且忠勤异寻常，一时有义仆之目，吾母之感人为何如。又吾母主持家政二十余年，所用之女帮工三易人而已，然非死病即有他故，非不合而去也，吾母之宽厚又何如。吾母待人宽厚，而自奉之薄，则非不孝等所忍言，衣必垢敝，食必粗粝，荣卫之不滋久矣，又加以家计窘迫，经理维艰，心力交瘁焉，呜呼恸哉！吾母于临危之时，犹问不孝等以药资几何，答以无多，乃饮之，呜呼恸哉！又言吾此时死，家中正无钱用，须从省，吾母之劳心家计甚矣，呜呼痛哉！

吾母之教不孝等莫非义方，因不孝声之天资略优，故钟爱特甚，不孝馨天资鲁钝，又不力读，吾母每垂涕泣而道之，而今而后，不孝等欲闻吾母之训不可复得矣。不孝声敢不自勉以勉弟，不孝馨敢不与不孝馨敬承父训，用心读书哉。不孝声性情暴戾，吾母每训以和平，于临危之时，犹执不孝声手，若有所嘱者，然卒不言，得无令不孝声之不得以疾遽色待诸弟妹乎，不孝声知戒矣。吾母之望不孝声，可谓至奢，而不孝声卒无一事可以慰吾母，又属变生仓卒，侍奉之心不能少尽，既当其变，又不能代吾母之死，吾母既死，又为饥驱以游远方，不得守苦块。既不能守苦块，又不能择一高燥地以安葬吾母，而妥吾母之灵，以至暂厝荒山，雪虐风饕，岂吾母所能受，不孝声之罪可胜诛哉。无以为子，无以为人，啜其泣矣，嗟何及矣，今因大举之期，即在明日，恭奉父母，哭奠一觞，吾母之灵，来格来歆。

赵声立志救国救民，准备从军事入手，投身革命。"君一志军学，值欧风东渐，心醉于民族、民权主义，愤国势积弱，以为专制之毒，且倾吾族，非改革不可，曾为同学言，我辈今日痛瘁求学，岂为官禄富厚来耶！"[1]

是年秋，时江南水师学堂招考，赵声投笔从戎，与长自己十岁的宗亲、天香阁同学赵绍甫（少甫）在南京报考。江南水师学堂监督（校长）何居

---

① 柳诒徵：《赵伯先传》，载周新国、弓楷、刘婷婷编著《赵声研究综览》，江苏人民出版社，2021，第47页。

对赵声的投考论文《江防要策》① 赞赏有加："伟其人，奇其文，擢第一。"② 赵声以立论独到、论述全面、文笔潇洒的论文，在全国七百多个考生中被"以第一名录取"③。

　　江南水师学堂，又称南洋水师学堂、江宁水师学堂，位于今江苏南京市区中山北路346号。水师学堂大门是一座巨大的巴洛克风格牌坊，一边写"中流砥柱"，一边写"大雅扶轮"。

江南水师学堂旧址（赵金柏　摄）

　　光绪十六年（1890）两江总督兼南洋通商大臣曾国荃为培养水师人才，奏请设立南洋水师学堂。学堂是清廷在洋务运动中开办的军事学校，主要为南洋水师输送人才。学堂参照天津水师学堂，分驾驶、管轮两科，每科又分头、二、三班，每班派一教员专课。教员大多为英国人。课程分堂课和船课。学生入学后进入三班，专门学习英语等基础知识，升入头班后方才教习专业知识，包括天文、海道、御风、布阵、修造、汽机、演放水雷等。每隔若干年，由海军提镇率学生乘练船下外洋实习，途中对学生进行

　　① 陆潮洪、祝瑞洪：《赵伯先》，江苏人民出版社，2011，第71页。
　　② 束世澂：《赵声传（注一）》，载周新国、弓楷、刘婷婷编著《赵声研究综览》，江苏人民出版社，2021，第51页。
　　③ 惜秋：《民初风云人物》上，台湾三民书局，1976，第106页。

考核，分记等第。该校原定学生为 120 名，但学堂成立后，因缺乏练船，不能满足学生实习需要，遂逐年裁减学生名额。江南水师学堂较福州船政、天津水师学堂为后起，但办理颇积极，毕业生或送往日本留学，或送往英国军舰实习，造就人才颇多。

赵声与赵绍甫一起考取江南水师学堂后合影纪念。赵绍甫后撰文记载此事。

赵声（右）与赵绍甫（左）合影

疾瘳游览省会，过伯先祠，见铜像峨峨，不失英雄本色，惟像虽正铸，而付冶之始，系据伯先从军两粤，了望敌情时所摄之侧面影片而模范之，未克得全面之神妙也。庐山真面，使人莫窥，岂非憾事，而以伯先同砚之光明磊落胸襟而论，无事不可告人，亦岂以半面示人为满意。因思余之随身笥箧中藏有我俩早年考取江南水师学堂时所摄之纪念合影一页，唯妙唯肖，面貌毕真，遂就像之东侧凌烟阁复印而放大焉，俾可悬示群众，知先烈生平风度非凡，今日之据镇名山非偶然也。余携副本悬诸座右，笔墨余暇，涂抹数语，以资追忆，伯先有知，当不嗤余为多事也。调寄满江红：

缅想前人，

倚长剑开怀痛饮，

见我俩，

同堂合影，

威风凛凛。

投考海军争前列，①

倡言革命为首领，②

---

① 原注：投考水师学子，共七百余人，而所取仅七人，伯先居第一，余居第二，其第三人则为寿州孙相国之孙多莹，第四为前无锡都督秦君毓鎏，第五为安徽桐城明经孙允珩，余则忘之矣，容再续记。

② 原注：伯先奔走国事，日无余暇，游说各省，听者动容，厥后皖鄂起义，各方响应，皆伯先鼓吹之力也。

涉扶桑,
警敌国强梁,
起猛省。

中原事,
难整顿,
除国贼,
务当尽,
七二中坚铁与血,
三十功名泡和影
愤填胸
叹泰岱崩颓,
大星陨。

补题与先烈伯先合影,调寄满江红

缅想前人,
倚长剑开怀痛饮,
见我俩,
同堂合影,
威风凛凛,
投考海军争前列,
倡言革命为首领

涉扶桑,
警敌国强梁,
起猛省,

中原事,
难整顿,
除国贼,

务当尽，

七二中坚铁与血，

三十功名泡和影

到于今，

博得铸金身，

当银岭。①

考取江南水师学堂，是赵声人生的重要起步。一是投笔从戎，走上"一志军学"② 之路；二是进入江南水师学堂，接触到舶来的西方文化。

是年大事

1 月 4 日　杨儒就交收东三省事与俄艰苦谈判。

1 月 29 日　清廷在西安下诏预约"变法"实行"新政"，命臣工参酌中西政治各抒所见。

2 月 14 日　清廷发布"上谕"，表示要"量中华之物力，结与国之欢心"。

2 月 14 日　清廷下令惩办反洋教的王公大臣。

3 月 26 日　杨儒在莫斯科再度拒签屈辱条约。

4 月 21 日　清廷筹办"新政"机构，成立了督办政务处。

5 月 3 日　清廷向列强赔款四亿五千万两白银。

5 月 10 日　秦力山等在东京创刊《国民报》，这是第一份鼓吹革命排满的报纸。

6 月 7 日　梁启超的《立宪法议》发表。

7 月 12 日　地方实力派三请变法。

7 月 24 日　总理衙门正式改为外务部，班列六部之前，派奕劻总理事务。

8 月 29 日　科举改革，废八股，废武科。

---

① 《赵绍甫杂记一则及补题与先烈伯先合影〈满江红词〉》，载政协丹徒县文史资料研究委员会编《辛亥革命先烈赵伯先》，《丹徒文史资料》第六辑，1991，第 121 页。

② 柳诒徵：《赵伯先传》，载周新国、弓楷、刘婷婷编著《赵声研究综览》，江苏人民出版社，2021，第 47 页。

9 月 7 日　《辛丑条约》签订。

10 月 2 日　郑士良等发起惠州起义。

11 月 7 日　晚清重臣李鸿章逝世。

12 月 25 日　中国第一份官方报纸《北洋官报》创刊。

1902 年（光绪二十八年，壬寅虎年） 21 岁

赵声在江南水师学堂，因"才学出众，又极用功，故深为同学所钦佩，隐然成为学生的中心人物"①。那时，民主革命思潮开始在青年学生中传播，学生运动在新式学校中兴起。赵声与进步学生联合当地志士，组织了著名的革命团体"强国会"。同学柏文蔚②说："在南京与张通典③、赵声、江昄、汪聿本诸人，联合下层社会，组织强国会，藉谋推翻恶政府，以抗御外侮。"④ 这是赵声参与组织的第一个革命团体。

"其时校中的章程，颇被学生所非议，群起要求改革，先生［赵声］被推为代表，与学堂当局，争议甚力，且有涉及监督之处，双方都非常的愤慨，先生因自请退学，但其直言敢说的精神，不但为同学所钦敬，事闻于社会，亦得广大的同情。"⑤

同校的学生周作人在他的《学堂生活》中记载："在我做了二班学生的时候，有好些同学不约而同的表出不满意来了。其一是觉得功课麻胡，进步迟缓，往往过了一年半载，不曾学了什么东西。其二是乌烟瘴气的官僚作风，好几年都是如此，虽然以我进去的头两年为最甚。只根据不完全的旧日记，壬寅（一九〇二）年中便有这两件可以为例，都是在方硕辅做总办的时代的事。正月廿八日，下午挂牌革除驾驶堂学生陈保康一名，因为文中有'老师'二字，意存讥刺云。又七月廿八日，下午发赡银，闻驾驶堂吴生扣发，并截止其春间所加给银一两，以穿响鞋故。响鞋者上海新出红皮底圆头鞋，行走时吱吱有声，故名。在这种空气之中，有些人便觉得不能安居，如赵伯先、杨曾诰等人，均自行退学，转到陆师或日本去。"⑥

赵声离开水师学堂后，寄居在猫儿山（今南京狮子山）僧寺自学。"先

---

① 惜秋：《民初风云人物》上，台湾三民书局，1976，第 106 页。

② 柏文蔚（1876—1947），字烈武，安徽寿州人。

③ 张通典（1859—1915），字伯纯，号天放楼主，晚号志学斋老人，湖南湘乡人。

④ 中国人民政治协商会议安徽省委员会文史资料研究委员会编《纪念柏文蔚先生》，1986，第 8 页。

⑤ 惜秋：《民初风云人物》上，台湾三民书局，1976，第 106-107 页。

⑥ 倪墨炎：《大鲁迅传》第 1 部，上海人民出版社，2013，第 256 页。

生本有才气纵横的名声，至此各方士子来相结交者日众。"① 与赵声一起退学后转到日本学习的同学，在进步学生中介绍赵声的学识才干与革命精神，使之声名远播，受到留日进步学生的关注。"壬寅春，适旧同学桐城潘瑨华同志自日东京来函，谓有长江大志士赵声字伯先者病困逆旅，嘱为援救，以不悉其居址，遂于各部门广告寻之。未匝月，赵君自金陵来访，绍介烈士〔吴樾〕与之倾谈数昼夜，志同道合，即加入少年中国强学会（是时有兴中会、日知会、统一会、军国民强学会、少年中国强学会，后皆一致改组为同盟会）。"②

赵声"退学后，暂居妙〔猫〕儿山僧寺，与陆军学堂相近。有某生者不善为文，不知何故，得获交于先生，央其代撰一文，情文并茂，是一片〔篇〕内容丰富的好文章，教官得此文时，荐之于监督余明震，余明震是一位求才若渴的好主管，他审察文字内容与某生平日所作，大相悬殊，乃穷诘其来源，知其枪手为赵声。乃张贴此文于校内，并约见赵声，特别准许他入学，赵先生的素志，由此得遂。

"赵先生既入江南陆师学堂，觉得机会难得，更加勤奋苦学，成绩冠于侪辈。课余与诸同学纵论天下大势与国家大事，意欲觅取志同道合的同学，将来共同僇力于救国大业。在陆师学堂中，他初时所得到的同志，似乎并不很多。他们对于时局的知识和国家的危难，所知似不太多，而赵先生不仅对课业做得非常好，同时对自由平等的西方学说，随时注意，醉心向慕。他对于国内外有识人士所作匡时救弊的文章，更有浓厚的兴趣，除随时注意阅读外，更仰慕民族主义与民权主义的思想，因此对满清政府的专制淫威与腐败作风，预常厌恶，革命的决心，油然而生。

"这正合于赵声由天赋以俱来的任侠之性。他以革命救国自任，并以此意义，向同学们多所阐发，同学们受其熏陶而感动者，颇不乏人。他每读到一篇旨趣正大而词意犀利的文章，常节节称赏，谓先得其心。常对同学们说：'我辈今日刻苦求学，岂为高官厚禄？乃预备他日手拯神州于茫茫巨浸中，使之重睹青天白日！'陆师学堂的革命风气，可以说是赵先生首先创

---

① 惜秋：《民初风云人物》上，台湾三民书局，1976，第 107 页。
② 马鸿亮《吴樾烈士传略》，载丘权政、杜春和选编《辛亥革命史料选辑》上，湖南人民出版社，1981，第 276 页。

导的。"①

赵声与同学吴介麟交往密切。吴介麟说："麟得缔交君，实自江南陆师学堂始。其时同起居，同学业，异苔同岑，相契最深。课余披读法兰西、美利坚革命战史，纵谈世界大事，即以天下为己任。值庚子之役，八国联军入京，君受时事激刺，慨然言曰：二十世纪列强争雄，优胜劣败，我支那欲免灭亡，非改革政体不可；欲改革政体，非推翻专制，建设共和不可。当今之世，欲拯救四万万同胞出水火、登衽席，舍我辈其谁乎？"②

江南陆师学堂成立于 1896 年 2 月，位于南京猫耳山附近，由两江总督张之洞请奏创办。"练兵必兼练将，而练将又全赖学堂。"③ 清廷决定创办江南陆师学堂，以培养将才。学额为 150 名，分马队、步队、炮队、工程队各门，聘请德国军官为教习。各门约以两年为期，并略学德语。当时的总办（校长）是俞明震。

在陆师学堂，赵声与志同道合的陶麟勋、茅乃封④、解朝东⑤等同学谈论理想，结成亲密战友，誓为翦灭满清、澄清天下、振兴中华而奋斗终生。

是年 3 月，章士钊⑥考入陆师学堂。"知有赵声伯先其人，文章风义冠绝于堂，则大喜。引而亲之，相许备至。愚性和易而伯先豪纵，情反而爱至。有莫之为而为者，此为余交伯先之始。"⑦ "是时清既失政，国势日削，

① 惜秋：《民初风云人物》上，台湾三民书局，1976，第 107 页。
② 《吴介麟祭文》，载丹徒县政协文史资料研究委员会编《丹徒文史资料》第九辑，1994，第 38 页。
③ 《札委王秉恩等筹办武备学堂》，《张之洞全集》卷一百二十，河北人民出版社，1998，第 3292 页。
④ 茅乃封（1877—1961），江苏镇江人，桥梁专家茅以升的二叔。江南陆师学堂毕业，历任江西武备学堂教员、广东陆军第二标教练官兼统领、江南要塞工程局提调。辛亥革命时任江浙联军总司令部参谋部次长，南京宪兵总司令。1913 年授宪兵上校加陆军少将衔。
⑤ 解朝东（1879—1949），字震皋，晚年号止戈居士，江苏镇江葛村人，早年就读于"天香阁"，与伯先同窗共读，情同手足。1901 年，随伯先去南京，考入江南陆师学堂。两年后因成绩优异被选往德国学习骑兵，五年后学成回国，任保定军校校长。1912 年，任江苏都督府军务司副长，少将军衔，后任武汉陆军预备学校校长。袁世凯阴谋称帝时，与黄兴、柏文蔚、钮永建、马锦春、李竟成、赵驭六联名通电反对，时人称为"七将军"。
⑥ 章士钊（1881—1973），字行严，湖南善化县（今湖南长沙）人。其父章锦曾在乡里为里正，后业中医。章士钊幼读私塾，非常勤奋。1901 年，离家赴武昌，寄读于两湖书院，在此认识了黄兴。
⑦ 章士钊：《赵伯先事略》，载周新国、弓楷、刘婷婷编著《赵声研究综览》，江苏人民出版社，2021，第 44 页。

海上诸先觉，遂创革命排满说。［赵］声闻之慨然叹曰：此我胸中所欲言者。乃有人先我发之……时风气未开，士人多溺于科举，而懵［蒙］于世情。闻［赵］声说，心虽韪之，而无能与谋实行，以是常郁郁。"①

赵声在陆师学堂欲进一步开展反清革命活动，"颇思纠合同志，从事于革命起义运动。但当时风气尚未开通，一般青年，大多数都在四子书中求取功名富贵，对救国大业，闻所未闻；对革命大义，都以为是杀头灭族的可怕的叛乱；甚而至于对国家是怎么一回事，和自己有什么关系等等的粗浅问题，也都瞠目不知所对。所以他物色同志的活动，久久未有收获，忧心忡忡，闷闷不乐。后来，他知道我国青年留学在日本者，革命志士甚多，乃渴欲东渡，以便和他们结交"②。

年底，赵声以优异的成绩毕业于江南陆师学堂。

是年大事

1 月 3 日　英、日两国结成同盟，共同反对俄国。

1 月 8 日　慈禧太后和光绪皇帝回到北京。

1 月 18 日　慈禧太后第一次撤帘露面，召见各国驻华使节。

1 月 30 日　日本与老牌强国英国订立同盟条约，其主要内容是保护双方在中国和韩国的现有利益，其矛头直指俄国。德国、法国都直接表示反对。

2 月 1 日　清廷准许汉满通婚。

2 月 3 日　美国照会俄国，反对道胜银行垄断东三省的经济利益。

2 月 8 日　继《清议报》之后，梁启超创办《新民丛报》（半月刊）诋毁反清革命，鼓吹君主立宪。《新民丛报》在日本横滨正式出版发行。

2 月 12 日　俄国接到清廷拒绝签订银行合同的通知，沙俄被迫让步。

3 月　蔡元培、蒋智由、章太炎、黄宗仰、林獬等在上海发起组织中国教育会，以便借办教育之名，集结进步力量，鼓吹革命。同年冬，中国教育会正式于上海成立，蔡元培被推为会长。5 月，《苏报》案发生后，该会重要成员章太炎被捕，会长蔡元培逃离上海，该会的活动基本停顿。

---

① 张相文：《赵声传》，载周新国、弓楷、刘婷婷编著《赵声研究综览》，江苏人民出版社，2021，第 72 页。

② 惜秋：《民初风云人物》上，台湾三民书局，1976，第 108 页。

4月8日　清廷与沙俄在北京签订中俄《交收东三省条约》。八国联军陆续从北京撤走，俄国一再制造借口，拒不从东北撤兵。由于中国人民的激烈反抗，英、美、日等国出于利害冲突也出面干涉，迫使俄国不得不做出撤兵的姿态。《交收东三省条约》规定俄国将东三省归还中国；俄军自签字起18个月内分3批撤离东三省。

4月26日　章太炎在东京组织"支那亡国二百四十二年纪念会"，借机鼓吹种族革命，孙中山应邀拟出任大会主席。纪念会因受日本政府阻扰未开成。

5月8日　英国人李提摩太和山西巡抚岑春煊共同创办山西大学堂。

5月11日　上海耶松造船厂工人举行罢工，要求增加工资。是月，上海商人成立商业会议场所，后改为上海总商会。

5月21日　张之洞创立湖北师范学堂。

6月30日　傅家店，哈尔滨及中东铁路沿线流行霍乱传染病，死亡率：中国人62.28%，俄国人50.91%。

8月11日　南京两江优级师范学堂成立。时下的师范教育，分优级、初级两级。优级师范即高等师范，培养的师资系为中学以上的教师。而这所两江师范是单独的优级师范，规模较大，学生最多时达六七百人。

8月15日　清廷颁行《奏定学堂章程》（壬寅学制）。张百熙在庚子国变后，倾力规复并整顿京师大学堂，使之成为中国近代第一所具有现代意义的大学堂。"壬寅学制"是中国近代第一个学制，对辛丑年以后清廷设立的各级各类学堂的学制、入考方式、教学内容等做出一系列规定。

11月2日　清廷宣布自下一年会试开始，凡一年授职翰林院修撰、编修者，二三年改翰林院庶吉士，用部属中书者，皆必须入京师大学堂分门肄业。"必须领有卒业文凭，始咨送翰林院散馆"，以备录用。知县签分到省，也必须入各省课吏馆学习。

12月13日　孙中山自日本到香港，旋赴安南河内成立兴中会分会。

冬，留日学生秦毓鎏、张继、叶澜、董鸿伟、汪荣宝、周宏业、冯自由、陈独秀等在东京筹建反清革命团体。他们原拟仿意大利独立前的反抗组织"少年意大利"，取名"少年中国"，后为避免清朝当局的注意，仍寓少年中国之意，取名"青年会"。该会会约第一章即表示，"以民族主义为宗旨，以破坏主义为目的"，显露了鲜明的反清革命色彩。该会初创时有会员二十余人，多数是早稻田大学的学生。他们编撰了《法兰西革命史》《中华民族志》等书籍，鼓吹推翻清廷的革命，是留日学生中第一个具有革命倾向的小团体。青年会成立不久，即在留日学生中取代了励志会的地位。次年，各省学生纷纷成立同乡会，并创办期刊，很多青年会会员被举为干事、编辑员。在拒俄运动中，该会大多数会员参加了拒俄义勇队。

1903 年（光绪二十九年，癸卯兔年） 22 岁

二弟赵驭六（赵念伯）考入江南陆师学堂。

赵声作为成绩优异的陆师学堂毕业生，与茅乃封等十八位同学被官方选派日本考察学习军政。"时新军甫有萌芽，陆军学生几无出路，适张之洞氏复署江督，创办三江师范学堂，并提倡军国民教育而苦无师资，因选派余毕业同学十八人赴日本考察军事及其文武教育，凡其近卫师团各部队，各兵种学校，及帝大、早稻田、庆应各大学以至各级师范国民小学均得详览无遗。"①

年初，"赵声前往日本，与他同行的有同乡同学柳贻［诒］徵②，是去专程考察教育的"③。

去日本考察教育的领队是缪荃孙，缪荃孙从光绪二十二年至二十七年（1896—1901）在钟山书院任主讲。1901 年初，赵声在钟山书院学习进修，成绩优异。

"轮船经过六天航行，到达日本长崎，再经神户，最后在横滨上岸。柳贻［诒］徵停留横滨开始作考察活动，赵声改乘火车去东京。"④ "在那里，果然有很多的革命救国志士，赵先生和他们乐于订交；而他们对于这位新来的志士，也是非常的欢迎。至此，由个人觉悟而立志革命的赵先生，纳入革命运动的主流中，成为最优秀的革命斗士之一。"⑤

赵声在日本结识了黄兴、何香凝、陈独秀⑥等人，与陈天华、邹容、杨

---

① 《茅乃封自传》，载江苏省政协文史资料委员会、镇江市政协文史资料委员会编《辛亥镇江将军录》下，1997，第 514 页。

② 柳诒徵（1880—1956），字翼谋，亦字希兆，号知非，晚年号劬堂，又号龙蟠迂叟，江苏镇江人。赵声好友，中国近现代史学先驱，中国文化学的奠基人，现代儒学宗师，图书馆学家、书法家。

③ 肖梦龙：《赵声》，江苏古籍出版社，1984，第 19 页。

④ 肖梦龙：《赵声》，江苏古籍出版社，1984，第 20 页。

⑤ 惜秋：《民初风云人物》上，台湾三民书局，1976，第 108 页。

⑥ 陈独秀（1879—1942），原名庆同，字仲甫，安徽怀宁人。早年留学日本。1915 年在上海创办《新青年》杂志，举起民主与科学的旗帜。1916 年任北京大学教授，五四新文化运动的旗手。中国共产党创始人和早期领导人之一。

毓麟①等人往来，互相砥砺革命。

　　1903 年 2 月，赵伯先与陈独秀等人在东京合影留念，留下了意气风发的飒爽英姿。陈独秀长赵声两岁，他们都考中秀才，同是性格十分豪爽、慷慨激昂之人。他们痛恨反动腐朽的清王朝，立志要推翻它。两人一见如故，相见恨晚，志同道合，陈独秀十分看重与赵声的关系，特地在五人合影的照片上注明"癸卯年与赵伯先等五人合照一张"②。

1903 年 2 月赵声与友人摄于日本东京，左起：陈独秀、周筠轩、葛温仲、赵声、潘璇华

　　在日本，"赵声深入地考察日本军事。他常约黄兴去观看日本士官联队的操练，二人还通过各种途径，请日本军官给以军事技术和战略方面的指导"③。"赵留日时，曾与竹松井三郎相善。"④ 竹松井三郎是日本军校的军事教官。后直隶总督袁世凯参仿外国陆军制度，开办天津北洋陆军学堂，曾聘竹松井三郎为教操长。

---

　　①　杨毓麟（1872—1911），字笃生，湖南长沙人，少年时代聪慧异常，好学深思。1902 年 4 月东渡日本，入学早稻田大学。1903 年，与黄兴等人组织横滨暗杀团，研制炸弹。1903 年 12 月，参与组建华兴会的筹备工作。1906 年，华兴会合并入中国同盟会。同年 12 月 4 日，萍浏醴起义爆发，杨毓麟准备在上海响应，但未能如愿。1909 年，转赴英国苏格兰阿伯丁大学读书，兼任《民立报》特约通讯员，为国内读者介绍西方各党派的活动情况。

　　②　李守静：《赵伯先、吴樾与陈独秀》，载镇江市政协文史资料委员会编《辛亥革命与镇江》，江苏大学出版社，2011，第 149 页。

　　③　周勇：《赵声与辛亥革命》，载周新国、弓楷、刘婷婷编著《赵声研究综览》，江苏人民出版社，2021，第 297 页。

　　④　姜泣群：《朝野新谈戊己编》，书林书局，1914，第 52 页。

通过陈独秀，赵声随反清团体"青年会"的骨干进入早稻田大学进修，"肄业于早稻田大学法科"①。

从赵声回国后所作的《保国歌》中所表达的民主革命、宪政治国的思想来看，赵声进入早稻田大学后阅读了大量有关资产阶级政治制度的论文和西方资产阶级启蒙思想家的著作。

赵声在日本学习与考察军政后多次对人说，"中国事尚可为也"，"先生在日本，虽得获交于许多热血沸腾的革命志士，而心胸之大畅；但念国家危难日深，形势日急，革命不可能在国外做些宣传鼓吹工作，所可济事，乃浩然有归志，谋在国内开通民知，激起运动，以便作起义的准备"②。赵声不愿空谈，也不愿依附日本势力，他说，"'革命贵实行耳，居日本何为？'遂复回国为冒险之鼓煽"③。

赵声作文《读孟子豪杰之士说》④：

天下之人宜明知凡民与豪杰之分。豪杰者，万事自草创不敢践人辙迹也。滕文公上篇第四章称陈良曰：彼所谓豪杰之士也，盖陈良者楚产也。楚在南方与蛮夷交，而陈良独能超出习俗之表北学中国，中国学者不能先之。西汉人云：山东豪杰并兴亡秦，当天下滔滔，畏秦威风，得陈涉、项籍、刘李者，决然自断为起大事，是岂可不谓豪杰哉。日本神后征三韩、北条时宗、谶蒙古兵丰太合伐朝鲜，可谓豪杰也。西欧墨瓦兰，自西洋航东洋阁龙，探出亚美利加。拿破仑混一欧罗巴，亦可谓豪杰也。近世徂徕先生（姓秋生双松，一姓物部，江户儒者也）、称仁斋（姓伊藤，名长胤，亦江户儒者也。江户即今东京也）曰豪杰，皆是在举世宋学盛时看破宋学，独唱古学，斯为豪杰。故疑宋学著书辨之，山鹿（姓）素行先生先于仁斋徂徕唱古学，痛排斥宋学，竟以事被流谪，亦可谓豪杰也。长州藩屏剑枪合击，法横地内滕三子也，二子亦可谓豪杰矣。然二子幸遇，时乘文武兴隆治教更张之机，以为其可为所谓顺风而呼者也，先是有栗栖又助者，有古武士风，又能以剑枪术导人，是可谓豪杰也。当今天下，士用颇衰，虽

---

① 姜泣群：《朝野新谈戊己编》，书林书局，1914，第50页。
② 惜秋：《民初风云人物》上，台湾三民书局，1976，第108页。
③ 佚名：《赵烈士事略》，载周新国、弓楷、刘婷婷编著《赵声研究综览》，江苏人民出版社，2021，第93页。
④ 姜泣群：《朝野新谈戊己编》，书林书局，1914，第82页。

小男子，能断然以古武士风自任，以为天下先，亦可谓豪杰也。今以一介士为天下，后世程式如彼。且前所历举豪杰，亦素非有王侯之位、韩魏之富，可知不能夺励者不及于凡民也。待孔子七十二弟子，如汉高之萧曹陈周豪侠而兴者，可为凡民矣。凡民所为，犹能如彼，世之有作为而可传于后世，皆当夺兴矣。

　　1903 年夏，赵声自日本回国，着手"广开民智"，以唤醒民众，进行革命。他以"民族大义"鼓动广大群众的反清革命情绪，为"众志成城起义兵"① 做准备。"他回国后，首在故乡的教育事业，健身运动、公益事业着手。这些运动，都是先生唤起民众、吸收革命志士的掩护。他在故乡所办的事业，有小学堂、书报社、体育会等，都是启迪民知、唤醒民众的基本宣传工作与组织工作，赵声在其故乡，本有很高的声誉，经此努力，他的社会地位益高，外县慕名而来者亦日众。他的宣传革命与吸收同志的工作，收到相当大的效果。"②

　　赵声利用天香阁私塾的影响，先在大港创办"阅书报社"③ 与"鸿溪阅报茶社"④。读物有他从日本带回来的，以及在国内尽力搜集和购置的大批进步书籍报刊，如《江苏》《国民报》《游学译编》《译书汇编》《大陆》《浙江潮》《新广东》《新湖南》《湖北学生界》《开智录》《直说》《中国日报》《苏报》《黄帝魂》《孙逸仙》等，还有专门记载清兵入关时大肆屠杀汉族人民的书籍，如《嘉定屠城记》《扬州十日记》，以及章太炎重新修改出版的《訄言》等书籍。⑤

　　赵声为阅书报社大门撰写对联："纵环海奇观，开普通知识；藉大江流水，涤腐败心肠。"⑥

---

　　① 赵声：《保国歌》，载扬州师范学院历史系编《辛亥革命江苏地区史料》，江苏人民出版社，1961，第 94 页。

　　② 惜秋：《民初风云人物》上，台湾三民书局，1976，第 108 页。

　　③ 柳诒徵：《赵伯先传》，载周新国、弓楷、刘婷婷编著《赵声研究综览》，江苏人民出版社，2021，第 47 页。

　　④ 《赵伯先致柳诒徵书（一）》，载政协丹徒县文史资料研究委员会编《辛亥革命先烈赵伯先》，《丹徒文史资料》第六辑，1991，第 17 页。

　　⑤ 肖梦龙：《赵声》，江苏古籍出版社，1984，第 20 页。

　　⑥ 赵声：《阅书报社门联》，载周新国、弓楷、刘婷婷编著《赵声研究综览》，江苏人民出版社，2021，第 32 页。

赵声在家乡宣传和发动群众时，得到同乡柳诒徵的很大帮助与支持。柳诒徵任职江楚编译局，是中国近代著名的历史学家与教育家，他们二人的思想观点基本一致，交往密切。其时柳诒徵在日本考察教育五周，"自日本回国后，积极兴办学校，以启迪民智，得缪荃孙、陈三立之资助，因与友人陶逊（字宾南）、陈义（字宜甫）等创办思益小学堂于南京中正街街北庐江会馆"①。柳诒徵利用工作之便，给赵声提供了一些书刊。

未几，三江师范按计划聘请赵声担任教习。赵声请人"帮同办理"大港事务，应聘到南京就任三江师范教习，受到老乡柳诒徵与总稽查（即校长）缪荃孙的欢迎。赵声和同去的人"即任三江师范教员。所奇异者暂不招生，而以中日教员互上讲堂、操场，名为互换知识，为期一年"②。

赵声（前排）与三江师范学堂同仁合影

"应两江③师范教员之聘，内结同学教员、学生，外结徒党。"④

赵声在三江师范学堂时，"全校教员学生无不倾仰烈士之为人。而烈士与校中人感情亦益厚。烈士内结同校之教员学生，外结相识之同志，声气翕合，徒党日繁"⑤。他频频进行革命宣传和串联活动，成为南京地区运动革命的核心人物。

赵声在三江师范学堂秘密创作了流传于大江南北的七字唱本《保国歌》。

"按'七字唱本'为七个字一句押有韵脚的唱词，流行于苏北里下河一带，词句极为俚鄙，内容大抵为民间忠孝节义故事，种类甚多，有纸张印

① 《柳诒徵年谱简编》，载柳曾符、柳佳编《劬堂学记》，上海书店出版社，2002，第349页。
② 《茅乃封自传》，载江苏省政协文史资料委员会、镇江市政协文史资料委员会编《辛亥镇江将军录》下，1997，第514页。
③ 原名三江。
④ 柳诒徵：《赵伯先传》，载周新国、弓楷、刘婷婷编著《赵声研究综览》，江苏人民出版社，2021，第47页。
⑤ 佚名：《赵烈士事略》，载周新国、弓楷、刘婷婷编著《赵声研究综览》，江苏人民出版社，2021，第93页。

刷均极恶劣的现成印本，乡镇小摊，均有出售。每当春秋社日，农家酬神设宴，必雇有专门业唱者，一面手敲锣鼓，一面凭着记忆用抑扬的强〔腔〕调逐句唱出，以娱亲友，有如北方的说'大鼓书'，极为乡村男女老少所欢迎。伯先先生利用'七字唱本'旧有的形式，而内容则灌输以革命意识，以收宣传的功效，可见伯先先生在当时是用过一番匠心构思的，但原著恐怕现在已很少存留。"①

《保国歌》猛烈地抨击了清王朝的专制腐败，号召人们起来进行革命斗争，推翻清王朝的反动统治，创建一个独立富强的民主共和国；号召各地区革命力量密切合作，团结一致；禁鸦片烟；破私见，立公德；加强武备，收回国家主权；开办实业；普及教育；不盲目排外；加强宣传，渐开民智；强化中央政府，民主选举议会；强调国家独立，力拒外国干预内政；等等。《保国歌》是一篇以诗歌为载体的近代民主革命宣言书，堪与陈天华的《警世钟》《猛回头》及邹容的《革命军》相媲美，是中国近代史上的重要革命文献。

保国歌②

赵声

莫打鼓来莫打锣，听我唱个保国歌，
中国汉人之中国，民族由来最众多。
堂堂始祖是黄帝，四万万人皆苗裔，
嫡亲同胞好弟兄，保此江山真壮丽。
可怜同种自摧残，遂使满洲来入关，
凶悍更加元鞑子，杀人如杀草一班。
痛哭扬州十日记，嘉定屠城尤骇异，
奸淫焚掠习以常，说来石人也堕泪。
不平不平大不平，贱种乳臭皆公卿，
食我之毛践我土，忘恩负义太无情。
八旗驻防防家贼，贪官个个良心黑，

①　沈云龙：《革命先烈赵伯先的一生奋斗》，载周新国、弓楷、刘婷婷编著《赵声研究综览》，江苏人民出版社，2021，第186-187 页。
②　赵声：《保国歌》，载政协丹徒县文史资料研究委员会编《辛亥革命先烈赵伯先》，《丹徒文史资料》第六辑，1991，第23 页。

追比乐输还劝捐，忍气吞声说不得。
视臣土芥民马牛，科名笼络如俘囚，
诗狱史祸相接踵，名节扫地衣冠羞，
农工商贾饥欲死，行省处处厘金抽。
中有当兵最懵懂，乱山多是湘军冢，
急来招募扣口粮，闲时只是杀游勇。
固本军饷年复年，大半同胞买命钱，
民脂民膏吃不了，圆明园又颐和园。
忽纵奸王攻使馆，复媚洋人摊赔款，
招信股票最欺人，杀戮忠良天不管。
苛政淫刑难尽书，九幽十八狱何如！
到处差役更骚扰，牵了耕牛又牵猪。
哀哉奴隶根性好，华人鼓里方睡觉，
台湾割让又胶州，火烧眉毛全不晓。
非我族类心不同，把吾土地媚群凶。
欧美环伺恣分剖，外洋又复逐华工。
彼昏只知纵淫乐，大做万寿穷需索，
权阉流毒成官邪，哭天无路将谁托。
弃东三省家安归，将见行酒穿青衣，
失地当诛虐可杀，难道人心无是非。
我今奋兴发大愿，先行革命后立宪，
众志成城起义兵，要与普天雪仇怨。
不为奴隶为国民，此是尚武真精神，
野蛮政府共推倒，大陆有主归华人。
第一合群定主意，大众齐心兼努力，
新湖南与新广东，社会秘密通消息。
第二不要吃洋烟，体操勤学勇当先，
忠信为主养公德，破除私见相钩连。
第三武备要时习，权利收回期独立，
专精实业开学堂，热心教育当普及。
第四不必闹教堂，不扰租界烧洋房，

杀人放火皆禁止，要爱百姓保一方。
第五演说无观望，说得人人都胆壮，
民智渐开民气昌，保你千妥又万当。
第六政府立中央，议员公举开明堂，
外人干预齐力拒，认清种族凭天良。
第七不为仇尽力，无作汉奸剪羽翼，
同类相爱莫相残，满洲孤立正在即。
第八同心不可当，一家不及十家强，
你家有事我帮助，扶起篱笆便是墙。
你救我来我救你，各种人情各还礼，
纵然平日有猜嫌，此时也要结兄弟。
民族主义大复仇，二百年后先回头，
还我江山归旧主，不逐胡人誓不休。
大家吃杯团圆酒，都是亲戚与朋友，
百家合成一条心，千人合做一双手。
各有义胆与忠肝，家家户户保平安，
修明宪法参英美，共和大国长交欢。
布告天下飞一纸，救民水火行其是，
我以竞争求和平，荡秽除残莫怕死。
四方豪杰一齐来，虚怀延揽惟其才。
直言普告州和县，地方自治无兵灾。
古来天下无难事，人若有心可立致，
你们牢牢记在心，浩然之气回天志。
仔细听我保国歌，天和地和人又和，
取彼民贼驱异类，光复皇汉笑呵呵！

《保国歌》以通俗易懂的方式宣传反帝反专制的民主革命思想，流传广泛，对唤起民众投身革命起了积极有效的鼓动作用。赵声的同学章士钊说："愚在校未久，辞赴上海，主《苏报》，言革命，伯先循资完业，曾一渡日本，考询军政，归两江师范学堂为教员，非其好也。时排满之论，起于江湖。愚喜昌言，而伯先则谋济事，尝秘草'七字唱本'激劝士卒，号《保国歌》，文辞肫至，读者莫不感泣，余为印布数十万份。湖北曹工丞且为麻鞋负囊，走数千里散之。一时长江上下游之兵若匪，人手一纸，习其词若流，而不审为伯先手笔也。"① 1911 年 10 月 5 日，辛亥革命武昌起义前夕，《民立报》② 刊登了这篇战斗檄文。

10 月 8 日，为驻东三省俄军退兵第三期，沙俄拒不履约从我国东北撤兵，并且向清廷提出了种种无理要求，激起了我国人民的义愤。一场声势浩大的拒俄运动先后在日本东京的我国留学生中和上海、北京等地兴起。南京学界在赵声的推动下积极响应，他联络发动南京各地学堂师生及群众数千人在三江师范附近的鸡鸣寺北极阁举行集会，声援北京、上海的拒俄运动。"乃开会于北极阁，演说民族主义，图进行。"③ 在进行反对帝国主义宣传的基础上，赵声"假借俄事，极论革命"，"痛斥帝俄侵略暴行及清廷昏庸无能"④，并建议大家组织义勇队北上抗俄，号召大家不做亡国奴，投身革命以救亡图存。"癸卯秋假拒俄事为会于北极阁，演说革命。"⑤

"时值日俄战起，以我东三省为战区，我留东诸君皆大愤激，钮铁生、蓝天蔚等各回国组织铁血军义勇队，余与同乡、同学、同事赵伯先君发起在北极阁开大会，响应之，大为当局所忌，令本校总办示意余二人自动辞职。"⑥

赵声"自北极阁演说后，名震江楚间，江楚有志之士争慕向之"⑦。

赵声发动的南京北极阁演说，开创了中华大地利用聚会和公开演说形式，鼓动革命、抨击时弊、发动群众的先河。章士钊评价这次演说：北极

---

① 章士钊：《赵伯先事略》，载周新国、弓楷、刘婷婷编著《赵声研究综览》，江苏人民出版社，2021，第 44 页。

② 该报一度为中华民国南京临时政府机关报。

③ 佚名：《赵烈士事略》，载周新国、弓楷、刘婷婷编著《赵声研究综览》，江苏人民出版社，2021，第 93 页。

④ 赵俊欣：《纪念伯父·辛亥革命先烈赵伯先》，载周新国、弓楷、刘婷婷编著《赵声研究综览》，江苏人民出版社，2021，第 214 页。

⑤ 柳诒徵：《赵伯先传》，载周新国、弓楷、刘婷婷编著《赵声研究综览》，江苏人民出版社，2021，第 47 页。

⑥ 《茅乃封自传》，载江苏省政协文史资料委员会、镇江市政协文史资料委员会编《辛亥镇江将军录》下，1997，第 514 页。

⑦ 佚名：《赵烈士事略》，载周新国、弓楷、刘婷婷编著《赵声研究综览》，江苏人民出版社，2021，第 93 页。

阁集会为"内地公开演说之嚆矢，声势甚盛"①。"盖感人之深，而胆气之猛决，有令人以可惊可愕者。"② 其唤醒与动员群众的轰动效应，让时任两江总督魏光焘感到惊恐。有人告密，魏光焘获知赵声是这次集会的实际发起人和组织者，于是准备逮捕赵声。消息传来，在同志友人的极力劝谕下，赵声避走上海。

年底，赵声回到大港。为进一步团结和组织革命群众中的骨干分子，在大港又创办了"安港小学堂"和"体育会"，以此来集中培训热血青年，进行爱国主义教育，灌输民主革命思想，教授军事技术知识，锻炼体力素质，培养和衷共济干大事的观念。在镇江谋生的宝堰人"［阮］德山积极参加活动，学习了邹容著的《革命军》及当时宣传革命的《国民报》等书刊，于是德山便有机会与赵声、赵馨（即赵光，是赵声二弟）相识。基于共同的理想，交往甚深，并深受鼓舞。由此，德山的革命意志愈加坚定矣"③。

赵声"思启牖乡里，创阅书报社，设小学堂，组体育会，造就才俊颇众"④。赵声培育、积聚热血青年，大港镇及周围的大路镇、丁岗镇、姚桥镇、黄墟镇等地的许多青年，以及与他来往密切的同学故交，都不同程度

---

①　章士钊：《赵伯先事略》，载周新国、弓楷、刘婷婷编著《赵声研究综览》，江苏人民出版社，2021，第 44 页。

②　佚名：《赵烈士事略》，载周新国、弓楷、刘婷婷编著《赵声研究综览》，江苏人民出版社，2021，第 93 页。

③　戴志恭：《黄花岗七十二烈士之一——阮德山》，载镇江市政协文史资料委员会编《辛亥革命与镇江》，江苏大学出版社，2011，第 191-192 页。

④　柳诒徵：《赵伯先传》，载周新国、弓楷、刘婷婷编著《赵声研究综览》，江苏人民出版社，2021，第 47 页。

地受到影响。其中，赵念伯①、赵光②、赵芬③、赵芳④、解朝东、李竟成⑤、赵启骐⑥、冷御秋⑦、阮德山⑧等人相继走上了革命道路。他们都是

---

① 赵念伯（1887—1919），原名赵磐，字驭六，赵声二弟（赵声去世后改名）。幼从父学，后考入南京陆师学堂。毕业后投效大哥任新军三十三标军官，加入同盟会。赵声离开三十三标后负责赵声与三十三标的联络工作。不久，和弟弟赵光一起赴香港，参加广州起义。起义失败后，赴上海，和陈其美、钮永建一起领导并参加攻打"江南制造局"。解决了光复上海、镇江、南京等地的装备供应问题。"二次革命"时，在镇江担任独立混战旅旅长。讨袁平息后，转粤，在孙中山所建"援闽"粤军中任少将旅长。1919年，因军务操劳过度，病卒于军中。

② 赵光（1889—1929），原名赵馨，字诩三，赵声三弟。早年在其兄赵声引导下加入同盟会。先后两次参加广州起义。武昌起义后，和其兄赵念伯到上海参加沪军北伐挺进军敢死队。民国期间，任六十师三十一旅六十一团团长，驻守镇江。"二次革命"时，参加讨袁。1917年"护法战争"时，率军增援福建。民国政府在南京成立，任江苏省政府咨议等职。

③ 赵芬（1892—1919），字吟香，赵声三妹。幼受父教，颖慧过人，10岁能文章，以后曾在镇江、江宁（今江苏南京）、上海、香港等地的女子学校学习，成绩优异。肄业后，跟随其兄赵声参加广州起义。武昌起义后与其二兄赵念伯、三兄赵光、大嫂严承志率旧部，转战南京、上海等地，亲手制作炸弹，冒着枪林弹雨，参加光复镇江、南京等战役。辛亥革命胜利后，辞归故里。民国5年（1916）嫁北京法政大学校长王家驹（维白）。王家驹乃赵蓉曾天香阁的学生，与赵声同砚。

④ 赵芳（1897—1913），字吟云，赵声幺妹，亦是女中豪杰，曾随姊嫂参加辛亥光复之役。《赵氏文翁分谱》（卷九第22页）有关赵蓉曾子女的部分，赵蓉曾亲自加注如下："三吟云，早岁能文，性极婉顺，辛亥光复时年甫十五岁，作男装运军火，由沪至宁者数次，其嫂充女军总司令，云实左右之，又具须眉气者。不料癸丑秋，以急疾逝，吁可惜矣。镜芙记。"

⑤ 李竟成（1880—1935），于光绪三十一年（1905）应赵声征召入新军三十三标，历任排长、队官，后加入同盟会，继又考入南洋陆师学堂。广州起义前，李竟成奉赵声召唤赴粤，潜往香港，被派策动新军反戈，奔走于省港之间。起义失败后，李竟成潜回上海，参加同盟会上海地区的革命活动。武昌起义后，与新军管带林述庆一起指挥光复镇江、南京等战役。南京光复后，他任陆军第十六师参谋长，后任镇江卫成司令，孙中山授予其陆军少将衔。民国4年（1915），袁世凯谋复帝制，李竟成与黄兴、赵驭六、马贡芳等联名通电讨袁世凯。

⑥ 赵启骐（1894—1964），又名启陆，字次桦，中华民国中将，生于江苏镇江大港镇。童年时曾受赵蓉曾的启蒙教育，16岁考进南京陆师学堂，参加同盟会。毕业后，到武汉军校继续学习，后又去保定军校深造，与叶挺友善。军校毕业后，在川军工作，后到广东任大元帅府参谋、黄埔参谋长，与吴玉章、周恩来、叶剑英等来往甚密。北伐时，在刘伯承部任中将参谋长。1931年任江苏省民政厅厅长。1959年当选第三届全国政协委员。

⑦ 冷遹（1882—1959），字御秋，江苏镇江黄墟镇人。1905年武备学堂毕业后任新军三十三标连长，成为赵声的得力干将。1906年加入同盟会。1909年5月，进入广西新军，成为"广西革命"的最初发动人之一。武昌起义后率军援鄂，任陆军师长、军政府参谋部长等职，孙中山亲授其陆军中将军衔和文虎勋章。1915年参加护国讨袁运动。1917年任护法军政府总参议和代理内政部长。1945年创建中国民主建国会。同年5月与黄炎培等联合提出恢复国共谈判的主张，并亲赴延安接洽，受到毛泽东、周恩来等人的热忱欢迎。抗战后任民国江苏省临时参议院院长。新中国成立后任江苏省副省长等职。

⑧ 阮德山（1885—1911），江苏镇江丹徒县宝堰人。世代务农，父早逝，幼随在丹徒县署当差的长兄阮少堂住镇江。21岁应征入南京新军。清宣统三年（1911）一月任九镇三十三标一营左队一棚正目，加入同盟会。应赵声"选锋"之招，到香港参加广州起义。"黄花岗七十二烈士"之一。

赵声苦心栽培的革命才干。

蔡元培撰写《赵芬夫人传》①：

吾友王君家驹丧其妻赵夫人，忧伤憔悴，有逾恒情。既而以夫人事状请为传。元培读之而慨然曰：王君与夫人素有师友渊源，与旧式结婚取决于媒妁之言者不同；而夫人出则为革命党，处则为良妻贤母，尤与寻常女子不同。乃结婚甫三年，而忽焉死别，宜乎王君之忧伤憔悴，与普通悼亡者不同也。元培其何敢以不文辞。

按状夫人讳芬，字吟香，又字芸香，江苏丹徒人也。幼受父教，颖敏过人。十岁能文章，又次第肄业于镇江、江宁、上海、香港诸女学校，成绩优异。然夫人慷慨爱国，既见于革命之不可以已，则急起直追之。是时，其兄声方以积学知兵，为国内革命党领袖，谋举事广东，夫人遂为之奔走近十年，与于民国纪元前二年广州之奋斗，世所谓黄花冈［岗］之役者也。是役既失败，声以愤死，而夫人奔走如故。武昌起义，偕其兄念伯及光率声旧部，转战于南京、上海之间，手制炸弹，躬冒枪刃，数濒于危而气不稍馁。事平，谓其两兄曰：今而后，国家之事，惟兄等任之，妹其归奉老父矣。

民国□年，王君有前妻之丧，谋续娶，夫人以父命与王君结婚。既主家政，持己以俭，待人以诚。抚王君前妻之子如己出。阅二年，生一女，遂常有疾。八年二月十六日卒，年二十有八。赞曰：

夫人运动革命，与吾乡秋君瑾同，豪于饮、工于文亦同。顾秋君结婚在革命以前，其夫非同志，不得不与之决裂；且未及实行革命，而已为清吏所戕，临殁有余恨焉。夫人躬于革命之战，及见民国成立，又得同志之夫，于国于家，皆得有所表见，其际遇胜秋君远矣，而特不永其年，惜哉！

民国八年七月二日

是年大事

河南安阳发现甲骨上刻有文字，金石学家王懿荣研究后称其为"甲骨文"。

袁世凯在天津开办军乐队学校。

---

① 裴伟选注《镇江诗文》，苏州大学出版社，2007，第 182 页。

上海商务印书馆设置编译书局。

岳麓书院改制，与湖南省城大学堂合并成立湖南高等学堂。

居里夫妇和贝克勒尔共同荣获诺贝尔物理学奖。

1月28日 洪全福、谢缵泰等谋广州举事，事泄失败。

1月29日 湖北留日学生李书城等在东京创办爱国革命刊物《湖北学生界》。刊物以"输入东西之学说，唤起国民之精神"为宗旨，设论说、学说、政法、教育、军事、经济、实业、理科、医学、史学、地理、小说、词薮（楚风、楚言）、杂俎、时评、外事、国闻、留学纪录等栏目。

1月29日 各省留日学生集合东京留学生会馆举行新年团拜，马君武等演说反清革命，清吏震惧。

2月4日 日本人制造中国近代首例假钞案。

2月11日 英俄在伦敦谈判西藏问题。

2月11日 英商与四川矿务局订立合办宁远府金类矿产草约，又与四川保富公司订合办乐山、射洪煤油合同。

2月11日 荷兰银行上海分行开办，行址在黄浦滩。

2月 《浙江潮》创刊。

2月27日 震旦大学成立。该学院创建的发起人为马相伯。马相伯是江苏丹阳人，天主教神学博士，授职为神甫，1872年担任上海徐汇公学校长一职，曾任清廷驻日公使参赞、驻神户领事等职。震旦学院是由他商请耶稣会创办的，法国传教士出资，校址设在徐家汇，马相伯自任总教习（即院长），各科教师由耶稣会委派教士担任。学院设预科、本科二制，预科一年卒业，本科二年卒业。光绪三十一年（1905）八月初，该院部分爱国师生因学潮脱离该校，马相伯等遂以这些人为主，在上海江湾新创复旦公学（复旦大学前身）。

3月19日 中国第一所高等职业院校"北洋工艺学堂"开学，学校位于天津，首任总办周学熙。

3月27日 蔡元培等人创建"四合会"，会旨为研究政治和体育训练。

3月29日 由上海科学仪器馆主办，介绍多方面自然科学知识和新工艺、新技术的《科学世界》创刊。

4月8日 中俄《交收东三省条约》到期限，俄拒绝退兵反而增兵800多人重新占领营口。次年3月，俄国在第二期撤兵期满时，不仅违约不撤，反而增派军队，并照会清廷外务部，提出进一步侵略东北的七条无理要求。接着，俄国沙皇又任命阿列克塞耶夫为远东总督，将东三省划归其统治。由此激起中国人民轰轰烈烈的拒俄运动，日本与俄国对东三省的争夺也日益激化。

4月8日　中国留日女学生胡彬夏等在日本发起成立第一个爱国妇女团体"共爱会"。

4月14日　留日学生在东京锦辉馆集会，抗议桂抚王之春阴谋出卖路矿主权，借法兵镇压会党起义，通电要求拒法惩王。

4月27日　上海各界人士在张园召开拒俄大会，通电反对沙俄新约。

4月27日　中国最早的工科大学天津北洋大学开学。

4月28日　拒法运动开始。自光绪二十八年（1902）起，广西民众即因不堪忍受清廷为庚子赔款的"摊赔"而纷纷起义。广西巡抚王之春无法平息，遂乞请驻越法军入境协剿，允诺"平乱"后以全省铁路、矿山权益为酬。法国驻越提督随即令驻谅山法军北入广西，与清军联合镇压起义民众。事情传出，舆论哗然。留日学生闻讯怒不可遏。留日学生在东京清国留学生馆召开各省评论员会议商讨对策。翌日，全体留日学生开声讨大会，发函强烈要求清廷罢黜王之春巡抚职，废除其与法国私订的卖国信约。大会还要求国内"协应""拒法"斗争，群起反对法国出兵干涉中国内政。中国教育会和爱国学社立即响应，在上海张园特开"拒法大会"，致电清廷，要求阻止法军入境，"免王职以谢国人"。4月30日，又集议于广肇公所，通电全国，号召全国人民罢市、罢工，声援"拒法惩王"的斗争。

4月29日　留日学生组成拒俄义勇队。

4月29日　陆亚发在广西南丹率众起义。

4月30日　京师大学堂"鸣钟上学"，声讨沙俄侵略，慷慨拒俄。

4月　道教慈云观在香坊增福街设立。

5月2日　留日学生组建激进的军国民教育会。

5月27日　章士钊任上海《苏报》主笔，揭反清言论，发表《中国当道者皆革命党》。

5月27日　《绣像小说》创刊。李宝嘉任主编。商务印书馆发行。

5月27日　《苏报》发表邹容《革命军》"自序"。

5月　章炳麟发表《驳康有为论革命书》。

6 月 16 日　亨利·福特成立汽车公司。

6 月 12 日　梁启超与美总统罗斯福于华盛顿会晤。

6 月 23 日　中东铁路机关报《哈尔滨新闻》创刊。1917 年改名为《铁路员工》报。

6 月 29 日　清廷以《苏报》鼓吹革命为由，逮捕章炳麟。不久《苏报》被封，史称"《苏报》案"。

6 月（闰五月）　因钦定学堂章程很不完善，清廷命张之洞同张百熙、荣庆重新厘定学堂章程。

7 月 1 日　中东铁路通车，以哈尔滨为中心，西至满洲里，东至绥芬河，南至大连。

7 月 4 日　太平洋海底电缆投入使用。

7 月 14 日　中东铁路管理局成立，霍尔瓦特上校任司长，依格纳齐乌斯任副局长，中东铁路全线通车。

7 月 31 日　慈禧太后下诏杖毙 7 月 19 日在北京被捕的沈荩。沈荩被打得血肉横飞，但没有求饶，被杖毙于刑部。

8 月 7 日　章士钊等在上海创办《国民日报》，号称"《苏报》第二"。

8 月 22 日　日向俄提议，互相承认在朝鲜、满洲之优越势力。

8 月末　孙中山在日本秘密组建军事学校。

9 月 7 日　清廷设立商部，以载振为尚书，伍廷芳、陈璧为左右侍郎，张謇为头等顾问。商部成立后，颁发了《商部章程》《奖励公司章程》《重订铁路简明章程》《劝办商会简明章程》《矿务暂行章程》《公司注册试办章程》等一系列举办商务、奖励实业的章程。同时还奏请设立路矿、农务、工艺各项公司，通饬各级官吏及局卡委员，"一律认真恤商持平，力除留难延搁各项积弊，以顺商情而维财政"。商部还认为"商之本在工，工之本在农，非先振兴农务，则始基不立，工商亦无认为资"。遂提出清查地亩，辨别土宜以及兴修水利，发展畜牧，设立农务学堂与农事试验场等建议。

9 月　大型译著《物理学》全部出版。全书共 3 编 12 卷。

9 月　哈尔滨发生肠伤寒病，死 70 人。

10 月　浙江全体人民掀起保卫矿权风潮。

11 月 1 日　哈尔滨至海参崴间开通客运列车。

11 月 4 日　黄兴、刘揆一、章士钊等发起组织革命团体华兴会。

11 月 12 日　盛宣怀与比国电车铁路合股公司订立汴洛铁路借款合同，总额 2500 万法郎。

11 月 18 日　美国与巴拿马签订美巴条约。

11 月　清廷公布《奖励公司章程》20 条，鼓励集团经营工商业。

12 月 13 日　英军大举入侵西藏，进抵西藏亚东。

12 月 17 日　美国的莱特兄弟乘 Flyer 飞机完成人类首次飞行。

12 月 19 日　林白水的《中国白话报》在上海创刊，为旬刊。设论谈、新闻、实业、文明介绍等栏目。

12 月 24 日　为筹饷练兵，清廷下诏整顿烟酒税，命各省照直隶现办章程仿行，按省派定税额共 640 万两。

12 月 24 日　上海会审公廨宣判章炳麟、邹容永远监禁。

12 月　英军入侵西藏，占领春丕。

1904 年（光绪三十年，甲辰龙年） 23 岁

2 月，赵声在大港准备安港小学开学事宜。

赵声函请刚从日本留学回国的柳砥如先生到安港小学堂任教，函①曰：

砥如仁兄大人侠鉴：城隅一别继稔已返海安，慰甚。弟于本月十五日返港，蒙学事略为通勐，定于正月十六日开学，务求文莅于初十外即到敝舍，盘桓数日，并以布置一切。弟既教育之事非门内人，且俗冗纷烦，唇舌焦敝也，必借重大教育家早来经划，庶可粗备规模，□□□热心亦必乐于早来也。专此拜求即颂

年禧

小弟赵声顿首

十二月廿八灯下

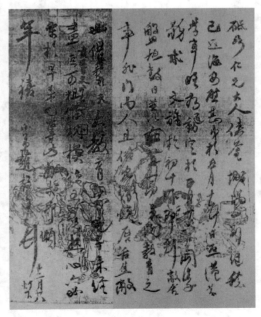

与柳砥如书

---

① 《赵伯先致柳砥如书》，载政协丹徒县文史资料研究委员会编《辛亥革命先烈赵伯先》，《丹徒文史资料》第六辑，1991，第 19 页。

　　赵声致函邀请柳诒徵来大港参加安港小学堂的开学典礼，函①曰：

　　翼谋仁兄大人阁下：昨日由集泰和上一函，刻又接读大扎，承询一切，知系注之深也。蒙学定于正月十六日开学，务请令兄于十六前到港，若阁下能来一观，则尤所拜祷矣。弟回家运动艰阻异常，至今学生止有二十余名，其中仍有寒苦之人，止收半费者。其余亦有观望之徒，总须开学之后既有明效大验，则来者或可稍多。鱼肉捐款现有人已禀县主归学堂收，然倡此议者，系一恶董，欲求涓滴归公，但恐须九牛之力。弟意以为各事总须明年学开之后，徐徐改良办法，即以扩充款项。承代找过钱君，原属妙极，然眼前力不及也。明年开学拟在本地再寻一人帮同办理，现有二君，尚未决为谁何耳。□此奉复即颂。
年安

弟声顿首

黄君住如皋迎驾巷黄宅。又及。

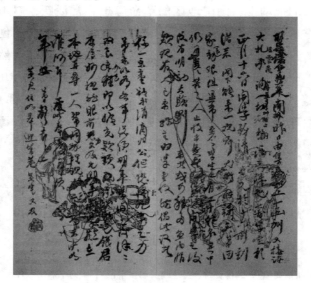

邀柳诒徵函

　　正月，赵声在大港创办的安港小学堂开学，柳诒徵受邀"自宁返镇参

　　① 《赵伯先致柳诒徵书（二）》，载政协丹徒县文史资料研究委员会编《辛亥革命先烈赵伯先》，《丹徒文史资料》第六辑，1991，第18页。

加开学典礼，并介绍仲兄砥如至该校任教"①。

是年3月，江南水师学堂的同学李树藩邀请赵声到湖南任教。当时两湖地区革命呼声高涨，赵声也要进一步了解湖南的革命形势，结识革命志士，便安排好安港小学事务，抽身前往湖南。"归国后，先致力于启导民智的工作，在乡里创办一所'安港学堂'，由声父任堂长；而教授事宜则一直委由赵葆青负责。此外，赵声在外奔走时，来往的密稿，亦多是葆青执笔的。"②

"时革命同志日多，湘鄂尤盛。声至长沙，受聘为实业学堂历史兵操教习。"③ 正值黄兴也在这里教生理学，故友重逢，格外亲切。

是年，李光炯和卢仲农在长沙共同创办了安徽旅湘公学，聘请革命党人赵声、黄兴、张继等人任兼任教习。"芜湖安徽公学的前身是'安徽旅湘公学'，由李光炯创设于湖南长沙，卢仲农为之助。……黄兴、赵声等都曾在公学教过书。"④

此前，华兴会已于1904年2月在长沙正式成立，黄兴担任会长。在黄兴等革命党人的推动下，湖南地区的革命思想异常活跃，赵声在北极阁倡言排满的壮举及革命思想，早已通过赵声的同学、华兴会的创始人章士钊传到了湖南。赵声到达湖南后受到革命同志的热烈欢迎，自然而然地成为华兴会这个革命组织的成员。在湖南实业学校，"张继教西洋史，周震鳞教地理，秦毓鎏教国文，赵声教体操，苏曼殊教图画，他们都是华兴会员。克强先生任生理学教员"⑤。在湖南，赵声与黄兴、陈天华、谭人凤等革命党人一道，积极鼓动革命，促进革命形势的发展。

赵声虽人在湖南，但没有放松家乡的革命宣传和人才培养。赵声为阅书报社到处购置宣传革命的报刊书籍。在上海译书局工作的乡友柳诒徵给赵声寄赠了大批进步书刊。

---

① 《柳诒徵年谱简编》，载柳曾符、柳佳编《劬堂学记》，上海书店出版社，2002，第349页。
② 邵铭煌：《追念先烈赵声——对赵声先生文采事功的一些体察》，载江苏省政协文史资料委员会、镇江市政协文史资料委员会《辛亥镇江将军录》上，1997，第71页。
③ 束世澂：《赵声传（注一）》，载周新国、弓楷、刘婷婷编著《赵声研究综览》，江苏人民出版社，2021，第51页。
④ 政协安徽省委员会文史资料工作组：《辛亥前安徽文教界的活动》，载中国人民政治协商会议全国委员会文史资料研究委员会编《辛亥革命回忆录》第四集，文史资料出版社，1981，第377、378页。
⑤ 毛注清：《黄兴年谱长编》，中华书局，1991，第60—61页。

赵声致谢柳诒徵的书信道①：

翼谋乡兄仁大人：在陵未能晤谈，怅甚。兹启者，润东阅书馆事，前经兄等赞成，可算成立，今吾港诸同志感诸君之侠气，自相鼓舞，又成立一阅报茶社，而阅书事务，即以附之，以开普通知识而论，盖茶社之功大矣。兄所捐浙江潮报章，即望从速寄镇江西坞街道生钱庄赵守谦，转寄鸿溪阅报茶社，不胜感激之至。于兄所捐译书局之书，不妨待弟陆续到陵领取也。兄等仁风侠骨，令吾乡闻风者皆有思奋之意，兄等之功固不大哉！兄等之德，何可忘哉！即颂

著安

弟赵声顿首上

四月初七

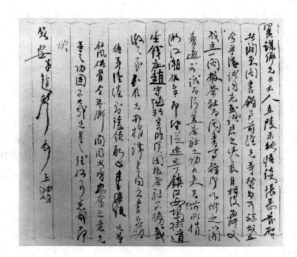

致谢柳诒徵书

赵声在学校执教时，时刻关注国家动态，目光紧紧盯着不断扩充的北洋新军。1904年，日本与俄国为宰割中国的东北地区发生了尖锐冲突，双方在中国东北地区进行战争已不可避免。此时，袁世凯已编成新军第一镇，他认为这是继续扩军的又一次大好机会。3月，袁世凯以原北洋新军为基

① 《赵伯先致柳诒徵书（一）》，载政协丹徒县文史资料研究委员会编《辛亥革命先烈赵伯先》，《丹徒文史资料》第六辑，1991，第17页。

础，进行裁改归并，又派人到河南、山东、安徽等地招募新兵，练成有步队、马队、炮队的北洋常备军右镇。此镇后改称北洋常备军第二镇。同年4月，他又从北方几省招募新兵，编成北洋常备军第三镇。

赵声在学校执教是权宜之计，就在袁世凯忙于扩编新军第二、三镇时，赵声决定北上保定打入新军。

赵声认为"学堂但能造就人才，而不能挽救危局"①，"无枪杆子不好革命"②，只有武装革命才能推翻清王朝。"一志军学"③ 的赵声志在掌握军队。"伯先先生在长沙时，闻袁世凯练北洋新军，欲乘机图之。乃辞教习北上投效。"④ 赵声说："吾乃军人，正黾缘前往北洋，怂恿新军，以推翻满清而图民族生存。"⑤ "李树藩说：'声欲投效北洋新军，藉谋革命，同志韪其议，遂决计北上。将离湘，学生不明其旨，痛哭挽留。声以实告，乃开会欢送。声即席演说国家危亡之故。皆痛哭失声。'"⑥

1904 年 6 月，赵声辞去实业学堂教习职务，离开长沙前往北方，只身打入北洋，开始了他探寻运动新军的艰难曲折的历程。

"时直隶总督为袁君世凯，开办天津北洋陆军学堂，参仿外国陆军制度，聘日人竹松井三郎为教操长。赵［声］留日时，曾与竹松井三郎相善。及闻其就聘至，赵［声］往晋谒。"⑦ "及竹松井三郎晋谒袁宫保辞行濒行之际。力荐赵［声］为陆军小学教员。"⑧ 袁世凯见赵声器宇轩昂，一番交谈后，深知赵声能力出众，非一般人才，既竭力拉拢，又暗中提防，设法控制。袁世凯"知赵声是一位革命青年，表面上对赵声的才华，十分赏识，

① 周勇：《赵声与辛亥革命》，载周新国、弓楷、刘婷婷编著《赵声研究综览》，江苏人民出版社，2021，第 302 页。
② 江谦吾：《赵伯先在新军三十三标》，载周新国、弓楷、刘婷婷编著《赵声研究综览》，江苏人民出版社，2021，第 180 页。
③ 柳诒徵：《赵伯先传》，载周新国、弓楷、刘婷婷编著《赵声研究综览》，江苏人民出版社，2021，第 47 页。
④ 束世澂：《赵声传论考异》，载政协丹徒县文史资料研究委员会编《辛亥革命赵伯先》，《丹徒文史资料》第六辑，1991，第 92 页。
⑤ 周勇：《赵声与辛亥革命》，载周新国、弓楷、刘婷婷编著《赵声研究综览》，江苏人民出版社，2021，第 302 页。
⑥ 束世澂：《赵声传（注一）》，载周新国、弓楷、刘婷婷编著《赵声研究综览》，江苏人民出版社，2021，第 58 页。
⑦ 姜泣群：《朝野新谈戊己编》，书林书局，1914，第 52 页。
⑧ 姜泣群：《朝野新谈戊己编》，书林书局，1914，第 55 页。

实际上却怀叵测之险，阴欲在适当时机除去之，或收为己用，将视情形而定。乃委以书办之职，月给俸银五十，以署中的楼屋以居之，赵声每在入屋以后，楼下常有武装卫士监视其行动，与外界完全隔绝。但是赵声却也十分机警，不久他即发现被监视的情况，心知已入袁世凯的牢笼，处境甚为险恶，但亦不动声色，日惟谋脱身之计"①。袁世凯对赵声明以月俸五十银两厚禄重用，暗中扣留寄给赵声的信件，以进一步了解赵声。"李树藩说：'声至保定，见袁世凯。袁氏察言观色，知声来意。乃虚与委蛇，详询其履历住址，及生活所需。声以实告。袁氏喜曰：吾子虽英雄，而涉世未深，竟于不知不觉随吾术中。于是面令其掌文书，月给五十金赡其家，遂为下榻于署之楼上，而楼则派两守卫监视之。日除递送饮食外，任何亲疏人等一概拒绝见面。所有函件往来，均被扣留。'"② 而湖南华兴党同志等待赵声信件"久无消息，同志皆茫然不知其故？"③。

　　袁世凯察言观色，知道赵声有反清倾向，他要控制赵声，为己所用。袁世凯接纳赵声，暗中截断了华兴会同志与赵声的信件联系，给予赵声一定的活动空间；赵声则谨慎应对，充分利用各种机会进行革命活动。赵声与袁世凯保持着一种微妙的关系。

　　北洋新军教操长"竹松井三郎问［赵声］曰：'君毕业返贵国后，正当兴学时机，曾否就聘？'赵曰：'延聘者，虽踵门而至，我皆善辞焉。'问曰：'何也？'赵曰：'吾志非鸿鹄乃鹏鹗矣，所恨志力不足。吾之志力不足者，非真志力不足也，乃自己学力不足故尔。苟学力足，则挟有专门科学，娴精利器，何患无位哉？以我前留学贵国，毕业于普通，不足以适遂吾愿。今何幸君驾就聘，欲再专科陆军兵学，北面修弟子礼。今来为此，君肯为我训乎？'竹松井三郎曰：'善。'赵曰：'蒙君循循善诱，当励志勤修，以遂吾志。'"④

　　"至粤省抵制美货风潮，澎湃廿二行省。直督袁项城，因顾全睦谊起见，禁压津民抵制，强与美人交易。《大公报》著论驳之，触怒袁君，即令

---

① 惜秋：《民初风云人物》上，台湾三民书局，1976，第 110 页.

② 束世澂：《赵声传（注一）》，载周新国、弓楷、刘婷婷编著《赵声研究综览》，江苏人民出版社，2021，第 58 页.

③ 周勇：《赵声与辛亥革命》，载周新国、弓楷、刘婷婷编著《赵声研究综览》，江苏人民出版社，2021，第 303 页.

④ 姜泣群：《朝野新谈戊己编》，书林书局，1914，第 52 页。

停版。一夕督署内，突然来一刺客，拟谋刺袁君。旋被执，袁欲杀之。赵[声]适以陆军学堂事，晋署请示办法，遂乘机进谏曰：'《大公报》言论自由，津民买卖自由。大帅不宜施此压力，挫折民气，为舆论所痛击也。苟压力所加，风潮愈烈，大帅何取焉?' 袁因重其才，故从其谏，不再加厉。该报亦照常出版。其刺客以行刺未成，只责百板释之，可见其言论于一斑矣。"①

赵声在保定联系上了革命志士吴樾②。"是时吴烈士樾，方抱实行暗杀主义。闻烈士［赵声］至京，急访见之，英雄握手，互倾肝胆，烈士［赵声］喜谓吴烈士曰：此行遇君，真不虚矣，遂订密交。"③ 吴樾本是一个不苟言笑的人，"择交最慎，非相知以心，往往终日相对无一语，其沈著任重如此。独与湖南陈天华、江苏赵伯先、山东张榕，偶然一见，即披肝沥胆，许为生死交，殆义侠之气，出自天性"④。在保定，吴樾与赵声聚首畅谈，彼此各抒所见。吴樾认为当时还不具备大规模革命的条件，只有实行暗杀，暗杀是革命的必要手段。赵声则主张采用发动武装起义的办法来实现革命目的。他劝告吴樾：杀掉了一两个清廷贵族，还会有其他的人来代替，不能解决根本问题。吴樾认为在当时政治气氛沉闷的情况下，暗杀与革命比，暗杀易，革命难。赵声虽然不同意暗杀主张，却为吴樾这种慷慨赴死的精神而感动。两位决心为国捐躯的英杰挥泪作别。赵声到北京后，介绍制造炸弹的专家杨笃生去保定帮助吴樾。

赵声辞别吴樾三日之后到达天津，立刻给吴樾写信。惜乎信已流失，好在其中附赠吴樾的四首绝句得以幸存。

赵声致吴樾诗四首⑤：

---

① 姜泣群：《朝野新谈戊己编》，书林书局，1914，第 56 页。
② 1902 年，吴樾入保定高等学堂。后在保定创上下两江公学，办直隶白话报宣传革命。吴樾交友广阔，与各方义士日夜密议。1904 年，经蔡元培介绍加入光复会。吴樾著《暗杀时代》一书，主张暗杀清廷重要官员。该书自序中说："夫排满之道有二：一曰暗杀，一曰革命。暗杀为因，革命为果。暗杀虽个人而可为，革命非群力即不效。今日之时代，非革命之时代，是暗杀之时代也。"（安徽省地方志编纂委员会：《安徽省志》，方志出版社，1998，第 51 页。）
③ 佚名：《赵烈士事略》，载周新国、弓楷、刘婷婷编著《赵声研究综览》，江苏人民出版社，2021，第 93 页。
④ 李宗邺：《吴樾传》，载卞孝萱、唐文权编《辛亥人物碑传集》，凤凰出版社，2011，第 83 页。
⑤ 赵声：《赵声致吴樾诗四首》，载周新国、弓楷、刘婷婷编著《赵声研究综览》，江苏人民出版社，2021，第 30 页。

一

淮南自古多英杰，山水而今尚有灵。

相见尘襟一潇洒，晚风吹雨太行青。

二

双擎白眼看天下，偶遇知音放一歌。

杯酒发挥豪气露，笑声如带哭声多。

三

一腔热血千行泪，慷慨淋漓为我言。

大好头颅拼一掷，太空追逐国民魂。

四

临行握手莫咨嗟，小别千年一刹那。

再见却知何处是，茫茫血海怒翻花。

　　赵声寄赠吴樾的诗凝聚着两位革命者的忠贞友谊，体现了他们坚定的意志、豪迈的气概，以及为革命不惜抛头颅、洒热血的大无畏的英雄主义精神。诗词高度赞扬了吴樾勇于为革命牺牲的悲壮之举和献身精神。吴樾接信，读赵声赠诗，深受感动。吴樾回信赵声说："前在兽居村，聚首一日夜，彼此各抒所见，无不志合道同，生平快心之事，未有过于此也。及至临别之际，执手无言，面面相视者久之，此时某乃逆想将来之幻境，异日提大军北上，而为某兴问罪之师，必吾子也。故虽明知此别为永诀之期，而不为之悲伤流涕矣。君本多情人，辞色间尚不免此，乃火车一发，彼此天涯，至今寤寐思之，犹竟在想象中也。某回堂后三日，即得由津寄来之信，内有赠某诗四首，刻已诵熟，惟于后二首，每一诵之，则心为之一酸，泪为之一出，岂某之伤怀后事而出以儿女之情乎，抑诗意之感人深也。今者某为其易，君为其难，某之念念固在君，君请勿以某为念，盖易者不过顷刻之苦，此日尚可尽乐于余生，而难者艰险为真，责任为巨，一日不达其目的，即一日不得辞其难。友谊为私，群情为公，某为其易，故虽出于私，尚不为大失，君为其难，若出于私而忘其公，则非某所望也。刻下想已抵省，机遇如何，能偿所欲否，念念。同志某并同学某友人某，皆盼执事早日如愿以偿，则相率入麾下，以尽义务，以供驱策，如事已揭晓，即速函知，以便令三子束装就道，时势已急，其速图之可也。"① 吴樾将日后革命的重任寄托在赵声的身上，不仅非常赞同赵声去运动新军发动革命，还希望赵声不要忘记发动新军进行武装起义的重任。

是年，赵声还利用各种机会考察北方，他"入观禁城，潜焉出涕，更出榆关，放歌无侣"②。赵声在南京陆师学堂的同学兼好友吴介麟的祭赵声文中说："迨毕业后，君〔赵声〕抱前定宗旨，只身赴沈阳，密约关东豪杰，思图扫穴犁庭之举，以时机未至而未果也。"③

是年大事

1月5日 京剧科班"喜连成"成立。

1月12日 孙中山在檀香山加入华侨组建的洪门致公堂。英军在索马里屠杀1000多名伊斯兰教苦行僧。

1月12日 清廷兴修京师观象台。

1月13日 清廷颁布中国第一个现代学制。学制规定："立学宗旨，无论何等学堂，均以忠孝为本，以中国经史之学为基"，"而后以西学瀹其知识，练其艺能，务期他日成才，各适实用"。重订章程包括各类学堂的章程及译学馆、进士馆章程。另附有学务纲要、各学堂管理通则、各学堂考试章程、奖励章程等，是一份更全面的教育体系及管理的规定。清廷于当日即颁布该章程，谕即次第推行。该章程遂被称为《奏定学堂章程》，亦称为"癸卯学制"。

1月17日 中兴通讯社在广州创建并首次发稿。

1月17日 《女子世界》创刊。

1月21日 清廷第一部直接与创办公司有关的法律《公司律》奏准颁行。

2月8日 日本偷袭旅顺，日俄战争爆发，东北成为战场。

---

① 《与赵伯先书》，载中华民国各界纪念国父百年诞辰筹备委员会学术论著编纂委员会主编，《革命先烈先进诗文选集》第1册，1965，第13页。

② 章士钊：《赵伯先事略》，载周新国、弓楷、刘婷婷编著《赵声研究综览》，江苏人民出版社，2021，第44页。

③ 吴介麟：《吴介麟祭文》，载政协丹徒县文史资料研究委员会编《丹徒文史资料》第九辑，1994，第38页。

2 月 12 日　外务部宣布日俄开战，中国严守局外中立。

2 月 15 日　秘密团体华兴会成立，会长黄兴。

3 月 11 日　由商务印书馆编辑的《东方杂志》创刊。它是近代中国发行时间最长的大型期刊，实录颇丰。该刊设输旨、社说、内务、军事、外交、实业、教育、宗教、文件、记载、调查、附录、小说等栏目。该刊是一种文摘剪报性质的刊物，记载专栏分中国大事记、世界大事记、中国时事汇录、世界时事汇录等门类，连续而详细地辑录了国内外政治、经济、文化等方面的重大事件，如徐锡麟刺杀恩铭、长沙抢米风潮、莱阳抗捐等，查考翻检十分方便。赞赏和推动实行宪政，是该刊的政治倾向。

3 月 21 日　上海英、德、法、美官商及中国官绅吕海寰、盛宣怀等合办上海万国红十字会，救护战地华绅商民。

3 月 29 日　清廷批准设立户部银行，是第一个官办银行。

3 月 31 日　陈独秀在安徽安庆创刊《安徽俗话报》，半月刊。

4 月 12 日　藏军在江孜抗击英军。

4 月 19 日　英军侵入西藏的江孜。

4 月 25 日　英美勾结，诱骗 2000 名华工，贩往南非。

5 月 1 日　山西大学堂成立。

5 月 3 日　日本军队占领大连。

5 月 6 日　商部奏派庞元济承办上海机器造纸有限公司。

5 月 15 日　外务部请准自开济南城外、潍县及周村三处为商埠。

5 月 15 日　清廷照会瑞士，声明同意加入红十字联约。

5 月 21 日　《苏报》案了结。汪懋琨会同英国副领事德为门等复讯，宣布判章炳麟监禁三年、邹容监禁两年，罚做苦工，自到案之日起算，限满释放，驱逐出租界。

5 月　湖北、湖南、广东民众要求废除清廷与美国美华合兴公司签订的《粤汉铁路借款合同》。

5 月　孙中山游历美国，宣传革命。

6 月 1 日　青岛至济南的胶济铁路通车。

6 月 5 日　清廷与英商签订开采安徽铜官山矿的合同，期限一年。

6 月 12 日　《时报》在上海创刊。该报得康有为、梁启超资助，主张君主立宪，提倡发展民族工商业，为康、梁在国内的喉舌。《时报》最有影响的是对报刊业务的改革，重视新闻、言论，紧密配合时事要闻，专辟《时评》栏。

 6 月 23 日 清廷制定商标注册试办章程。

 6 月 25 日 江西开办磁土公司。

 7 月 3 日 科学补习所在武昌成立。

 7 月 4 日 我国历史上最后一次科举考试。

 7 月 13 日 西伯利亚铁路竣工。

 7 月 21 日 江西乐平会堂夏廷义聚众抗捐，捣毁城内学堂、保甲局、统捐局、教堂。

 7 月 28 日 清廷设立官报。

 8 月 3 日 英军进入拉萨。

 8 月 12 日 沙俄末代皇储阿列克谢·尼古拉耶维奇·罗曼诺夫出生。

 8 月 16 日 《京话时报》创刊于北京。

 8 月 22 日 邓小平出生。

 8 月 26 日 清廷夺达赖喇嘛名号，命班禅摄藏事。

 8 月 30 日 四川道孚发生里氏 6 级地震，死 400 多人。

 9 月 7 日 英强迫西藏签署《拉萨条约》。

 9 月 12 日 练兵处拟出《陆军学堂办法》。

 10 月 1 日 英军退出西藏。

 10 月 17 日 严范孙、张伯苓在天津创办私立中学堂，即后来的天津市南开中学。

 10 月 19 日 重庆全城罢市，反对厘金局苛索。

 10 月 24 日 华兴会长沙起义流产。

 10 月 28 日 清廷在墨西哥设总领事，由驻美使臣管理。

 10 月 28 日 武昌军警搜捕"科学补习所"及"东文讲习所"。

 10 月 《二十世纪大舞台》在上海创刊。

 11 月 3 日 清廷派大臣延祉赴库伦，迎护达赖，前往西宁。

 11 月 6 日 台湾嘉义地区发生里氏 6.2 级地震，死伤数百人。

 11 月 16 日 慈禧太后七十寿辰时放映电影出故障，慈禧大怒，不准再放电影。

 11 月 19 日 万福华刺杀广西巡抚王之春。

11 月 20 日　陶成章、龚宝铨、蔡元培在上海成立光复会。蔡元培被推选为会长。从此，光复会成员著书立说，创办学校、报刊、书局，开展革命活动。

12 月 7 日　美国胁迫清廷签订的《中美会订限制来美华工保护寓美华人条款》期满，旅美华侨十余万人要求清廷改约，遭美拒绝，激起中国各界反美运动。

是年，翁同龢逝世。翁同龢（1830—1904），江苏常熟人。咸丰六年（1856）进士，赐一甲一名及第，官至协办大学士、户部尚书、参机务。光绪戊戌政变，罢职归里。卒后追谥文恭。

1905年（光绪三十一年，乙巳蛇年） 24岁

2月，袁世凯将驻北京的武卫右军和自强军编成北洋常备军第四镇。

5月，袁世凯以山东武卫右军先锋队为基础，另招募了一些新兵合编为北洋常备军第五镇。

6月，袁世凯将1902年编练的京旗常备军扩编为独立的一个镇。

这样，从光绪二十七年（1901）到光绪三十一年（1905），袁世凯完成了北洋新军六镇的编练。不久，清廷下令全国，新军改称陆军，并统一番号。至此，北洋六镇全部编成。北洋新军在全国各省新军中人数最多，官兵达七万之众，而且它的武器装备最先进，训练也相当正规，可以说是当时中国最强的一支现代化武装力量。更重要的是，在扩编六镇的过程中，逐渐形成了以袁世凯为中心的比较完整的北洋派系。

赵声在北洋新军"谋反正"①。但靠近清廷统治中心，奴化教育深重的"北方军人，其时尚甚固塞"②，守旧势力强大。京畿之地的知识分子利禄心理较重，顽固势力占据上风，赵声虽然做了很大的努力，但收效甚微。

赵声书："中原父老休憩梦，记得扬州惨剧无。"③

赵声遗墨（中原父老休憩梦，记得扬州惨剧无）

---

① 柳诒徵：《赵伯先传》，载卞孝萱、唐文权编《辛亥人物碑传集》，1991，第110页。

② 佚名：《赵烈士事略》，载周新国、弓楷、刘婷婷编著《赵声研究综览》，江苏人民出版社，2021，第93页。

③ 政协丹徒县文史资料研究委员会编《辛亥革命先烈赵伯先》，《丹徒文史资料》第六辑，1991，插页第9页。

是年 9 月，吴樾在北京正阳门行刺出洋考察五大臣。由于火车震动，引发吴樾怀中炸弹，只炸伤五大臣中载泽和绍英的各一条腿，吴樾当场壮烈牺牲。赵声得讯，悲愤异常，痛哭道："天乎丧我良友，未能发贼，吾誓报此仇！"①

陈独秀回忆吴樾与赵声两位挚友，写下绝句。诗曰②：

> 伯先京口夸醇酒，孟侠龙眠有老亲。
>
> 仗剑远游五岭外，碎身直蹈虎狼秦。

8 月 20 日，同盟会在东京正式成立。在日本"黑龙会"的撮合下，兴中会、华兴会与光复会等团体联合成立同盟会。

1904 年，华兴会在长沙起义失败后，黄兴、刘揆一等纷纷东渡日本。同年，光复会在上海成立，蔡元培任会长，陶成章、章太炎、徐锡麟、秋瑾等都是重要会员。这两个革命团体与十年前孙中山在檀香山创立的兴中会，形成了鼎足而三的形势。

孙中山经杨度的介绍，在东京认识了黄兴。彼此肝胆相照，经过几次晤谈，确定"驱除鞑虏，恢复中华，创立民国，平均地权"十六字为会纲。同盟会确定以孙中山为总理，但实际上是以"反满革命"为纽带联系在一起的松散联盟。

赵声作为同盟会前身的基本组织"强国会"和"华兴会"的骨干会员，没有参加同盟会成立大会，其原因一是他当时正打入新军，对如何革命有自己的思路，并不看重赤手空拳、依靠黑道绿林的同盟会；二是他主张反帝，不愿依靠日本"黑龙会"的势力。他曾撰写《宰割中国论》，在《保国歌》中申明"权利回收期独立"。早在 1903 年考察日本时，他就向爱国志士发出"居日本何为"的疑问。但是，赵声的革命目的与"驱除鞑虏，恢复中华，创立民国，平均地权"的同盟会宗旨完全一致。不同的是，当一群书生意气的知识分子在同盟会成立大会上发誓推翻满清时，赵声已经由知识分子转型为实干的革命军人，并脚踏实地地走上了武装革命之路。谭

---

① 佚名：《赵烈士事略》，载周新国、弓楷、刘婷婷编著《赵声研究综览》，江苏人民出版社，2021，第 93 页。

② 陈独秀：《存殁六绝句（其一）》，载政协丹徒县文史资料研究委员会编《辛亥革命先烈赵伯先》，《丹徒文史资料》第六辑，1991，第 131 页。

人凤说，"党人往日一空拳，专与三山五岳连。伯先别抱一思想，冀统六师洗腥膻，一自三冬揽兵权"①。

是年9月24日至28日，北洋新军在河间（今属河北沧州市）举行秋操军演。秋操是清廷检阅新军陆军编练结果的军事演习。这是北洋新军举行的中国历史上第一次大规模的正式野战演习，历史称此为"河间秋操"。

清廷当时对这次演习非常重视，委派了袁世凯和铁良为阅提大臣，同时还邀请各国驻华武官、记者三十余人，各省代表二百多人前来观看。这次军事演习是中国军事近代化以来的首次亮相。所以，引起了世界的极大关注。袁世凯是这次秋操的策划者和最高指挥，参加秋操的北洋新军是袁世凯一手操练的。参加河间秋操的北洋新军共两镇四混成协，总兵力约4.5万人，占北洋新军的三分之二。这两镇四混成协分为南、北两军，南军由第四镇和第四、第九混成协组成，王英楷为总统官，陆锦为总参议，官佐目兵夫役共22513名；北军由第三镇和第一、第十一混成协组成，段祺瑞为总统官，李世锐为总参议，官佐目兵夫役共22489名。演习分成两军后由王英楷和段祺瑞各自统率进行对垒。演习在纵深三百余里的范围内展开，战线拉长到二十余里。当时场面很是热闹，王军由山东北上进攻，段军由保定南下防御，最后两军在河间一带会合大操，并举行阅兵典礼。这次演习首次使用了电报、电话进行联络，攻防激烈，且自始至终有条不紊。看过演习的中外人士都感到新奇而震惊，连连称赞袁世凯练军有方。这次会操还引起了国外军事界的注意，他们在重新评估了中国的这支新军后给予了很高的评价。光绪皇帝和慈禧太后对演习非常关切，事后还听取了袁世凯的汇报，看了会操现场的照片、办事章程、方略命令及战况评判、训词等。

赵声参加了这次军事演习。参加会操的北洋新军编制为"镇"，属于一级建制，相当于现代军队编制的师。北洋新军的编制顺序由上到下依次为镇、协、标、营、队、排、棚。秋操演习中，赵声于"某镇充队官"②。通过这次操练，赵声获得了实战经验，在军事上有了长足的进步，他颇有感触地说："自学陆军以来，经此一操，始确有心得，知学校所学，不实习不

---

① 谭人凤：《石叟牌词》，甘肃人民出版社，1983，第75页。

② 柳诒徵：《赵伯先传》，周新国、弓楷、刘婷婷编著《赵声研究综览》，江苏人民出版社，2021，第47页。

可尽恃也。"① 理论与实践的结合提高了赵声的军事才能，更增加了运动新军进行武装革命的信心。

是年，南洋改练新军，"两江总督魏光焘适开缺，袁［世凯］又奏保周［馥］调署。赵声在北洋陆军小学当教习，大为袁所赏识。逾年，周以江南标统数易其人，而不克当，乃致书与袁求代物色娴熟军政而荐任之。袁以赵才卓异，兵法精通，教练得宜，即召赵至，谕荐隶于周督部下。斯时赵正日夜潆思，侧身军界，为笼络军人计。异日得以相从从事，遂拜谢而往。及至，周则展诵袁函，内言极称道赵某兵政之卓识，特向赵询问军政三数语，赵则对答如流"②。得袁世凯推荐，周馥③对赵声面试后，非常赏识其才干。

周馥奏在江宁先练新军一镇，建议拟名为"暂编南洋陆军第九镇，步队名为暂编第十七、十八等协，第三十三、三十四、三十五、三十六等标，马炮工程辎重各队补足后名为暂编马队炮队第九标，工程队辎重队第九营"④。练兵处核议照准，并予"暂编陆军第九镇"番号。十月，周馥保荐苏松镇总兵徐绍桢为第九镇统制。⑤

赵声在南京受到周馥认可，即被委任江宁督练公所参谋官。督练公所又称督练处，是清末各省训练新军的机构。1904 年置于各省，初设总办、帮办提调等官，分兵备、参谋、教练三处；另专置督办一人，由各省总督、巡抚或将军兼任，总揽全所事务，统辖和整饬全省新军，下设军事参议员

① 柳诒徵：《赵伯先传》，载卞孝萱、唐文权编《辛亥人物碑传集》，团结出版社，1991，第110 页。

② 姜泣群：《朝野新谈戊己编》，书林书局，1914，第 57 页。

③ 周馥（1837—1921），字玉山，号兰溪，谥悫慎。安徽建德（今安徽东至）人。早年因多次应试未中，遂投笔从戎，初为李鸿章文牍，协其兴办洋务三十余载。清同治九年（1870），以道员身份留直隶补用，其间积极筹划建立北洋海军事宜，同时还创办了中国第一所武备学堂——天津武备学堂。光绪三年（1877）任永定河道；光绪七年（1881）任津海关道；光绪九年（1883）又兼任天津兵备道；光绪十年（1884），奉李鸿章之命到渤海编练民舶团练；光绪十四年（1888）升任直隶按察使；光绪二十年（1894）中日甲午战争爆发，任前敌营务处；光绪二十五年（1899）任四川布政使，次年八国联军侵占北京，李鸿章被任为直隶总督兼北洋大臣，周馥调任直隶布政使，是后期洋务运动实际上的操盘手；光绪二十七年（1901）李鸿章病逝，周馥署理直隶总督兼北洋通商大臣，次年任山东巡抚；光绪三十年（1904）任两江总督；光绪三十二年（1906）任闽浙总督，未任，旋调任两广总督。

④ 邓樊：《老照片·南京百年影像（1840—1949）》，南京出版社，2021，第 97 页。

⑤ 《"马标""标营"，这些地名怎么来的？都是百年前清王朝新军第九镇在南京驻军留下的》，《扬子晚报》2011 年 9 月 19 日。

一名。

赵声在南京与同在长沙实业学堂任教，但未及交往的苏曼殊相会。苏曼殊"一九〇五年—民国纪元前七年乙巳，二十二岁　游金陵，主讲陆军小学，识赵伯先，重晤刘季平"①。苏曼殊的《燕子随笔》记载："赵百先少有澄清天下之志。余教习江南陆军小学时，百先为新军第三标标统，始与相识，余叹为将才也。每次过从，必命兵士携壶购板鸭黄酒，百先豪于饮，余自雄于食。既醉，则按剑高歌于风吹细柳之下，或相与驰骋于龙盘虎踞之间，至乐也。别后作画，请刘三为题定庵绝句赠之曰：绝域从军计惘然，东南幽恨满词笺。一箫一剑平生意，负尽狂名十五年。"②

赵声"充督练公所参谋官，所擘画多中肯綮，为当道所深器，遣赴北洋，调查新军编制训练之法，旅任江阴新军教练"③。赵声一面施展军事才能，将北洋新军的练兵经验加以发挥，一面对九镇新军的军制、军器、军纪、操典等管理章程与教练方法提出参谋意见，受到周馥的赏识，后被派往江阴任南洋江阴新军教练。

当时有道员郭人漳，以维新人士自居，常与革命党人往来。1905 年秋，郭人漳调任广西桂林巡防营统领，受广西巡抚张人骏之托寻求治军人才。郭人漳在南京与徐绍桢谈起编练人才，徐绍桢向郭人漳谈起赵声。徐绍桢与赵声一样同是文人出身后来从军，他深知赵声的才干。郭人漳便赶到江阴拜访赵声。

第九镇统制（师长）徐绍桢，字固卿，广东番禺人。咸丰十一年（1861）生于幕学世家，长赵伯先 20 岁。徐绍桢 19 岁时子承父业，游幕广西柳州府怀远县，光绪二十年（1894）中举，次年再入广西桂林藩署为幕。光绪二十六年（1900），广西布政使李兴锐升任江西巡抚，携徐绍桢前往南昌赴任。不久，经李兴锐保荐，徐绍桢由幕入仕，结束了 20 年的游幕生涯。义和团运动后，各省奉谕编练新军，李兴锐令毫无领兵经验的徐绍桢编练新军。这对徐绍桢来说是一件完全生疏的事情，尽管徐绍桢少年时喜舞枪

---

① 狄膺：《苏曼殊与赵伯先》，载周新国、弓楷、刘婷婷编著《赵声研究综览》，江苏人民出版社，2021，第 174 页。

② 狄膺：《苏曼殊与赵伯先》，载周新国、弓楷、刘婷婷编著《赵声研究综览》，江苏人民出版社，2021，第 174 页。

③ 束世澂：《赵声传》，载周新国、弓楷、刘婷婷编著《赵声研究综览》，江苏人民出版社，2021，第 52 页。

弄棒、骑马射箭，但入幕后一直做文事，几乎从未接触过兵事。因此，当李兴锐要他编练新军时，他甚感意外，再三推辞。但李兴锐似乎一心要培养个儒将，再三劝说徐绍桢受命编练新军。徐绍桢见难以推辞，这才接受此任务。

高拜石在《新编古春风楼琐记》① 中说：

郭人漳是湘军名将郭松林的儿子，故杨诗称他为"风流将种"。

郭松林，字子美，湘潭人，初隶曾国藩，继从李鸿章，征战沙场，相貌奇伟，双眉插鬓，风度潇洒有致，临阵则纵横驰骋，当者披靡，人称"清代赵子龙"。

他骑的马，叫作"大白龙"，登山越岭，如履平地，更能超越溪流，战弥河时，四个兵弁拉着马尾，随着过河，其勇悍可见。

同、光间任直隶提督，娶有十六个姨太太，在湘潭所建大宅，自居中院，东西南北各有四院，每院一个姨太太，衣服陈设、饮食起居，都是一模一样。有一个扬州籍的姨太，最聪明也最漂亮，松林爱她最深，也怕她最甚。每天早起，她穿什么衣服，各房也跟着她一般装束。以后松林病逝，这扬州姨太也吞金殉死，李鸿章曾附片请旌节烈。据说这郭人漳即是这扬州姨太生的。

人漳幼时做少爷，将门子弟，习武自有好老师，读书更不患没有好西席，他既聪明通脱（旷达不拘小节），加以门荫，十七八岁，便进了学，光绪中叶，留学风气大盛，以他那种家世，自是比别人便当得多。

到日本后，参加过少年中国会，和张继、秦毓鎏等相识，他虽是搢绅之裔，但颇具民族意识，其后秦毓鎏、钮永建等组军国民教育会，主张反对清廷革命，人漳也有参加，但不久便回国了。

清末，因帑藏空虚，特开捐例，留学生回国，多纳粟捐官，弄个候补道头衔，营谋差缺，作为做官的终南捷径。

郭人漳在日本时，他家里早替他安排好了，捐了道台，分发陕西，所以一回国，便到陕西禀到。这时陕西藩司是由沈淇泉（卫）署理，本来清末官场中，对留学生出身的，都不很放心，科举出身的大吏，对捐纳的候补道，也是瞧不起。

---

① 高拜石：《风流将种江湖亡：郭人漳参加革命始末》，载《新编古春风楼琐记》七，作家出版社，2003，第134–137页。

人漳是留学生出身的候补道，以新学自负，以门第自豪，又风流自嬉，这给沈淇泉太史看在眼里，更是不顺心，到省不多时，便借着小罪过，说他年轻浮躁，志行不纯，轻轻地把他参革了。

郭人漳被参革后，他家里富有，年事既轻，人面又熟，他认为此处不留人，自有留人处，便由陕西跑到广西。那时广西巡抚张人骏（安圃），和他本是世交，见面之下，便留他在桂，帮同编练新军事宜，并派他到上海、南京联络。

…………

郭在上海勾留了两三天，便到南京，和徐绍桢（固卿）接洽。那时赵声正由江宁督练公所参谋官，改任教练江阴新军职务，颇不得志，人漳和徐绍桢谈起编练人材，徐举赵以告，人漳亲往纳交，约他同往广西，是为郭、赵二人交识之始。

"当时有道员郭人漳，以新学负名，又和革命党人黄兴、张继、陈天华、章行严等有交，声深为向往，人漳也闻声名，二人就结了兄弟交。"① 郭人漳在江阴邀请赵声到广西带兵。一心想统领军队的赵声辞去新军教练一职，赴广西出任广西新军管带（营长）。

广西是太平天国运动的发源地，太平军的反清斗争精神对当地群众有着深刻的影响。赵声敏锐地观察到了这一点，便经常向新军讲述太平天国的故事，从军事战略的角度向部下分析这次农民运动失败的原因，暗示大家效法太平军举行造反。赵声"在广西任管带官，日为兵士演说民族主义，其论洪秀全事，人尤为听，谓洪〔秀全〕既得南都〔金陵〕，不乘机席卷直捣幽燕，而乃安座谋议，袖手以待围师，遂致反客为主，反攻为守，情势一变，声望全失，大为可悼。广西有志之士，无不闻风兴起。年余，烈士既得众心，欲谋举事。广西大吏，防范严极，烈士志不得逞"② 。赵声"欲谋举事"的时机虽不成熟，但他因势利导，不失时机，为革命埋下了火种。

黄兴与赵声、郭人漳、蔡锷三人素有渊源。是年冬，在中国同盟会成

---

① 同盟会：《赵声传》，载周新国、弓楷、刘婷婷编著《赵声研究综览》，江苏人民出版社，2021，第76页。

② 佚名：《赵烈士事略》，载周新国、弓楷、刘婷婷编著《赵声研究综览》，江苏人民出版社，2021，第94页。

立会议上，被孙中山指定为执行部"庶务"的黄兴"离日赴香港，旋化名潜入桂林郭人漳营中，策划起事"①。黄兴"遂于是冬绕道香港入桂，拟策动郭，使以所部举兵反正"②。"十一月，黄克强至香港，寓中国报社，旋易名张守正，号愚臣，赴桂林访巡防营统领郭人漳、陆军小学监督蔡锷等策动反正。以郭、蔡二人意见不合，有碍军事进行而止。"③

当事人林虎的《我参加辛亥革命的经过》中说："是时，黄兴早已由日本潜至桂林工作。某日，赵声酒后畅谈洪杨故事，被旧军将领告密，李经羲遂中止增练新军；对已练之一营，亦有解散之意。黄兴见形势恶劣，即将平日物色认为同志的八人，由他主盟加入同盟会。此八人为赵声、郭人漳、胡敦生、雷飙、杨尊任、杨祖时、卢慈佛和我。"④

"会人漳方因事与蔡锷大生意见，各不相下，经克强多方调解，仍无法合作。克强不得已，乃从联络下级将弁入手，爰组织同盟分会于桂林之钵园。郭部将弁及随营学堂与陆军小学师徒加入者，有葛谦⑤、曾传范、林纬邦、雷飙、谭道源、彭新民、梅霓仙、陈国良、林虎、杨锐锋、谭二武、陶表封、邹永成、刘慕贤、王德渊、张熙等八十余人，事为桂抚李经羲所闻，特派委员查究。蔡锷得讯，即令学生毁书灭迹，而将最激烈之学生张熙潜送出境寝事。"⑥

赵声在广西因传播"洪杨故事"与加入"同盟分会"之事，面临李经羲调查追究的恶劣环境。时"南京征兵初创时，地方阻力甚大，应者极少。

① 毛注清：《黄兴年谱长编》，中华书局，1991，第 95 页。
② 冯自由：《冯自由回忆录》上，东方出版社，2011，第 505 页。
③ 毛注清：《黄兴年谱长编》，中华书局，1991，第 95 页。
④ 林虎：《我参加辛亥革命的经过》，载中国人民政治协商会议全国委员会文史资料研究委员会编《辛亥革命回忆录》第一集，文史资料出版社，1981，第 430 页。
⑤ 葛谦（1885—1908），原名潘宣，后改潘宣，字叔安，号诞麟，湖南湘乡人。1903 年，东渡日本留学，是最早的同盟会成员之一。1906 年，谋刺铁良，失败后投身于著名的萍乡、醴陵、浏阳起义。失败后，远走广西桂林，在蔡锷创办的广西陆军小学堂任教。1908 年，从广西来到广东。
⑥ 冯自由：《冯自由回忆录》上，东方出版社，2011，第 505 页。

新军统制徐绍桢，正感缺乏得力干部，陶骏保①与［赵］声同乡，就荐［赵］声与绍桢。绍桢便将征募全责交［赵］声"②。

九镇新军统制徐绍桢的迫切征兵之事是他自己找来的。清代，甲午战争之前，朝廷选拔士兵的主要方式是募兵制（征兵制），代替了世兵制。

世兵制，即世袭以当兵为职业，如八旗兵。募兵制，即士兵由招募而来，士兵以当兵为职业。庚子事变后，中国的国防危机更加严重。光绪二十七年（1901）9月，清廷变革军制，袁世凯上奏朝廷，要求仿照西方实行征兵，在北洋率先参照西法，实行征兵。光绪三十一年（1905）练兵处颁布练兵章制，进行全国范围内的练兵。九镇初创，徐绍桢上奏朝廷系统论述了实行征兵制的好处。朝廷决定在第九镇推行征兵制。征兵制以服兵役为国民应尽的义务，招收体格健全的成年男子；而在当时，读书人家、有钱人家与普通百姓都不愿让子弟去当兵。九镇所在的南京本是富庶之地，乡民一直崇尚读书，认为"好铁不打钉，好人不当兵"，九镇征兵，非常困难。合格的未必愿意入伍，而自愿应募的又未必合格，并且自愿应募的远不及需要。遇到难题的徐绍桢本来就看好赵声，对陶骏保推荐的赵声十分期待。

是年大事

1月　美国照会梁诚，不允废粤汉铁路合同。

1月1日　日俄战争，驻守旅顺的俄军向日军投降。

1月23日　清廷准袁世凯试办直隶公债票。

1月25日　清廷设商标注册局。

1月25日　清廷命各省保证并倡设华商轮船公司。

---

① 陶骏保（1878—1911），长赵伯先3岁，字璞青，江苏镇江人。陶骏保家从事江绸业，陶聚茂绸号为镇江江绸业首富。少年时，陶骏保就从学其兄陶逊，读船山（王夫子）、梨洲（黄宗羲）书，心怀大志，受强国强种思想的影响，抱有推翻清廷的志向。18岁入江南陆师学堂，毕业后从军于广东、福建，先后任徐绍桢常备军管带、军政局参谋兼武备学堂教员，与方声涛、方声洞诸志士相交甚笃，教育学生时"以大义励诸生，诸生咸觉动"。陶骏保与赵声为江南陆师学堂校友，虽入学有先后，但都毕业于同一所学校，两人志同道合，一直保持着联系。陶骏保任新军第九镇正参谋后，感到九镇新军初建，机不可失，立即向新军统制徐绍桢推荐赵声。

② 同盟会：《赵声传》，载周新国、弓楷、刘婷婷编著《赵声研究综览》，江苏人民出版社，2021，第77页。

1 月 29 日　东京中国留学生开会，请朝廷立宪。

2 月　清廷收回四府矿权。

2 月（俄历 1 月 9 日）　俄国 1905 年革命。

2 月　王汉行刺铁良未能实现，愤而自杀。

2 月　陈独秀等人秘密集会组建岳王会。

2 月 23 日　国学保存会在上海创刊《国粹学报》。该刊分政、史、学、文等类，以"发明军学，保存国粹"，"爱国保种，存学救世"为宗旨，并把国粹的宣传和反清革命的宣传紧密结合在一起。该刊的主编是国学保存会的发起人邓实，担任编辑和撰稿的主要有黄节、陈去病、章太炎、刘师培、黄侃、马叙伦等，多为国学保存会会员。南社成立后，编撰者又多为南社社员。这些人大都是有造诣并有强烈反满思想的国学家。

3 月 3 日　美国国会通过"特别法案"，准许中国学生就读西点军校。

3 月 5 日　中英签订广九铁路合同。

3 月 19 日　赵尔巽赴天津与袁世凯商议东三省事宜。

3 月 25 日　上海《警钟日报》被封闭。

4 月 3 日　邹容离出狱 70 余日，死于狱中，年仅 20 岁。

4 月 20 日　湖南哥老会首领马福益被杀于长沙，年仅 40 岁。

4 月 24 日　清廷将三项重刑凌迟、枭首、戮尸永远废除，凡死刑至斩决为止。

4 月 26 日　怡和公司元和轮毁于通州，死百余人。

5 月 10 日　上海《时报》刊布了《筹拒美国华工禁约公启》。上海巨商领衔抵制美国货。

5 月 13 日　袁世凯奏请筹款自造京张铁路。

5 月 15 日　清廷设立公司，兴办滇蜀铁路。袁世凯派陈昭常、詹天佑为京张铁路总办。

5 月 15 日　北洋六镇新军全部练成，共计 7 万人。

6 月 3 日　《二十世纪之支那》创刊。该刊设有论说、学说、政治、军事、实业、历史等栏目，标榜"爱国主义"。该刊主持人为宋教仁、程家柽。担任主要编辑、撰稿和发行工作的有田桐、白逾桓、陈天华、刘公、鲁鱼、何湛霖、雷克宇、张炳标、高剑公等。办刊宗旨是："以正确可行之论，输入国民之脑，使其有独立自强之性，而一去其旧染之污，为世界最文明之国民，有同一程度，因得以建设新国家，使我二十世纪之遰，进而为世界第一强国。"8月20日，同盟会在东京召开成立大会，黄兴提出《二十世纪之支那》社半数以上成员已加入同盟会，可将该刊改组为同盟会机关刊物，与会成员一致同意，随后开始办理交接手续。然手续尚未办完，8月27日，该刊第二期出版，登载蔡汇东《日本政客之经营中国谈》一文，揭露了日本对中国辽东半岛的领土野心，引起日本官方的恼怒，将已印好的刊物全部没收，宋教仁、田桐等被日本警方传讯，刊物也因此被查禁。不久，该刊改为同盟会机关刊物的交接手续完毕，遂改名为《民报》出刊。

6月18日　南京、杭州、汕头、新加坡士商抵制美国华工禁约。

6月18日　天津各帮行商不顾直隶总督袁世凯的阻拦，均画押从此不买美国货。

6月21日　上海商务会宣告将专设总会，联络各埠，抵制美货。

6月26日　美总统宣告优待往美华商及游历者。

7月　中国人首次尝试拍摄影片。

7月6日　俄使要求库伦张家口铁路权利。

7月24日　浙江绅商在上海集会抵制美商修建铁路，决议自造浙江铁路。

7月27日　清廷派大臣出洋考察各国政治。

9月2日　江苏川沙、宝山、南汇、崇明风潮为灾，淹死数千人。

9月2日　清廷下诏废除延续1300余年的科举制度。

9月5日　日俄双方在美国签订了《朴茨茅斯条约》，结束战争。

9月23日　由徐锡麟、陶成章等光复会成员创办的绍兴大通学堂开学。

9月25日　中国第一家民营轮船企业——华商航运企业大达轮船公司在上海开业。

9月　清户部银行开市，资金400万两，分4万股，官商各半。后于民国初年改组为中国银行。

9月　上海复旦大学创立。

10月2日　我国第一条自建铁路——京张铁路开工。詹天佑为总工程师。

10月　京师大学堂农科大学（今中国农业大学）创立。

11月17日　日本与韩国于汉城签订《乙巳条约》。

11 月 26 日 《民报》在东京创刊。实际担任主编的先后有胡汉民、章太炎、陶成章、汪精卫等人。该刊的大多数文章由本社成员撰写或编译，主要撰稿人有章太谈、陈天华、胡汉民、汪精卫、汪东、朱执信、廖仲恺、宋教仁、刘师培、黄侃、汪增壁等。《民报》的宗旨就是宣传同盟会的纲领，使资产阶级民主革命的理论化为常识而深入人心。在创刊号上，孙中山亲自撰写了发刊词，首次提出了"民族""民权""民生"三大主义。在《本社简章》中宣布的"民报之六大主义"中，有"颠覆现今之恶劣政府""建设共和政体""土地国有"三项，实际上是三民主义的具体化。光绪三十二年（1906）初，《新民丛报》连续刊载梁启超的《开明专制论》《申论种族革命与政治革命之得失》等文章，鼓吹君主立宪，反对共和革命。《民报》发表号外，专门予以批驳，拉开了革命与立宪的论战序幕，《民报》遂成革命派阐述观点的主要阵地。

12 月 4 日 清廷选派宗室出洋，学习武备。

12 月 8 日 留日学生陈天华（著名的资产阶级革命派知识分子，著有《警世钟》《猛回头》）为抗议日本政府颁布的《清国留学生取缔规则》，在日本东京大森海湾愤而蹈海，以死抗议日本，唤醒同胞。

12 月 19 日 汉口巨商胡德隆、朱益敬创办瑞丰面粉公司。

12 月 28 日 中国第一部电影《定军山》在北京的丰泰照相馆诞生，著名京剧演员谭鑫培在镜头前表演了自己最拿手的几个片段。

是年 由张謇创办的南通博物馆在江苏通州落成。

是年 外国教会学校遍布全国。

是年 清廷设立学部。

是年 爱因斯坦发表了 6 篇划时代的论文，分别为《关于光的产生和转化的一个试探性观点》《分子大小的新测定方法》《热的分子运动论所要求的静液体中悬浮粒子的运动》《论动体的电动力学》《物体的惯性同它所含的能量有关吗?》《布朗运动的一些检视》。

是年 《孽海花》刊行。该小说中人物无不有所影射，所述之事大都可以考稽。作品展现了清末的政治、经济、外交和社会生活的情况，对专制统治阶级的腐朽、窳败和帝国主义的侵略野心都做了一定程度的批判，歌颂了冯子材、刘永福等抗敌英雄，还通过作品中人物的口，宣传了"天赋人权，万物平等"的资产阶级民主思想。

1906 年（光绪三十二年，丙午马年） 25 岁

赵声来到九镇，受到九镇统制徐绍桢的热烈欢迎。面对征兵问题，他对这位文武兼备的赵声寄予厚望。赵声被安排在十七协（旅）三十三标（团）任二营管带（营长），接受徐绍桢交给的征兵任务。

赵声此前在镇江、南京一带进行过卓有成效的革命宣传活动，播下了革命种子；在江苏、安徽广泛联络革命同志，手中具有一定的人才资源。他利用征兵的机会，尽揽革命青年入伍。赵声专门回到家乡大港招募新军，其弟赵念伯、赵光二人带头应征，乡里青年纷纷参军。与他在镇江一起创办阅书报社和体育会的好友李竟成，当时正在横山村设馆授徒，接赵声函招其赶赴南京新军三十三标应征入伍，即"毅然抛家弃馆"①至南京投军；与他在南京水师学堂读书时在"强国会"共事的同学柏文蔚，当时正在安徽公学任教，接赵声通知后，"乃决心辞去学校教授，而往投赵声营中充当前队队官焉"②。"时烈士任新军三十三标（团）二营管带官，适旋里，征补兵额，挈予同往，尝倚醉舵楼，高歌刀会一折，丹阳姜证禅曼声和之，白浪滔滔，俯仰今古，有祖逖渡江之概。"③

"为了培植革命武装力量，借征募新兵的时机，他复又回到镇江府丹徒县一带尽收有志革命青年参加新军。德山在赵声感召下，从国家民族利益出发，毅然放弃家庭宽裕的生活，决定与长兄分手，投笔从戎，离开学堂，应召入伍，奔赴南京，在赵声统率的三十三标一营充当了一名新军战士，从此走上了革命征途，开始了革命的生涯。"④

赵声"奔走故乡，苦口剖晰，晓以大义，然后应征者乃踊跃，士子亦多投袂而起，故第九镇官兵以镇江府属人最多（见续金陵通记）。异日有盛

① 李明：《先君李竟成事迹概述》，载中国人民政治协商会议江苏省镇江市委员会文史资料研究委员会编《镇江文史资料》第四辑，1982，第 98 页。
② 柏文蔚：《柏烈武五十年大事记》，载中国人民政治协商会议安徽省委员会文史资料研究委员会编《纪念柏文蔚先生》，1986，第 11 页。
③ 柳弃疾：《丹徒赵君传（附跋）》，载周新国、弓楷、刘婷婷编著《赵声研究综览》，江苏人民出版社，2021，第 41 页。
④ 戴志恭：《黄花岗七十二烈士之一——阮德山》，载镇江市政协文史资料委员会编《辛亥革命与镇江》，江苏大学出版社，2011，第 192 页。

名于世"①。在赵声的有力运作下,九镇新军集聚了一批革命志士,"将校中日后负盛名的,如柏文蔚、林述庆、顾忠琛、冷遹、杨希说、林之夏、郑为成、倪炳章、熊成基、薛哲等,都是由声辗转援引而来。所以第九镇的官兵人才特多,守纪律、识大义也为全国陆师之冠"②。

赵声在南京珍珠桥营部,集军人学子宣扬革命。他竭力团结将士,善待部下,培养革命力量。赵声对部属亲如兄弟,与士卒同甘苦。"伯先生活朴素,月寄五十金供堂上甘旨,余尽接济诸同志。尝有句云:'愿交天下士,馨我怀中藏。'"③ 每月所得薪水,多周济家中有困难的士兵。赵声的侠义心肠与正直人格深得广大将士的崇敬与拥戴。

赵声征兵有功,带兵有方,受徐绍桢器重,旋即被提拔为九镇三十三标标统。

三十三标排长何遂说:"当时军队的成份是很复杂的,在我那一连里共有一百二十六个士兵,其中有一个举人、六个秀才、二十七个学生,由三个排长轮流带着。冷遹(御秋)是右队的队官。统带赵声(伯先)是江南革命的老前辈,柏文蔚是第二营管带。"④

"赵对我们一般知己柏文蔚、冷遹等尤加器重,他真正领导有方,常派他的宗兄与两弟暗中秘密联系,他有高尚的品格,对上不谄,对下不拿大。他晋升三十三标标统后,即保荐顾忠琛(号荩臣,江苏无锡人)任第二营管带,保升柏文蔚任第三营管带。第一营管带系旧任伍崇仁(南京人),我任左队队官。"⑤

赵声任标统,放手运动新军,"首重军人精神教育,以养成兵士革命思

① 束世澂:《赵声传(注一)》,载周新国、弓楷、刘婷婷编著《赵声研究综览》,江苏人民出版社,2021,第 52 页。

② 同盟会:《赵声传》,载周新国、弓楷、刘婷婷编著《赵声研究综览》,江苏人民出版社,2021,第 77 页。

③ 赵启骤:《赵声革命事迹》,载周新国、弓楷、刘婷婷编著《赵声研究综览》,江苏人民出版社,2021,第 211 页。

④ 何遂:《辛亥革命亲历纪实》,载中国人民政治协商会议全国委员会文史资料研究委员会编《辛亥革命回忆录》第一集,文史资料出版社,1981,第 461 页。

⑤ 江谦吾:《赵伯先在新军三十三标》,载周新国、弓楷、刘婷婷编著《赵声研究综览》,江苏人民出版社,2021,第 178 页。

想为第一要义"①。清廷对新军的思想控制十分严格。在《训练制略》中明确规定了对士兵训练的要求，既要重视"训兵"，又强调"练兵"。《训练制略》要求："治军之道，首在训兵，其次练兵。""训兵"就是精神教育，"训以开其智识，固其心性"，所谓"兵不训"就"罔知忠义"；具体要求是"凡兵丁入伍之初，必须择忠义要旨，编辑歌诀，由将弁等分授讲解，时常考问，并由各将弁各据所见，随时诲勉，务令人人通晓大义，立志报国"。②

赵声利用清廷"训兵"的要求，加强宣传，"以养成士兵革命思想"。他"蓄志提倡革命，为了培养部下，成立官长与正副目（即中下士）讲堂，每天两次外操，两班讲堂，外设特别讲堂"③，经常向士兵进行"精神讲话"，借机灌输革命思想，在军营内形成传播革命思想的氛围。"赵声任第二营管带时间不长，晋升统带日期不久，约共半年，但经他辛苦不懈的训练，很有成绩，如以精神讲话材料，订成讲义，即便不能在讲堂上公开宣传革命，但读他的讲义，亦能感动视听。"④ 赵声作为革命宣传家，在启蒙民智、宣传革命上积累了许多经验，他将自己在家乡办"阅书报社"的方法，又带到新军中来，在三十三标办起军中"阅书报社"，让新军士兵与传播革命思想的书报接触，在阅读讨论中熏陶启发、开阔眼界、增长见识，接受新事物，接受爱国救国的革命思想。

赵声为了进一步激发新军的爱国热情，振奋战士们的革命士气，亲自撰写九镇新军军歌，教战士们学唱，在歌声中凝聚人心、激励士气。

赵声撰写的九镇新军军歌⑤如下：

散步散步江南道，一幅画图位置英雄好。
钟山如龙城如虎，长江匹练西北来环绕。
绿扬夹道杏满城，锦绣江山锦绣何能较。

① 佚名：《赵烈士事略》，载周新国、弓楷、刘婷婷编著《赵声研究综览》，江苏人民出版社，2021，第94页。
② 乔志强：《辛亥革命前的十年》，山西人民出版社，1987，第163页。
③ 江谦吾：《赵伯先在新军三十三标》，载周新国、弓楷、刘婷婷编著《赵声研究综览》，江苏人民出版社，2021，第178页。
④ 江谦吾：《赵伯先在新军三十三标》，载周新国、弓楷、刘婷婷编著《赵声研究综览》，江苏人民出版社，2021，第179页。
⑤ 赵声：《第九镇军歌》，载周新国、弓楷、刘婷婷编著《赵声研究综览》，江苏人民出版社，2021，第34页。

国家恩我恩无限，生此带砺以慰我怀抱。

吾侪何以报国家？愿将赤血染上青青草。

在实际训练中，赵声进一步对军歌的革命内容进行阐释，利用各种机会向士兵传播革命思想。赵声在"野外演习，并作精神讲话。休息时间，常与官兵讲述元、明、清史略，如朱元璋起义推翻元朝统制，满清如何入关，并暗示满清政府如何昏庸无能，立下不平等条约等等故事。言词激奋慷慨，闻者莫不泪下。处于封建时代的军队编制，分上中下三阶九级，阶级分明，为官制所限，平时不便私交，于演讲中对革命二字亦不能彰明讲出，但是军人以服从为天职，我们一班青年初由学堂出来，经过不断渲染，全营官兵多数有所感动，领会其意，对排满思想殷切"①。官兵们"虽不能公开进行革命活动，但每在思想方面，常暗中传旨，平时对于士兵，严加训练，以恩威并施，奖惩分明，领导教育多以精神讲话，感动士兵。他每天忙于教育训练，孜孜不息，获得全营官兵一直信任"②。

赵声"某日假野操之名，亲率队伍出朝阳门，谒明孝陵，猝然向士兵说：'你们可知道这是大明太祖高皇帝的陵寝么？'士兵有回答知道的，也有回答不知道的。他就慷慨大声说：'高皇帝逐去胡虏，重奠汉业，功业之高，无与伦比。至圣安皇帝，又亡于胡虏，于是闽浙被陷，滇黔遭劫，吾辈亡国民，应怎样报高皇帝于地下？'众人听了都大声说：'决服从主将命令！'他大喜，从此诱导更力，不上半年，全体士兵，都有革命思想，而南京征兵雄武之名，也渐渐扬溢开去"③。受民族意识的驱使，三十三标的士兵曾至玄武湖曾国藩神祠，将其中的曾国藩画像焚毁，以表示对其镇压太平天国的憎恨。

"部队里革命的气氛是较浓的。几乎所有的士兵都剪了辫子，表示对清朝统治的反抗，谁要不剪，就被骂作'豚尾奴'。我去不几天，剪下了辫子，穿上了军装，从此在狮子山麓石头城下度过了一段艰苦的军队生活。

① 江谦吾：《赵伯先在新军三十三标》，载周新国、弓楷、刘婷婷编著《赵声研究综览》，江苏人民出版社，2021，第 178 页。
② 江谦吾：《赵伯先在新军三十三标》，载周新国、弓楷、刘婷婷编著《赵声研究综览》，江苏人民出版社，2021，第 178 页。
③ 同盟会：《赵声传》，载周新国、弓楷、刘婷婷编著《赵声研究综览》，江苏人民出版社，2021，第 77 页。

每天破晓，我们带着队伍，在露迹未干的草场上，唱起赵声所作的军歌。"①

"德山进入赵声所属部队后，在赵声的以'首重军人精神教育，养成士革命思想为第一要义'的指导下，聆听了赵声亲为官兵讲解革命道理，演说元、明兴亡史，岳飞精忠报国及太平天国革命故事，大大激发了官兵的爱国情绪。德山十分感动，格外严于律己，刻苦学习军事教程，以便有朝一日甘洒热血，为拯救祖国而战。在实地军事训练中，每天清晨踏着露水随队上操，唱着赵声为九镇新军创作的军歌，歌词有：'吾侪何以报国家，愿将赤血染上青青草。'激励着自己在操场上勤奋操练。那时，德山在射击、投弹、马术、爆破等技术的考核中，均名列前茅。他又善于同战友交流军事技术，互教互学，为战友们所钦佩。"②

赵声在军事训练上，"严督训练，每逢星期六行军一次，他亲自率领全营到南京孝陵卫一带野外演习"③，在烈日当空或雷雨交加的恶劣天气中，带领部队去进行野外训练，大大提高了部队的战斗力。

赵声做步兵一队战斗教练讲评④：

每在操场，观各队之散兵教练，虽动作渐有整齐之观，指挥亦具活泼之概。然缺点之处，正复不少，皆由对敌思想之薄弱也。兹将缺点之处，急应改正者列左。

一、设一想定，令队官处置，队官便不应以之为长官之问题，而应以之为当前之战况。每有队官对兵发命令时，先说某长官之问题云云。是即先示部下，以假设，又有对兵发命令时，用譬如好比等名词，是皆同于儿戏，无怪兵之不视同真战。

二、指挥散兵之官长，宜视线周及部下，必须距散兵略后。惟欲发停止之口令时，宜身先立定，候散兵向前。适合我视线周及之度。然后发令，不应先令散兵停止，指挥官转跑向后方，以期视线周及。此倘于真战时，

---

① 何遂：《辛亥革命亲历纪实》，载中国人民政治协商会议全国委员会文史资料研究委员会编《辛亥革命回忆录》第一集，文史资料出版社，1981，第 461 页。

② 戴志恭：《黄花岗七十二烈士之一——阮德山》，载镇江市政协文史资料委员会编《辛亥革命与镇江》，江苏大学出版社，2011，第 192 页。

③ 江谦吾：《赵伯先在新军三十三标》，载周新国、弓楷、刘婷婷编著《赵声研究综览》，江苏人民出版社，2021，178 页。

④ 赵声：《步兵一队战斗教练之讲评》，载周新国、弓楷、刘婷婷编著《赵声研究综览》，江苏人民出版社，2021，第 23 页。

必失其观察前方之利益。

三、援队派战斗斥候之宗旨，非为搜索，而为监视，所以补助官长照料不及耳，非必地形危险之区，而始用之。故战术原则，凡散兵线翼侧，若不为邻队，或天然障碍物掩护，则均须派斥候监视，每见无危险之地形，而援队遂不派战斗斥候者，不知战斗斥候之性质也。

四、援队在开阔地前进，例用横队，然用横队之免受弹穿，仍不若用一列横队。惟变换队形，均须在行动时，以省时间。

五、散兵之散开，固宜在向前行动时散开，即援队亦何尝不然。每见伍间增加时，援队在停止之线上即散开者。时间既误，道路又迂，宜愈前而愈散开，适合兵线之长度，而适至散兵线之地点。

六、真战之时，愈近敌而我军伤亡愈多，故散兵逐渐前进，而愈宜靠拢且为突击计。尤宜靠拢，教练之时，但恃援队补充，以期战线渐密，而不知前进时，即应为渐密地步。是宜为各兵讲解之，令知真战时之情况。

七、突击之时，同声呼杀，以壮勇气，至善也。而各省呼杀之时，皆另有一种异声，如德文字母之 A 字，习俗相沿，如是也。而本省新征军人，是何声也？胡为乎来哉？是宜速改同声呼杀。

八、战斗结局，集合散兵，宜在我军散兵线上或敌人散兵线上。总之，有前进无退后耳，间见有转跑至后方集合者。倘敌兵反攻，危矣哉。

赵声治军有方，所训军队战斗力最强，他的上司徐绍桢评价说："方今能扎硬寨、打死仗者，唯伯先一人耳。"[1]

赵声任三十三标标统，大力培植革命军官，先后将冷遹、柏文蔚、林之夏、倪映典、熊成基等大批革命精英安插在军官位置上，同时与本标其他管带如林述庆、伍崇仁、队官杨国弼、排长何遂等加强联络，积极开展革命工作，并注意在士兵中培养人才。三十三标二营排长江谦吾[2]说，赵声"报送倪炳章、熊成基二人进炮兵科学习炮兵，他的二弟驭六甫由陆师学堂

---

① 赵启骎：《赵声革命事迹》，载周新国、弓楷、刘婷婷编著《赵声研究综览》，江苏人民出版社，2021，第 212 页。

② 江谦吾（1888—1972），原名鸿钧，后名江逊（他与冷遹等四人结为异姓兄弟，每人都取一个"走之旁"的字为名），字谦吾，原籍安徽省凤阳县。3 岁随父迁居江苏镇江。1902 年与冷遹一起去安庆，考入安徽武备学堂；1905 年毕业，被派到南京南洋陆军第三十三标二营任前队第一排排长。

毕业，三弟赵光由镇江应征入伍，在第一营充当正目（班长）都常来团聚，尚有他的宗兄赵瀚亭任第二营军需，与柏文蔚、冷遹以及我们一班知己，常在一起游戏、聚餐，相处密切无话不谈"①。在赵声等人的努力下，南京新军三十三标的革命化进程大大加速，三十三标的中下级军官和士兵"皆剃光头以示推翻清廷之决心"②。

赵声在南京新军中的革命活动引起了刚成立不久的中国同盟会的重视。黄兴说"以南京新军官佐赵声、倪映典……皆富革命思想，使潜蓄之势力，扩张稳固，当能大举"③。在日本的孙中山非常重视赵声动员新军的工作。是年春，孙中山派吴旸谷（吴春阳）到南京面见赵声，共商发展同盟会会员并设立分支组织。"同盟会规例，只会长一人有权收纳会员，派往粤桂闽各地扩张会务者皆称代理主盟人。凡经手人之盟书均须密寄会长，仍由会长负责。"④ 赵声介绍柏文蔚、林述庆、倪映典、林之夏、冷遹、伍崇仁、孙麟、韩金声、何遂、杨韵珂、陶骏保等九镇军官及将备师范各校革命同志数十人加入同盟会。"公推赵声为长江盟主。呈予中山先生，当蒙照准，派员赍印信及委状到宁，遂组织机关于鼓楼之东某宅，而玄武湖之湖神庙，为会议地点焉。"⑤ "赵君声（伯先）、柏君文蔚（烈武）、林君之夏（凉生）、伍君崇仁（寿卿），联合军队将校数十人，设革命机关支部于江宁，使卢君镜寰与孙逸仙先生互通消息。"⑥

"是时赵伯先充三十三标统带，余与伍崇仁、林述庆皆充管带，三十五标统林之夏，陆师学堂则有陈绍濂、吴吉初，警察局则有李玉斋、张侠琴。李系湘人，张系川人，皆留日学警监时入同盟会，回国到南京充警察局提调。中级有此中坚。而学生兵士，闻风加入者，可千余人。吾人兴高采烈，兼程并进，内场除功课外，则有精神讲话，皆革命反清之论调也。野外演

---

① 江谦吾：《赵伯先在新军三十三标》，载周新国、弓楷、刘婷婷编著《赵声研究综览》，江苏人民出版社，2021，第178页。

② 江苏文史资料编辑部：《冷御秋先生纪念文集》，1989，第50页。

③ 刘揆一：《黄兴传记》，载中国史学会主编《辛亥革命》四，上海人民出版社，1957，第283页。

④ 冯自由：《冯自由回忆录》上，东方出版社，2011，第473页。

⑤ 柏文蔚：《柏烈武五十年大事记》，载中国人民政治协商会议安徽省委员会文史资料研究委员会编《纪念柏文蔚先生》，1986，第11页。

⑥ 林述庆：《江左用兵记（一）》，载扬州师范学院历史系编《辛亥革命江苏地区史料》，江苏人民出版社，1961，第239页。

习，每星期六一次行之，演习地点，多在明陵附近。至集合讲话时，皆恢复汉人之语言也。"①

赵声在新军的革命化改造上取得了显著成绩，作为同盟会的"长江盟主"，南京的新军中形成了一个以赵声为中心、以中下级军官为主体的革命群体。九镇中一支由赵声所组织与领导的以备将来投诸革命的"新军"队伍，在悄悄成长壮大；南京地区的反清革命力量逐渐集聚在赵声周围。

"烈士［赵声］既昌言革命于南京，全镇兵士皆感化，令各学校有志之学生，及其他部分之同志，约计可得众两万。烈士每慕项羽将江南八千子弟，起而灭秦事，至此窃喜，以为机会渐可图，直捣黄龙之心，遂勃然腾踊欲发……烈士乃约同志，组织一俱乐部于标本部，为联络同志讨论进行之机关，赞成者甚众。"②

赵声在军中设立的俱乐部，作为联络苏、皖、赣各省起义的机关，议决："在时机成熟的时候，在长江下游首先起义，作为革命根据地。"③

就在赵声进一步张罗长江下游革命组织，发展革命力量时，"那知规划未就，端方重督两江之命忽颁"④。端方⑤到南京任职。

"端方，杀人之枭也。其来两江，同志疑惧甚，欲猝起发难，谋未定而端方先发。"⑥ "同志有劝他［赵声］乘端方莅任时，即狙杀之以起义的，但他却因苏皖各埠运动尚未成熟，南京巡防水师兵舰也不及联络，军装子

---

① 柏文蔚：《柏烈武五十年大事记》，载中国人民政治协商会议安徽省委员会文史资料研究委员会编《纪念柏文蔚先生》，1986，第 12 页。

② 佚名：《赵烈士事略》，载周新国、弓楷、刘婷婷编著《赵声研究综览》，江苏人民出版社，2021，第 94 页。

③ 江苏文史资料编辑部：《冷御秋先生纪念文集》，1989，第 2 页。

④ 同盟会：《赵声传》，载周新国、弓楷、刘婷婷编著《赵声研究综览》，江苏人民出版社，2021，第 77 页。

⑤ 端方（1861—1911），字午桥，满洲正白旗人，满族姓托忒克氏。光绪八年（1882）中举人，捐员外郎，后迁候补郎中。一度支持戊戌变法，变法失败后受到荣禄和李莲英的保护并未受株连。光绪二十四年（1898），任直隶霸昌道。不久，清廷在北京创办农工商局，将其召还主持局务。端方趁此机会上《劝善歌》，受到慈禧赏识，被赐三品顶戴。此后，端方出任陕西按察使、布政使并护理陕西巡抚。光绪二十六年（1900），八国联军占领北京，慈禧太后和光绪皇帝出逃。端方因接驾有功，调任河南布政使，旋升任湖北巡抚。光绪二十八年（1902），代理湖广总督，三十年（1904）代任两江总督。光绪三十二年（1906）8 月，端方出任两江总督兼南洋通商大臣。是年，端方 45 岁，长赵伯先 20 岁。

⑥ 柳诒徵：《赵伯先传》，载周新国、弓楷、刘婷婷编著《赵声研究综览》，江苏人民出版社，2021，第 48 页。

弹又不敷应用，主张不可轻动。他说：'如果这样做去，岂不是破坏了第九镇的基本，而演一套汉人和汉人溅血的惨剧？'同志听了，都佩服他的见解。"① 赵声周详地分析了客观局势，认为"孤立无响应必败"，"非俟苏皖赣运动成就不可，否则亦必联络南京征兵以外之军队，同时并起，方足以举大事"。②

端方作为备受清廷重用的清末能臣，极其重视新军，他要通过整顿，安插亲信，掌控武装。"端方到任伊始，严饬徐绍桢，实行甄别，整顿训练，传见各官长训话。由此危机降临，赵声知端方是满族，他沉思自己年余苦练，官兵们知识已开，时想待机而动。当时外面已有传说，但他仍态度镇静豪未顾虑。端方定期陆续传见各官长。这时三十四标标统陶骏葆（字伯卿，镇江人，陆师学堂）他因该标士兵常常惊营闹鬼，胆小辞职，陶系徐统制前正参谋（即参谋长），徐保陶改任南京宪兵军官，端方传见陶骏葆讲话，时间很长，端收陶为徒。三十五标标统林述庆（字松亭，福建人）系徐绍桢学生，当赵声升任三十三标标统时，林述庆由第二营管带晋升三十五标标统，端方传见，林述庆亦被看中，从此颇受端方宠信。传见骑兵营管带李玉春（山东人），见李身材魁梧，两只黄眼，亦被重视。当传见赵声时，赵声沉着寡言，有问酌答，敷衍过去，及传到我们一班下级军官时，我有所愁，因我无辫子，是和尚头，只好备一条假辫子，带上军帽正好。端方传见我们一班约十余人，适我站总督署檐口下，不需脱帽，立正听几句官话退出。心怀忐忑，一时过去。端方早有计划，预先将驻在湖北陆师第八镇部下步兵营长余大洪、炮兵营长王某等调来南京侯差。"③

"端方督两江，疑忌益甚。"④ 端方见赵声器宇轩昂，不亢不卑，深得众望，知其非等闲之辈，难以控制，对其重点调查与防范。

"三十三标新标房在南京三牌楼建筑落成，于迁入新营房时，士兵为搬

---

① 同盟会：《赵声传》，载周新国、弓楷、刘婷婷编著《赵声研究综览》，江苏人民出版社，2021，第 77 页。

② 佚名：《赵烈士事略》，载周新国、弓楷、刘婷婷编著《赵声研究综览》，江苏人民出版社，2021，第 95 页。

③ 江谦吾：《赵伯先在新军三十三标》，载周新国、弓楷、刘婷婷编著《赵声研究综览》，江苏人民出版社，2021，第 179 页。

④ 于右任：《陶璞青事略》，载江苏省政协文史资料委员会、镇江市政协文史资料委员会编《辛亥镇江将军录》上，1997，第 304 页。

运家具与警察发生冲突，其原因系所征之新兵编成三十三至三十四两标，其余编成三十五至三十六两标。南京初次成立警察，其组成人员即以巡防营淘汰之老弱残兵充当警士，由于军警待遇有别，各存歧视，临时争执，因各有所恃，至成动武。新兵将警士卡棚捣毁，自南京鼓楼至下关一带，警察罢岗，混乱一时。"①

在新军士兵与警察的冲突中，"警察拟扯其符号，用作罪证，遂至扭打。一鸣警笛。群警毕至，而新军闻讯，亦麇集于肇事地点，双方相持不下。总督端方得报，电促统制徐绍桢派员弹压。伯先衔徐命，单骑驰往，大呼军人应严守纪律，孰是孰非，听候裁判，本营兄弟着速归队。伯先于军中夙孚众望。此言一出，即他营士兵亦相率引去。事原可告一段落。三十三标某标统，端方手下红人之一，既欲向端方邀功，复想卖好于巡警道，力主严惩滋事士兵，又不敢公然名捕，伪称大帅见新军精神甚佳，将择优给赏，同时又密告各营队，将平日活动最甚之分子提出，人数不求过多。名单上报，由标统率往督署，扬言领赏，暗以扰乱地方秩序罪，竟行枪决。公布后，三十三标士兵大哗，一哄而出，遇警即殴。警察亦不甘示弱，互有伤亡，秩序大乱。端方仓皇失措，电徐绍桢处理，伯先复衔命，往劝士兵应先恢复秩序。并谓：'由我负责为亡者伸冤，此冤不伸，余将无颜见诸弟兄。'语极诚恳，士兵为之感动。绍桢告端方曰：'士兵以标统某骗杀无辜，群情愤慨，势不可遏。为今之计，应查办该标统方足以明是非而息众怒。'端方迫不得已，组军事法庭委伯先为审判长。某标统以伯先执法如山，殆难幸免，尚未开庭，已畏罪自杀。至是，轰动一时之南京军警交哄案，遂告解决。"②

赵声在新军中威望很高，端方对此十分忌惮。有人向端方告密，说赵声鼓励士兵剪辫子，纵容士兵焚烧曾国藩神祠画像等。"明陵告众语骎闻于端方，又值新军毁曾国藩像，甚甚。先是，三十三标步兵习闻国藩扑灭太平不道状，因火后湖神庙，毁曾遗像。端方将假是以兴大狱，有三十三标

①　江谦吾：《赵伯先在新军三十三标》，载周新国、弓楷、刘婷婷编著《赵声研究综览》，江苏人民出版社，2021，第 178 页。

②　赵启骥：《赵声革命事迹》，载周新国、弓楷、刘婷婷编著《赵声研究综览》，江苏人民出版社，2021，第 210–211 页。

皆革命党，可用炮轰之之语。绍桢隐右之，以免职寝事。"①

"冬，安徽创办新军，赵声使吴旸谷潜投三十一混成协，以便与南京九镇相呼应。"②

端方欲清除赵声，以免隐患。"恐孳生不测欲去之而后已，因改调马标某营管带。盖以马标地址在下关石头营，夜间闭城，即与三十三标相隔绝，无从呼应，则杀伯先易于动手。伯先早烛其奸，立即交代标统职务而不往马队。先是，端方对于调换伯先，虑为士兵反对，又以标部在三牌楼，与鼓楼近在咫尺，地属冲要，一旦有变，为其所据，更为棘手，因而迟疑不决。新委标统俞大洪献计，瓜代文书不必通过徐绍桢，由俞携至标部。伯先见之，传令紧急集合，一时画角大鸣，士兵执枪出，俞为变色，伯先笑曰：无他，君来履新，特举行'布达式'耳。全标士兵闻之，笑不可仰。伯先勉以遵守纪律始未生变。"③

端方无奈，强行下令解除赵声的标统职务。"赵声被突然解职，立即办理移交，此时他招见我们一班官长，嘱好好安慰全体士兵，而全体要求全标摄影留作纪念，他不允诺，结果乃弟六驭集队拍照。于站队拍照时，他站立后列，摄影者请统带向前移立一步，他昂首向前急与言曰：你简直要把我的头照下来就是了。众官兵闻言，无不泪下。他很沉默，向众讲话，安慰告别，端方由湖北调来官员，不计其数，即派余大洪接三十三标标统，余性情野蛮跋扈，到差伊始即施以压力手段，每次讲话，恶言难听，面貌狰狞难堪。不仅使人可畏，而且使人可憎，但军队纪律，是否都须服从。由于余之态度生硬，因之所有官兵都怀念赵统带的和蔼可亲。有一次余大洪出言粗鲁，语词讽辱，全体愤恨已极，其中大胆者拥上前将余大洪打倒，嗣经马牟将他扶起，勉强倾腰向全队说：你们把我打死，制台（总督）还是要派人来的，决不会没有标统来管你们，好！好！好！遂嘱散队。他经马牟扶到标本部。余因身受重伤即请假住院休养，事过之后，官兵胆小者都梦寐不安，胆大者只恨未将他打死，都抱着事已如此，听其发落而已。

---

① 束世澂：《赵声传（注一）》，载周新国、弓楷、刘婷婷编著《赵声研究综览》，江苏人民出版社，2021，第53页。

② 江慰庐：《赵声事迹系年补遗》，载周新国、弓楷、刘婷婷编著《赵声研究综览》，江苏人民出版社，2021，第152页。

③ 赵启骡：《赵声革命事迹》，载周新国、弓楷、刘婷婷编著《赵声研究综览》，江苏人民出版社，2021，第211页。

赵声被无故撤职，实系为端方所宠信之两个小人暗进谗言所致。端方是奉圣旨来任两江总督，赵声是他的眼中钉，从发生余大洪被部下殴打，亦不敢十分造次，即严饬徐统制查办，负责训练，而且徐绍桢见发生事故，终不能辞其咎，亦须设法安慰军心。"①

"同年冬，赵声被两江总督削除兵权，并令其退伍。赵声离开九镇部队，但仍在南京继续领导新军中的革命工作，经常与革命人士往来。不久有同盟会员南通人沙淦②，来宁策反新军，事泄，端方严令捕决。'侦骑四出，几不得脱'，赖赵声'阴为设法，与以一舟，使与渔夫相混，始免于厄'。"③

1906 年冬，孙毓筠在南京与赵声、柏文蔚联络，并同段云书、权道涵谋划行刺两江总督端方。"孙毓筠者，号少侯，安徽寿州之贵族也。以候补道资格，在日本加入同盟会，奉中山先生命，回国至南京，携大炸弹四枚，青年学生五、六人，拟炸毙端方者，谋之于余及赵伯先。余与伯先深感吴孟侠（吴越）之失败，属不善运用利器之故，以致爆发伤身，势必预先操练精工，装卸娴熟，方能实行。于每星期日，三人协行至明陵试验，惟屡试不灵，后乃知雷管装倒，不克轰炸。而炸弹皆藏余队室，后因事败，乃置于标房院内之井中，始终未曾败露。"④

12 月初，萍浏醴起义爆发，这是同盟会成立以后发动的第一次武装起义。

"时值江西九龙会匪扰乱，赣抚电请端方总督饬派部队援赣、徐统制即乘机保委赵声任剿'匪'司令，即令赵率领步、骑、炮、工、辎混成协支队出发赴赣会剿，赵奉令后即调编一支队，指定炮兵一队由倪炳章任队官，熊成基任排长，由南京出发援赣，倪炳章、熊成基两人系赵培养最亲信的学生。倪、熊对革命都很积极，全部到达江西后，赵即派人去'匪'区察

---

①　江谦吾：《赵伯先在新军三十三标》，载周新国、弓楷、刘婷婷编著《赵声研究综览》，江苏人民出版社，2021，第 179-180 页。

②　沙淦（1885—1913），字宝琛，江苏南通县人。1905 年东渡日本求学，在日本参加中国同盟会。回国后在报界宣传革命。在南京时，端方严令捕决，得赵声计救得脱，先流亡于苏北，后去沪、鄂等地，参加辛亥武昌起义。

③　江慰庐：《赵声事迹系年补遗》，载周新国、弓楷、刘婷婷编著《赵声研究综览》，江苏人民出版社，2021，第 152-153 页。

④　柏文蔚：《柏烈武五十年大事记》，载中国人民政治协商会议安徽省委员会文史资料研究委员会编《纪念柏文蔚先生》，1986，第 11 页。

看情况，使暗中联系，不久南京端方得赣密报，说赵声来到江西未实行剿'匪'，反有抚'匪'可疑。端方得信后，即令徐绍桢统制将赵声司令撤职，并驱逐出境，不能逗留。赵声将部队归还旧制，即行离宁，他临行前，将自己佩挂的一把开口军刀，交给冷遹保存，（此刀中级军官方可佩用）我们一般同志为他饯行，他说不回镇江，将去上海或由赣南去粤到达香港。他对我们临别赠言是：同志们最好不离开军队，他说无枪杆子不好革命，望你们切勿负我一番苦心，后会有期，好自为之，我到香港后可着我二弟驭六来与你们联系等语。当时大家都含泪不舍。嗣后他派乃弟来镇江、南京活动。规定赴香港川资官长 50 元，士兵 30 元。赵统带去后，余大洪统带伤愈到标办公，不久实行淘汰，一次撤换管带队官排长计 16 员。顾忠琛管带交卸后去无锡，柏文蔚交卸后，即去香港又去日本，潜行到东北吉林省一带活动，第三营遗缺由冷遹提升。"①

就在一些革命党人被迫陆续离开九镇新军之时，陶骏保按照赵声的嘱咐，决定留在九镇新军继续工作。他改变策略，继续潜行在新军中，以维系九镇新军中的革命力量。他韬光养晦，"厚结端方"②，"时统宪兵兼佐警察，不恤屈身降志，与端方及其心腹舒清阿相委蛇，潜为解释"，表面看是与端方沆瀣一气，实际上是以此为掩护保存九镇的革命力量，"九镇全体赖以幸免者"，主要是陶骏保"力居多"。③

"赵声留所部熊成基去皖南发动新军，冷御秋等续在江南积蓄力量，本人径走广东。"④

"在端方的破坏下，赵声等人在长江下游发动起义的计划虽然失败了，但是，在南京这一年多的艰苦卓绝的斗争中，赵声运动新军的工作成绩显著，逐渐形成了以中下级军官为核心，自上而下地对新军士兵进行革命化改造的模式。同时，赵声还培养了一批优秀的革命青年，从而点燃了苏皖

① 江谦吾：《赵伯先在新军三十三标》，载周新国、弓楷、刘婷婷编著《赵声研究综览》，江苏人民出版社，2021，第 180 页。
② 于右任：《陶璞青事略》，载江苏省政协文史资料委员会、镇江市政协文史资料委员会编《辛亥镇江将军录》上，1997，第 304 页。
③ 陶逊：《亡弟璞青事略》，载江苏省政协文史资料委员会、镇江市政协文史资料委员会编《辛亥镇江将军录》上，1997，第 297 页。
④ 江慰庐：《赵声事迹系年》，载周新国、弓楷、刘婷婷编著《赵声研究综览》，江苏人民出版社，2021，第 147-148 页。

地区革命的烽火。"①

赵启骢就读于天香阁。

是年大事

1 月 9 日　李伯元著《官场现形记》在上海出版。全书以揭露晚清官场的黑暗为主题，风靡一时，影响颇广。

2 月 21 日　慈禧太后面谕学部，实兴女学。

2 月　湖北革命党人秘密组织力量成立日知会。

3 月 13 日　日本交还奉新铁路。

3 月 25 日　清廷以忠君、尊孔、尚公、尚武、尚实五端为教育宗旨。

4 月 1 日　京汉铁路全线正式通车。

4 月 15 日　《复报》创刊，主编是柳亚子，长期协助编辑撰稿的有田桐、高天梅、高燮、陈去病、金天翮、陈志群、蔡治民、刘季平、马君武等人。光复会首领陶成章、章太炎也为该刊撰写过不少文章。该刊的宗旨是"发挥民族主义，传播革命思潮，为国民之警钟，作魔士之露檄"。1907 年夏停刊，共出 11 期。

4 月 18 日　清廷在重庆正式创办了第一所正规的师范学校——官立川东师范学堂（今西南大学）。

4 月 18 日　《民报》与《新民丛报》展开大论战，全面揭示革命与保皇派的原则分歧。

春夏间，长江中下游阴雨连绵，湖南各地堤岸溃决，洪水横流，造成 4 万人死亡，40 多万人受灾。

6 月 10 日　上海瑞伦丝厂千余女工罢工。

7 月 30 日　由李平书等人发起，在张园成立旨在"研究中西医术"的上海医务总会。

7 月　中国首个出版法——《大清印刷物专律》颁布。

7 月　陕西改练新军步队一协，并附编过山炮队。

---

① 周勇：《赵声与辛亥革命》，载周新国、弓楷、刘婷婷编著《赵声研究综览》，江苏人民出版社，2021，第 308 页。

8月28日 《云南》杂志创刊。杂志社设在东京神田区三崎町一丁目。该刊以"开通风气，鼓舞国民精神"为宗旨，揭露清王朝苛待百姓、媚外殃民的种种罪行，宣扬"国家者国民全体之国家，非少数贵族之国家，更非君主一人之国家"以及"不自由毋宁死"等资产阶级民主自由思想。其后，该刊曾对光绪三十三年（1907）徐锡麟在安庆发动起义、光绪三十四年（1908）黄兴在云南河口发动起义做了极为详尽的连续报道。

9月1日 清廷颁布了《宣示预备立宪谕》。

9月18日 飓风袭击香港，死伤10余万人。澳门遭飓风袭击。

9月18日 浙江德清、武康、乌程等县水灾，饥民暴动抢掠。

9月 17岁的胡适主笔《竞业旬报》。

10月6日 四川通省农业学堂在成都厚载门内宝川局右侧旧仓库内成立。

10月13日 袁世凯编刊《立宪纲要》。

10月27日 清廷命各省兴办图书馆、博物院、动物园、公园。

10月 由湖南洪江会策划的起义因事泄失败。

11月6日 清廷发布新官制，大权集于满人。

11月27日 陕西大荔县爆发了"交农"运动，知县陈润灿出面阻止，群众捣毁官钱局、官盐局等。

11月30日 清廷颁行禁烟章程10条，定期10年禁绝。

12月2日 中国同盟会在东京举行《民报》周年纪念会。孙中山做了三民主义与中国前途的演讲。

12月9日 上海宪政研究会成立。

12月 孙中山，黄兴等在日本制定同盟会《革命方略》，备起义时用。

12月30日 祭孔由中祀升为大祀。

是年，启新洋灰公司创立，主要股东有袁世凯、周学熙、孙多森等人。

是年，萍乡煤矿亦称安源煤矿，是中南方最大的新式煤矿，初具规模。

是年，清廷设巡察部。

是年，在保定设立陆军军官学堂，改兵部为陆军部。

是年，美教会在上海创办沪江大学。

是年，协和医学校在北京建立。

是年，正式废除科举考试。

是年，天主教会在铜锣园置地筹建海口天主教堂。驻海口法国领事馆在得胜沙路开设中法医疗所。

是年，同盟会陕西分会在日本东京成立，推举白秋陔为会长。

1907 年（光绪三十三年，丁未羊年）　26 岁

是年初，孙中山派胡毅生①到南京，请赵声到广东领导武装起义。

经蔡友民的介绍，胡毅生和赵声取得联系。胡"至宁晤赵［声］烈士，胡君为述来意，并盛言粤中资力雄伟，人才众多，革命军兴。宜先取之以为根据，烈士甚韪其议论"②。赵声审时度势，尊重孙中山的意见。他授意部下熊成基去皖南发动新军，让倪映典、冷遹等同志继续积蓄江南的革命力量。赵声将江南革命力量进行布置后便离开南京。

赵声经镇江登焦山，遇到同龄的越尘和尚，以诗相赠，抒发担当革命、不畏艰辛、勇往直前的豪情壮志。"途经镇江故里，写《焦山赠山僧越尘诗》，曰：'我与名山有旧盟，高僧相遇恰同庚。逃禅便觉风尘远，往世须将宇宙擎。江寺懒寻铭瘗鹤，海隅愤指浪翻鲸。彼苍未许林泉福，解缆匆匆赴此行。'盖当即在此时。"③

1907 年春，赵声到达广东。广东地处岭南，濒临南海，自古以来就是中国的"南大门"。明清时期一度成为中华唯一的对外通商港口。广东与域外交流最多，是近代西学东渐的前站和维新思想的启蒙之地，也是"远在南疆，强邻逼处，会党潜滋"④ 之地。清廷对广东甚为重视，新军也要编练两镇，以守南大门。

赵声投两广总督周馥。周馥于光绪三十年（1904）年任两江总督，光绪三十二年（1906 年）任闽浙总督，未任，即调任两广总督。

清廷计划在全国成立三十六镇陆军，按省分配，限期编练，其中广东

---

① 胡毅生（1883—1957），又名胡毅，广东番禺人，胡汉民的堂弟，小赵伯先 2 岁。1900 年，入广州广雅书院西学堂读书。1901 年，入两广大学堂学习。1902 年，因倡言反清革命被学校开除。1903 年 2 月，赴日本东京留学。同年 4 月，参加留日学生"军国民教育会"活动。同年 8 月，协助孙中山筹办东京青山军事训练班。1904 年 2 月，入东京政法大学速成部学习。1905 年 8 月，协助孙中山筹组同盟会，任广东省同盟会主盟人。

② 佚名：《赵烈士事略》，载周新国、弓楷、刘婷婷编著《赵声研究综览》，江苏人民出版社，2021，第 94 页。

③ 江慰庐：《赵声事迹系年》，载周新国、弓楷、刘婷婷编著《赵声研究综览》，江苏人民出版社，2021，第 148 页。

④ 姚中才：《血荐轩辕——辛亥革命时期的廖仲恺》，载广东省作家协会编《辛亥风云人物》，广东人民出版社，2011，第 88 页。

二镇、广西一镇。广东新军的筹建开始于 1905 年。1906 年 5 月，岑春煊在武建军、武匡军的基础上开始编练新军。1906 年 2 月，广东开始实施用两年时间组成两镇新军的计划，岑春煊剔除常备军和亲军营中的老弱，加上从粤北和皖北招募的 2000 余名新兵，编新军十个营，其中步兵六个营，炮兵两个营，工程、辎重各一个营，按照河南新军章制经验编成混成一协（旅）。这才算是开始编建广东新军，但未成镇。各营改习洋操，改穿新装，名为广东新式陆军，简称新军。未及编成，因广西起事不断，岑春煊亲领军西征，编练就此中断。未及，岑调任云贵总督，带走步队一营，朝廷让周馥接任两广总督。周馥到任后，广东新式陆军名义上是编成了，但只有一协，且严重缺员。周馥到任后为广东新军忙了三件事：一是办督练公所；二是整编新军，把二标六营合为四营；三是成立陆军速成学堂，培养初级军官。

此时，赵声到来，让两广总督周馥很高兴。当年，周馥派赵声做江宁督练公所和江阴新军的教练，深知他的治军才能。周馥编练广东新军，急需带兵人才，赵声的到来正好派上用场。周馥任赵声为广东新军混成协"第二标第三营管带，旋统第二标"①。

周馥与他的老上级袁世凯一样，对清廷并非死忠，有自己的盘算。当初袁世凯深知赵声才干，也知道赵声具有反清异心，亟欲延揽，目的是为己所用。袁世凯向周馥推荐赵声，但小心谨慎的周馥也不敢让赵声带兵。现在周馥急于用人，便对赵声做了格外的安排。

"赵［声］先生来时的志愿，拟握有兵权在手里，然后进行大事。故此他最初的行动异常谨慎，不敢与外人会面，以防得间露出风声。"②

杜英穆的《革命先烈赵声》③ 说：

因新军标统实在找不到合适的人选，只好再畀赵以重任。布达那天，特地把赵氏找去，谆谆告诫道："……你要专心视事，切莫生异心，克尽厥职，方始不负本部堂的重托。倘若你萌异志，那就是你自取罪咎，不但你

① 束世澂：《赵声传（注一）》，载周新国、弓楷、刘婷婷编著《赵声研究综览》，江苏人民出版社，2021，第 53 页。

② 莫纪彭：《同盟会南方支部之干部及庚戌新军起义之回顾》，载丘权政、杜春和选编《辛亥革命史料选辑》上，湖南人民出版社，1981，第 327 页。

③ 杜英穆：《革命先烈赵声》，载周新国、弓楷、刘婷婷编著《赵声研究综览》，江苏人民出版社，2021，第 198 页。

'身败名裂'，连本部堂都要遭受处分，大则革职查办，小则交部议处，万一真的到了这个地步，你我就无面目见江东父老了啊！"

周馥只求赵氏勿萌异志，就用金钱和官位作为笼络的手段。他知道赵氏爱护袍泽，手面阔绰，所以破例提高他的待遇，每月给他九百两银子的高薪。可是赵氏薪饷越高，他在部队里花在部属身上的钱也越多。他定了一个不成文法：官兵患病，一律由标统掏腰包，为他们增加营养。官兵家中发生重大事项解决困难，只要肯于开口，他便倾囊相助。尤其每逢休假，他必定邀全标官长，上馆子痛饮一回。因此连九百两银子一个月的薪饷都不够花了。人家当一个相当于文官正三品的标统，鲜衣怒马，何等风光！只有历任第一、第二标标统的赵氏，居然除了一衣一被之外无长物。遇有参与大典，晋谒上官，他那一身官服，必须设法去租借。

但在另一方面，赵氏的慷慨仗义，爱惜部卒，使他获得所有广东军队的共同爱戴。所以他在广东军界，无人不知，而且一提起来便无不肃然起敬，面露不胜仰慕之色。他的号令一下，所部莫不踊跃争先，乐于效命。光是这一点，便不是千万两黄金所可买到也。

"赵〔声〕驭下刚柔并济，赏罚严明，官兵咸爱戴之，乐于听命。"①

赵声在广东新军中安插革命同志。"其堂叔赵珊琳在燕塘当队官，其弟赵光在新军中当排长"②，其表兄姜证禅"在两广督练公所，襄治军书，旋应编译科提调之职"③。

"按伯先先生任广东新军标统时，所有各营的统率和教练，都由其独任，所以士兵之间，均已接受革命思想的熏陶。而新军下级官佐，多出身于陆军速成学堂和讲武堂，因此，十之八九俱同情革命。光绪三十三年，粤省成立模范学兵营，党人又有屈身应召者，毕业后充任下级军官，以是

①　天目：《辛亥革命先锋赵声史》，载周新国、弓楷、刘婷婷编著《赵声研究综览》，江苏人民出版社，2021，第71页。
②　沈云龙：《革命先烈赵伯先的一生奋斗》，载周新国、弓楷、刘婷婷编著《赵声研究综览》，江苏人民出版社，2021，第189页。
③　姜慈猷、姜奉猷、姜建猷、姜文猷编：《姜胎石姜可生诗文选》，天马出版有限公司，2009，第267页。

粤省新军中已布满革命种子。"①

　　赵声在广东新军时，广泛与社会各界接触，其豪情侠气、文采风流，备受追捧，影响不断扩大。赵声经常参加诗钟②游戏，姜可生在《赵百先之鳞爪》③ 中回忆道：

　　表兄百先尝与余兄胎石［姜证禅］同客粤东，每当愤懑郁塞时，辄借酒自遣，豪情侠气一寓之于诗歌。忆其旧作诗钟，亟录以饷吾国人，俾咸知百先气魄之雄，志量之阔，而行事之光明磊落。……

线　营	河山一线舆图小，旗鼓千营上将尊。
桂　红	恨未剑枭三桂首，聊将箫挞小红琴。
全　杰	河干犹有施全庙，海上曾停世杰舟。
年　思	玉绳不系华年住，彩笔能传绮思深。
之　若	涛涌之江风物壮，云开若木日光鲜。
扫　敲	琴林尘趁残花扫，棋局声争落叶敲。

　　赵声在广州时，曾游越秀山，观越王台遗址。越王台为南越王赵佗所建。赵佗是秦朝著名将领，南越国的创建者，是南越国第二代王。赵佗是秦朝恒山郡真定县人，少年负勇，精通武功韬略。秦始皇二十八年（前219），年仅 18 岁的赵佗被封为 50 万大军的副帅，受秦始皇委派和任嚣一起率领大军平岭南。平定岭南之后，鉴于龙川的地理位置和军事价值都极其重要，年仅 23 岁的赵佗被委任为首任龙川县令。公元前 208 年，南海郡尉任嚣病故，赵佗调任南海郡尉，时年 29 岁。公元前 204 年，赵佗建立南越国，自称南越王，定都番禺（今广州），时年 33 岁。他一直实行"和辑百越"的政策，促进了汉、越民族的融合，并把中原地区的先进文化带到了南越之地，使南越得到了很好的发展。汉高祖十一年（前 196），赵佗被汉朝封为南越王，时年 41 岁。汉高祖吕雉王（前 183）时，赵佗自称南越武帝，时年 54 岁。公元前 179 年，吕后死后，汉文帝刘恒即位，赵佗去帝号

---

　　① 沈云龙：《革命先烈赵伯先的一生奋斗》，载周新国、弓楷、刘婷婷编著《赵声研究综览》，江苏人民出版社，2021，第 190 页。
　　② 诗钟是一种文字竞赛游戏，要求按题目的嵌字或分咏的规定，依律自由创作。诗钟特别要求对仗工整。
　　③ 姜慈猷、姜奉猷、姜建猷、姜文猷编：《姜胎石姜可生诗文选》，天马出版有限公司，2009，第 108 页。

而复汉朝，仍称南越王。赵声回顾历史，以先人激励自己，在镇海楼登高眺远，写下《登越王台》① 诗句：

> 七雄兼并真无谓，刘项纷争只自残。
> 坚向南天开版籍，能将文化服夷蛮。
> 公真矍铄威名古，我尚飘零姓氏惭。
> 今日登楼凭北望，中原妖雾正漫漫。

是年春，广西钦、廉两州群众，因反抗清廷加派糖捐举行武装起义。赵声受命率部前往镇压，密谋策划军队前线倒戈。

"广东西南临海地方，属于钦州、廉州的辖地。该地人民以种植甘蔗制糖为生，而清吏一再加征糖捐，使得老百姓终年劳苦，而所得不够温饱。

"这年三月，属钦州的那黎、那彭、那思三地，推派代表到知州的衙门陈情、官老爷体谅百姓的困苦，减少捐税。谁知钦廉道王秉恩不但不理会百姓的陈情，反而把所有的代表扣留，说他们鼓动人民抗捐。于是引起三那百姓的公愤，大家纷纷攘攘地，一下子聚集了上万的人，成立了'万人会'的组织，公推地方豪族刘思裕为领袖，要和政府对抗。

"刘思裕以迅雷不及掩耳的手法，率领了几十个武功高强的人，手执兵器，闯进城去，打到牢房里，救走了代表们。等官吏得到消息，带兵追击时，他们早已出城，逃得无形无踪了。

"钦、廉道王秉恩派兵到三那，想以武力解散万人会。开枪打死了几十个老百姓，不但没有收到杀鸡儆猴的效果，反而使老百姓更加团结。刘思裕登高一呼，廉州各地的人民也纷纷响应了。

"王秉恩一看，事态扩大，急忙报告粤督周馥，避重就轻的指刘思裕是盗匪、是乱民，如今率众作乱，声势浩大，请求派兵镇压完全不提百姓陈情要求减捐税的事。

"周馥如临大敌。赵声见机会来到，就向周馥自荐，愿意率领步兵一营，炮四门，立即乘船前往。"②

---

① 赵声：《登越王台》，载周新国、弓楷、刘婷婷编著《赵声研究综览》，江苏人民出版社，2021，第31页。

② 杨宗莹：《一行热血千行泪　赵声传》，载周新国、弓楷、刘婷婷编著《赵声研究综览》，江苏人民出版社，2021，第117-118页。

此时，赵声任新军第二标标统时间不长，军中以赵声为核心的中下级官军群体尚未完全形成。"赵声在钦、廉起义中的态度是坚定的，但其行动却是相当谨慎的，这与赵声初至广东，新军尚未运动成熟不无关系。这可以从赵声在阵前进行的一次人事变动得到应证。赵声利用清方广州当局要求'慎重'的电报大做文章，将平时培养的革命骨干分子陆师凯、巴泽宪、高洪胜等人调至重要岗位，使整个部队的指挥权自上而下完全掌握在革命党人手中。"①

赵声密谋策划军队前线倒戈，但倾向革命的郭人漳在关键时刻变卦，导致配合起义军共举大事的计划未能实现。这个过程艰险复杂，几乎所有的文献记载都指责郭人漳在关键时刻耍两面派。杜英穆的《革命先烈赵声》②记载如下：

赵氏在广东任新军标统时，早得黄兴联络成功愿意加入同盟会的郭人漳，也在广东钦州担任防军统领。郭人漳既有意参加革命，则与赵氏志同道合，对革命军言，确是一份无形的大力量。

光绪三十三年（一九〇七年）春，广东西南沿海发生民众暴动，缘因钦州人民抗拒糖捐，廉州人民闹着荒年，推派代表到知州衙门陈情，请求减免捐税。岂知钦廉知府蛮不讲理，竟把代表扣留起来，说他们鼓动人民抗捐。因此引起人民公愤，一下子聚集了一万多人，公推刘思裕为领袖，挑选了十多个武功高手，闯进牢房救出了代表们。等官兵知道出城追击时，他们早已逃得无影无踪了。官兵们因找不到要抓的人，就开枪乱打，结果打死了几十个无辜的老百姓。于是事态更闹大了，钦廉知府一不做二不休，就飞报两广总督周馥，诬指刘思裕率众作乱，声势浩大，请求派兵镇压云云。周馥据报，如临大敌，立即派郭人漳和赵声，会同总兵何长清率兵前往平乱。

国父这时正在河内，闻知其事，连忙派黄兴往钦州见郭人漳，因为郭人漳早已答应黄兴遇机反正，如今机会来临，应该立即响应民兵起义。又派胡毅生去见赵氏，因为赵是同盟会会员，胡、赵又是老朋友，请他反正

---

① 周勇：《赵声与辛亥革命》，载周新国、弓楷、刘婷婷编著《赵声研究综览》，江苏人民出版社，2021，第310页。

② 杜英穆：《革命先烈赵声》，载周新国、弓楷、刘婷婷编著《赵声研究综览》，江苏人民出版社，2021，第198-202页。

更无问题。又派其他同志前往游说刘思裕，要他与革命党联合一致，共同完成革命大业，刘思裕自然满口答应。

岂知郭人漳是个投机分子，早先看见同盟会革命阵势强大，逞一时之勇，欲加入同盟会，反抗满清，和黄兴十分亲密。如今他看到革命军既没有什么人，又没有什么武器，乃忽改变主意，为求升官发财，对清廷拍马奉承犹恐不及，那里还肯同情革命？因此黄兴去见他时，他表面赞成反正，但心中却在盘算着如何能为清廷立功呢。果然，被他想出了鬼主意，立刻秘密向总督告了一状，说赵声可能是革命党，已与刘思裕暗通声气。周馥乃密令总兵何长清连夜进军平乱，并要他严加防备，免为奸人所乘。

这时赵氏正在计议反正事宜，忽然据报何长清已连夜进兵，一看情势不对，知道事已外泄，急忙通知刘思裕率众走避，不要和何总兵拼打，以免伤亡。那知刘思裕不听指示，仍然严阵以待。赵氏急了，只得连夜挥兵前进，想抢在何长清之前到达，以便暗中帮助刘思裕脱险。岂知等他到达时，何长清已打败了刘思裕的民兵，展开了一场大屠杀，连刘思裕本人也在此役中丧生了。

国父在河内听到这一消息，悲愤之下，立派王和顺为中华革命军南军都督，要他统率革命军负责钦廉军务，并连络民军，务期一举攻克钦、廉、防城等地。王和顺为人不够勇敢，竟带了许多毒药，以作必要时用，但被国父发觉阻止。只得跟胡毅生先往赵声部队里去探一探情况再说。

黄兴在郭人漳处，一再促郭响应民军起义，他以为郭很忠于革命，所以把全部计划都告诉他，那里知道郭人漳是个口是心非的阴谋家呢？

胡毅生偕同王和顺潜入赵氏的部队里，赵氏要王和顺改名张德馨，假称为军事委员，派人送他到钦州，沿途清军真以为他是委员张某，不知他是革命军都督。他到了钦、廉一带，就告知当地父老们道："郭人漳和赵声都是自己人，他们所率的都是革命队伍。上次抗捐运动乃是被总兵何长清的部队所屠杀。现在黄兴和胡毅生正在郭、赵那边协助他们，只要大家同心协力，高举义旗，大事必可成功。"

众人听了，非常兴奋，立刻搜集长短枪数百枝，由刘思裕之侄刘显明率领数百人准备起事。

王和顺曾与赵氏约定，拟先率党军进取南宁，而由赵的所部自后尾追，相机暗助。南宁如能得手，攻取他处也用此法。岂知事与愿违，赵氏事先派人去运动南宁守军时，南宁守军不肯响应。王和顺无法，只得请示国父后，南下攻取防城，幸得防城清军团长唐补珠、连长刘永德、李之焜三人反正，乃得一举而占领该城，杀了清廷知县宋鼎元及其幕宾家属等十九人，四处张贴中华革命军南军大都督的告示，正式光复此一重要城池，这是光绪三十三年七月廿七日的事。王和顺为扩大战果，乃留少数革命军驻守防城，即日率领其余部众五百人向钦州城进攻，欲取钦州作根据地。只因连日大雨，道路泥泞，有碍行军，赶了一天一夜才到钦州城外，远远看到城上灯火通明，知已有备，乃下令暂行退却，驻兵于距府城二十里外。

黄兴在钦州城内获悉事有变化，乃向郭人漳责问究竟，郭人漳道："我正要告诉你呢，城中钦廉道王瑚，凡事和我作对，使我无法响应革命军。我看还是请你出城去叫王和顺先攻南宁，待我在这里设法杀掉王瑚后，再请革命军进城，这样必可获得许多枪械呢。"

黄兴一听有理，乃借出巡为名，扮成满清军官，带兵一连出城和王和顺商量，王和顺却说刚从南宁来，再去也徒劳无功，仍主张先攻取钦州，黄兴不得已，就和他约定于夜间暗袭，届时由黄兴带兵开城接应。

讵料事情又出意外，王瑚早闻郭部有通敌嫌疑，那天夜里就亲自领军巡城，戒备森严，黄兴于夜半开城之计不得施展，因此王和顺引兵至城外时，无人接应，料知事有中变，只得仍退回原驻地。

旋得黄兴密报，说因城中有备，无法下手，仍请和顺进取南宁。和顺以南宁有重兵驻守，既无内应，何能攻克？听说灵山县城守备空虚，不如取道入桂，改攻灵山罢。就自己改变主意，去攻灵山。

这时，尚在钦州的黄兴，因已发觉郭人漳变节，只得设计脱身，逃离钦州。

王和顺率众入桂，沿途民团多携械来投，共得千余人，浩浩荡荡，走了三四天才到。他已先命制造竹梯二十具以作登城之用。不料届时只做了二具，实在不够用。只好挑选精锐二百人抢登。谁知仅只登上刘梅卿等数十人，竹梯就被折断。刘梅卿等在城内与清军苦战一天，伤亡很多。而城外党军因攻城不下，只得暂退。不料第二天就有清军千余人赶来增援，原来是郭人漳派来的。由此党军一面攻城，一面分兵拒敌，激战三天三夜，终以弹药用完，支持不住，只得撤退下来。撤退后欲退回防城，又恐钦州的郭人漳部队就近拦击。此外计无可出，唯有挑选一部分精锐退入十万大山，以图后用，其余的都解散了。

赵氏和胡毅生，还以为王和顺已攻下钦州，正欲响应，忽闻王和顺去攻灵山了，感动［到］十分诧异，其后才知是郭人漳一手在玩弄黄兴与王和顺，这个坏蛋，除派兵一营跟踪王和顺到灵山夹击革命军外，又派大军攻击留守防城的革命军，替清廷夺回防城。因此这次起义，可以说全部失败了。

检讨防城之役失败的原因，郭人漳是个罪魁，他不但欺骗老友黄兴，告密同事赵氏，而且分别派兵追杀革命军，向清廷献功。尤其令人不齿的，他为隐瞒自己的罪恶，竟借故杀死了清军中替他传递党人消息的哨弁王得润，以消灭他自己曾通党人的人证，其卑鄙无耻诚令人发指！但赵氏为了起义反正，结果弄得一团糟，真是郁闷极了；所以在回军途中，经过廉州南门海角亭设宴款待同袍将校时，曾赋诗七绝两首以发泄其凄凉感慨之情："临风吹角九天闻，万里旌旗拂海云。八百健儿多踊跃，自惭不是岳家军。""决战由来堪习胆，杀人未必便开怀。宝刀持向灯前看，无限凄凉感慨来。"在这两首诗中，充分显露了他对此次用兵失误的抑郁和伤感。于是他要找机会向郭人漳开火。

有一天两人终于在某官府宴会中碰面了，赵氏愤恨之下，随即发话讽刺道："郭统领运筹帷幄，能决胜于千里之外，如此大功，不知升官了没有？"

郭人漳一听就知道是在讽己，只得勉强答道："那里的话，彼此差不多。"

"我那敢和你相比？我为人一向实事求是，不懂得牺牲别人来成全自己的道理。而你却长袖善舞，如此工于心计，所以定能升官发财呀！"

郭人漳听了，不觉恼羞成怒，大吼道："你说什么？我有什么地方对不起你，而要这样挖苦我？老实说，你在妒恨我作战有功，就觉得不服气，那么你当初为什么不多出点力呢？"

"我一向靠自己本事做事，不靠别人提拔，也不会去陷害别人。不像你这种卑鄙小人，口中甜言蜜语，心中阴险叵测，我宁可离你远一点，以免做冤死鬼呀……"

座上宾客眼看他们争吵起来，不知究竟为了什么？听他们的口气，好像是为了这次出征平乱有了意见冲突，只得竭力劝解，以免伤了和气。但赵氏却毅然站起来向大家道："真是对不起，让大家受惊了！"接着转过头来指着郭人漳的鼻尖，斩钉截铁的当众宣布道："这种小人不值得和他做朋友的，我赵某从此和他绝交了！"说罢，愤愤然离去，背后还听到郭人漳在大吼大骂呢。

对于赵声与郭人漳在广西钦、廉两州武装起义中的作为，高拜石在《新编古春风楼琐记》①一书中有具体补充与辩解说明，摘录如下：

丁未三月，同盟会复有钦、廉的策动。

在廉州三那的地方，墟民（即村民）素用土法制糖，清方官吏，征收糖捐，又加征粮税，各墟民因不堪繁苛，于三月中旬，聚众抗纳，号"万人会"，举刘恩裕为首。钦廉道王秉恩据报，急派分统宋安枢，带了百余名兵弁，前往弹压，劝谕解散。

这班营混子，只知道武力就是一切，拖着几个耆老乡长，硬要他们"遵守王法"，乖乖地缴纳捐税，还要他们办差供应，自然更激众怒。压不下来，解散不去，便成了僵局。宋安枢有兵在手，便把其中扣了几个，墟民抵抗，清军开枪轰击，毙了几十人，墟民激于义愤，更团结自固，钦州方面的张得清，也聚集了千余人，与三那的"万人会"会合，声势益甚。

两广总督闻警，便派新军统领郭人漳，带兵二营，新军第二标标统赵声，带兵一营，另拨炮兵一队，前往剿办。

……本来赵的堂叔赵珊琳，弟赵光都在广州军中，也为了当年人漳曾劝他入粤，所以一到即在督练公所任职。第二标标统缺出，便补了标统，奉派之后，便带步兵一营，炮四门，乘船赴北海，与郭人漳分途出发。

孙中山先生在安南河内的甘必达街六十一号，组织革命机关，河内同志另设"日新楼饭馆"，作为招纳会党之所。闻钦、廉民变，由会党首领刘恩裕、黄世钦、唐甫珠等主持，认为时机可用，因派邝敬川前往，和刘等及各属团绅接洽，晓以革命大义，一致行动。又以郭人漳是留日的学生，向与东京本部有联络，与黄克强交厚，赵也是热心党人，因嘱胡毅生赴赵营，要他们反戈，与刘恩裕联络，趁时举义。

…………

---

① 高拜石：《新编古春风楼琐记》7，作家出版社，2003，第139-146页。

当时，中山先生所派邝敬川联络刘恩裕就绪，郭、赵两部已出发，乃命陈油携函到赵声处给胡毅生，叫胡转达给郭、赵，通知钦、廉乡团已与党人联络好了，自家人不要相杀。那时陈油赶到北海，见郭、赵各已开拔，沿途清军盘查行旅，陈油胆子小，害怕起来，不敢往递，因此郭、赵均不知情，军队抵达目的地，即开始猛烈攻击。

四月初一，破那思，初三日破米梅村、木兰塘两处，再由炮队猛攻那彭、那黎两处，所向披靡，刘恩裕及墟民等，怎能挡得住这支队伍？便给炮轰个骨碎肉飞。直到陈油的消息到了胡毅生手里，赵声才晓得阴错阳差，隐痛之极，海角亭之宴，酒酣耳热，无限悲感起来，原诗为七绝两首如下：

临风吹角九天闻，万里旌旗拂海云；

八百健儿齐踊跃，自惭不是岳家军。

决战由来堪习胆，杀人未必便开怀；

宝刀持向灯前看，无限凄凉感慨来！

这回的失败，不是由于"事机外泄"，而是事机没有凑上，和郭人漳似没有关联，不能混为一谈。不过，三那之役，清军获胜后，清廷于这年的十二月，曾据两广总督的奏报，开复郭的原官（即开复他在陕西所革的道缺），派为琼崖兵备道，留粤候补；赵声则调为第一标标统。

七月底，中山先生又委王和顺为南军都督，计划起事。

这王和顺是广西邕宁人，早年在黑旗军刘永福部下当个哨官，并参加过洪门会党，曾和陆亚发起事反清，不幸失败。亚发给清军处死，和顺逃香港，同盟会会员伍汉持等给他照顾。之后到西贡，加入同盟会，钦、廉失败后，和顺被委为民军南军都督，梁环阳为副，梁少廷为参赞。

二梁在三那有人枪数百，刘恩裕的侄儿刘显明，也带了数百人参加，因胡毅生在廉州赵声营内，和顺便到廉州访胡谒赵，赵声给以军事委员的委札，把他名字改为张德兴，以避耳目。

赵声和郭人漳间的联络人员，叫作郭时安，因此赵命郭时安、王和顺经区家墟、平银渡，取道钦州赴那桑。

王和顺曾与赵声约定，由他带着二梁及刘显明部众取南宁，请赵率部自后尾追，相机暗助，南宁得后，仍如法炮制，由赵一路跟着前进。

其时党人谭人凤、王德润、陶表封、曾传范诸人，也在钦州郭人漳军的林虎营中。赵声因想：郭和黄兴有深交，这事应该通知给郭，而且上次刘恩裕的事，也就误于阴错阳差，弄得好不尴尬！因此遂把与王和顺约定事宜，向郭人漳暗递了消息。

哪知王和顺运动南宁方面的清军不成功，临时变计，自带了徒众，徘徊三那间，伺机再动。到平吉时，又听到刘显明因久不得南宁消息，认为和顺不成事，引了几百人自去了，同时粮食又无法补给，因此便到板城墟屯下，由乡间供给粮米。

这样停顿了若干时间，还是计无所出。

恰好防军左哨官刘辉廷、右哨官李耀堂，心向革命，有意反正，和顺认为机不可失，决定在防城发难。派专人到安南向中山先生请示，中山先生遂有"南军都督"之命，一面电冯自由、萱野长知，嘱将在日所购之械，连船驶赴白龙潭起卸，以资接济。

萱野在日本和宫崎寅藏、三上丰弟、前田九二四郎诸人，秘密进行，由日本军火商售与明治三十八年（公元一九〇五年）村田式快枪二千枝，每枪配弹六百发。

这消息给东京本部得到，宋教仁、章太炎以村田式枪枝是老式武器，认为孙、黄给日商骗了。宋、章诸人是主张应在长江发动，而反对在两广有所动作，此和中山先生意见有着甚大距离，并以轻率举动，事必无成，徒多牺牲，颇加阻挠。

王和顺这边，因恐久延生变，迫不及待，遂于七月二十四日在钦州三那的王光山［地名］集结。二十七日拂晓，带了三百余众，进至廉［州］属防城，防军刘、李两哨官立即起义响应，防城知县宋渐元，给王和顺扣押起来。

这位县太爷，是湖南人，也在经世书院肄业过，记［起］当初的黄轸，即是与孙逸仙并称的黄兴，便向和顺自陈，愿附革命，并代为划策：请就军中挑选勇士数十人，装作起解囚犯，由其率领县里差役解送到钦，诳进了钦州城，先把东门占了，大队跟着前进，不是很轻巧地袭取了城池［吗］？

和顺诸人，也认此计可行，准其立功。

不意副都督梁少廷指宋有诈，把他杀了。

原来梁少廷过去，曾给这宋知县扣过，因此挟恨在心，当场将他砍倒了；更不该的是，还将宋的一家老小，统统杀得一个不留。和顺见梁如此做法，也只得罢了，便留邝敬川带了数十人留守，第二日下午，便率同队伍，向钦州进发，因走错了路，到钦州时已近天明，不便动作，遂退至离城四十里的涌口扎营。

郭人漳在钦州，自然亦有所闻，当天上午据报涌口方面，有一支部队开到，他腹里有数，便偕了黄兴，带同卫队六十人，亲自前来，王和顺分派部队设阵以待，自己出来接见。

见面之下，人漳便问军队人枪多少？王也照实说了，人漳算算四五百杆枪，又是乌合之众，不论做真做假，这瞒人耳目的攻防战，也不必演了，徒作无谓消耗。

因而也坦白对和顺说："钦城如以战争方式攻占，徒惊百姓，等到晚间，你们开进城好了！"

按说这时，人漳对于革命意志，还是没有十分动摇，无如王和顺这人是个行伍出身的人物，没有军事学识，又自己托大，不十分相信对方，于是把人漳诸人，招待着用茶点，自己和刘辉庭、李耀堂、梁少廷等人私下商量。

刘辉庭怀疑人漳的话不可信，万一上了他的当，岂不是全归于尽？因和梁少廷共商一计，把人漳留下，并将他带来的卫队服装换下，给自己部众穿上，打着郭的旗帜，疾趋钦州东门，先把它占领了再说，然后由大队送着郭、黄等随后掩至。和顺对人漳有所疑是实，但连黄兴也如此看待，便有些不敢，因此踌躇至再，未即决定。

但人漳见他们一个个都避不见面，耗了一个多钟头，还是见不到人，心里也起了疑；再听说他们在防城赚城杀官，更发起毛来，当下便叫人请了和顺出来，匆匆辞了要走，和顺也不及相留，纵了他们归去。

二十九日早，天才拂晓，王和顺正准备进攻钦城，郭人漳已派了郭时安来到涌口，对和顺通知说：钦廉道王瑚，及驻在钦城的宋安枢部队，已有戒备，他自己这一标无法发动，劝王等不要来。和顺听了十分败兴，派人刺探，果不其然？只见城垣上下，清军荷枪实弹，如临大敌，这四五百杆枪，真不够应付，遂不得已改道趋向灵山。

这时的郭人漳怎样呢？变了！

他一认为王和顺等四五百人，势单力薄，不足成事；二则看这班粗人不起，又信他们不过，防城宋知县又是他的同乡，不免对王的行事不满，所以临时转了心机。

这人素性深沉阴鸷，不如赵声的坦率。他回城考虑之后，便生一计：先通知了王瑚戒备，又通知王和顺莫来；等到这送信的郭时安回来时，不惜翻下脸来，指为"通敌"，把他杀了灭口。又想到王和顺一定还会向赵声方面设法联络，赵声如贸然参加，凭这些人，绝对敌不过清军的，一旦失败，牵累还是不免，赵声是他引荐的，也得釜底抽薪。通盘想罢，便密递个报告说赵声部下靠不住，一面又通个消息给赵声，说督宪已有所疑，密谋似已泄露。

在人漳本人来说，通气王瑚，阻止了王和顺；报告给张督，也暗示了赵声；这样，本人地位既不受株连，对赵也顾全了友谊，公私总算两全，但这种脚踏两船的老谋深算，岂能为人所谅？

王和顺队伍趋灵山前进，至砧板坪，便和宋安枢所部哨兵相遇，便将哨兵俘获。随即商议进攻方向，认为灵城五里的六凤山炮台，和通往灵城的云秀桥，均为必争之地，因令陈发初带五十人驰往占领，并下令造云梯五架，准备攻城。但陈发初竟违令失机，迟了一步，炮台倒给清军占了。

八月初一，王和顺的队伍到达云秀桥，炮台上和县城里的清军，以枪炮密集扫射。和顺奋勇攻城，临时凑足了云梯三架，又坏了两架，仅由一架攀上三十余人。战至初二早，城攻不下，只好退至木头、担塘宿营。正在埋锅造饭，有人来报："城中党人在城里响应。"和顺急拔队反攻。将近城时，只见城门开处，清军宋安枢部由城攻出，知为中计，且战且退，向廉州所属的伯通、花会厂、五王山等处退却。

当王和顺退往廉属之际，宋安枢向赵声知会，请派兵协剿。赵声时驻五利，不得不派遣部队出动，但又怕和王和顺遭遇，因故意迂道而行。在行军中，忽接到督署檄调回广州，同时又得郭人漳函，由一个叫作王德润的差弁送到，通知他密谋已泄。所以王和顺部到狮子山时，只和宋安枢的李福华、黄秀如两营交战，激战了一昼夜，不眠无食，死伤很多，终于败退。王和顺带了二十余人退入安南，余众撤回三那后，即行解散；仅梁建葵带了精锐两三百人，从胡毅生转入十万大山去了。

在这之初，胡汉民早认为："王和顺这个人不中用，郭人漳尤其靠不住，嘱黄兴应小心留意才好。"

黄兴不以为意，及见人漳枪杀郭时安等行径，由革命而反革命了。黄也极机警，不动声色地，由郭人漳的公事筐中，取来空白印纸，誊成护照，不辞而别，径返安南。等到郭人漳发觉黄走了，派人追赶已来不及，函电邀请仍旧回来，黄鄙人漳行为，置他不理，两人交谊从此完结。

…………

某日，知府柴维桐设宴为赵饯行，并邀人漳作陪。人漳还是谈笑自若，赵饮了几杯，愤由心生，当面对郭痛斥，宣布绝交，人漳心怀暗鬼，只好唾面自干。经黄、赵对他的痛绝，人漳自此便和革命阵营不生关系了。

是年，明智的周馥"自请开缺"，回籍养病。7月，张人骏实授两广总督兼南洋大臣。

是年大事

1月13日　张之洞捕拿刘静庵等人，武昌日知会遭清廷破坏。

1月14日　《中国女报》在上海创办。秋瑾、陈伯平任主编兼发行人。该报称"本报之设以开通风气，提倡女学，联感情，结团体，并为他日创设中国妇人协会之基础为宗旨"，呼吁妇女走向社会。

1月14日　俄罗斯帝国（今属俄罗斯、哈萨克斯坦、乌兹别克斯坦、塔吉克斯坦、吉尔吉斯斯坦的部分）和中国的新疆、青海、甘肃、内蒙古、黑龙江（今属内蒙古呼伦贝尔市和黑龙江大兴安岭地区）部分地区出现日全食。

1月21日　美国在哈尔滨设领事馆，雷德·费希尔任领事。

1月22日　哈尔滨铁路总工厂中俄工人为纪念1905年"流血的星期日"举行罢工。

2月13日　康有为改保皇会为国民宪政会。

2月28日　河南修武绅民抵制福公司开办铁矿。

2月　台湾所属澎湖岛由于虫害、疟疾、酸雨等灾害发生饥荒。

2月　《小说林》杂志在上海创刊。《小说林》为月刊，以刊登翻译作品为主，亦有创作小说、戏曲、杂剧等，也常发表一些关于小说理论的文章。主编是黄人（摩西），主要编辑和撰稿人有徐念慈等。该刊发表的比较知名的作品有曾朴所著《孽海花》第二十一至二十五回，吴梅为纪念秋瑾牺牲而创作的《轩亭秋》杂剧。

2月　《神州日报》创刊。

3 月 7 日　中英订立《广九铁路借款合同》，款额 150 万英镑。

3 月 7 日　浙江余杭贫民捣毁米店。

3 月初　东南数省灾情严重，连续出现抢米风潮。

3 月 8 日　《女子小学堂章程》和《女子师范学堂章程》公布，女子教育由此取得合法权。

4 月　江南第一次学界联合运动会在南京举行。

4 月　日本在华设立南满铁道株式会社，还在各地设立事务所，广泛搜集中国军事、政治、经济情报。

4 月 20 日　清廷整顿东三省，并设奉天、吉林、黑龙江三省巡抚。

4 月　《神州日报》在上海创刊。主办者是同盟会会员于右任，主要编辑和撰稿人有杨毓麟、王天生、汪允宗、叶仲裕、金淮、汪彭年、邵力子等。《神州日报》并不公开标榜自己是革命派言论机关，但其革命倾向十分明显。在该报的新闻报道中，常详细报道各地武装起义的情况，给反清斗争以舆论上的支持。该报对清廷统治下的黑暗社会，进行了有力地揭露鞭挞。该报还对世界资本主义列强对中国的侵略吞食行径进行了报道，号召国民团结起来，与列强抗争。

5 月 18 日　法国在哈办领事馆。

5 月 22 日　黄冈起义爆发。

5 月 25 日　孙中山定于本日于黄冈起义，以失败告终。

6 月 2 日　惠州七女湖起义。

6 月 13 日　日俄订立满洲铁路专约。

6 月 15 日　美国照会中国驻美公使馆，拟将庚子赔款中的 1078 万美元还给中国，用于发展文教事业。

6 月 29 日　京奉铁路全线通车。

6 月　《新世纪》在巴黎创刊。该刊为周刊，编辑主笔有李煜瀛、吴稚晖、褚民谊等人。该刊以反对一切政府，"倾覆一切强权"为宗旨。各国无政府主义思想家的活动和政治主张，是其宣传的首要内容，该刊刊载了许多有关施蒂纳、蒲鲁东、巴枯宁、克鲁泡特金等生平及思想的文字。对民粹主义和暗杀活动的鼓动，也是该刊宣传的主要内容。

7 月 6 日　徐锡麟召集巡警学堂学生训话之时，从容拔枪击杀安徽巡抚恩铭。

7 月 8 日　清廷与俄使就《北满州税关章程》达成协议。

7 月 15 日　光复会的起义失败后，秋瑾被清廷杀害。

7 月 16 日　俄克拉何马州贝坎县成立。

7 月 30 日　《日俄协定》和《日俄密约》在彼得堡签订，两国互相勾结，重新划分在中国的势力范围，第一次提出所谓"南满""北满"的称呼。

8 月 2 日　清廷奖励振兴实业。

8 月 2 日　湖北按察使梁鼎芬上奏，请清廷明确下诏化除满汉界限。

8 月 19 日　日本宪兵及韩国警察越境侵入吉林延吉间岛。

8 月 22 日　中德订立山东华德采矿公司勘辨山东五处矿务章程。

8 月 23 日　浙江境内的第一条铁路——江墅铁路竣工通车，起自杭州江干闸口，终于拱宸桥新埠

8 月 31 日　张继、刘师培发起成立"社会主义讲习会"，实为无政府主义。

8 月　由各地的哥老会、孝义会、三合会、三点会首领及部分同盟会会员在东京成立共进会。

8 月　《中兴日报》在新加坡创办。主笔是何子耀、王斧。1908 年春，大批原来在安南一带进行武装起义准备工作的同盟会会员，纷纷参加了《中兴日报》的编辑出版工作，胡汉民、汪精卫、田桐、居正先后担任该报主笔。孙中山在该报先后发表《论惧革命召瓜分者不识时务者也》《平实尚不肯认错》等重要文章，是东南亚一带革命派与保皇派论战的主要言论阵地。

9 月 13 日　外务部再催日署使撤退延吉日兵，并提议勘界。

9 月 13 日　留日学生总会电军机处外务部：日、俄、法协约成立，将有瓜分之祸，日本强争间岛，实其先导，请万勿让步。

9 月 18 日　黑龙江巡抚程德全奏请创设国会。

9 月 18 日　日轮"大福丸"号于镇江沉没，死 300 余人。

9 月　同盟会发动防城起义，起义失败。

秋，湖南绅士熊范舆首先上书请开国会。随后，雷光宇以全湘士民名义上书，预备立宪公会成员翰林院侍讲学士朱福诜专折上奏，皆力陈开国会之必要。一时间，国会成社会热门话题。立宪派多主张于两三年内即开国会。

10 月 1 日　上海德文医学堂（同济大学前身）举行开学典礼。

10 月 17 日　梁启超在日本东京召开政闻社成立大会，并宣称："今日之中国，只可行君主立宪。"

10 月 24 日　在天津第五届校际运动会颁奖仪式上，南开大学张伯苓提出成立奥林匹克运动代表队。

10 月　宪政讲习会会长熊范舆和沈钧儒等上书朝廷，请速开国会。

11 月 2 日　清廷批准罗马万国农业会合同。

11 月 3 日　山西绅民在太原召开群众大会，抵制英国福公司开矿，力争矿权。

11 月 14 日　台湾北埔发生抗日之事。

11 月 14 日　四川同盟会原定在慈禧寿辰之时举行起义，但因事情有变而告流产。

11 月　以四川留日学生创刊《四川》杂志。同盟会会员吴玉章被推为编辑发行人。该刊主笔雷铁崖以《敬告全蜀》一文，陈述列强窥伺下的四川危急形势，向四川民众发出革命图存的呼喊。光绪三十四年（1908）秋，日本当局在清朝撺掇下对该刊进行迫害，被封停版。

12 月 2 日　镇南关起义爆发。

12 月 6 日　清末立宪运动兴起。

12 月 8 日　清廷设交通银行，官商合办，股本银 500 万两。

12 月 12 日　徐世昌咨呈外务部，接展关外新法铁路系我内政，外人不得干预。

12 月　陈志群几经活动创办《神州女报》。为了纪念秋瑾，《神州女报》在创刊号上刊登了《神州女界新伟人秋瑾传》，还重新发表了秋瑾所撰《演说的好处》《创办中国女报之草章及意旨广告》《致湖南第一女学堂书》《勉女权歌》等文章。因《神州女报》带有强烈的民主革命色彩，仅出两期即被停刊。

是年，谭嗣同完成《仁学》一书。《仁学》是谭嗣同在哲学思想上的代表作，反映了他在由旧学转变为新学过程中新旧思想之复杂和矛盾的交织。谭嗣同用"日新"说以论证社会法制不是僵化不变的，而是随着时代的变化而不断变化发展。他明确提出"汉唐无今日之道，今日无他年之道"，为变法维新运动提供理论根据。

1908 年（光绪三十四年，戊申猴年）　27 岁

郭人漳自从被赵声斥责后，便常在粤督张人骏①面前进谗言。

张人骏非常器重赵声，他对郭人漳的告发将信将疑。赵声回广州后，仅被卸军职。1908 年春，赵声被"调离部队，改任陆军小学堂监督［校长］"②。黄埔陆军小学堂于光绪三十一年（1905）在长洲岛成立，后来的黄埔军校就是在这所学校的旧址上办起来的。

赵声运动新军、改造新军的首要任务是培养革命人才。转到陆军小学堂后，他利用这一场所开展革命军事人才的培养教育工作。学员们对这个当过新军标统，声音洪亮，生得魁伟，长面竖眉，眉宇间有一股威严之气的监督十分崇敬与倾倒。赵声不失时机，向师生宣传与灌输革命思想。

赵声联系革命党人胡毅生、姜证禅、朱执信③、姚雨平④等人到军校任教。

① 张人骏（1846—1927），原字健庵，后取"人中骏马，驰骋千里"之意，将字改为千里，号安圃，晚号湛存居士，直隶丰润县（今河北丰润）大齐坨村人。清末政治家，在中国近代史上具有影响力。19 岁考中同治甲子科举人，23 岁考中同治戊辰科进士。历官同治、光绪、宣统三朝。先任广西桂平梧盐法道，后任广西布政使、广东布政使、山东布政使，再由山东布政使升为各省疆吏，历任漕运总督、山东巡抚、山西巡抚、广东巡抚，由广东巡抚升任两广总督，再移两江总督，直至辛亥革命弃职。

② 江慰庐：《赵声事迹系年》，载周新国、弓楷、刘婷婷编著《赵声研究综览》，江苏人民出版社，2021，第 148 页。

③ 朱执信（1885—1920），名大符，汉族，广东番禺（今广东广州）人。1902 年，入教会学堂，组织群智社，购阅《民约论》等新学书刊。1904 年夏，考入京师大学堂预科班，并以学业之优考取公费留日，在东京主攻经济学，结识了孙中山、廖仲恺等革命党人。1905 年 8 月，中国同盟会在日本东京成立，加入同盟会，被选为评议部议员兼书记，开始革命生涯，成为孙中山先生的亲密战友和得力助手。同盟会早期活动家之一，先后担任过《民报》《建设》等刊物的编辑，积极从事资产阶级革命理论的宣传工作。

④ 姚雨平（1882—1974），原名士云，字宇龙，号立人，法名妙云，广东平远县超竹乡丰光村人。生于一个小康家庭，对清廷痛恨不已，满怀报国之志。1905 年春，赴汕头攻读新学，以第一名的成绩考进岭东同文学堂，开始接触西方民主政治知识，思想日趋成熟，逐渐意识到要推翻清朝统治，必须建立国民武装。同年秋投笔从戎，考入广州黄埔两广陆军中学（次年改为陆军速成学堂）。在校期间，他积极开展宣传，进行秘密策反工作，后被学堂以"学术无进步"为由革退。1907 年春，孙中山领导的同盟会派人到广州发展组织，姚雨平化名姚汉强，由谢良牧、张谷山等介绍加入同盟会。

赵声作为同盟会的"广州黄埔陆军小学""代理主盟人"①，在校大力发展同盟会会员。赵声"与党人教员胡毅生、姜证禅等同志，大力于学生、青年军人中发展同盟会员。被输送入充新军骨干者有邓演仁、邓演达、陈铭枢、蒋光鼐等。'一时网罗称盛'"②。

"戊申仲夏，声亲书'铁血'二字［给］黄埔陆军诸生。"③ 赵声主持黄埔陆军小学堂期间，他"阳示觖望，阴则造就革命基本人才，一时网罗称盛。如冯轶裴、陈铭枢、蒋光鼐、［邓］演存、邓演达、张竞生、周址、邓刚、吴文献、方书彪等，尤爱重陈，盖已继籍同盟矣"④。黄埔陆军小学堂受过赵声培养并介绍加入同盟会的学生，毕业后很快成为新军的革命骨干力量。

学堂教习、革命志士"苏鹏⑤同赵声在相聚期间，肝胆相投，谊成莫逆。当苏鹏离开广州时，陆小同事置酒饯行。而赵声在广东的革命活动也正处于艰难境地，他痛惜战友离去，瞻念斗争形势，慷慨悲歌，不禁痛哭失声道：'凤初，只有你了解我！'他在激动中，猛踢一脚，把木壁踢开一个大洞。赵声写了《满江红》一首，赠给苏鹏，可惜已只残留下半阕如下：'好男子，为人役；好身首，何须恤！看锋刃不伤，血花狼藉。对此聊堪图大嚼，伤心快意都无迹。独何来，触耳动离愁，吹箫客。'他们两人的深厚战友情谊，使苏鹏同样感到万分激动，毕生难忘。苏鹏晚年，缅怀起当年和赵声相聚以及别离时的情景，每每唏嘘不能自已。他还依稀忆起赵声的另一首长诗，可惜也只留下了如下的片段：'我欲穷师极北鞭骆驼，一军直抵莫斯科。又欲驱策下濑与伏波，片帆横渡苏士河。无如坛坫不称意，十

① 冯自由：《冯自由回忆录》上，东方出版社，2011，第474页。
② 江慰庐：《赵声事迹系年》，载周新国、弓楷、刘婷婷编著《赵声研究综览》，江苏人民出版社，2021，第148页。
③ 束世澂：《赵声传（注一）》，载周新国、弓楷、刘婷婷编著《赵声研究综览》，江苏人民出版社，2021，第61页。
④ 柳弃疾：《丹徒赵君传（附跋）》，载周新国、弓楷、刘婷婷编著《赵声研究综览》，江苏人民出版社，2021，第42页。
⑤ 苏鹏（1880—1953），名先矞，字凤初，自号柳溪遁叟，湖南新化毛易铺（今湖南冷水江市毛易铺村）人，中国近代民主革命家，辛亥革命先驱。1902年赴日本弘文学院留学，参与组织拒俄义勇队和军国民教育会，从事反清革命活动。1904年与杨毓麟等人赴北京暗杀慈禧太后未果。1906年初，受湖南学界委托赴日本迎接陈天华灵柩回湘并组织公葬。中华民国成立后，任湖南省铜元局局长，秘密资助蔡锷的护国军；1921年当选为湖南省议员并任副议长，与程潜、唐生智等支持孙中山北伐。

年依旧山之阿。文章本为进身阶，不进不如从荷戈。'"①

黄埔陆军小学堂的陈铭枢②回忆赵声③道：

在秘密机关里，姚雨平告诉我，我校将到任的新监督赵声，也是同盟会员，并说已向他介绍过我了。

赵声字百先，江苏镇江人，是由南京新军三十二标标统任内调来广东的。赵到校第三天，我就单独前往晋见，他毫不掩饰地用同盟会的"握手暗号"同我相见。我童年时随父读书（父为前清廪生），旧的东西给我不少影响。记得我同赵对晤时，曾涉及宋明理学家的言论，他听了立即正颜厉色地说："中国的礼教，经过朱熹更是变本加厉，已成了吃人的东西。我们投身革命的人，对之应该深恶痛绝，万不能再受其毒害。"这好像是当头一棒，使我历久难忘。

赵生得身材魁伟，不类南人，长面竖眉，声音宏亮，眉宇间有一股威严之像，故大家称他为"活关公"。其时校内有一个学长（即排长）林震，亦同盟会员，因他的相貌生得与赵相仿，由于大家推重赵的缘故，故对林也推重起来。赵不仅使全校师生倾倒，也受到新军的普遍崇拜。当时广州军人在各种集会时，都异口同声地夸谈赵声，开口"赵百先"，闭口"赵百先"，甚至有人说成"我们的赵百先"。这种现象普遍流行于新军界，而以在燕塘新军的军官罗炽扬为最。彼时交相传述赵的轶事甚多。如说赵在南京任标统时，某日独游明孝陵，途中邂逅一人，见赵气概不凡，即趋前攀谈，问："先生贵姓？"赵即以手指天答："天。"其人再问："大名？"赵复以手指地答："子。"言毕即掉头不顾而去。这本是一种传说，但是大家因为推重赵的缘故，津津乐道。赵在校中，对第一期学生甚感失望，他在公开训话时说："第一期学生暮气沉沉，还不如第二期学生之有朝气。"他这番话对我们同期同学有极大的鼓舞。学校的总办（即校长）韦汝聪，在性

---

① 《大同人物志（二十三）：苏鹏事略》，https：//mp. weixin. qq. com/s/34vCLoHqy4YUQWxbiRHn1A，访问日期：2022 年 12 月 24 日。

② 陈铭枢（1889—1965），字真如，广东合浦人，汉族客家人。一度担任代理国民政府行政院代院长、国民政府行政院副院长、国民政府交通部长、国民革命军第十一军军长、国民革命军总政治部主任、国民党中央执行委员、广东省政府主席、京沪卫戍总司令官、兼代理淞沪警备司令、国民革命军右翼集团军总司令，一手创办十九军，任十九路军司令。

③ 陈铭枢：《陈铭枢回忆赵声》，载周新国、弓楷、刘婷婷编著《赵声研究综览》，江苏人民出版社，2021，第 171–172 页。

格、作风和思想各方面，都与赵形成鲜明的对照。韦重外表，讲排场，性格猥琐而庸碌，而赵重实际，性情豪放，敢作敢为；至于政治思想，更如冰炭之不相容。因此同学们都爱戴赵而厌恶韦。某次校务会议，赵对韦竟戟指斥骂，使韦下不了台，结果闹到新军督办公署，赵由此辞职，后调任燕塘新军第二标标统。

赵声游广西三海岩①，写下记游诗词：

戊申春日三海岩记游

遥望岩岩一片石，下有洞门深不测。

入门一笑坦而平，四壁突兀琳琅生。

洸如广厦居沈沈，拾堦跬步天空明。

此间闻有蛟龙真，飞入云霄寻不得。

广东扩建新军，因赵声"韬光既久，大吏〔张人骏〕疑亦渐释，爱其才勇，复命统带第一标新军"②。赵声抓住时机大量安插革命党人，广泛联络各部，积极运动新军。

根据清廷要求，广东新军要进行扩建。朝廷陆军部下发文件，要求五年内一定要编成两镇新军。张人骏一边调整两广督练公所，一边在惠、高、韶三地招募，在光绪三十四年（1908）春恢复步队六营，并上奏陆军部"至如陆军部咨期以五年练成两镇，则断非广东财力所及"③，要求先恢复混成一标，再慢慢扩编。光绪三十四年（1908）五月，陆军部答复"以粤省向称饶富，仅练二镇新军，实系极从少数，区区饷额谅亦不难设筹"，又下令"年内外编足一镇新军，所余一镇即接续招征编练，万不可再涉迟延，致防备久形空虚"④。这次，广东为保证成镇，改变了以往的征兵方式，采

---

①　三海岩坐落于广西壮族自治区灵山县中学校园内，与六峰山有百米之隔，前后贯通，分为三部分：东"月岩"，中"龟岩"，西"钱岩"，取"沧海三变"之意，故名。洞内存有北宋至民国年间的石刻 140 余幅，大部分保存完好。自治区政府于 1994 年公布摩崖石刻为文物保护单位。《戊申春日三海岩记游》是赵声唯一存世的自作诗手迹。

②　王立：《革命伟人赵声》，社科院历史研究所三所藏，1913，第 17 页。

③　徐彻、董守义主编《清代全史》第 9 卷，方志出版社，2007，第 235 页。

④　林忠佳、张添喜等编《〈申报〉广东资料选辑（1907.7—1910.3）》，广东省档案馆《申报》广东资料选辑编辑组，1995，第 108 页。

取"五路征兵，各有名额"的办法。此外，增建营房，改订新军奖赏抚恤章程，以激励民众参军，又通过陆军部调取了编练新军的各种章程表册作为参考。为了在年内由协（旅）成镇（师），广东新军扩建步兵三协，炮兵二营，辎重兵、工程兵各一营，以及巡防军七营。赵伯先趁机安插自己同志到各部队担任职务，从而构成以同盟会会员为核心的一支革命基本力量，同盟会在广州军队中的活动逐渐开展。

赵声广泛联系各种力量，充实新军的革命成分，加速新军的革命化改造。陈铭枢回忆说："赵离开陆小后，我与他仍有联系。我在白云山能仁寺养眼病时，介绍一个因闹学潮被开除的同学王鸾（同盟会员）同他见面，并请给王找出路。某日赵独游能仁寺（寺与燕塘军营毗邻，越一山冈就到了），适遇着我，乃共同漫步。时寺中有一和尚，俗名陆龙杰，为陆小第一期未毕业同学，因反抗家庭包办婚姻，愤而弃学出家。其时他正在廊下临摹颜鲁公法帖。赵见其书法尚佳，就坐下同他攀谈，得知其身世，立即成诗一首，写成条幅送他，诗为：'愿力未宏因学佛，英雄失路半为僧。月明沧海归来日，万里蛮山一点灯。'接着，赵又榜书'宏毅'二字的横批送我。以后我每一怀念百先先生时，辄把这首诗和他在廉州海角亭（我的家乡）所赋'八百健儿齐踊跃，自惭不是岳家军'之句，还有他送皖北友人（即吴樾）北上那首诗，一起练习来诵读，那首诗是：'淮南自古多英杰，山水而今尚有灵。相见尘襟一潇洒，晚风吹雨太行青。'"[①]

就在赵声运动广东新军打开局面并迅速取得进展时，他在三十三标培养安插的革命党人按照预期，在安徽发展壮大。顾忠琛任安徽新军混成旅协统。冷御秋在南京被端方撤职后投奔顾氏，先任督练公所教练处提调，继任六十标第三营管带，并与岳王会取得联系。骑兵营管带倪映典、骑兵营后队队官熊成基等及许多岳王会骨干，都是冷御秋在南京第九镇时的同事，军需官冷晓山是他的三哥。江苏安徽新军的革命力量逐渐形成气候。

是年，清廷陆军部拟定在11月（农历十月）举行安徽太湖秋操，计划光绪皇帝前来阅兵，鼓舞士气。参加会操的主力是南方的两支新军部队，一支是江苏第九镇，另一支则是湖北第八镇。除此之外，北洋新军也派部分部队观操。作为演习所在地的东道主，安徽新军也派出少量部队前往太

---

① 陈铭枢：《陈铭枢回忆赵声》，载周新国、弓楷、刘婷婷编著《赵声研究综览》，江苏人民出版社，2021，第 172 页。

湖县合操。安徽革命党人决定利用这次秋操机会发动起义。

冷御秋被岳王会公推为太湖秋操起义"总指挥，因机密泄露而被捕入狱江宁，多次审讯，虽昏厥三次未供一词，后经保释，回乡完婚"①。冷御秋被捕后，熊成基②酝酿一场大规模的新军起义。熊成基原计划借"太湖秋操"之机，发动新军中的岳王会骨干，制定起义计划，将军事演习转化为推翻清政权的革命起义。

参加秋操的八镇、九镇都有步、骑、炮、工、辎及卫生、汽球、电讯等队伍，在当时的陆军中堪称完备。"秋操在太湖县附近方圆几十里的丘陵地带进退拉锯，已'战'了三天，每天'战'况都十分激烈，且愈'战'愈猛，整个战场上杀声震天，硝烟弥漫，两军对垒，各显神通，变幻无穷。至夜晚则自守休整筹划。"③ "总司令冯国璋及阅兵大臣端方、荫昌等来县驻行辕，外国军事要人住迎宾馆。"④ 秋操进行顺利，各国来宾都大加称赞，诸位官员也很满意，传令嘉奖各部。

自戊戌变法失败，丧失权力与自由的光绪皇帝因长期郁郁寡欢，且一直患有"痨瘵痼症"，病情日趋恶化。11 月上旬，御医已下"恐将猝脱"的诊断，慈禧太后遂于福昌殿召见军机大臣张之洞、世续、醇亲王载沣商议立嗣。慈禧太后欲立溥仪继嗣，其生父载沣为监国摄政王。张、世怕再次出现垂帘听政的局面，主张立载沣。慈禧太后以为同治、光绪已是兄弟相继，再立载沣，三代均兄弟传承，史无前例，定立溥仪。11 月 13 日（十月二十日），正式谕诏载沣为监国摄政王，其子溥仪入宫读书。11 月 14 日（十月二十一日），光绪皇帝死于瀛台涵元殿。

10 日至 11 日间，慈禧太后亦有咳嗽、肋痛、口渴、舌干及肢体软倦无力等症状。光绪皇帝病逝之后，慈禧太后开始不思饮食。15 日午时，太后方饭，忽然晕去，为时甚久。醒后，太后自知末日将至，遂急召大臣重新

---

① 殷德庆：《冷御秋生平简介》，载江苏省政协文史资料委员会、镇江市政协文史资料委员会编《辛亥镇江将军录》下，1997，第 426 页。

② 熊成基（1887—1910），扬州甘泉县人。少有大志，性侠烈，入安徽武备练军学堂，与柏文蔚等同学，在三十三标受赵声培养，按赵声规划加入安徽新军，任混成旅炮营队官。徐锡麟刺杀恩铭殉难后，熊成基不胜悲愤，欲为徐复仇。

③ 华士龙：《从太湖秋操到与中山先生的几次会面》，载全国政协文史资料委员会编《从辛亥革命到北伐战争》，安徽人民出版社，2000，第 84 页。

④ 太湖县地方志编纂委员会编《太湖县志》，黄山书社，1995，第 549 页。

发布懿旨，赋予摄政王载沣有裁定政事之权。末刻，慈禧太后死于中海仪鸾殿。

11 月 15 日，突然传来急电：皇上、皇太后驾崩了。两镇军队只得停止操演，举行哀礼。举哀仪式是步兵列队，倒握枪支（将枪口对着地面），乐队吹奏哀乐，许多官员戴孝大哭。挂满太湖县城的红灯笼，也都换成了白灯笼。其时，官兵们窃窃议论，都为光绪和慈禧同时死去感到奇怪。

安徽巡抚朱家宝为防范革命行动，不让思想活跃的将兵参加秋操。朱家宝陪同观操大臣前往太湖县，还带走了不少原驻省垣安庆的巡防营部队。这样一来，省垣安庆的防卫就十分空虚，加上慈禧太后死去，人心浮动，这是新军革命党发动起义的大好时机。

11 月 18 日，载沣等定建元年号为宣统。

19 日下午，熊成基、范传甲、张劲夫、石德宽、薛哲等各营革命者十余人在"叶氏试馆"召开紧急会议。议定当晚举行起义。"安庆革命军总司令"熊成基发布作战密令 13 条。晚 9 时许，驻在玉虹门的马营和东门外的炮营共千余名新军为主力，以烽火为号发起武装起义。首先攻占了菱湖嘴弹药库，然后集中力量攻打安庆城北门。但是，原约定好接应的城内步营队官薛哲未及时出现。不巧的是，安徽巡抚朱家宝在起义的当天赶回了安庆，闭城固守。恐慌的清廷令王士珍出兵堵截、追击。起义军得不到内应，又缺乏武器，在无法破城取胜且腹背受敌的情况下，被迫向集贤关退却，后取道桐城，撤至合肥，伤亡惨重。这就是有名的"安庆马炮营起义"，又称"熊成基安庆起义"。

熊成基安庆起义是赵声运动新军发动武装革命路线的第一次实践。这次起义震撼了清廷，闻名全国，传播了新军的革命思想，为辛亥革命点燃了火种，具有不可磨灭的贡献。

安庆起义失败后，倪映典（倪炳章）逃到广东，在赵声的力荐下任炮队排长，成为赵声在军中的得力助手。"初熊烈士成基举义于皖不成。同志倪君炳章，方君楚翘亦被密缉。闻烈士〔赵声〕在粤典兵，〔倪炳章〕乃千里来谒。至则烈士〔赵声〕已解军职，惟时粤军新编未久，将校人才缺乏，尤以炮队为甚。故烈士〔赵声〕得荐倪君为炮营排长，易名映典，以避缉捕。炮队为武劢军改编，多皖北河南健儿，故倪君能部勒之，且有胡毅生、朱执信、姚雨平、何克夫诸同志为助。一时各营下级官长多数加入中国革命同盟会，而待机为党国效命。此己酉年秋冬间事也。"①

"倪至粤，乃由赵声介绍与胡毅生、朱执信等结合，时相往来，积极进行，俟时而动。日与维扬等向军中宣传革命主义，闻者皆感动，争相附名党籍，新军之革命思想，遂益蓬勃。"②

12 月 2 日，溥仪举行登基大典。先由载沣抱着在中和殿接受侍卫大臣们叩拜，继而由载沣扶着坐在太和殿龙椅上接受文武百官朝贺，定三十五年为宣统元年。

12 月，赵声、朱执信、倪映典、邹鲁③等人在朱执信寓所秘密会商，决议通过谭馥④等人的关系，以广州巡防营官兵为主力，以赵声的新军、朱执信的绿林为策应，发动武装起义。

邹鲁说："清帝载湉和太后那拉相继而死，清廷失去了维系社会的重心，人心浮动，确是难得的机会。但该时事出仓卒，同志多不在省，我就和赵声（伯先）、朱执信、姚碧楼诸先生等，集于豪贤街朱先生家，密商起义计划。当时作为起义可能的力量有三：新军、防营和民军。商议结果，新军因赵声先生以革命党嫌疑去职，不能即刻指挥发动；民军散处四乡，集合不易，且实力不足，不能做起义的中心；只有防营的几营人，正驻在城内观音山及附近，发动较便。于是决议推我领导防营，首先发难，并推姚碧楼先生协助我。这个防营就是我平时和谭馥同志往来联络的。预计发难后由朱执信先生集合民军，赵声先生策动新军响应。遂设立总机关于清源巷，由我主持；另设分机关八处：（一）花塔街六榕寺；（二）光塔街清真寺；（三）西瓜园十四号；（四）城内兴隆坊六号；（五）马鞍街姚家祠；

---

①　佚名：《赵烈士事略》，载周新国、弓楷、刘婷婷编著《赵声研究综览》，江苏人民出版社，2021，第 96 页。

②　徐维扬：《庚戌广东新军举义记》，载丘权政、杜春和选编《辛亥革命史料选辑》上，湖南人民出版社，1981，第 307 页。

③　邹鲁（1885—1954），原名邹澄生，广东大埔人，政治家、教育家和著名学者，国民党元老。中山大学（前身为广东大学）的创办者，也是中山大学第一任校长。早年就读于广东法政学堂，后留学日本。1905 年转入中国同盟会，策划发动了广州起义、汕头新军起义及广州新军起义等。

④　谭馥（1881—1909），又名绍基，字文炳，湖南湘乡县人。早年加入哥老会。1906 年，参加萍浏醴起义，失败后入广州巡防营，在营中暗组"保亚会"。后经葛谦介绍加入同盟会。1907 年，参与黄兴组织的钦廉防城起义活动。1908 年冬，光绪帝和慈禧太后相继死去，他与赵声等拟乘机起义，提议以保亚会为基础，发放保亚票，进行联络发动。

（六）师古巷古家祠；（七）府学东街廖家祠；（八）观音山观音庙。"①

"于是决议以邹鲁、姚碧楼主持巡防营发难，赵声、倪映典、维扬以新军应，朱执信以绿林应，维扬且回乡号召民众以为声援。"②

谭馥在巡防营内组织了保亚会，得知赵声等人决议以巡防营为主力后，备受鼓舞，并与邹鲁见面磋商起义日期、联络方式等问题。谭馥认为，起义越快越好，而联络则采用在新军里散发一种名为"保亚票"的凭证的方法。"保亚票"是一张字条，四角印有山堂香水和内外口号诗句，领了它就等于入了会。利用这种方法迅速将会众集结起来。发放保亚票的方法仿照了哥老会的规程，并且规定，有 50 张散票者，作为排长；有 150 张散票者，作为队官；有 500 张散票者，作为管带。以此扩大保亚票的发放范围，壮大革命的声势。于是，军营中特别是原有哥老会会籍的士兵纷纷领取，也有大批士兵把领取保亚票当成一种荣耀。

就在万事俱备之时，负责联络水师提督亲军营的严国丰不慎于 12 月7 日在水师提督行署遗失了一张保亚票，恰巧被巡捕捡到。当晚，清廷便将严国丰捉拿，并搜出他的日记本。葛谦、谭馥等大批革命党人暴露在了清吏的枪口之下。清吏随即又到大同旅馆将葛谦逮捕，并当场搜获了保亚票底册、旗帜、来往信件等，至此起义全部暴露，于襁褓之中被扼杀。

被捕的葛谦、严国丰等人誓死严守革命秘密。后在湖南郴州被捕的谭馥同样视死如归，态度坚定，没有供出一个革命党人，最终英勇就义。尽管这次起义还未来得及发动，便被镇压了，但是随着保亚票的散播，革命思想被广泛宣传。葛谦、谭馥等人严守秘密，也使得广东的革命组织未受到进一步破坏。

是年大事

1 月 16 日　清廷颁布大清报律，发行报刊，均须事先呈报官府，出版前规定时限，交由巡警官署或地方官署检查。

1 月 20 日　山西商务局与福公司议定以 275 万两作赎款，将山西各属

---

① 邹鲁：《邹鲁回忆录》，东方出版社，2010，第 18 页。
② 徐维扬：《庚戌广东新军举义记》，载丘权政、杜春和选编《辛亥革命史料选辑》上，湖南人民出版社，1981，第 307 页。

矿权全部收回。

2 月 2 日　《新朔望》创刊。该刊为半月刊，宗旨为"改良社会，增进学识，代表舆论"。

2 月 2 日　清廷授醇亲王载沣为军机大臣。

2 月 11 日　美国发明家爱迪生获发明电影放映机专利权。

2 月 12 日　清廷命农工商部详细考察各国棉花种类，种植方法，奖励种植，提倡改良。

2 月　汉冶萍煤铁厂矿公司成立。它统辖汉阳铁厂，大冶铁矿和萍乡煤矿。

3 月 15 日　广州"二辰丸"事件激起广东国人抵制日货运动。

3 月　钦州马笃山起义。

4 月 1 日　沪宁铁路竣工通车。

4 月 5 日　中俄重订《黑龙江铁路公司伐木合同》。

4 月 5 日　广州妇女以"二辰丸"案举行国耻纪念会。

4 月 8 日　株萍铁路收归国有。

4 月 20 日　纵贯台湾铁路正式通车，全线 405 公里。

4 月 24 日　汉口大风成灾。

4 月 28 日　农工商部奏请筹办京师自来水公司。

4 月 30 日　河口起义。

4 月 30 日　由孙中山等人策划的，由黄兴发动的钦州、廉州、上思武装起义，因缺乏后援而失败。

5 月 22 日　徐世昌电京：日人在辽源设立机关，各处测绘，勾结蒙旗。

5 月 22 日　京张铁路居庸关八达岭山洞开通。

5 月 26 日　黄明堂等发动河口起义，历时一个月，最终失败。

5 月 28 日　人寿保险在上海创办 10 年，成绩不小。

5 月 25 日　美国国会正式通过了庚款办学提案，并决定从次年（1909）起，逐年拨款资助中国派留美学生。1906 年，曾在中国从事传教、经商达三十年的美国人史密斯，面谒美国总统罗斯福，力陈将庚子赔款的一部分退还中国，用来培植中国留学生，会获得极大的好处。次年（1907）史密斯写的《今日的中国与美国》一书出版，开宗明义第一章就是"美国在中国的机会与责任"，极力鼓吹吸引中国留学生到美国是"当务之急"，不可忽视。美国伊里诺大学校长詹姆士竭力赞助史密斯，詹姆士还对于日本、欧洲已有很多的中国留学生，表示十分焦急。他的结论是："为了扩张精神上的影响而花些钱，即便只从物质意义上说，也能够比用别的方法收获得更多，商业追随精神上支配，是比军旗更为可靠。"他们的建议得到美国一批议员的支持，他们共同提出一项议案，要求退还大部分庚子赔款，作为中国向美国派遣留学生的经费。

6月　全国掀起立宪请愿高潮。预备立宪公会副会长张謇以预备立宪公会名义，致函湖南宪政公会、湖北宪政筹备会、广东自治会及河南、直隶、山西、安徽、四川、贵州等省立宪派头面人物，商约齐集北京，恳请清廷速开国会。

6月底　预备立宪公会会长郑孝胥、副会长张謇、汤寿潜等又两次发出请开国会电，谓"今日时局，外忧内患，乘机并发，必有旋干转坤之举，使举国人心思耳目，皆受摄以归于一途，则忧患可以潜弥，富强可以徐图……决开国会，以两年为限"。从此揭开大规模速开国会请愿活动的序幕，各省绅、商、学界代表纷纷赴京，请速开国会。先是湖南代表到京，催问都察院何以不将雷光宇以全湘士民名义写的请愿书转递清朝廷。随后，河南、江苏、安徽请愿代表联翩而至，一封封请愿书投进都察院。

6月30日　俄罗斯西伯利亚的通古斯发生大爆炸，方圆2000平方公里的森林（约为五个纽约市大的面积）被夷为平地，变成焦土。

7月2日　中国与瑞典签订修好通商条约。

7月2日　外务部照会日使，重申延吉间岛确为中国领土。

7月4日　驻藏大臣赵尔丰奏，西藏通商章程有失主权，请酌议修改，并恳筹拨款，仍饬原议大臣留藏。

7月22日　清廷批准了宪政编查馆拟定的《各省咨议局章程及议员选举章程》，诏令"即着各省督抚迅速举办，实力奉行，自奉到章程之日起，限一年内一律办齐"。《各省咨议局章程及议员选举章程》规定："咨议局钦遵谕旨，为各省采取舆论之地，以指通省利病，筹计地方治安为宗旨。"咨议局通过的议案，需报该省督抚认可，才能生效。如被认为"一、所决事件有轻蔑朝廷情形者；二、有妨碍国家治安者；……'督抚有权'奏请解散"咨议局。章程颁布后，各省立宪派均忙于张罗咨议局议员选举活动，暂时把请开国会事搁置一边。

7月底　各省绅、商、学界代表、预备立宪公会成员纷纷到京请速开国会，外省部分封疆大吏也具奏附和。

8月7日　徐世昌奏请于奉天设立森林学堂、种树公所、渔业公司。

8月13日　清廷下令查禁积极鼓动开国会请愿的政愿社，严拿其成员，企图杀一儆百，但京师请愿人员更是络绎不绝。下旬，直隶、京师、八旗代表连日上书。吉林、山东代表接踵进京。在京已递请愿书的各省代表，又联合上书宪政编查馆。此后，山西、浙江代表也到北京，在京山西籍官员驱车乘轿往正阳门车站迎接本省代表，声势颇大，轰动京师。湖广总督陈夔龙、两江总督端方、清驻德公使孙宝琦等也先后上奏清廷，请开国会，或者速定开国会的期限，以免人心沸腾。

8月15日　清廷从学部奏，开办分科大学，计经学、法政、文学、医、格致、农、工、商8科，开办费200万两白银。

8月15日　汉口《江汉日报》被封。

8月27日　清廷被迫颁布《钦定宪法大纲》，核准宪政编查馆拟定的九年为期，逐年筹备宪政，期满召开国会的方案，以此平息一浪高过一浪的速开国会请愿。这个大纲的主旨，并不是赋予臣民参与政治活动的权力，而是以根本大法的形式，确立至高无上的君权。在大纲中明文规定"大清皇帝统治大清帝国，万世一系，永远尊戴"；"君上神圣尊严，不可侵犯"；皇帝总揽国家立法、行政、司法大权；统率陆海军；亲自裁决对外宣战、媾和、签订条约等外资事项，议院不得议决或参与；等等。实质是假借立宪之名，强迫国民继续忍受君主专制制度。

9月28日　达赖喇嘛抵北京。

9月　两江总督端方命设外语学校。

10月19日　日本政府借《民报》激扬暗杀为理由，下令禁止《民报》发行。

11月25日　清廷设立禁卫军。

12月2日　四川矿务总局成立。

1909 年（宣统元年，己酉鸡年） 28 岁

1 月 9 日，清廷颁布谕旨，罢袁世凯职，命其回籍养病。

庚子之役后，袁世凯屡获升迁，并通过训练新军、开办军事学堂，使京畿一带的六镇新军都控制在他的亲信手中。同时，袁世凯通过权臣奕劻，巴结慈禧太后，逐渐成为政治上炙手可热的人物。立宪运动声势日涨之时，袁世凯又附和立宪。清廷宣示改革官制之后，他看好内阁副总理的位置。袁世凯引起守旧派的不满，也深为满族王公贵族所嫉恨，溥伟、载沣、载泽、铁良、良弼、善耆等少壮贵胄更急于削弱袁世凯的权势，将国家政权集中在贵族手中。光绪皇帝、慈禧太后死后，少壮贵胄们便迫不及待地要将坐拥重兵的袁世凯除掉。载沣、载伟、载泽等本欲杀袁世凯，但奕劻、世续、张之洞等军机大臣力言不可，认为如此做法可能会导致北洋军被逼采取行动，祸起萧墙，届时西方列强也将出面干预。于是，清廷发布谕诏，谓"袁世凯现患足疾，步履维艰，难胜职任"，命其"回籍养病"。谕诏下发当日早晨，袁世凯已知罢斥经过，异常惊恐，怕还有后命，慌忙由张怀芝保驾，微服逃到天津直隶总督杨士骧处。后奕劻、世续等出面保其无事，才返京晋见摄政王，"谢恩"辞行，隐居他乡。

当初投入北洋新军，后由袁世凯推荐到南洋新军任职的赵声，此时在广东运动新军已成气候。是年新春，赵声以坚定的信念，展望武装革命前景，写下了《己酉初度寄友》[1] 诗，诗曰：

> 百年已过四分一，事业茫茫未可知。
> 差幸头颅犹我戴，聊持肝胆与君期。
> 欲存天职宁辞苦，梦想人权亦太痴。
> 再以十年事天下，得归当卧大江湄。

诗词表明了赵声献身革命，准备奋斗十年取得革命成功的规划与信心。

---

① 赵声：《己酉初度寄友》，载周新国、弓楷、刘婷婷编著《赵声研究综览》，江苏人民出版社，2021，第 31 页。

赵声戎装照

赵声在照片上题款："己酉春日，蓄须初成，印此以为纪念，时任广东第一标统带，二年十九〔虚〕岁矣。伯子识存。"①

是年，隐居在"养寿园"韬晦待时的袁世凯，也写下了他的"百年诗"——《自题渔舟写真》②，诗曰：

> 百年心事总悠悠，壮志当时苦未酬。
>
> 野老胸中负兵甲，钓翁眼底小王侯。
>
> 思量天下无磐石，叹息神州变缺瓯。
>
> 散发天涯从此去，烟蓑雨笠一渔舟。

这位在"渔舟"中等待的渔翁，一面叹息自己的壮志未酬，一面巴望能出现打破死水的"盘石"。

在袁世凯心事悠悠地韬光养晦时，赵声在紧锣密鼓地全力运动新军，准备起义。"一九〇九年二月间，广东新军除步兵已成立第一、第二两标外，还有炮兵第一、第二两个营，辎重兵、工程兵、学兵营各一营和巡防新军七营。在上述各单位中，经过我们二三年的努力争取，都已在不同程

① 束世澂：《赵声传（注一）》，载周新国、弓楷、刘婷婷编著《赵声研究综览》，江苏人民出版社，2021，第 61 页。

② 王玉树、闫立飞主编《天津诗学三十四家（1936—2013）》，天津社会科学院出版社，2015，第 223 页。

度上播下了革命种子。"①

马锦春②说:"广州新军之役,发难于庚戌正月初三日,其实于己酉春夏之间,早有计议。己酉春,予应督练公所总参议韩国钧之召,复至广东,赵声即秘密告予,决在广州起义,其方略则以运动军队为第一步。军队以新军为主,巡防营次之。"③

"己酉五月,直隶总督杨世骧出缺,端方调直隶总督。张人骏调两江总督。袁树勋署两广总督。"④ "新任粤督袁树勋见赵声是个才华丰茂的统军将才,拟提拔赵声为广东新军第一协(相当旅)协统。"⑤

树大招风的赵声,引起清吏的警觉。"郭[人漳]后与柴同密告烈士[赵声]于粤督袁树勋"⑥。其后,端方电告袁树勋不要"养虎肘腋"。

提拔赵声为广东新军协统的信息,大概是随着调任南京的张人骏传到江督端方耳里的。端方上报陆军部长荫昌,同时电告粤督袁树勋称:"声才堪大用,顾志弗可测,毋养虎肘腋,致自贻患。"⑦ 因此,袁对赵声不敢重用,免其原第一标标统职务,降为新军督练公所提调。"赵声本为新军步兵第一标标统,因革命事,上峰微有所闻,调任督练公所提调;后因在提调

---

① 张酹村:《庚戌新军起义前后的回忆》,载中国人民政治协商会议全国委员会文史资料研究委员会编《辛亥革命回忆录》第二集,文史资料出版社,1962,第283页。

② 马锦春(1874—1939),字贡芳,江苏镇江人。幼年从举人鲍恩晅读书。20多岁弃文习武,先后入南京武备学堂、炮兵学堂肄业,入新军,任广东新军第二标第二营管带,在第一标标统赵声的领导下从事革命活动。先后参加宣统二年(1910)和三年(1911)的两次广州起义。武昌起义爆发后,他和陈炯明、姚雨平等策动广东独立。1911年12月8日,广东北伐军成立,姚雨平担任北伐军总司令,马锦春担任北伐军副总司令兼第一支队统领,率领粤军先头部队北上,最早到达上海、南京。由于南北议和,北伐中止。1912年12月,授陆军少将。1913年,他在南京参加江苏独立讨袁,任宁镇澄淞四路要塞总司令。

③ 马锦春:《庚戌之役》,载政协丹徒县文史资料研究委员会编《辛亥革命先烈赵伯先》,《丹徒文史资料》第六辑,1991,第99页。

④ 束世澂:《赵声传(注一)》,载周新国、弓楷、刘婷婷编著《赵声研究综览》,江苏人民出版社,2021,第61页。

⑤ 肖梦龙:《民主革命家赵声壮丽的一生》,载周新国、弓楷、刘婷婷编著《赵声研究综览》,江苏人民出版社,2021,第251页。

⑥ 佚名:《赵烈士事略》,载周新国、弓楷、刘婷婷编著《赵声研究综览》,江苏人民出版社,2021,第96页。

⑦ 同盟会:《赵声传》,载周新国、弓楷、刘婷婷编著《赵声研究综览》,江苏人民出版社,2021,第80页。

任内，仍为上峰疑忌。"① 赵声知道当局在提防自己，"为迷惑清方，遂委命倪映典负责起义准备，暂离广州"②。帮赵声运动新军的另一位干将是二营管带马锦春。马锦春说："予是时适任新军步兵二标二营管带。自赵声去职后，新军中级官人党藉者只予一人，故要事多就商于予。"③

赵声离开新军，"然新军与赵［声］君之感情已如磁石之引针，粘连不断"④。

赵声离开广州，一方面为迷惑清吏，一方面为进行全面的考察、联络与战略布局。赵声以探亲为名，请假还乡，行走于长江中下游地区，重点是新军九镇。

赵声与表兄姜证禅"假旋省亲，道出丹阳，下榻县商会，与胡尹皆、张辉孙、林立山及董影禅、詹五昆仲，诗酒往还，推分结好，不殊平原十日之欢也"⑤。

赵声为友人"春栽兄"书写清代诗人宗元鼎的七绝《留友人》⑥ 诗词：

新开兰蕙正芳菲，初到鲈鱼入馔肥。

最好流光是三月，如何抛却渡江归。

落款内容"时已酉春日，书赠春栽仁兄大人正，弟声"。

"是年春夏之交，伯先曾回镇江省亲，同时与江、浙、皖、赣诸地区同志有所联系。"⑦ 赵声回到江苏的消息在南京新军中不胫而走，即将离任的两江总督端方闻之立即下令抓捕赵声。"南京惊传革命首领赵声至，端方通令文武协捕，宁垣同志驰急足报其家，促速避。君乃以夜半走浙之西湖，

---

①　马锦春：《庚戌之役》，载政协丹徒县文史资料研究委员会编《辛亥革命先烈赵伯先》，《丹徒文史资料》第六辑，1991，第 99 页。

②　江慰庐：《赵声事迹系年》，载周新国、弓楷、刘婷婷编著《赵声研究综览》，江苏人民出版社，2021，第 149 页。

③　马锦春：《庚戌之役》，载政协丹徒县文史资料研究委员会编《辛亥革命先烈赵伯先》，《丹徒文史资料》第六辑，1991，第 99 页。

④　谭人凤：《石叟牌词》，甘肃人民出版社，1983，第 76 页。

⑤　柳弃疾：《丹徒赵君传（附跋）》，载周新国、弓楷、刘婷婷编著《赵声研究综览》，江苏人民出版社，2021，第 42 页。

⑥　许益明：《历经百年沧桑的赵伯先遗墨》，载镇江市政协文史资料委员会编《辛亥革命与镇江》，江苏大学出版社，2011，第 279 页。

⑦　赵启录：《赵声革命事迹》，载周新国、弓楷、刘婷婷编著《赵声研究综览》，江苏人民出版社，2021，第 211 页。

翌日宁密探至，偕丹徒县捕役巡防营兵围君宅，搜索不得，自是君家为捕役密探骚扰者两月，端方调直隶去，逮捕之声稍解，始潜归杜门谢客。"①

端方通令文武协捕赵声。时在南京两江师范学堂任教员的丹徒蒙古族友人崇朴（字质堂）闻知此事，急遣其"侄慕庭星夜驰马告声，促其避"②。赵声当即避宿于柳诒徵家中，半夜由柳助其化装逃往杭州。

赵声在杭州地区活动后，再度潜回大港，赵启骙说："既归，余请书扇，为临岳坟碑刻武穆所书'墨庄'二大字，并缀以短跋云：'游西湖岳坟归，次骎叔索书，为临此二字，愧难得其神耳。'伯先素极崇拜武穆，廉州之役，曾口占七绝二首，有'八百健儿齐踊跃，自惭不是岳家军'之句。此次伯先回里，余以赴粤入陆军小学为请。伯先告以明春江苏陆军小学亦招生，可以考入。适张人骏改调两江，伯先赴宁往晤，意欲留宁。徐绍桢又力为推毂曰：'方今能扎硬寨，打死仗者，唯伯先一人耳。'人骏意为之动。第九镇士兵闻伯先来，热烈表示欢迎，情况颇为紧张，人骏不无顾忌，未敢延揽，婉言劝其回粤。"③

赵声在南京秘密约见九镇旧部，通报革命计划，要求他们坚守阵地，牢牢把握手中兵权，准备响应武装起义。林述庆说，赵声"遂来江宁，约同志十余人痛饮青溪卢君沼田家。翌早，伯先别去，慨然曰：'成败不可知，吾到粤，仍尽力，所能为者当为之。此间同志唯君与凉生数人在耳！无论如何艰危，君等必不可去。'"④

赵声联系积极创建"南社"的爱国文人，向他们传播革命思想，启发革命舆论。赵声在上海

赵声墨迹《墨庄》

① 柳诒徵：《赵伯先传》，载周新国、弓楷、刘婷婷编著《赵声研究综览》，江苏人民出版社，2021，第 48 页。

② 《史料撷余》，载政协丹徒县文史资料研究委员会编《辛亥革命先烈赵伯先》，《丹徒文史资料》第六辑，1991，第 83 页。

③ 赵启骙：《赵声革命事迹》，载周新国、弓楷、刘婷婷编著《赵声研究综览》，江苏人民出版社，2021，第 212 页。

④ 林述庆：《江左用兵记（一）》，载扬州师范学院历史系编《辛亥革命江苏地区史料》，江苏人民出版社，1961，第 239 页。

结识了柳亚子，"以丹阳林力山（砺）之介，晤于沪江逆旅，慷慨谈天下事，相见恨晚也"①。南社的爱国文人们敬仰赵声，并寄予厚望。柳亚子说："君尝为友人书联，出句用'汲古得修绠'。友曰偶句其：'荡胸生层云'乎？君曰：'吾不作头巾语'，乃大书'交情脱宝刀'五字。书法奇崛，下钤一私印，则'天水王孙'也。时作小诗，尤饶奇气，舒卷云霓，吞吐海岳。盖岳鄂王、石翼王之伦，岂章句小儒所能梦见哉。饮酒可数斗许，醉后有力如虎。其自粤返吴也，僚友为置祖筵。既醉，则漫骂其座人。伸足蹴垣，深入者数寸，力拔之出，血涔涔不顾。既抵沪渎，与余邂逅于酒家，介丹阳林懿钧而订交焉。终席无一语及国事，明日即别去。然余观君眉宇间，英气咄咄逼人。虽微林言，亦知其非当世第二流矣。闻君首途时，遇豪强为不义者，奋拳殴之，至垂毙，几捍文网，益想望其为人。"②"传吾郡赵烈士，足以尽其生平，而辞意慷慨，凡吾党血气之伦，读之畴不振奋而起，革命之潜势力，其时遂遍布于东南各省。"③

赵声人格高尚、天赋异禀、豪气冲天、能力过人，具有巨大的影响力与号召力。他回到大港"探亲"，联络了两江新军与南社文人，准备营造革命舆论，呼应武装起义。

通过联络与考察，赵声审时度势，决定把大举之地放在广州。赵启骧说："伯先返家，与余畅谈革命发展形势，曰：'四川天府之国，攻守两宜，惟向外推动作用迟缓。武汉地点适中，一旦发动，足以震撼全国，唯败则难于久守。广东地方富庶，民气开通，交通便利，易与海外取得联系，优点特多。将来首先发难，其在百粤间乎。'"④

江南与广东是赵声运动新军的地方。"赵先生在广东任标统的初期，极得张人骏的信任，所有各标的新兵训练事宜，都由赵先生担任。因此，广州的新军，沃闻民族和民权的学说，倾向革命的十居八九。广东在光绪三

①　柳亚子：《柳亚子回忆赵声》，载周新国、弓楷、刘婷婷编著《赵声研究综览》，江苏人民出版社，2021，第 175 页。

②　柳弃疾：《丹徒赵君传（附跋）》，载周新国、弓楷、刘婷婷编著《赵声研究综览》，江苏人民出版社，2021，第 40 页。

③　柳弃疾：《丹徒赵君传（附跋）》，载周新国、弓楷、刘婷婷编著《赵声研究综览》，江苏人民出版社，2021，第 41 页。

④　赵启骧：《赵声革命事迹》，载周新国、弓楷、刘婷婷编著《赵声研究综览》，江苏人民出版社，2021，第 212 页。

十三年，曾设模范学兵营，党人之屈身入营的，为数不少。又广东陆军速成学堂与虎门讲武堂中革命志士投入者亦众。他们在毕业后，都献身于新军中担任中下级军官。因此，赵先生推行革命运动的工作，进行十分顺利。"①

赵声回大港前安排安徽人倪映典在炮营任职，"炮兵营的士兵，多数为安徽人，故倪映典出任炮兵排长，可谓得人得所，也为广东发展革命运动，增加了一位得力志士，足以继续赵的工作。倪映典也就得藉赵声在粤省新军中的威望，极容易的推进工作"②。

徐维扬说："己酉春〔1908 年〕，炮工辎各营成立，训练渐熟。五月端午，倪映典与维扬等复谋再举，密议于息鞭亭，时倪任炮二营右队二排长，旋调左队二排长。自是每借率兵散步，密以革命主义鼓动之。无何，倪被嫌疑，告假暂避，维扬乃与朱执信密谋继续进行。会炮一营中队头目姚焯盛与管带官齐汝汉相遇，忙未行礼，被掴。姚性乱，误以恶言报之，齐大怒，执法严惩。正目黄忠等怜之，为之缓颊。齐发令周番官李可简将黄严治，并即革除，于是激动公愤，群起殴之，秩序大乱，维扬劝止之。维扬以时机可乘，遂到省城豪贤街与朱执信密商，图谋大举。旋在华宁里知遇隆约倪映典等会议于白云山，依期莅会者数十人，即席举定干事员担任运动，并宣布革命方略之军律及其赏恤各章，俾资遵守，而事激劝。"③

"倪映典认为在这样一个起义运动中，应由赵声主持其事，方可事半功倍，乃秘请先生南下。其时，清军对镇江赵家的监视，已渐行松懈，赵先生已潜回故乡。及得倪映典密邀，义不容辞，欣然南下。新军得赵声回粤的秘讯，一片欢欣鼓舞的情绪，无形中表达出来，其深得军心，有如此者。"④

在赵声的领导下，倪映典拟运动军事章程十条⑤：

一　宗旨　专门运动省城新军水陆防营及各局所，以急进实行为目的。

---

①　惜秋：《民初风云人物》上，台湾三民书局，1976，第 121 页。

②　惜秋：《民初风云人物》上，台湾三民书局，1976，第 122 页。

③　徐维扬：《庚戌广东新军举义记》，载丘权政、杜春和选编《辛亥革命史料选辑》上，湖南人民出版社，1981，第 308 页。

④　惜秋：《民初风云人物》上，台湾三民书局，1976，第 122 页。

⑤　徐维扬：《庚戌广东新军举义记》，载丘权政、杜春和选编《辛亥革命史料选辑》上，湖南人民出版社，1981，第 318 页。

二　机关　设甲乙普通二处，秘密一处，共三处。甲处专任新军及各局所；乙处专任水陆防营；其秘密处以参谋两普通处之一切事宜，至进步成绩之若何，随时具报南方支部。

三　干事员　由支部斟酌经费之多寡，事务之繁简，分别选派若干员，各司其事，以专责成。

四　任务　三处机关除运动各干员外，设总会计一人，经理三处财政；如需用官弁津贴之处，须秘密处在事各员一体赞成，方可动款。

五　守法　凡干事员于秘密之协议及办法，务须严守，不得轻泄于寻常普通人；倘有不慎，致败坏秘密及各处事宜者，一经查实，立与相当之处罚。

六　运动方法　无论巡防、新军，均先从弁目着手为基础，以其提倡兵士之神速，尤均以靠实主义。

七　合谋　凡在各处所担任责成各人员，均已热心实行，无虞怀私，自不待言；惟向来不通大义，流弊在省府县之界限者，实足以窒碍团体，兹既同心戮力，则省府县之界限，自宜消除净尽。

八　度支　分特别、寻常两种。其特别之度支，如往内地各省邀约兵学完备而有热心实行之同志，并联络他省军队及调查、侦探之一切事宜，须商明支部，斟酌尽善，以决办法；其寻常度支，如各处所须房租、伙食及随时津贴各军之弁目，均由干事、会计各员共同核计。除每月房租伙食用银若干可以约定外，其弁目津贴之多寡，亦按各该弁之成绩大小，核其实在，予以相当之利益，可无庸咨商支部，以免琐屑。

九　奖品　暂拟多镌精致文明印章若干颗，其文字式样，分优次两种等差，如运动二十名以上者，给以次等印章一颗；五十名以上者，给以优等印章一颗；其逾一百名及二百名以上者，临时另有特别最优尚名誉之奖励。

十　动期　革命起事，虽不能先时预定期限，而当视乎组织进步，有可动之势，即随时大举；然总宜时时作大举之预备，以鼓热度而增敌忾。

"倪映典设机关于清水濠，凡新军下级官长，得于是处接洽。若目兵则于假日聚于白云山能仁寺。又能仁寺为制造炸弹之所，清水濠等处，则藏有军械旗帜等。赵声寓华宁里遇兴隆客栈，多与上级党员往来。如下级事件，则由倪映典报告于赵，决定办理。赵并常至小北门外宝汉茶寮品茶，因予营驻北校场，由后营至茶寮甚近，又该处清静，可以放心谈话也。"①

7月，"赵声、朱执信、倪映典、张醁村、胡毅生、陈炯明、莫纪彭和黄侠毅等人，在一次小型会议上分配了工作任务。倪映典担任新军各营联系工作，张醁村担任巡防新军联系工作，胡毅生担任农村会党联系工作，而由赵声总其成。其他各人则分别担任筹款、筹械、调查、通信及各方面的联系工作。当时我曾向朱执信建议电邀姚雨平前来（姚此时正在汕头因党案与官府涉讼），朱则拟俟时机成熟时，再邀他来担负惠州方面之责。我们首先在天官里成立一个机关，以为营中官兵假日出来会面的场所。随后，又分别在官纸局后街、雅荷塘、清水濠、小东门和大东门外等处，以女会员或眷属为掩护，广布办事机关，以策进行（大东门外的机关，系以咨议局议员陈炯明的名义租来作为藏械之所的）。经过数月的鼓动联系工作，新军方面尤其是第一标和炮兵一营的士兵当中，加盟人数已达百分之七八十以上。在新军巡防营方面，则有哨官如曾虎标和副哨官、见习官范秀山、温带雄、张桓杰、刘逸夫、陈辅臣、李济民等人先后加盟。巡防新军的士兵，因为不时调动，无一定的驻地，所以不便于争取"②。

倪映典"于十月间受任后，先在《中国报》领取《革命先锋》及《外交问题》、《立宪问题》等小册子万数千册，散布军队中，以广宣传。新军兵士咸通文字，感化最易。一二月间收效至巨。继由《中国报》领取特别印制之同盟会小盟单万张，携至省中各机关，令各兵士举手宣誓。每逢假日，则在白云山濂泉寺演说革命，新军三标兵士趋之若鹜"③。

莫纪彭说："赵先生居港时，对于当年派别的分立负起调停责任，也得到大的成绩。因为军人中有嘉属一派，以姚雨平、张醁村等先生为中坚，久与广属的革命党员不相往来，遂有嘉广两派的小小分别，党中有派，本来是一件最不祥之事，不自今日始。何以分出派别？总是对人的问题为多。故此我们成立的南方支部，本来用以指导南方的革命进行，认为一个中心

---

① 马锦春：《庚戌之役》，载政协丹徒县文史资料研究委员会编《辛亥革命先烈赵伯先》，《丹徒文史资料》第六辑，1991，第100页。

② 张醁村：《庚戌新军起义前后的回忆》，载中国人民政治协商会议全国委员会文史资料研究委员会编《辛亥革命回忆录》第二集，文史资料出版社，1962，第283-284页。

③ 冯自由：《冯自由回忆录》上，东方出版社，2011，第480-481页。

势力。唯是嘉属军人此时已多有独立的行动，不在南方支部范围之内。到了新军运动之日，倪先生始行与他们联络，赵先生负起支部军事上的重任，把嘉属同志粘贴过来，合二为一，统统隶属到支部之下，做整个的革命运动了。嘉属军人在防营充职者居多数，能任劳苦，是他们的特色，嘉、广两派显然泯去痕迹，我们的力量，更觉增厚，这是全靠赵先生个人手腕和魄力的。"①

"先生治军，到处能得军心，这多得力他任侠好义，坦诚相待的个性。不用权术，不施谋略，坦坦白白，诚诚恳恳，公正地为大家解决问题，而军心与人心，自然归附，这是值得我们特别一提的，赵先生治军治事的精种，都堪为后世青年的模范！"②

赵声改造新军、运动新军的工作卓有成效，安插的代理人倪映典特别得力。他在赵声打的基础上"经过一番剧烈工作后，已把三标的兵士和下级的长官（以排长居多数）一共三千多名，运动加入同盟了，这多是倪先生一个人的热诚和胆气，雄辩和手腕，把他们几千人变过来做革命党徒"③。

"经过一段时期的积极活动，广州新军中的同盟会员骤增至三千多人。"④

"夏季，赵君遣其密友倪烈士炳章往各营联络。至九、十月间，两君皆运动成熟，事大可为。"⑤

以前，同盟会曾多次进行暗杀、组织民间起义等活动，随着清廷改革防营旧制，拥有西式编制的新军不断扩编，暗杀与民间起义的手段不再可能成功。新军"原来拟全国训练三十六镇（即今之师），新军训练的机关，每省设一督练公所，训练的人数视省区的需要而分配之，就如广东一省论，是时尚未成镇，只有三标（即今日之团）而已。满洲政府所以训练此新军，名目上系强兵对外，其实只是严防'家贼'——制倒革命。满洲政府的意思，以为揭竿式的革命断断不能与新式火器为敌，应用二十世纪的科学发

① 莫纪彭：《同盟会南方支部之干部及庚戌新军起义之回顾》，载丘权政、杜春和选编《辛亥革命史料选辑》上，湖南人民出版社，1981，第335页。
② 惜秋：《民初风云人物》上，台湾三民书局，1976，第134页。
③ 莫纪彭：《同盟会南方支部之干部及庚戌新军起义之回顾》，载丘权政、杜春和选编《辛亥革命史料选辑》上，湖南人民出版社，1981，第325页。
④ 岳志编：《岳相如将军传记史料》，黄山书社，2015，第65页。
⑤ 谭人凤：《石叟牌词》，甘肃人民出版社，1983，第76页。

明，火器日精，组织日密，操军事上的绝对优胜之权，一切平民草泽式的革命从此消灭，固属满洲政府唯一的上算，即于吾辈党人也岌岌然引为隐忧，认做难与争锋了。谁知自从安庆新军给熊承基先生这一变后，把我们这一种隐忧打破。一打破这个疑谜，彼练新军以制我，我便可用新军以制彼，正所谓以子之矛攻子之盾，于我人革命的前途，反多出一条捷径了。故此我们从前的革命途径，多是向绿林土匪上用功夫，此时已改转方向，从新军上努力，放弃绿林土匪的运动，从事新军的运动，这是革命史中的一个很大的转变"①。

"香港同志以各地党势日盛，建议于香港分会上添设南方支部，以扩大组织，遂推举胡汉民为支部长，汪精卫为秘书，林直勉为会计。林，东莞人，与莫纪彭、李文甫于己酉三四月入党，因藉先人遗产，资助革命，遂于〔农历〕九月正式成立南方支部，设会所于黄泥涌道。倪映典自广州至香港，报告运动新军成绩，支部乃电邀黄兴、谭人凤、赵声来港共图大举。总理自美汇款接济，而赵声亲到省垣居中策画，莫纪彭亦至省机关部助理一切，邹鲁等则任巡防营布置，陈炯明、朱执信、邹鲁、古应芬等则任联络咨议局及学报界人才，朱与胡毅生并任民军响应，姚雨平、林树巍、李济民、罗炽扬、苏慎初、钟德贻等则暗中联络新军速成毕业之队官、排长、见习官等，维扬、巴泽宪、赵珊林、杨凤岐等专任运动新军干部士兵，以备发难。"②

同盟会南方支部支部长胡汉民说："伯先军事学甚优，且有经验，天资豪迈，能为诗文。其为陆军学校监督及将新军，辄以民族大义鼓励学生士兵，俱悦服之，亦以此为清吏所恶。江南、广东两省军界革命种子，大半伯先所培植也。余与克强、伯先在港规划一切，省中新军运动，则以倪炳章（映典）为总主任。"③

"九月下旬，维扬复与莫纪彭入花县，组织番花同盟分会，招罗同志，择其善战可靠者二百人编为敢死队，以备赵声率其一部入北较〔校〕场，

---

① 莫纪彭：《同盟会南方支部之干部及庚戌新军起义之回顾》，载丘权政、杜春和选编《辛亥革命史料选辑》上，湖南人民出版社，1981，第 324 页。

② 徐维扬：《庚戌广东新军举义记》，载丘权政、杜春和选编《辛亥革命史料选辑》上，湖南人民出版社，1981，第 308、309 页。

③ 《胡汉民自传》，载丘权政、杜春和选编《辛亥革命史料选辑》上，湖南人民出版社，1981，第 190 页。

倪映典、维扬率其一部入燕塘，协同新军动员一齐发难之用。"①

"纪元前三年［1909］展堂胡先生［胡汉民］诸同志与直勉成立中国革命同盟会［南方支部］于香港，甫数月伯先即与倪先生炳章来共筹进行。计定，伯先、炳章共入粤领新军发难……伯先久寓余家，日中临池一挥十纸。"②

徐维扬说："巴泽宪于十一月十六日昧爽，因事泄潜逃，维扬负招待干部同志之责，特设机关于雅荷塘，然办事需人，乃与陈哲梅运动炮一营右队排长谭瀛、司务长梁耀宗加盟，并与之结为金兰交，使谭夫妇同居之，以便助理一切。而清水濠机关则为机要重地，胡汉民之妹宁媛、林直勉之妻均常居于此，而赵声则时到此处策划一切。如是布置就绪，犹恐计划未周，乃由维扬担任选择新军勇敢诚实者编为发动员。"③

倪映典等人按照赵声的布置，对广州新军的运动已基本成熟。倪映典到香港向支部长胡汉民报告情况后，南方支部决定在广州发动起义。南方"支部又派胡毅生、朱执信赴广东各属，运动民军，响应革命，又分别派人联络各地会党。这是一个大规模的革命起义运动"④。

赵声招冷御秋到香港布局起义。1909 年 5 月，对冷御秋案并未掌握实据的端方，急于离宁赴任。加上冷御秋的义兄积极奔走营救，设法找到了同情革命党的端方幕僚、曾任藩司右参议的罗绍田。经罗多方努力，冷御秋终于获释，返回镇江。秋，应赵声密约，冷御秋即别新婚八天的妻子只身奔赴香港。这时，王孝缜（同盟会员）受广西巡抚张鸣歧委托，延览新军人才，由北京取道香港回广西，碰到冷御秋，两人一见如故。王孝缜邀冷御秋同入广西。冷御秋向赵声汇报了情况，随即被赵声派到广西开展运动新军工作。冷御秋"被派遣到广西、云南等地宣传革命，在他 1910 年任陆军小学提调时，李宗仁、白崇禧都是他的学生。他曾任同盟会广西支部

---

① 徐维扬：《庚戌广东新军举义记》，载丘权政、杜春和选编《辛亥革命史料选辑》上，湖南人民出版社，1981，第 309 页。

② 许益明：《历经百年沧桑的赵伯先遗墨》，载镇江市政协文史资料委员会编《辛亥革命与镇江》，江苏大学出版社，2011，第 279 页，图《林直勉在赵声遗墨上题记》。

③ 徐维扬：《庚戌广东新军举义记》，载丘权政、杜春和选编《辛亥革命史料选辑》上，湖南人民出版社，1981，第 309 页。

④ 惜秋：《民初风云人物》上，台湾三民书局，1976，第 122 页。

副支部长代理支部长，出版《南风报》宣传革命"①。

"十月某日，赵声与予［马锦春］言事将发矣，然事前必先开一次将校会议，欲以白云山为议所，地虽僻而较远，恐沿路为人所疑。附近城市，则又无幽深房屋，殊觉为难。予主张在附城大庙宇内，号称宴客；开会时，使主持及余众他往，亦无不可。如临时有人窥探，恐有泄漏，立执其人，杀之，弃尸空屋，反锁其门，纵异时发现，亦不过一疑案而已。后闻此节，赵声转告同人，均以为然。"②

"十月后，各军加紧进行，赵声主持军事全部。倪映典专事新军运动。陈炯明计划一切，并与清吏接洽，借探清军举动，因其时陈为咨议局议员也。朱大符、邓慕韩任新闻鼓吹。姚雨平、莫纪彭运动旧军，亦有新军一部与之接洽。"③

11 月 13 日，柳亚子、陈去病、高旭等 19 人在苏州虎丘创立南社。南社与赵声关系密切，南社的苏曼殊、柳亚子、姜氏兄弟、赵逸贤等社员都是赵声的好友，赵声的诗文才学为社员们欣赏敬佩。赵声运动新军进行革命，"南社首先揭出革命文学的旗帜，和同盟会的革命相呼应"④，为赵声领导的新军武装起义大造舆论。1907 年，青年爱国诗人陈去病、吴梅、刘三等十一人在上海愚园聚会，倡议社员继承明末复社文人的传统，积极参与反清斗争，并开始酝酿成立南社。起名南社，援引"钟仪操南音，不忘本也"⑤ 之意；当时清王朝的中心在北方，起南社之名，亦有反对北方清廷之意。南社的发起人柳亚子、陈去病、高旭的主要活动中心在上海，他们以诗文"鼓吹新学思潮，标榜爱国主义"宣传推翻专制的清王朝，为建立民主共和国而斗争。南社初建时，有社员十七人，十四人为同盟会会员，后又大都参与编辑革命报刊的活动，因此南社有"同盟会宣传部"的别称。次年，该社出版《南社》杂志，选编社员的作品，每年出二至三集，分诗、

---

① 殷德庆：《冷御秋生平简介》，载江苏省政协文史资料委员会、镇江市政协文史资料委员会编《辛亥镇江将军录》下，1997，第 426 页。

② 马锦春：《庚戌之役》，载政协丹徒县文史资料研究委员会编《辛亥革命先烈赵伯先》，《丹徒文史资料》第六辑，1991，第 99 页。

③ 马锦春：《庚戌之役》，载政协丹徒县文史资料研究委员会编《辛亥革命先烈赵伯先》，《丹徒文史资料》第六辑，1991，第 100 页。

④ 《南社—新南社》，载曹聚仁《我与我的世界》，上海三联书店，2014，第 253 页。

⑤ 宁调元：《南社集序》，载徐中玉主编《中国近代文学大系》第 1 集第 1 卷，上海书店出版社，1994，第 708 页。

词、文录三部分。到辛亥革命前期，南社发展到二百余人，集中了这一时期活动于东南各地的爱国青年文人。南社成员在政治思想上，明确拥护民主革命，反对清王朝统治；在文学上，于诗歌、散文、小说、戏剧和翻译文学都有建树，其成员柳亚子、陈去病、高旭、苏曼殊、马君武、周实、宁调元、吴梅都是颇有知名度的文化人。

赵声赴港后往来于港粤，为发动这次起义做了充分的准备工作。广东新军经过"二、三年的努力争取，都已在不同程度上播下了革命种子，但还仅限于排级以下的干部。队级以上的军官，不是由北洋调来的，就是早期日本士官毕业生，前者顽固落后，后者也比较保守，对他们进行争取工作不但不容易，而且可能反因此招致危险"①。为此，赵声指示新军第二标二营管带马锦春："新军直接带兵官中级以上者，某某可杀，某某可随时锢闭，第或杀或闭，不能照预定计划办理，嘱于定期请客，优兵以劫之。予允，俟有定期照办。"②

赵声进一步发动士兵，鼓舞斗志，树立信心，对他们说："再过个把月，我们便浩浩荡荡杀向长江方面去了，照清廷惯例，死刑执行，公文往返，动辄需三四个月，即是说可以放胆做去，他们来不及杀人了。"③

"冬月抄，腊月初，预计革命势力可以举事，惟军火尚不敷用，各处允运之件尚未寄到。"④

1909 年年底，同盟会负责人赵声、黄兴、胡汉民等在香港开会，在会上决定以新军作为起义的主力军，由城外进攻广州，巡防营在城内响应配合，内外夹攻；同时发动惠州等地的会党民军起义响应；举赵声任总指挥，倪映典任副指挥。张醁村的《庚戌新军起义前后的回忆》⑤ 记载了会议决定的起义计划：

---

① 张醁村：《庚戌新军起义前后的回忆》，载中国人民政治协商会议全国委员会文史资料研究委员会编《辛亥革命回忆录》第二集，文史资料出版社，1962，第 283 页。
② 马锦春：《庚戌之役》，载政协丹徒县文史资料研究委员会编《辛亥革命先烈赵伯先》，《丹徒文史资料》第六辑，1991，第 99 页。
③ 张醁村：《庚戌新军起义前后的回忆》，载中国人民政治协商会议广东委员会文史资料研究委员会编《广东辛亥革命史料》，广东人民出版社，1981，第 26 页。
④ 马锦春：《庚戌之役》，载政协丹徒县文史资料研究委员会编《辛亥革命先烈赵伯先》，《丹徒文史资料》第六辑，1991，第 100 页。
⑤ 张醁村：《庚戌新军起义前后的回忆》，载中国人民政治协商会议广东委员会文史资料研究委员会编《广东辛亥革命史料》，广东人民出版社，1981，第 24 页。

（一）我们定于庚戌年正月初三为发难日期，以便乘其不备予以突然的袭击。

（二）起义时由炮兵营首先发难，开炮为号，各标营闻号一齐响应；预先暗集在河南方面的民军，即向城郊集合听命；巡防新军在广州城内外者，闻炮即行响应；其他驻外地巡防新军，闻讯后相机在原地行动。举赵声为临时总指挥，倪映典副之。

（三）由咨议局选举临时民政长官，暂拟以咨议局副会长丘逢甲（丘虽保皇党人，但曾在台湾搞民主独立运动，同情三民主义，事前曾与赵声相见，甚为契合）、议员陈炯明分别任正副之职。

（四）广东全省底定后即出师北伐，一路由江西出长江直取南京，一路由湖南出武汉，并拟以赵声为总司令，倪映典为副总司令。

"南方总支部预定的起义日期，为宣统二年元旦，各方筹备，积极进行，虽已粗有头绪，但问题尚多，尤其是民军方面，械弹两缺，饷械筹划，也还存在着不少的困难。同志中有持重者，认为时机尚未成熟，宜少展缓。胡毅生是策动民军的，所以该方面情形，甚为熟悉，主此尤力，胡汉民也有这个倾向。但黄兴力持不可，他的理由，是'期已定，不可轻易'。胡毅生则以轻松的口气，和黄兴玩笑似的说：'你想马到成功吗？时局还宁静呢？急什么！'黄兴对这个幽默，也只有报之以默不作声，大家因有展至元宵节发动之议。但是，广州方面，则有急不及待之势。"①

"胡汉民谓须等中山款到，且议以绿林先发难，新军应之。派其弟毅生携带多金，往顺德运动陆领兄弟，盖将贪天之功，以为己力也。迁延两月余，新军迭次请期，经赵君逼迫汉民，乃定除夕绿林新军同时并举，因来电知会焉。"② 赵声认为，新军已经发动起来了，尽管筹款、枪械不能及时送到，起义也只能提前不能推迟，推迟必出大乱。对于黄兴与胡氏兄弟的不同意见，赵声"一改往日持重的态度，急向胡汉民建议：'令出难收，我们不能因区区数千金而坏大事！'"③

---

① 惜秋：《民初风云人物》上，台湾三民书局，1976，第122-123页。
② 谭人凤：《石叟牌词》，甘肃人民出版社，1983，第76-77页。
③ 惜秋：《民初风云人物》上，台湾三民书局，1976，第123页。

赵声果断做出决定,"定除夕绿林新军同时并举"①。

12 月 28 日,"不知如何遗落一张未有签名的士兵加盟盟单(当时因运动普遍展开,且士兵文化程度参差不齐,在营中书写不便,因此由香港《中国日报》将盟单印好,转送营中,只须兵士签名或印上指模便可),后为一排长执获,上缴到协本部。协统张哲培认为盟单是革命党人在军中煽动的确凿证据,转报督练公所参议韩国钧,拟将营中械弹收缴城内,以防不测。韩谓风闻不足信,盟单又无姓名,不能成为公事,不如改称元旦将届,有相当时期的体操,加以营地潮湿,将所存子弹暂缴城内存放,俟开操后搬回。因此,离阴历庚戌元旦〔春节〕约十天的时候,便闻悉所有发给士兵和库存的子弹,均已缴存城中,我们便不能不考虑推迟起事日期了"②。

是年大事

1 月 1 日 清廷颁布《调整户口章程》,共十一章四十条,对全国人口进行普查。经一年多调查统计,清廷于宣统二年(1910)六月公布了人口普查结果,当时全国人口为三亿二千零六十一万。

2 月 17 日 清廷命各省正式成立咨议局,筹办各州县地方自治,设立自治研究所。

3 月 1 日 中国第一所近代矿业高等学府——焦作路矿学堂诞生,其为中国矿业大学和中国矿业大学(北京)前身。

3 月 6 日 清廷诏谕"预备立宪,维新图治"之宗旨。

3 月 12 日 四川革命党人佘英、熊克武于广安起义,起义失败。

4 月初 美国大力士奥皮音到上海表演技艺,与河北武术家霍元甲较技,轰动上海。

4 月 6 日 美国北极探险家皮里成功到达北极点,成为世界上第一个到达北极的人。

4 月 30 日 安徽强烈要求清廷收回铜官山矿权。

---

① 谭人凤:《石叟牌词》,甘肃人民出版社,1983,第 77 页。

② 张酲村:《庚戌新军起义前后的回忆》,载中国人民政治协商会议广东委员会文史资料研究委员会编《广东辛亥革命史料》,广东人民出版社,1981,第 25 页。

5月7日　上海裕慎丝厂女工数百人拥至公堂，向资方追还所欠工资。

5月11日　西藏亚东、江孜、噶大克开埠设关。

5月11日　云南宜良、阿迷连续地震。

5月15日　于右任在上海创办《民呼日报》，馆址在公共租界。

5月15日　学部奏准变通中学课程，奏准变通初等小学堂章程。

7月　英商立德乐在四川建立"华英煤铁公司"，任意划地，广插标竿，激起公愤。终将各矿卖给江合公司。

夏，湖北省洪水泛滥，灾区广达30余县，灾民近300万人。

8月14日　仅开办3个月的《民呼日报》被迫停刊。

9月1日　清廷发布上谕，宣布预备立宪。上谕说："我国政令，日久相仍，日处阽危，忧患迫切，非广求智识，更订法制，上无以承祖宗缔造之心，下无以慰臣庶治平之望，……而国之所以富强者，实由于实行宪法，取决公论，君民一体，呼吸相通，博采众长，明定权限，……时处今日，惟有及时详晰甄核，仿行宪政，大权统于朝廷，庶政公诸舆论，以立国家万年有道之基。但目前规制未备，民智未开，若操切从事，徒饰空文，何以对国民而昭大信？故廓清积弊，明定责成，必从官制入手。亟应先将官制分别议定，次第更张，并将各项法律，详慎厘订，而又广兴教育，清理财政，整顿武备，普设巡警，使绅民明悉国政，以预备立宪基础。……俟数年后规模粗具，查看情形，参用各国成法，妥议立宪实行期限，再行宣布天下。"

9月4日　中日签订《间岛协约》。日本在华利益扩大，美国表示不满。

9月15日　清廷以泄露机密、有碍交涉为罪名，封禁《北京国报》《中央大同日报》两馆。

9月15日　福州风火大灾，死伤数千人。

9月28日　清廷从外务部奏，建游美肄业馆于清华园。1911年更名为清华学堂，是为清华大学前身。

10月2日　中国自建的京张铁路通车，主持修建者为铁路工程专家詹天佑。京张铁路全长380华里。

10月3日　于右任再创《民吁日报》。

10月4日　张之洞去世。

10月5日　两广总督袁树勋与日领事订立东沙岛协定，日本承认该岛为中国领土。

10 月 19 日　广州大风为灾，死伤多人。

10 月 30 日　孙中山自伦敦赴美国筹款。

10 月　各省咨议局宣告开会。与此同时，江苏省咨议局议长张謇发表《请速开国会建设责任内阁以图补救书》。极言清廷若不速开国会，将导致众叛亲离，立宪派只能"袖手旁观"，眼看着革命党推翻清王朝。他要求务必缩短预备立宪时间，于宣统三年召开国会，组成责任内阁，准许召开临时国会，并呼吁各省组织起来联合请愿。随后，江苏咨议局致函各省咨议局，请各局推派代表齐集上海，洽商进京请愿问题。十月初，江苏、直隶、奉天、吉林、黑龙江、山西、山东、河南、湖北、湖南、江西、安徽、福建、广东、广西等十六省咨议局代表五十五人陆续到达上海。

11 月 19 日　《民吁日报》仅出版 48 天又被封，引起上海轰动。

11 月 21 日　同盟会会员胡鄂公、熊得山、钱铁如等在直隶保定组成反清革命团体共和会筹备会。

11 月 27 日　代表聚于预备立宪公会事务所，举行"请愿国会代表团谈话会"。众推福建咨议局副议长刘崇佑主持会议，前后集会磋商八次，决定组成三十三人的"请愿国会代表团"，举江苏方还、湖南罗杰、奉天刘兴甲及刘崇佑为干事，赴京请愿。

12 月　迫于山东民众的压力，山东巡抚以 34 万两白银的代价，将山东五矿矿权赎回。

12 月　16 省咨议局代表齐集上海，决定 30 日赴京请愿。

12 月 19 日　多特蒙德俱乐部在多特蒙德市东北部成立。

12 月 30 日　赵声部下、同盟会会员熊成基谋刺从欧洲考察回国的贝勒载洵，事未成而被捕遇害。

1910年（宣统二年，庚戌狗年）　29岁

"总支部正在滞疑难决时，倪映典也来香港了，他把新军的激昂情绪，向总支部报告说：'军心已蠢然动了，延期太久，势将不可收拾，如何是好？'总支部仍以元旦举义，无论如何来不及，乃决定提早于初六日举兵。但是正在倪映典在港的时间，广州方面的情形，已有剧烈的化。这一变化，可以说是一个偶发的事件。"①

"除夕那天中午，二标某士兵因刊刻私人图章与承办人有所争执，警察横加干涉，互相殴斗，后被警兵拘禁禺山关帝庙警局。士兵数十人见此情形，拥至警局要求释放。警局当将士兵释出，并由宪兵劝导回营。协统张哲培闻知此事，认为其中必有蹊跷，乃下令元旦不准放假，以防再生事端。虽然如此，但元旦中午时候，又有采购伙食的士兵十余人在双门底（今永汉路）与警察闹了起来。巡查宪兵见状，下马劝解。士兵乘马驰回二标报告，随即有大部士兵拥入城来，将禺山关帝庙警局包围。旋经大队宪兵开来，一面弹压，一面劝说回营，复归无事。广州将军某（忘其名）闻报，竟然下令闭城，并派满旗兵在大小东门至大小北门一带登陴扼守，如临大敌。城内外交通断绝，人心惶惶不安。"②

马锦春说："军警事出后，予亟欲晤寻赵声诸人，商询办法，乃借出巡为名，两次进城。奈赵声、倪映典、陈炯明等皆未会见，盖赴港未回也。此后二三日间，清大吏防备日严，初则不许新军入城，继则城门禁闭，继则大吏居于大东门城楼，且置临时电话焉。"③

在香港的总指挥赵声虽不知广州新军的突发情况，但箭在弦上不得不发，"以鼓热度而增敌忾"④。赵声决心尽量提前举行起义。他以熊成基发动安庆起义为例，竭力说服大家。赵声认为，尽管形势严峻，起义胜负难卜，

---

① 惜秋：《民初风云人物》上，台湾三民书局，1976，第123页。
② 张醁村：《庚戌新军起义前后的回忆》，载中国人民政治协商会议全国委员会文史资料研究委员会编《辛亥革命回忆录》第二集，文史资料出版社，1962，第285页。
③ 马锦春：《庚戌之役》，载政协丹徒县文史资料研究委员会编《辛亥革命先烈赵伯先》，《丹徒文史资料》第六辑，1991，第101页。
④ 金冲及、胡绳武：《辛亥革命史稿2. 中国同盟会》，上海辞书出版社，2011，第767页。

但起义本身就是营造革命的大势，必须进行。"扬州熊成基者，伯先江南所部卒也。清西后母子死，成基骤起兵安庆，事败，走海外，复谋刺载涛于哈尔滨，事泄，死之。伯先固不以国士期成基，至是乃太息曰：'昔在南京俊士如云，若成基者，殊碌碌，今所成已如是，吾辈何面目见天下士。'闻者泣下。"① "同人在港议决，此次如不因势举事，恐新军由此遣散，本党无基本军队矣，不如孤注一掷。"② 在香港的赵声决定让倪映典于初二赶回燕塘，疏导新军，自己随后即赴广州起义指挥机关。

就在起义领导人齐集香港做发难前的最后布置的时候，又突生事故。马锦春的《庚戌之役》③ 载：

初二日午后一时许，正兵士哗乱之际，黄士龙来二标，口称奉督军（袁树勋）命令，劝各兵士安守军纪，前事概不究问。并密告予云，督军此次系寻赵声，与彼二人同任和解新军之事。因有人进言，赵、黄为革命主动，请即拿办。督军云，与其办此二人，事尚不了，不如即用此二人，以了此事。后寻赵声不见，故彼独来。

黄士龙出二标后，行至大东门桥，城上旗兵忽开枪射击，黄小腹中枪弹，由背出，当即倒地，抬入陆军医院治。（按：黄实未与赵同谋，不过于新军负有誉望，遂为众人所疑，旗人更欲杀之而甘心也。）

初二日夜，约十一时，城上旗兵忽以排枪向二标内乱射，屋瓦破飞，兵士大哗。予冒弹由二营本部至二标本部，寻标统王兰甫，及一、三两营管带，均不见；乃由予命令全标兵士紧闭营门，静坐室内，以观其后。一面电告督练公所，转询旗兵放枪理由。未几，城上停止放枪，盖由督练公所与之交涉也。

予营前队队官李铮，当是夜哗乱之际，屡至予室，言语行动忽失常度，口称事不得了，彼亦不得了。询其缘故，只云彼与黄士龙有交情。予丞慰之，然因彼言黄而不言赵，殊不澈底，故亦不与深谈。未几，前队哭声大作，据报以李队官投井身死矣。初三日清晨，二标标房四周皆为巡防旧军

①　章士钊：《赵伯先事略》，载周新国、弓楷、刘婷婷编著《赵声研究综览》，江苏人民出版社，2021，第 45 页。
②　马锦春：《庚戌之役》，载政协丹徒县文史资料研究委员会编《辛亥革命先烈赵伯先》，《丹徒文史资料》第六辑，1991，第 101 页。
③　马锦春：《庚戌之役》，载政协丹徒县文史资料研究委员会编《辛亥革命先烈赵伯先》，《丹徒文史资料》第六辑，1991，第 101–102 页。

包围，并置机枪于各路口。予因未见同志前来接洽，且枪弹早为标统清查收运入城，无以为战，姑亦听之。未几传言巡防军进攻燕塘新军，新军亦出队迎战，两方遭遇于牛王庙。予至营墙观望，见巡防营马报来往奔驰，耳畔时闻断续枪声，知接战之说不虚矣。

倪映典回到燕塘一标驻地，认为形势刻不容缓，未及联系赵声，于初三早晨发难。

徐维扬的《庚戌广东新军举义记》① 记载：

初三早七时，李准令统领巡防新军吴宗禹会同协统张哲培督队进攻新军，以先锋卫队管带童常标率所部为前卫，巡防新军右营管带太永宽率所部为右侧队，副中营管带李得铬率所部为左侧队，吴宗禹则率同李帮带景濂以亲军中营为本队，左营管带薛治和、巡防第十六营管带刘启璋各率所部为本队接应。先派侦探队，后派连络兵，步步为营，浩浩荡荡，由东较场沿路直向燕塘进发，以咨议局为根据，后路大营留吕管带镇凯、蒋哨弁坤率大队驻守，并造饭输送军火一切，为后路预备；于是进至东明寺一带，择要驻守，相机进攻。倪映典早已知其阴谋，叹曰："半生心血，败于一朝，我新军诸同志真无噍类矣；李贼真阴险乎，吾安可坐视我亲爱之新军同志独死。"遂即潜入军中，至一炮营，振臂大呼曰："事急矣，我亲爱诸同志其速起，战亦死，不战亦死，誓与李贼同死。"于是新军发动员刘广荣、黄大俸、冯启治等百十人齐声高呼曰："誓与李贼同死！"是时管带齐汝汉正集队演说缴械投诚，尚欲阻止，倪映典枪杀之，于是全营欢呼曰："可！"左队官黄景和误被微伤，右队官周景臻、排长陈鼎强、莫国华、司务长梁耀宗等均力为帮助，整队出发；倪令集于操场，时已九点钟矣。倪乃率队入炮二营，有开枪向林管带金镜示威者，倪止之曰："林管带待人忠厚，不可打他。"林曰："已知忠厚，不该到二营来。"倪答曰："各有责任。"遂大呼归队，发动员黄洪昆上前叫站队，潘大雄、徐礼、姚春荣、谭启秀等遂踊跃争归队，中队长张军、右队官钟德贻、排长罗炽扬、陈本一、见习官黄昭荣、黄启桢等均异常出力。罗排长炽扬首先督队出营，倪乃派队到工程、辎重营会同各该营发动员一齐发动。无何，工程营、辎重营亦

---

① 徐维扬：《庚戌广东新军举义记》，载丘权政、杜春和选编《辛亥革命史料选辑》上，湖南人民出版社，1981，第313~317页。

整队出，集合于操场。倪至是乃率队数百人疾趋第一标，将至门，执事官刘祥汉拟闭门，一营右队一排长赵珊林拔枪止之曰："今日何日，切勿糊涂。"倪率兵蜂拥入门，执刘祥汉以索统带刘雨沛，意欲促其反正也，刘支吾，言在标部楼上，不得。盖是时刘雨沛已由二管带于如周派前队官罗宏链保护出营去矣。

倪乃派兵入第一营，用手枪射击管带胡兆琼，不中。队官胡恩深在侧，击伤腹部左胁，赵珊林举手一挥，大呼汉军归队，前队官王天佑闪避，击之，伤左手；于是第一营官兵争相附义，右队官林子斌尤为热心，该营士兵多服从之。第三营排长杨凤岐等，先已带队出营集合，唯第二营未至，则亲自带队入二营，向官长勒令站队，并云："今系我革命起事之实际，你们速速站队。"随响四五枪示威，该营官长乃请管带于如周出而相见，倪映典曰："齐管带已被我枪毙，今天系革命起事，请管带带队帮我。"于云："本想帮忙，奈无子弹何？"倪云："到小东门即有。"于云："不可，请你速速将我打死。"倪云："你系全协之老管事，吾何忍出此，请你为一标统带，去占领新城。"于又云："占新城亦可，但无子弹，总不能行。"倪即向前行礼曰："你老人家不要糊涂，若再延迟，时间误了。"于亦还礼曰："请你速速打死我，听你带我兵出营便是。"倪即怒曰："你真糊涂。"令速将于管带之马牵来。于见马来，即向倪云："要我出营尚可，唯我帮你做预备队可矣。"倪即怒形于面，向队头两手持枪大声曰："今天误我们的事，系于管带也。"于急逃，该营官兵遂欣然出营，死心革命。于是步、炮、工、辎七营合三千之众，公推倪映典为司令。倪司令乃当天宣誓曰："愿为革命战死。"众亦欢呼曰："愿为革命战死。"事机紧急，迫不容缓，即率大队分三路向省垣进发，以炮、工、辎四营由马路前进，以一标大部分绕广九铁道前进，以工、辎一部由横枝岗向小北袭击。师至茶亭，则发现敌人满布于牛王庙、猫儿冈、三望冈一带，乃令炮、工、辎四营分作四大队，分占驷高冈、鸭舌冈及茶亭各冈，严阵以待。旋据前卫报告：故军有人高声宣言，谓我军为好意来，请勿开枪，有话相叙等语。倪司令乃率同罗炽扬、杨凤岐、赵宗培、王占魁、赵珊林、汪兆明、黄洪昆、甘永宣、甘思恩等策马上前而见。则有童常标、李景濂、太永宽、刘启章与哨弁四人出至阵前，脱帽摇手，传呼请见，而童常标则以枪交哨弁，徒手迎来；倪司令乃前与为礼，童亦还礼。倪司令曰："君与我故旧交，当以诚告，今为我革命军起事之日，君当助我以共光汉族；君如许我，则交谊益亲，吾党亦必推重，建功立业此其时矣，请速图之。"童曰："新军有枪无弹，不足以举事，何必陷众兄弟于死；且今日之事，全在于君，望为三思，转祸为福，及今犹可也。"倪司令曰："君以我无子弹耶？我有香港接济，早至，已派人运至军中矣；君以为防军子弹多，便可恃耶？革命大义，早已深入军心，迟早必倒戈相向，尚祈审择而处之，毋后悔。吾之来，非尽恃武器也，所恃者主义耳；且君既知新军无子弹也，而其皆肯死，且皆愿速死，是其心之苦，亦可知矣。君岂非轰轰烈烈者乎？甚望君即请军门刻日赞成革命，宣布独立，以拯我汉族于沉沦；否则我新军决不退，任君等屠杀可也。"言罢，痛哭流涕，童乃慰之，且曰："待我回去禀知军门统领，赞成独立。"遂旋去。倪司令见李景濂谓之曰："君非某某介绍入吾党者耶？今以众从。"李归则报于李准曰："敦云新军兹事，率兵者均党人，今方来攻，其志不小，速御之。"于是李准即命吴宗禹督率所部进攻。无何，枪声响矣，炮声隆隆矣，司令倪映典中弹。

"帮统童常标、管带李景濂、太永宽等出面诈称调停，要求与倪等见面。倪认为可乘此机会说服巡防新军，且知道管带李景濂是同盟会员，帮统童常标则为安徽同乡，故乃坦然不疑，与他们见面，并晓以大义，以共图大业相劝。童、李等佯示赞同，但又说此事还须请示统领方能答复。童、李等返至防地，即下令开枪攻击。倪正在骑马巡视防线，致被击中坠马，为清军擒至阵前，砍头而死。"①

初三，赵声赶到广州，在倪映典与清军激战时，城门紧闭，"水师提督李准坐镇东门设防"②。赵声不知城外新军动向，巡防营无法接应。倪映典率军与清军战斗于牛王庙一带，管带李景濂叛变投敌，于阵前诱杀倪映典。倪牺牲后，起义士兵继续激战一个多小时，终因伤亡惨重、弹药不济而失败。史称"庚戌广州新军之役"。

倪映典牺牲后，"初四日，我军多向石牌、东圃、白云山一带退却，虽

---

① 张酥村：《庚戌新军起义前后的回忆》，载中国人民政治协商会议全国委员会文史资料研究委员会编《辛亥革命回忆录》第二集，文史资料出版社，1962，第286页。

② 肖梦龙、戴志恭：《杰出的资产阶级民主革命家赵声》，江苏省纪念辛亥革命七十周年学术讨论会论文集，镇江市博物馆，1981，第9页。

弹尽粮绝，犹奋力抵御，不为所屈。附近乡民对于散兵军士，悯其寒而予以衣，悯其饥而予以食，殷勤招待。有赠给资斧者，军士皆婉却之。清军仍分队四出搜剿，获数人，多改装者。是午焚烧一标二营，以免藏匿，尤属无道"①。

"倪映典举兵时，赵先生也在城内，革命军既败，他也陷在危险的境地，卒赖同志之助，得以脱险，至南海上淇村，与胡毅生相值，抱头大哭，决以身殉其好友，乃驰书告父：'大事去，良友死，无面见人矣，乞恕不奉养之罪。'于是驰往顺德，运动会党，继续起义；但会党的志趣，与声不同，所谋无成。"②

新军起义失败后，赵声立即通知新军同党，要他们保存实力，以图再起。二标二营管带马锦春回忆说："赵声、黄兴来信嘱予无论如何总须保留管带地方，以为他日号召地步。缘新军同志中级官只予一人与士气有关也，至下级军官及目兵，已另有同样通知。故失败之余，士气绝不颓丧，而坚忍且过于前。"③

起义失败特别是倪映典的牺牲，使赵声悲痛万分，誓言收拾旧部（除新军一标被解散外，二标、三标及巡防营的革命力量尚且保存），向清廷做最后一搏。

起义虽然失败，但影响巨大。"庚戌新军起义犹如霹雳一声，震动了清廷，振奋了人心。清廷看到自己的武装部队竟会哗变起义，也知道它的统治已到了岌岌可危之势。在新军起义前，一般人认为，在科学昌明的时代，船坚炮利，非有充足的武力，不足以谈革命；革命党人只凭赤手空拳，充其量只凭民军、会党、绿林的一点力量，是无能为力的。新军起义后，观感为之一新，大大增强了革命的信心，加速了革命形势的发展；特别是在华侨方面，影响更大，大部分华侨都愿输财资助革命，基本上解决了革命党人进行革命活动所需经费的问题。"④

---

① 徐维扬：《庚戌广东新军举义记》，载丘权政、杜春和选编《辛亥革命史料选辑》上，湖南人民出版社，1981，第 317 页。

② 惜秋：《民初风云人物》上，台湾三民书局，1976，第 124 页。

③ 马锦春：《三月二十九日之役与广州新军》，载丘权政、杜春和选编《辛亥革命史料选辑》上，湖南人民出版社，1981，第 345 页。

④ 姚雨平：《追忆庚戌新军起义和辛亥三月二十九日之役》，载中国人民政治协商会议全国委员会文史资料研究委员会编《辛亥革命回忆录》第二集，文史资料出版社，1962，第 290 页。

"此役虽失败，而其革命牺牲之精神及其举动之文明，秋毫无犯，尤足令中外人士所钦佩。于是各省新军风闻兴起，而党中同志尤争死赴义。翌年遂有三月廿九广州之役、八月武昌举义，民国于以成立。呜呼！烈矣！"①

"当初二、三两日新军起事时，宜安里、雅荷塘、天官里、清水濠各机关尝纵火响应，宜安里旋即扑灭，所藏卧具内之青天白日旗遂为兵警搜出。附城大塘、乐从各乡会党本拟同时发动，因事起仓卒，筹备未周，而新军一标已败，乃宣告暂停进行。经此役后，新军二、三两标亦大受满吏疑忌，监视摧残，惟恐不力。至辛亥三月二十九一役，尚不能有所动作。及辛亥九月广州反正。新军一部由刘师复、莫纪彭、任鹤年等领导，在香山前山宣布独立，开粤省光复之先河，即导源于庚戌之役也。"②

正月的这次广州起义，即"庚戌广州新军之役"，是以赵声为首的革命党一手组织发动和领导的一次大规模新军起义。由于发生突变事件，没有能够按原计划将新军革命队伍全部启动投入战斗，最终起义失败，但大部分革命力量仍然保存了下来，为次年的广州黄花岗之役奠定了基础。

清两广总督袁树勋关于新军反正事奏折如下：

袁树勋电请军机处代奏。折云：粤省新军酿变。遵旨分别剿抚擒获首要及地方平定各情形。迭经电请代奏。并将此事始末及筹办善后各缘由专折具陈。差弁赍投在案。连日督同营务处司道等会同擒获各弁兵共三十九名。分别研讯。据黄洪昆供（见前不重录）。据王占魁供。充当一标二营后队司务长。入革命党为排长。据江运春供。充当一标一营左队司务长。入革命党为干事员。引诱兵士入党约二百余人。得有特别勋章。该王占魁、江运春所供与黄洪昆同。又据尤龙标供。充当辎重营右队副目。入革命党为主动员。随同拒敌官兵。惟未往抢枪码。据甘永宣供。充当炮队二营右队司务长。系入革命党。随行抢枪。拒敌官兵。据古振华、林开盛供。充当一标二营后队正目。后入革党。被胁往扎广九铁路。并未持枪打仗。据王功田、杨欲兴、余瑞麟、林灿辉、梁有成各供。被胁同行。乘间脱逃。据翁锡亮供。先期请假回籍。据冯江、车振彪、黄端胜、林亮励、李然兴、陆志鸿、黄端辉、车伯福各供。先事离营。黄荣彪、辛发利、王兴各供。

---

① 徐维扬：《庚戌广东新军举义记》，载丘权政、杜春和选编《辛亥革命史料选辑》上，湖南人民出版社，1981，第317页。

② 冯自由：《冯自由回忆录》上，东方出版社，2011，第136-137页。

患病躲避。黄福、张家彬、梁海、王鸿志、曾广鸿、陈永升、练致祥、曾焕熊、颜学材、周田福、王汝丰各供。临时畏逃。田能胜、萧积生、陈威林各供。系马伙夫。不知逆情各等语。并据黄洪昆亲书供词。并默写票布上四言句。驱逐老鞑。恢复中华等字样。伏查现审各犯。黄洪昆、王占魁、江运春三犯同谋叛乱。戕毙官长。擅拒官兵。黄洪昆、江运春诱军入党，得有特别优等勋章。王占魁于官军开仗时。并敢宣布革党宗旨。诱军归附。带引入城。均属叛逆昭著。罪大恶极。当即恭请王命。先行就地正法。尤龙标、苏美才、甘永宣三犯入党助逆。罪无可逃。惟此次全标叛变。诛不胜诛。该犯等虽听纠入党。尚无转纠别人。似与黄洪昆等有别。拟贷一死。递籍永禁。用昭法外之仁。古振华、林开盛两犯被胁屯扎广九铁路。并未拒敌。惟系革党。拟将古振华递籍禁锢八年。林开盛情节稍轻。递籍禁锢五年。此外各名或被胁同行。乘间逃走。或患病离营。或临时潜匿。或不知逆情。自应请免置议。拟饬督练公所分别递籍留营归伍。综此次各兵所供投身会党。冀图乘间起事。并夺械戕官。昌言革命。几无异词。尤以黄洪昆一犯所供为最详尽。且亲笔书写。神色不变。并据供称新军为革命党出力。非为国家。其散布票纸有恢复中华平均地权四言句。且伪立天运年号。该党军制亦有统领标统各名目。其运动所至。以各省军界最多。利其器械多而操练熟。此次委系因兵警交哄。以为有隙可乘，致接济不及而败。而有等悖谬之徒。胆敢以怜惜新军为辞。妄肆鼓吹。用心甚为叵测。总之扰害治安即属悖逆。既有夺械戕官焚烧营房抗拒官兵种种确据。证以各犯供词。直认不讳。树勋疆寄所在。惟有执法以从事。并一面剀切示谕。严禁造谣生事。以靖地方。抑树勋更有请者。新军与逆党勾结。皖省酿变于前。今粤又煽乱于后。且主动者多由该军各级官长。一经获案。亦昌言不讳。其病根误听自由独立之学说。而外来之诱胁遂以乘之。腹心可忧。燎原亦可虑。应请传旨练兵各省分。严加选练。力杜诐邪。为思患预防之计。除将各犯全供及黄洪昆亲笔供词。并倪映典所定运动章程十条。分咨查照。并严缉供开在场各乱党获办外。所有讯供分别惩办情形。是否有当。伏乞军机处代奏。恭候训示祗遵云云。①

---

①　冯自由：《冯自由回忆录》上，东方出版社，2011，第 137 页。

赵声"因而辛劳过度，忧心内结，竟得了一种郁气病，时隐时痛，渐渐成为痼疾"①。

最令赵声"时隐时痛"的"痼疾"是同盟会内部的意志难以统一的问题。在这次起义的时间确定上，胡氏兄弟与黄兴、倪映典的意见不一，作为总指挥的赵声的大量时间用在统一同盟会南方支部领导人之间的思想上。特别是胡汉民兄弟是孙中山的代表，他们背后是同盟会的重要派别，这关系着革命大局，赵声不得不竭尽心力来做协调工作。"至则十二月二十六日（一九一○年二月五日）矣。时汉民以中山约汇之款未到，拟改期元宵后。克强以命令既发，持不可。胡毅生横卧榻中，傲岸插言曰：'君欲马到成功乎？数月来无异，何急躁为！'克强默尔息。二十八晚，倪烈士由省来，报告急迫各情，胡氏兄弟始有惶遽状。然粤人习惯，岁终之际，停船不行，已不能赶及矣，乃改定庚戌正月六日（一九一○年二月十五日）。……至则军士已届期与巡警冲突，特无将领，故又按住。李准以迅雷不及掩耳之手段，勒将一标兵士枪械机子卸除。"② 对胡氏兄弟主张延期的问题，倪映典曾"非常激动地向总支部的负责人士说：'若守师期，君等必无噍类！'他是非常痛心于他一生的心血，败于一朝为最惨痛的精神负担。……映典似乎以械弹不足，外援又无望，他是故意的显露目标，以一死以殉革命的。我们得注意的，倪炳章［映典］是赵声最早的革命同志之一，这颗革命种子之安置在广州的新军中，是赵先生一手办成的。倪映典可以说是赵声的替身"③。对倪映典的牺牲，赵声痛感惋惜。"炳章死，伯先挽之云：'生平几个言能践？死后方知君不多！'"④ 赵声对同盟会既期望，又失望。期望的是团结整合各界反清力量，推翻清廷，创建共和；失望的是同盟会各派不能拧成一股绳，尤其不能适应高度机密、高度严密、令行禁止的军事起义行动。

"广州新军起义不幸失败，清吏迅即侦知发难的主谋者是赵氏，因而绘形缉拿，悬赏五万金以购买他的首级，一时侦骑四出，风声极紧，同志们

---

① 杜英穆：《革命先烈赵声》，载周新国、弓楷、刘婷婷编著《赵声研究综览》，江苏人民出版社，2021，第203页。

② 谭人凤：《石叟牌词》，甘肃人民出版社，1983，第77页。

③ 惜秋：《民初风云人物》上，台湾三民书局，1976，第124页。

④ 《胡汉民自传》，载丘权政、杜春和选编《辛亥革命史料选辑》上，湖南人民出版社，1981，第193页。

力促赵氏赴港暂避其锋。赵氏迫不得已，只好改名宋王孙（因他本是宋朝王室的后代），隐居于香港的沙港乡，白天里下田耕种为业，以蔽清廷耳目；夜里则写革命宣传文章投稿，可以拿点稿费。在生计十分艰难时，犹不忘接济由广州逃到香港的革命党人和新军同志。"①

面对清吏的侦探抓捕，新军革命党人暗中通报，及时转移。"宪兵均属同志，凡有拿办之人，常预通消息，使之潜逃。"②

"省吏悬赏捕声，声变姓名为宋王孙，匿香港沙港乡。"③

"清吏知谋出于声，悬五万金购其元，侦骑四出，卒无所获，威名愈振。"④

"清吏方面，又因此次举动，声为主谋，悬赏购捕甚急。"⑤

当时退回香港的革命志士尚有八十三人之多，为了保存这些可贵的革命力量，又不致引起港府的注意，同志们集议后，决定在距九龙不远的沙岗购地百亩，自耕自食，及时养晦。赵声"改名宋王孙（因他本是宋朝王室的后代），隐居于香港的沙港乡，白天里下田耕种为业，以蔽清廷耳目；夜里则写革命宣传文章投稿，可以拿点稿费。在生计十分艰难时，犹不忘接济由广州逃到香港的革命党人和新军同志"⑥。

"清吏乃派陈□□至香港希图暗算赵声，盖陈前在赵之部下为队官，与赵熟习也。在港同志何□又复与陈勾结。幸由宪兵探出实情，密报于赵，始免于祸。"⑦

中国同盟会粤支部杂志第三期（民国元年八月出版）载有同盟会历史，

---

① 杜英穆：《革命先烈赵声》，载周新国、弓楷、刘婷婷编著《赵声研究综览》，江苏人民出版社，2021，第 203 页。
② 马锦春：《三月二十九日之役与广州新军》，载丘权政、杜春和选编《辛亥革命史料选辑》上，湖南人民出版社，1981，第 345 页。
③ 张相文：《赵声传》，载周新国、弓楷、刘婷婷编著《赵声研究综览》，江苏人民出版社，2021，第 73 页。
④ 束世澂：《赵声传（注一）》，载周新国、弓楷、刘婷婷编著《赵声研究综览》，江苏人民出版社，2021，第 54 页。
⑤ 同盟会：《赵声传》，载周新国、弓楷、刘婷婷编著《赵声研究综览》，江苏人民出版社，2021，第 82 页。
⑥ 杜英穆：《革命先烈赵声》，载周新国、弓楷、刘婷婷编著《赵声研究综览》，江苏人民出版社，2021，第 203 页。
⑦ 马锦春：《三月二十九日之役与广州新军》，载丘权政、杜春和选编《辛亥革命史料选辑》上，湖南人民出版社，1981，第 346 页。

其第二节云："其时留南方者日即于穷促，知不可以持久也，赵声乃谋得数十亩之山地，躬耕力食，以待时机焉。……赵声等多以文士而武人，且又北产，虽欲躬耕自食其力，夫何能者？故弥月来其所获，恒不敷其所用。于是变计卖文于某日报馆，以补其阙。赵声本豪于文，下笔辄千言，乃某日报录其文而吝其价，尝文已刻数日，而所值仍未见给，英雄末路，亦可怜哉！"①

南方支部经费奇绌，"穷乏已极，势将不支"，急需筹款善后，以谋再度举事。3月28日（二月十八日），赵声与黄兴、胡汉民赴新加坡，"欲运动小款，以接济港中目前之危困"②。"时伯先见在星洲筹款无效，一再与华侨同志张永福等晤对，亟厌之，谓此事非所长。"③

3月，孙中山在美国洛杉矶与荷马李、布思举行多次会谈，并委派布思为中国同盟会驻国外全权财务代办，向纽约财团洽商贷款三百五十万美元以充军费。因陶成章、章炳麟等先年在南洋和日本对孙中山进行指责，外间传言同盟会内部发生分裂，荷马李等提出要有正式文件证明孙中山为公认之领袖，作为向美方贷款的保证。孙中山于3月14日及28日以电报、详函致南方支部诸领导，提到他与荷马李等的计划，要求提供同盟会军事权威组织的"革命计划"与"委任状"。④

3月31日，汪精卫、黄树中（复生）在北京谋炸清摄政王载沣失败，4月16日被捕下狱。

"番禺汪兆铭刺载沣于京师。未中，下狱。伯先益愤励。"⑤

"至星洲数日，遽得港电，言精卫、黄理君（按即黄复生）谋刺载沣事被发觉，俱遇捕。余曰：'精卫死矣！'与伯先、克强俱流涕太息。又数日，得电则云：'方严讯，未遽置刑辟。'余以为精卫终无幸，伯先慰余曰：'精

① 束世澂：《赵声传记考异》，载政协丹徒县文史资料研究委员会编《辛亥革命先烈赵伯先》，《丹徒文史资料》第六辑，1991，第95页。

② 《黄兴上孙中山论革命计划书》，载中国人民政治协商会议湖南省委员会文史资料研究委员会编《湖南文史资料选辑》第二集，湖南人民出版社，1981，第232页。

③ 《胡汉民自传》，载丘权政、杜春和选编《辛亥革命史料选辑》上，湖南人民出版社，1981，第193页。

④ 《黄兴上孙中山论革命计划书》，载中国人民政治协商会议湖南省委员会文史资料研究委员会编《湖南文史资料选辑》第二集，湖南人民出版社，1981，第233页。

⑤ 章士钊：《赵伯先事略》，载周新国、弓楷、刘婷婷编著《赵声研究综览》，江苏人民出版社，2021，第45页。

卫已杀身成仁矣，是举闻于天下人，且将有长厚者亦复为之感，是死一精卫，更将有百十精卫为继起，何苦戚戚如是?'"① 赵声认为汪、黄二人有杀身成仁、唤醒民众、激发后起的意义，并以此激励自己奋发努力。

孙中山的函电到港后，胡毅生电请赵声等返港商榷；宫崎寅藏自东京来电，约在港相晤。4 月下旬，赵声与黄兴先后返回香港。

5 月 13 日（四月初五日），赵声与黄兴在香港对孙中山的要求进行研究后，办理了孙中山所需要的"委任状"；由黄兴执笔复函孙中山先生《革命计划书》。黄兴特别强调赵声对新军的作用："弟与伯先意，以为广东必可由省城下手，且必能由军队下手。"② 又云："新军一营，驻广州者为伯先旧部，今正闻广州之事，已跃跃欲试。"③ 又云："至三江之陆军，其将校多半同志，今岁闻伯先兄在粤举事，皆有握拳透爪之势，若事前与之联络，择其缜密者为之枢纽。势不难与两粤并。"④ 鉴于赵声的能力、声望及其对新军的影响，黄兴真诚地推荐赵声担当军事革命重任："赵伯先兄于军事甚踊跃担任，此次款项若成，可委广东发难之军事于伊，命弟为之参谋，以补其短，庶于事有济。伯兄刻虽不能入内地，以军界多属望于伊，为之自亦易易。若能得一次大会议，分担责任，各尽其才，事无不成矣。"⑤

此处附《黄兴上孙中山论革命计划书》⑥：

中山先生鉴：三月十四号之电及二十八号之详函，均前后收到。各同志读之，有此极大希望，靡不欢跃之至。兹委任状已办妥，同日由邮挂号寄上，乞查察施行为是。再将弟与伯先兄之意见略陈之，以备采择焉。

（一）先生与军人所拟之方略，与此间所已运动得手之情形略有不同。弟与伯先意，以为广东必可由省城下手，且必能由军队下手。此次新军之

① 《胡汉民自传》，载丘权政、杜春和选编《辛亥革命史料选辑》上，湖南人民出版社，1981，第 193 页。

② 《黄兴上孙中山论革命计划书》，载中国人民政治协商会议湖南省委员会文史资料研究委员会编《湖南文史资料选辑》第二集，湖南人民出版社，1981，第 229 页。

③ 《黄兴上孙中山论革命计划书》，载中国人民政治协商会议湖南省委员会文史资料研究委员会编《湖南文史资料选辑》第二集，湖南人民出版社，1981，第 230 页。

④ 《黄兴上孙中山论革命计划书》，载中国人民政治协商会议湖南省委员会文史资料研究委员会编《湖南文史资料选辑》第二集，湖南人民出版社，1981，第 231 页。

⑤ 《黄兴上孙中山论革命计划书》，载中国人民政治协商会议湖南省委员会文史资料研究委员会编《湖南文史资料选辑》第二集，湖南人民出版社，1981，第 232 页。

⑥ 《黄兴上孙中山论革命计划书》，载中国人民政治协商会议湖南省委员会文史资料研究委员会编《湖南文史资料选辑》第二集，湖南人民出版社，1981，第 229 页。

败，解散者虽有一标及炮二营工辎四营之多，然二标及三标之一营，皆未变动。现虽有议移高州之说，恐一时尚不能实行。而巡防队兵卒之表同情于此次正反者甚众，现总督水陆提（按：疑脱"督"字）皆以巡防队为可靠，闻往招湘人约千人（可断定多会党，运动必易，以湘人运动尤易）。北江一带，约数百人，将来专为省防之用。李准原有之亲兵队，约千余人（内同志甚多）。总共巡防计有三千之谱。若此兵数，一能运动，则外无反对者。其方法俟大款得手，先刺杀李准一人，使其部下将校，自相混乱变更（因皆李私人，多不得兵心，若易统领，则必更换其管带哨弁等，而兵卒之心更离矣）；于此变更之时，广用金钱（兵卒皆不丰足，负债者甚多。益以嫖赌，其势更岌岌），不一月可悉收其众。前次之失，立可恢复。省城一得，兵众械足、无事不可为。至广西一隅，同志之在陆军者，约数十人（李书城、孙棨、杨源浚等均在此），以刻尚未招兵训练，无可假手。至秋期则兵数想亦可招足。此方面不必顾虑自能联合也。外会党一面，刻虽清乡、其人众稍为所慑、然兵去则聚、自成常例、至时亦可号召之。前所运动之基础，固未摧坏，再扩张之，自易易也。总之，广东之事，视款为难易，以普通一般之军队，多贪鄙嗜利，况有义字以激发之，富贵功名唾手可得，何乐而不为此；此弟与伯先兄观察广东巡防军队之心理，而可以断定者也。故图广东之事，不必于边远，而可于省会？边远虽起易败（以我不能交通而彼得交通故），省会一得必成，事大相悬，不可不择（此次新军之败，乃在例外）。倘先生与军人已决议择一地点，为训练兵卒、接收器械之处，亦不难图之而为省城之外援。现广州湾已查得一地（此李应生与甄吉亭到该处查获者），可向法人批租。其地为旧公园，目下有一法人垦之不利，该处之公使堂欲弃之，价不过三千余金。又有房屋多间（有一大洋楼），另给千余元均可得。又李应生亦有地在该处，伊祖父给之，使其自营者，亦可为之开辟。又张静皆兄亦有意至该处垦地，如一得款，可由李、张、甄等出名至该处领地，藏数千人，势亦不难。且新军中之高州人，散归者颇能团结一气，不为少馁。其该处之来联盟者，日进无已（前新军中之头目为之主盟，巡防、会党皆有）。若二标移往该处，则势更好（闻五月间其在茂名化州之营房可起）。此处可决定为之，一便于接械；二便于出西江，扼上游（南宁）之冲，收服巡防各队，略定西省南服，将来其有助于省军必大也。郭人漳处，自弟出后，弟曾通信一次，乃言王德润事，未见其复。今袁督之子，与伊至交，且兼有戚谊，若与商约，恐必举发其阴谋，惟有至时降服之，否亦杀之不足惜。至其所部之众，其新军一营，驻广州者为伯先旧部，今正闻广州之事，已跃跃欲试。余一营为湖南老营，多不满意于伊。他则皆巡防耳，一朝有变，反侧随之，无他虑也。然弟当试以他术，嗜利之徒，或能可动，亦未可知，然总以不告以秘密为是。

（二）连络他省之军队及会党，此最宜注意者。今满洲之马杰及渤海之海贼，去岁萱野返日，已带有二三人来，均有势力者。伊等只要求费用，即可活动，至少可集合三五千之众，扰乱满洲方面，趋近杀虎口、张家口一带（口外无兵，可随意越过），以惊撼北京，此最为出奇者也。势虽不成，牵掣北清之兵力有余。又北清之新军，同志在其间者亦不少。前岁西挪拉氏之变，伊等欲乘机运动，虽无大效力，然种子已播，兹更图之，亦不难也。长江一带之会党，久已倾心于吾党，一有号召，至可助其威焰；尤以浙江一部为可用，王金发君等可得主动之。至三江之陆军，其将校半多同志，今岁闻伯先兄在粤举事，皆有握拳透爪之势，若事前与之联络，择其缜密者为之枢纽。势不难与两粤并。湖北之陆军虽腐败，然开通者亦不少。去岁有孙武（湖北人）者竭力运动，闻成绩亦好。湘中之新军，虽不及万人，然有数同志为管带、队官等；又督练公所及参谋等多同志，人较他处亦不弱。云南同志亦多得力，其经营有不俟他处彼亦为之之势。此次巨款若成，择其紧要，辨其缓急以图之，必有谷中一鸣，众山皆应之象。而吾党散漫之态亦从而精神活动，可无疑也。

（三）军人拟聘武员及各种技师前来预备充组织及教练之用，此事弟等思之颇有难处。无论难得地点，即有地点（譬如已得广州湾言），恐集合多人，耳目众多，流言四起，外人或不注意，满吏则必为之枕席不安也。况多数外人来此，尤易招目，此事可否婉曲商之，云吾党初期之预备，须稍宽以时日，然后招聘人员（俟初期预备完全，由此间报告后，然后招聘，方为妥当）。在伊等视之，以为此等事必非速速可成，而吾等于稍宽之时日中，得完全成功，出伊意外，想伊亦不见忌，必乐为我用也。我等于事起后，伊等之来，自是有益。此两无妨害之事，伊亦必允从。否则伊来，如事前败坏或放逐之类，皆于大局有关，且于教练实际上断不能施行。此种情形，想先生亦知之深矣。

（四）组织总机关之人材，弟意必多求之各省同志中，以为将来调和省界之计。一有款，弟拟去日本招求已归内地之同志（有胆识者），来日会议后，分遣担任赴内地运动各事。其智识卓绝，或不能回内地者，则留驻日本，或招来港中，为组织总机关之人员。但目今不能详举其人名。以近二三年来，未与共办一事，而为外间浮言所中者居多。必须开诚布公、推心置腹以感之，彼方见信，如孙少侯君其人也。杨笃生君在英专志科学，有款，先生必要之归。此人思想缜密，有类精卫，文采人品亦如之，美材也。蔡子民君在德，此人虽无阔达之度，而办事精细有余，亦难多得。吴稚晖君甚属人望，惟偏于理想，若办事稍低减其手腕，自亦当行出色。他如在东山西之景定成君，湖北之黄运覧君，四川之李肇甫，湖南之左仲远、龚超（已出狱）、张百菕（三君皆有才，可办事，惟宜一方面）、刘揆一、宋教仁，山东之商启予、丁惟汾，陕西之于右任，江苏之章梓等，皆能办事。此不过举其一二。至其能在内地实行运动者，亦不乏人，想可招之使来。若我辈能虚怀咨商，不存意见，人未有不乐与共事者也。赵伯先兄于军事甚踊跃担任，此次款项若成，可委广东发难之军事于伊，命弟为之参谋，以补其短，庶于事有济。伯兄刻虽不能入内地，以军界多属望于伊，为之自亦易易。若能得一次大会议，分担责任，各尽其才，事无不成矣。

以上所述意见，弟与伯先兄相同，可作两人函视也。

弟自去腊来港，省事败后，郁郁居此，一筹莫展。二月十八与展兄伯先同赴新加坡、欲运动小款，以接济港中目前之危困。适先生此函至，毅生兄电弟等返港。弟与伯先兄先后返港，展兄稍留，少得款后，亦当归也。现港中穷乏已极，势将不支。先生处如可筹得二三千元电来，以解眉急，尤为盼切。

再要者，该军人及资家，如不能运动，此刻想先生处已得实答，此委任状亦不必给之。以其中人名与省分不同者多，倘后日发见，必传为笑柄也。至要，至要。又弟在新加（按：此处脱"坡"字）时，宫崎由日来电，约弟来港相晤。及弟来港，伊偕儿玉右二来。此人与寺内正毅有关系，大约日政府见满洲交涉，无大进步，而清军队之表同情于吾党者日多，或一旦吾党势力可成，伊既无要求于满政府，而又不见好于吾党，两无所据。又恐他国与吾党密近，将来排斥己国于东亚，殊难立足。有此隐情，故宫崎乘间运动长谷川大将名好道者，由长谷川将宫崎所铺张吾党之势力绍介于寺内。故寺内密派儿玉与宫崎来调查吾党势力，不过证实宫崎之前言耳。

在港不过一礼拜，弟稍夸张出之，略言法美国民皆表同情，或能怂恿之，亦未可知也。精卫兄事，详毅、实两兄函。不另。

手此，即请

筹安

弟黄兴顿首

四月初五日

赵声在香港与各地革命党加强联系。春，在香港晤何遂①。何遂说："我，耿毅②、刘建藩、吕公望③、贺斌、杨明远、杨卓等人……一行人在王孝缜率领下，由上海到香港，在九龙见到了赵声。他住在一座小楼上，非常热情地招待我们。这时恰在燕塘兵变失败之后。赵声讲他当时起义的计划，侃侃而谈，我们受到很大的鼓舞。"④

6 月，孙中山电邀赵声、黄兴、谭人凤⑤、林文⑥等去日本会面。中国同盟会粤支部杂志第三期（民国元年八月出版）第二节云：赵声在香港与同党们艰苦渔耕，"已积数月，思欲变计他图，时忽接从日本来一电文，促赵声至东京，有所商议。赵乃安置其同辈，抽身而走东洋"⑦。赵声"偕同志胡毅生与林文，遄赴东京，面谒国父"⑧。

会面安排在日本东京小石川区原町三十一番宫崎寅藏⑨的寓所。这是孙

① 何遂（1888—1968），别字叙甫，别号滺溥，笔名贱夫。福建侯官人。在新军九镇为赵声部下。

② 耿毅（1881—1960），河北任县南留寨人。1906 年在北洋陆军速成武备学堂（即保定陆军军官学堂，1912 年 10 月改为保定陆军军官学校）毕业，当教官时参加同盟会。

③ 吕公望（1879—1954），字戴之，清廪生。浙江永康人。早年参加光复会，后毕业于保定军校。曾任浙江新军督练公所科员、第八十二标第二营督队官。

④ 何遂：《辛亥革命亲历纪实》，载政协全国委员会文史资料研究委员会编《辛亥革命回忆录》第一集，文史资料出版社，1961，第 463 页。

⑤ 谭人凤（1860—1920），字石屏，号符善，人称谭胡子，汉族，湖南新化县人。华兴会创始人之一，同盟会早期会员和重要骨干。

⑥ 林文（1887—1911），号时爽。福建侯官（今闽侯）人。1905 年赴日本留学，并加入同盟会。

⑦ 束世澂：《赵声传记考异》，载政协丹徒县文史资料研究委员会编《辛亥革命先烈赵伯先》，《丹徒文史资料》第六辑，1991，第 96 页。

⑧ 惜秋：《民初风云人物》上，台湾三民书局，1976，第 125 页。

⑨ 宫崎寅藏（1871—1922），即宫崎滔天，日本人。1897 年结识孙中山，1905 年加入同盟会，1906 年主持创办同盟会重要宣传刊物《革命评论》。

中山与赵声第一次会晤，两人心仪已久，见面倍感亲切。"盖赵声虽献身革命已久，但尚未亲与国父谋面，故专诚晋见，以馨渴慕之忱。国父闻赵声之名已久，及相见，对其颀硕的身材与不可一世的气度，也是非常的器重。"①

《黄兴年谱长编》载："6月11—24日（五月初五至十八日）在东京与孙中山、赵声等秘密会商。孙中山于抵横滨之次日赴东京，隐居小石川区原町三十一番地宫崎寅藏寓所，与黄兴、赵声、宋教仁②、谭人凤等多次密商革命进行方略，谋设秘密机关，统一各省革命团体行动。在密会中，宋、谭与孙中山曾发生争执。"③

庚戌广州新军之役后，国内的政治局势快速发展，各种社会矛盾迅速激化，革命时机日趋成熟。但许多革命者的认识很不足，同盟会组织涣散，领导人心思不一，工作不力；领导之间对起义地点的主张也不尽相同。面对庚戌广州新军之役的失败，许多同盟会骨干沉浸在悲观失望中。"时在东同志概灰心，党事已无人过问。宋钝初〔教仁〕亦拟避人避世，遁迹烟霞。"④

谭人凤对同盟会无人问事的现状不满。孙中山到日本后，谭人凤要求改良党务，他说："余晤中山，责改良党务，中山颔之。不意钝初〔宋教仁〕往商，乃曰：'同盟会已取消矣，有力者尽可独树一帜。'钝初问故，则曰：'党员攻击总理，无总理安有同盟会？经费由我筹集，党员无过问之权，何得执以抨击？'钝初未与辩，返告余。余颇愤。次日复同钝初往，仍持此种论调。余驳之曰：'同盟会由全国志士结合组织，何得一人言取消？总理无处罚党员之规条；陶成章所持理由，东京亦无人附和，何得怪党人？款项即系直接运动，然用公家名义筹来，有所开销，应使全体与知，何云不得过问。'中山语塞，乃曰：'可容日约各分会长再议。'不意越数日，暗地而来者，又暗地而去，置党务于不议不论，余于是亦遂大不慊于中山矣。"⑤

① 惜秋：《民初风云人物》上，台湾三民书局，1976，第125页。
② 宋教仁（1882—1913），字得尊，号遁初，一作钝初、邂初、敦初，别号渔父。湖南省常德人。华兴会副会长，1905年加入同盟会。
③ 毛注清：《黄兴年谱长编》，中华书局，1991，第161页。
④ 谭人凤：《石叟牌词》，甘肃人民出版社，1983，第80页。
⑤ 谭人凤：《石叟牌词》，甘肃人民出版社，1983，第80页。

谭人凤、宋教仁等人对孙中山的做法不满，与赵声商量谋组中部同盟会，以长江中下游为起义地点的问题。赵声深感同盟会缺乏领导力，特别是庚戌广州新军之役失败后，竟无人善后。谋求起义的多地联动呼应本就是赵声的战略，他对谭、宋的提议非常关心。谭人凤记载："因与赵伯先等商改组、以长江为进行地点。伯先极端赞成，于是约张懋隆（四川人）、林时爽（福建人）、李伯中（四川人）、陈勤宣（安徽人）、周瑟铿、邹永成、刘承烈、张斗枢（湘人）会议于宋钝初所寓之寒香园，盖钝初亦倡议之一人也。同盟会初成立时，本有五部名义，乃议作中部同盟会办理。惟议虽决，苦无款进行，故尚须与南部磋商也。时伯先偕患难同志佃渔于香港对岸之九龙，须归照料，旋即返。……克强无别意见，惟谓须有款项方可。汉民则谓：'东京一勤学舍，尚不能维持，何足言办事？总理特暂时假定耳，因改组而又将有无谓之总理问题发生，非笑话乎？'余怒极，责之曰：'本部在东京，总理西南无定踪，从未过问，总于何有，理于何有？东京经费纯仗同志摊派维持，并未向各处招摇撞骗。汝等以同盟会名义，掣骗华侨巨款，设一事务所，住几个闲散人，办一机关报，吹几句牛皮，遂算本事冲天，而敢藐视一切耶？'几欲飨以拳。时伯先挽余谓之曰：'各行其是，理他何为？'余怒始息。"①

作为三江新军与两广新军的革命党领袖，赵声在两地早有布局，对一呼百应的起义充满信心。他分析了形势，调和不同意见，根据现有条件，认为当尽快在广州再次发动新军起义，"广东必可由省城下手，且必能由军队下手"。赵声在会议上提出再接再厉重新组织起义的主张，得到孙中山的支持。孙中山"又言：'国内革命风潮已日盛，华侨之思想已开，吾辈有计划有勇气，则事无不成。'伯先乃言：'果图再举，当恢复内外机关，且指挥各省同志分任进行，如是种种，实需巨宗款项。'先生然之"②。孙中山认可赵声提出的"起义当调动各省力量，需要巨额军费"的判断。在此后的十多天时间里，赵声多次与孙中山商讨革命方略。孙中山"答允他革命经费以一万元为度，用来维持南方支部，如有大事，设法再筹。又说过：广

---

① 谭人凤：《石叟牌词》，甘肃人民出版社，1983，第80页。
② 《胡汉民自传》，载丘权政、杜春和选编《辛亥革命史料选辑》上，湖南人民出版社，1981，第196页。

东军事计划，一听赵先生主持"①。

在东京的秘密会议上，孙中山特别指出：自赵声领导运动广州新军革命以来，成效卓越，虽然庚戌广州新军之役遭到了失败，但新军中的革命力量大部分保存了下来。而此役之后，海外同志更加愤激。他说："乃者时机日逼，外而高丽既灭，满洲亦分，中国命运悬于一线；内而有钉门牌、收梁税，民心大变，时有反抗。吾等新军之运动，已普及于云南、广西、三江、两湖，时机已算成熟。"② 他激励大家："国内革命风潮已日盛，华侨之思想已开，吾辈有计划有勇气，则事无不成。"③

在东京会议上，孙中山与赵声形成在广州以新军为主力再次发动武装起义的共识，孙中山自任筹集军费，请赵声负责组织起义。赵声感到，庚戌之役在很大程度上是因为军械保障滞后而失败的。兵马未动粮草先行，赵声估算组织起义所需的时间，向孙中山开诚布公地说明，最迟在农历八月要将军费筹集到位，如果军费有问题，他则寻求其他合作途径。孙中山宽慰赵声说，军费没问题，美洲已有着落，数月即可到账。"孙（总理）赵既交后，孙乃自任以筹款，劝赵仍归图南。允以每年筹寄万金为赵实地运动费。赵不允，以为候君至八月，款仍未就，则决志他适矣！孙力慰之。谓余来日时，美洲已有人相招，某资本家可稍借十余万，今由东洋至美，数月后，必当有报。赵仍南回。"④

在东京的秘密会议，赵声以自己的行动与实力，统一了同盟会各派的意见，显示了他在同盟会中举足轻重的作用。

对赵声在日本的活动，宫崎寅藏撰写的《赵声君》一文，做了一些回忆。《赵声君》⑤ 载：

因为是南京新军的首领，激进的少壮军人，更作为革命党人，赵声在被端方撤职以后，在中国国内反而名声越来越大。

---

① 莫纪彭：《同盟会南方支部之干部及庚戌新军起义之回顾》，载丘权政、杜春和选编《辛亥革命史料选辑》上，湖南人民出版社，1981，第335页。

② 金冲及、胡绳武：《辛亥革命史稿2. 中国同盟会》，上海辞书出版社，2011，第472页。

③ 《胡汉民自传》，载丘权政、杜春和选编《辛亥革命史料选辑》上，湖南人民出版社，1981，第196页。

④ 束世澂：《赵声传记考异》，载政协丹徒县文史资料研究委员会编《辛亥革命先烈赵伯先》，《丹徒文史资料》第六辑，1991，第96页。

⑤ 编者译自《宫崎滔天全集》第二卷，平凡社，1971。

在前面关于记叙林文的文章《林文君》中，曾提到明治四十三年（1910），孙中山、黄兴、赵声来日本时在我家住过。在我家的一个多月时间里，我们更多的交流是在晚上聚餐喝酒时。我们意气相通，心心相印，对问题的看法一致；我们的交流到了很高的层次，通过简单的问答，眼神、手势等的表示，就能够克服语言不全通带来的交流不便，很透彻的彼此理解。

赵声个子很高，也很精干，平时沉稳寡言。他很有酒量，但他谨慎自制，并不过量饮酒。他遇事很尊重黄兴的意见；黄兴也提醒我不要让赵声过多的喝酒。在喝酒时，赵声也有很激动的情况，他往往会表现得慷慨激愤，可见以前的失败对他产生了很大的刺激，并且他的身体也受到了影响。所以，我们也都注意控制酒量。

当时，我的两个儿子正在中学读书，每天放学后去学习剑道。赵声会中国武术，与我的孩子们于此有交流。每天回家后再向赵声请教练武之事，是让孩子们最高兴的。

孙中山离开我家南下，赵声也同时离开我家去林文家居住，不久黄兴也离开我家去了东京。我们依依惜别，赵声为我题写了一幅其自作诗的书法扇面，这是我们之间唯一的纪念物。诗是这样的：

> 去留原不异，家国竟何存。
>
> 马革终当裹；蛇犀偶可亲。
>
> 黄龙一杯酒，有日悦嘉宾。

从一个军校教官，到举事起义的总指挥，并且在举事起义时要承担进攻广东总督府、消灭强人李准的重任，赵声一直是勇于担当的重要人物。他最后所领导的起义壮举，由于情况的变化和计划的不周密而失败了；他也因此忧愤而死。

他满腔热血而奋斗的生命历程是难以用这样的短文描述的。

擅于诗文的赵声与林文在香港及日本与孙中山见面期间，多有诗词交流。诗词如下①：

---

① 姜泣群：《朝野新谈戊己编》，书林书局，1914，第70页。

五绝

（一）

落叶闻归雁，江声起暮鸦。

秋风千万户，不见汉人家。

（二）

仆本伤心者，登临夕照斜。

何堪更回首，坠作自由花。

（三）

故国河山远，秋风鼓角残。

登临悲岁促，涕泪向人难。

（四）

路尽天应近，江空月自寒。

不辞随落叶，分散去漫漫。

（五）

□□□□□，干戈久未安。

豺狼充道路，刀俎尽衣冠。

（六）

大地秦关险，秋风易水寒。

雪花歌一曲，听罢泪漫漫。

七律

（一）

秦始山河百二重，而今无地觅尧封。

郑洪举义斜阳冷，葛岳奇才碧水空。

水事何曾哀乐尽，野花依旧寂寥红。

鱼龙残夜谁能啸，只此伤心万古同。

（二）

□□□□□□□，□□□□□□□。

杜李文章嗟莫及，蔺廉肝胆喜相磨。

西方有梦归尤急，北斗无声泪一更。

太息江东豪杰尽，糟糠无复铸夷齐。

赵声回到香港后，向起义骨干们传达了日本会议的精神。赵声对胡毅生说，我们进行武装革命，最大的不足是缺少外交人才，一旦新军起来革命，必难获得外国人认同，见过孙中山后，他忧虑的这一问题有答案了。"庚戌夏烈士［赵声］偕胡毅生、林时塽［爽］同志赴日本，同候孙中山先生，相见极欢，烈士谓胡君曰：吾国最患无折冲尊俎［外交］之才，一旦革命军起，必难获得外人承认为交战团体，今见孙公，吾无忧矣。秋间返港，复偕黄兴、胡汉民两同志南渡英属各殖民地筹款，图再举。"①

对庚戌广州起义中出现的新军革命党与同盟会南方支部有关军费及起义时间意见不统一的问题，会议决定赵声在香港全面负责武装起义计划。赵声于"一九一〇年，往南洋各地筹措军费，并任香港同盟会会长"②。"因赵声、黄兴等已与孙中山先生及各同志决定广州起义大纲，凡同党负望之人，均陆续集中于港，协力办事。"③

赵声与黄兴赴仰光，图进取云南。

"时［黄］兴以粤中党人，元气大损，再举不易，拟改从缅甸入云南，联络云南军队举义。［赵］声等亦有所图。"④ "谭人凤离港后，黄兴即与赵声赴仰光，与滇籍同盟会员吕志伊等徐图进行，并到腊戌筹募起义经费。"⑤

赵声对云南做了深入考察后认为，起义还是以广州为好。他与黄兴、吕志伊达成共识："与其举义于滇西，不如举义于粤东，而滇为响应。"⑥

回到香港后，赵声主持同盟会，领导组织起义。参与工作的莫纪彭⑦记载："赵先生长住在支部里边，遥遥领导，与存在的新军同志时通声气，隐然成为一个新重心，这几点便与三月二十九一役成了莫大的连结关系了……当时赵先生偕林时爽先生到过东京一次，小住后回到支部。洪、赵

①　佚名：《赵烈士事略》，载周新国、弓楷、刘婷婷编著《赵声研究综览》，江苏人民出版社，2021，第 97 页。

②　李守静：《伯先公园纪事》，载中国人民政治协商会议江苏省镇江市委员会文史资料研究委员会编《镇江文史资料》第八辑，1984，第 174 页。

③　马锦春：《三月二十九日之役与广州新军》，载丘权政、杜春和选编《辛亥革命史料选辑》上，湖南人民出版社，1981，第 347 页。

④　毛注清：《黄兴年谱长编》，中华书局，1991，第 162 页。

⑤　毛注清：《黄兴年谱长编》，中华书局，1991，第 162 页。

⑥　毛注清：《黄兴年谱长编》，中华书局，1991，第 162 页。

⑦　莫纪彭（1885—1972），广东东莞人。1910 年，参加赵声发动的庚戌广州新军起义。1911年，在黄花岗起义中担任选锋队（敢死队）第三队队长。

的交情，遂称莫逆。林先生曾向我说过，赵先生是革命党中的重镇，革命党军事人材是很缺乏的，得了赵先生实行革命，这个缺乏，现在已无问题……总之，有了新军一役，我们知道军人可用，把前日专志运动土匪做革命势力一个政策矫正。这个政策，简直到底无成的。从未见过土匪式、民军式的革命能成了事。所以说到革命党利用土匪来做革命，不如说是土匪利用革命党做他的保护人，新军运动以前的运动，只是这一种运动罢了。新军运动失败，但是新军力量仍然存在，新军运动的领袖倪先生死去，但是继之而起有赵先生来负责任。广东仍然是我们一个良好的革命地盘，南方支部是我们指挥这个良好革命地盘唯一的机关，这是当年确实的事实。日后修革命史的人们，应该不可忘记或忽视的。"①

孙中山积极落实赵声关于军费的意见，致函约请南洋各埠党员到南洋庇能开会。

七月，孙中山决定在槟榔屿召开同盟会领导会议，即"庇能会议"，时间是十月十二日（11 月 13 日），地点在四间街孙中山的寓所，"孙文在三藩市，取道檀香山、日本，而至庇能（即槟榔屿），寓四间街。乃约赵声、黄兴、胡汉民来会，以商卷土重来之计划。时各人以新败之余，破坏最良好之机关，失却最利便之地盘。加以新军亡命南来者，实繁有徒，招待安插，为力已穷。而吾人食住行动之资，将虞不继。举目前途，众有忧色。询及将来计划，莫不噫嘘太息，相视无言。孙中山乃慰以一败何足馁，吾曩之失败，几为举世所弃，比之今日，其困难实百倍。今日吾辈虽穷，而革命之风潮则已甚盛，华侨之思想已开，从今以后，只虑吾人之无计划无勇气耳。如果众志不衰，财用一层，吾当设法"②。

"国父却特地召赵氏前往参加，因为赵氏在南京和广东带兵甚久，无形中他已掌握了很大的一支武力也。

"参加会议的同志，咸感屡次起义失败，不但经营多时的机关被破坏了，而且许多优秀的同志也都牺牲了，一切都要从头开始，实在困难重重；尤其革命军费筹措困难，既要招抚流亡的同志，又要维持党人的生活，还

---

① 莫纪彭：《同盟会南方支部之干部及庚戌新军起义之回顾》，载丘权政、杜春和选编《辛亥革命史料选辑》上，湖南人民出版社，1981，第 332、336 页。

② 曹亚伯：《广州三月二十九日之役》，载中国史学会主编《辛亥革命》四，上海人民出版社，1957，第 173 页。

要购买武器，从事革命活动，在在需款，谈何容易，因此大家都摇头叹息，表示悲观，主张再度起义不妨暂缓。

"独有赵氏昂然起立，力排众议，主张再接再厉，继续努力，不可稍有间断。他豪迈地道：'请先给我五千元，以便回国接济同志，免得他们散去。因为亡命各处的新军很多，他们为了躲避清廷的追捕，生活在恐怖之中，甚至衣食不继。如能善为安抚，都是我们革命的先锋啊！至于再行举义的军费，如能募得十万元购买武器及从事革命活动，那就足够了。'"①

孙中山听了赵声的意见，深以为然。他说："现在时机既迫，吾人当为破釜沉舟之谋。"② 他随即鼓励大家道："我们上几次失败，因为受了保皇党的阻力，以致本党没有多大发展。可是我们虽失败了好几次，而革命的风潮，已经弥漫了全国，我们以后只要能下决心，拼命干去，不怕没有成功的希望。要知道这一次革命，是我们中国汉族存亡的关头。至于经济方面，一定要有充分的准备，因为有了经济，就可以买器械，有了器械，就好举事。一旦革命成功，我们便立个民主国家，建设新中华，我们民族，就可和世界各强国，一律平等。"③

孙中山"极力激励诸同志谓：'现在因新军之失败，一般清吏自以为吾党必不敢轻于再试，可以高枕无忧，防御必疏。至新军之失败，虽属不幸，然因此影响于军界最巨。吾党同志，果能鼓其勇气，乘此良机，重谋大举，则克复广州易于反掌。如广州已得，吾党既有此绝好之根据地，以后发展更不难着着进行矣。且此次再举，亦远非前次历次之失败可比，因曩者多未有充分之筹备，每于仓卒起事所致。今既有先事之计划，当然较有把握，可操胜算。但诸同志疑虑莫决者，乃在于饷械之无着；不知现在因吾党历次之举义与海外各埠同志竭力之宣传，革命精神早已弥漫南洋群岛中，只怕吾人无勇气，无方法，以避免居留政府之干涉，以致贻误事机，今吾人则以教捐义捐之名目出之，可保无虞也。'诸同志闻总理一席言，均大加奋发，咸认为事有可为，于是一致赞成。议决仍由广州举义，并分发捐册于

———

①　杜英穆：《革命先烈赵声》，载周新国、弓楷、刘婷婷编著《赵声研究综览》，江苏人民出版社，2021，第 204 页。

②　曹亚伯：《广州三月二十九日之役》，载中国史学会主编《辛亥革命》四，上海人民出版社，1957，第 174 页。

③　胡国梁：《辛亥广州起义别纪》，载中国史学会主编《辛亥革命》四，上海人民出版社，1957，第 264 页。

各埠分部"①。

孙中山说，"'我立志革命已二十多年了，先后失败了九次，每次失败都有人讥笑我，轻视我，我并不灰心。那时的环境比现在困难多了，现在革命风潮已普及全国，只要大家能拿出勇气，再接再厉，小心进行，最后成功必属于我们！至于革命费用，我会负责筹措，大家不必担心。'众人听了，都转忧为喜，重新拾起信心。于是一致决议先筹募十万元，以备广州起义之用。并当场发动乐捐，热心的华侨纷纷解囊，立即筹到八千余元。继即发出捐册，分向南洋英、荷属各地及暹罗、越南各处华侨劝募，这便是惊天地泣鬼神的黄花岗一役之所由来"②。

"各埠代表吴世荣、黄金庆、林世安、邓泽如、李孝章、沈联芳、陆秋露、郑螺生、李源水、伍熹石、黄怡益、朱赤霓、黄心持、陈占梅、李月池、郭应章等莅会，会议颇具规模。初议起义发难所需，及购置军火、往来食宿等经费，当在十万余银。"③

槟榔屿会议决定，集中同盟会的精英，做好充分准备，与清廷在广州举行"破釜沉舟"的大决战。

赵声考虑，起义前众多士兵处于激情亢奋的状态，难以保密，一旦引起清吏的警戒，便处于十分被动的状态。这次是集中同盟会的力量，做破釜沉舟的决战，赵声提议招募、挑选、组建先锋敢死队。"新军重新招集，党人虽仍参入其中，而警戒至严，且不给子弹，徒手暴动，咄嗟为人所乘；巡防营与附近民军，则只可使为响应，故当首先发难时，须另有主干部队。伯先定其名为'选锋'。"④"选锋"敢死队在香港进行预案训练，担任起义发难的先锋。由训练有素、计划周密、目的明确的"选锋发起引导，带动新军起义"⑤。

---

①　杨汉翔：《记孙中山先生关于筹划辛亥广州举义之演说》，载政协丹徒县文史资料研究委员会编《辛亥革命先烈赵伯先》，《丹徒文史资料》第六辑，1991，第105-106页。

②　杜英穆：《革命先烈赵声》，载周新国、弓楷、刘婷婷编著《赵声研究综览》，江苏人民出版社，第2021，第204页。

③　田苹、邢照华：《同盟会与辛亥广州"三·二九"起义》，广西人民出版社，2011，第24页。

④　《胡汉民自传》，载丘权政、杜春和选编《辛亥革命史料选辑》上，湖南人民出版社，1981，第196。

⑤　广东哲学社会科学研究所历史研究室、中国社会科学院近代史研究所中华民国史研究室、中山大学历史系合编《孙中山年谱》，中华书局，1980，第111页。

　　在孙中山的主持下，会议采纳了赵声的意见，统一思想，制定了广州大举的计划：

　　一、招募、组织 500 人的"选锋"敢死突击队，担当首发重任，引导新军起义。

　　二、赵声、黄兴具体领导组织此次广州大举的各项军事行动；孙中山负责海外筹款及购置枪械。

　　三、确定北伐路线。起义占领广州后，由赵声率东路军贯江西出湖口，直下江南；黄兴率西路军经广西入湖南会师武汉。两路北伐大军饮马长江后，挥师北上，直捣幽燕，推翻清王朝。

　　四、筹足经费。吸取前几次起义都因经费不足、武器弹药不济而贻误战斗的教训，此次大举，拟筹款 20 万元。会上"并分发捐册于各埠分部"①，筹措经费。

　　"因赵声、黄兴等已与孙中山先生及各同志决定广州起义大纲，凡同党负望之人，均陆续集中于港，协力办事。"②

　　在同盟会各派领导人中，孙中山、黄兴与赵声志同道合、肝胆相照。赵声对长自己 15 岁的孙中山，与长自己 7 岁的黄兴十分尊重，孙中山和黄兴也十分信任、倚重赵声。在会议上，赵声力排众议，主张从快再次发动起义，得到孙中山与黄兴的支持。会议振奋了革命党人的精神，统一了革命党人的意志，定下了在广州再次发动起义的大计，并制定了计划。在这里，以赵声为代表的新军革命力量与以孙中山为代表的社会革命力量汇合共举，赵声担当起组织策划发动新军武装起义的历史重任。

　　"孙文至槟榔屿。乃偕黄兴赴焉。议定设总机关于香港，即以［赵］声为内部总长主持之。"③

　　赵声"偕克强先生至庇能，与中山商决大举之策，策定，乃回香港，建设总机关部，一方与各省翕合，一方从广东进行。时烈士［赵声］名盛

---

　　① 杨汉翔：《记孙中山先生关于筹划辛亥广州举义之演说》，载政协丹徒县文史资料研究委员会编《辛亥革命先烈赵伯先》，《丹徒文史资料》第六辑，1991，第 106 页。

　　② 马锦春：《三月二十九日之役与广州新军》，载丘权政、杜春和选编《辛亥革命史料选辑》上，湖南人民出版社，1981，第 347 页。

　　③ 张相文：《赵声传》，载周新国、弓楷、刘婷婷编著《赵声研究综览》，江苏人民出版社，2021，第 73 页。

极，同志乃推举烈士为内部总长，中山为外部总长"①。

"初中国革命同盟会设总部于日本东京，置南方支部于香港，庚戌新军之役，军队之加盟者愈众，清廷日侦伺党人，思得而甘心，列国眈眈相环伺，其机无可缓，时中山至南洋庇能埠，筹有巨资，君偕黄兴至庇能，与中山商决大举之策，策定，回香港设总机关部，同志举君［赵声］为内部总长，中山为外部总长。"②

"伯先益愤励，起往南洋群岛稍备军实，还香港，设同盟会，伯先被推为总部部长，议以广东为发难地，分东西两军，取道北伐。西军经广东，入湖南，会师武汉，黄兴主之。东军贯江西，出湖口，直下江南，则伯先为帅也。"③

孙中山"将国内军事重任界诸伯先，而己则在南洋一带募款并为鼓吹，相与配合，其倚重又如此"④。

所谓的赵声"为总部部长""为内部总长"，实际是指赵声担任发动国内的武装起义的重任；"中山为外部总长"是负责募捐与购买武器；黄兴协助孙中山筹款、购买军火，协助赵声组织武装起义，是协调沟通"外部"与"内部"的桥梁。此时，赵声实际处于同盟会领导的核心地位，这是由其实力与能力决定的，在当时的历史条件下无人可以替代。

"庇能会议既以筹款为要着，计划已定，中山拟遍历南洋各处。"⑤ 会议后，孙中山、黄兴与胡汉民分头为起义筹款。

"槟榔屿（庇能）会议决定倾全力发动广州起义。会后，赵声往香港联络广州新军，黄兴、胡汉民等分往南洋各埠筹款。"⑥

"自槟榔屿会议后，各同志四处奔走筹饷，或负其他重责，惟公推黄克强先生在星加坡候着，一俟款筹齐，就回国实行工作。那知过了许久，各

---

① 王立：《革命伟人赵声》，社科院历史研究所三所藏，1913，第20页。

② 柳诒徵：《赵伯先传》，载周新国、弓楷、刘婷婷编著《赵声研究综览》，江苏人民出版社，2021，第49页。

③ 章士钊：《赵伯先事略》，载周新国、弓楷、刘婷婷编著《赵声研究综览》，江苏人民出版社，2021，第45页。

④ 赵启骎：《赵声革命事迹》，载周新国、弓楷、刘婷婷编著《赵声研究综览》，江苏人民出版社，2021，第212页。

⑤ 曹亚伯：《广州三月二十九日之役》，载中国史学会主编《辛亥革命》四，上海人民出版社，1957，第174页。

⑥ 毛注清：《黄兴年谱长编》，中华书局，1991，第164页。

处筹饷的，都不甚踊跃，到了十月十六日［11 月 17 日］，还只筹到一万元左右。和预定的数目，相差很远。克强先生因此异常焦急，便于二十四日召集同志在星加坡，晚晴园开会。他就痛哭流涕，向大家说：'现在正工作紧张的时候，预定的款项，都不能作靠，这事怎么办呢？如果捐款不起，这次计划，又不能实行，那末，我也不愿意再在此地久等，我还是一个人去实行暗杀主义，步汪精卫的后尘。'……于是，在会议席上，又增加了一万余元之多。"①

赵声肩负着组织武装起义这项同盟会成立以来最重要的任务，在香港设立机关，开展武装起义的各项准备工作。

赵声密会安插在新军的革命党人、二营管带马锦春，传达槟榔屿会议的精神，了解新军现状，布置广州新军起义任务。

确定在广州二牌楼马锦春家设秘密指挥机关。马锦春说："嗣后李竟成往来省港，予与赵之关系事件皆由其口达。"②

赵声召集旧部同党邓明德、姚雨平、陈炯明、朱执信、胡毅、张醒村、徐维扬③、洪承点④、莫纪彭、罗炽扬、黄侠毅⑤、何振⑥、巴泽宪⑦等同志，传达庇能会议精神；研究起义方略；研究落实运动新军、巡防营、警察及招募义士的任务；明确姚雨平等人负责运动新军、巡防营，朱执信、胡毅等人负责发动民军。

---

① 胡国梁：《辛亥广州起义别纪》，载中国史学会主编《辛亥革命》四，上海人民出版社，1957，第 264 页。

② 马锦春：《三月二十九日之役与广州新军》，载丘权政、杜春和选编《辛亥革命史料选辑》上，湖南人民出版社，1981，第 347 页。

③ 徐维扬（1887—1952），广东花县人。于广州培英书院毕业后进入广东陆军将弁学堂学习，并加入同盟会，参与策划了广州庚戌新军起义。1911 年 4 月 27 日率分队 40 多人参加黄花岗起义。

④ 洪承点（生卒年不详），字醒黄。江苏仪征人。应征至安庆，任新军炮兵营排长，结交炮营右队队官熊成基，秘密参加反清革命活动。1908 年 11 月，熊成基、范传甲、洪承点等率马、炮两营士兵起义。起义失败后，南下香港，加入同盟会，与赵声、黄兴等人准备广州起义。

⑤ 黄侠毅（1885—1943），广东东莞人。1909 年加入同盟会，追随孙中山先生投身民主革命，先后参加广州庚戌新军起义、黄花岗起义。

⑥ 何振（1888—1975），字仲达，其祖辈原居广东东莞大汾乡，后迁至广东莞城河唇坊。幼年入私塾读书，与陈铁军等为书友。后参加新式军事训练，1908 年任虎门要塞水师营教练官，并与同乡莫纪彭、黄侠毅等加入同盟会。

⑦ 巴泽宪（生卒年不详），江苏仪征人。早年考入安徽练军武备学堂，毕业后任南洋第三十三标军官。结交标统赵声，秘密从事革命活动，加入中国同盟会，并随赵声到广州，在新军中发展革命组织，为赵声所器重。

对运动新军，赵声要求：调查新军中原有的同盟会会员，考察其表现，然后"分别授以任务"，由他们来发展同盟会会员；对新军中"确有新思想及性质良好者"的官佐进行认真考察后，再发展他们参加同盟会；将士兵中"性质较好者"通过考察，吸收入同盟会并选择其中"热心勇敢者为主动员，每队至少二十人"，起义时"听总司令官指挥，分占要地"。①

赵声派革命党人突破清吏的严密检查与防范潜回广州，展开一系列行动。"至于稽查军火、邮电，固属应有尽有，及出入城门，上下火轮渡之人，亦须一一检查，可谓密矣。然于最密之中，党人视若无事。通信与军官职员者，则由陈炯明、朱大符等；通信与目兵及游散人员者，则由罗声、邓明德等。盖其时陈为咨议局议员，朱为报馆主笔，且均为士林有声望之人，而罗、邓前在新旧军皆当过兵士，人均以营混视之也。"②

赵声"旧部邓明德更蓄散［敢］死之士密布于各枢要地为内应，资以金为立同胞会，使密结党徒"③。

赵声将前次广州新军起义中未遭破坏的秘密据点加以恢复，保存和增设各处秘密机关，以"公馆""学员寄宿舍""利华工业研究所"等机构名义，收拢原新军革命战士，安置革命党人住宿，以及作为举行会议和进行联络活动的场所。这些据点，"各不相知，恐一泄漏，累及其他处也"④。

设运动新军的机关五处。"往往一日中一机关接洽者多至百数十人。……入党手续……另每人给一元，令其影相存部，以坚其心。……其时军队中运动甚力者，为张念雄、何振、赖培基、苏慎初、李济民、巫绍光、张谷云、罗造时、马雄、张伯洲、吴铁汉、巴泽宪、梁卫平等。其中李济民尤为大胆。时李为排长，往往授课时借题发挥革命，毫无顾忌。……有时则藉野操之名，带兵士至白云山或幽避处，围坐演讲革命。故其班中兵士，无一不加盟。"⑤

---

① 曹亚伯：《广州三月二十九日之役》，载中国史学会主编《辛亥革命》四，上海人民出版社，1957，第195、196页。

② 马锦春：《三月二十九日之役与广州新军》，载丘权政、杜春和选编《辛亥革命史料选辑》上，湖南人民出版社，1981，第345页。

③ 王立：《革命伟人赵声》，社科院历史研究所三所藏，1913，第21页。

④ 曹亚伯：《广州三月二十九日之役》，载中国史学会主编《辛亥革命》四，上海人民出版社，1957，第192页。

⑤ 曹亚伯：《广州三月二十九日之役》，载中国史学会主编《辛亥革命》四，上海人民出版社，1957，第196页。

对新军中顽固不化的军官，赵声派在"新旧军皆当过兵士"的会党运动其马弁护兵，起义时对顽固不化的军官实施控制与清除。"其余非同志者势力甚巨，恐于一人不足以制之，因派邓明德、褚银山、罗声三人来省专事运动上中级军官之马弁护兵，使有事时，即以其人之弁兵而对付其本人，较为直截了当。"①

对巡防营的运动有三个要求：一是"选干练人员运动其毕业于讲武堂者"；二是"运动其邻里族戚促其倾心"；三是"运动其失意将弁，动以利害"。由"姚雨平亲与其哨官温带雄、陈辅臣、范秀山、范锦堃，哨长罗灿等商举义。又运动其营中丘锦芳、罗俊、郭冠雄、曾福山、温若农，又因罗俊而运动罗绍雄、王潛汇，此防营之准备也"②。

由朱执信、胡毅联系民军的首领，"番禺有李福林、李雍、李湛、林驹、李田、李伍平，南海有陆领、陆常、陆锦、黎炳球、黎眷，三水有陆兰清、陆福，顺德有谭义、郑江、张炳、黎义、陈林、刘世杰、梁进标、吴培、黎广等"③。"定顺德民军集中于乐从圩，与省城同时并发，经佛山进攻省城。番禺民军则集于大水圳附近，以为响应。"④

11 月，赵声在香港开展选募先锋敢死队的工作。初步确定"选锋"由各领导在自己所熟悉、关系密切的旧部和革命党人中选拔。"伯先、克强、林时爽、熊克武、何天炯、姚雨平、陈炯明、张醁村、徐维扬、刘古香等分任召集，而以同志中之敢死善战者为合选。"⑤

赵声的"选锋"先由邓明德招募。"有邓明德者，亦声旧部也，因资以金，使主同胞会。广蓄死士，分布各营署为内应，顷之明德被捕，遇害。声之假名以露，乃复从母姓，更名为葛念慈，时声母已早卒，示不忘亲也。

---

①　马锦春：《三月二十九日之役与广州新军》，载丘权政、杜春和选编《辛亥革命史料选辑》上，湖南人民出版社，1981，第 346 页。

②　曹亚伯：《广州三月二十九日之役》，载中国史学会主编《辛亥革命》四，上海人民出版社，1957，第 197 页。

③　曹亚伯：《广州三月二十九日之役》，载中国史学会主编《辛亥革命》四，上海人民出版社，1957，第 197 页。

④　曹亚伯：《广州三月二十九日之役》，载中国史学会主编《辛亥革命》四，上海人民出版社，1957，第 198 页。

⑤　《胡汉民自传》，载丘权政、杜春和选编《辛亥革命史料选辑》上，湖南人民出版社，1981，第 196 页。

然仍尽瘁图谋不少懈。"① 邓明德因联系的人多而泄密被捕。为安全起见，赵声将自己在用的"宋王孙"化名，改为"葛念慈"，这也是纪念母亲葛氏。

邓明德事败后，赵声派郑赞丞②去各地召集旧部，组织选拔"选锋"队员。

选锋"初定五百人，继以不足分配，增为八百人。其选集悉由各主任人。大约黄兴所部多闽蜀桂南洋同志。赵声所部多苏皖同志。徐维扬所部，多北江同志。陈炯明所部，多东江同志。黄侠毅所部，多东莞同志。闽苏皖蜀南洋同志，先集香港，临期进省。北江东莞河南东江附省各同志，多临时由附近集中到省，此选锋之准备也"③。

"赵声为从苏、皖调集革命精英即'选锋'（敢死队）赴粤决战，派党人郑赞丞由香港到上海召集同志会商，由徐国泰负责联络，在九镇各标共精选得 40 余人，其中有丹徒阮德山、江宁华金元、邳县徐国泰。此时适逢赵馨亦在南京，早知德山有反清革命大志，深契德山豪侠有为，即与之畅谈其兄赵声在广州革命事。德山闻知赵声即将在广州发动武装起义，非常兴奋，誓以死从，欣然愿往。……徐国泰率领九镇 40 余人，其中阮德山、华金元、徐国泰亦偕行同启程前往香港，先秘密集合于南京下关火车站，九镇同志送行惜别者颇踊跃。分袂之顷，徐国泰、阮德山等人立志发誓：'此次不论成败，誓以身殉。'数日后抵达香港，德山便与赵声见面，同乡战友共济大事，异地重逢，倍加亲切，互为勉慰。不久德山受命前往广州省城和革命同志联络，准备起义事宜，先住广州仙湖街始平书院（革命党人收藏枪械炸弹处），与党人宋玉琳（即宋建侯）同寓，参与枪、弹的检验

---

① 张相文：《赵声传》，载周新国、弓楷、刘婷婷编著《赵声研究综览》，江苏人民出版社，2021，第 73 页。

② 郑赞丞（1877—1914），名培育，字芳荪，安徽人。他自幼好学，1902 年在安庆藏书楼演说会，抨击清廷与帝俄签订丧权辱国的条约。后来与陈独秀、潘赞化、柏文蔚等，在安庆组织青年励志学社。在反清斗争中，结识了赵声、宋教仁、陈英士、李烈钧等。与李北申、彭卓甫为联系员，奔走各地，进行反清活动。和倪映典介绍陈英士、夏次岩加入同盟会，还参加了熊成基马炮营、广州新军起义的活动。1911 年 4 月，参与广州参加黄花岗起义。起义失败，又奉命回皖，在寿县、霍邱、凤台一带组织力量，为创建淮上军奠定基础。此后，他历任镇江军参谋长，民国政府参议和皖军副司令，安徽内务司长。

③ 曹亚伯：《广州三月二十九日之役》，载中国史学会主编《辛亥革命》四，上海人民出版社，1957，第 198 页。

工作和其他武器的验收工作，又常去新军领兵官、革命党人马锦春（即马贡芳）所部接洽通讯联络，协调行动等，为谋划革命之举，进行了紧张繁忙的合力工作。”① 招募的苏皖“选锋”敢死队队员中包括李竟成及赵声的两个弟弟赵念伯、赵光等人。

11 月下旬，预计的军费迟迟没有到位，孙中山准备“赴英美办事”募捐。

12 月 3 日，赶赴南洋募款的赵声致信孙中山先生。同盟会领导人在槟榔屿会议后，对从速发动武装起义产生了不同意见与各种顾虑。为统一思想，坚定决心，凝聚力量，赵声致信孙中山陈述意见。信中说明了从速起义的道理，批评了等待投机的心态，指出犹豫不决的危害，表达了以身报国的无私的牺牲精神。信云②：

中山先生鉴：

今日午前九时抵星（新加坡），午后一时离埠。先生到欧，似仍以速进为是。克强天时之说，原属不成问题。然天道远，人道迩，即今事言之，实有不可终日之势。凡为伟人者，须不令天下人缺望。若迟迟不发，亦何赖乎伟人。古语云，敏于事；又曰，需，德之贼也。成败之关头，不在巧拙，而在迟速。弟以身许国，断不能偷无味之生。此别不知能否再见，故书此。即颂

行安！

弟声顿首

初二日

12 月 3 日，赵伯先致良牧书，敦请其从速筹集军费。信云③：

良牧哥鉴：

在槟临行时得阅兄电，欣慰无量，因船票已买，不能再待一晤，怅甚。约认之件务请从速趸携至香港，则即时便可筹措一切，港来函均云机会日

① 戴志恭：《黄花岗七十二烈士之一——阮德山》，载镇江市政协文史资料委员会编《辛亥革命与镇江》，江苏大学出版社，2011，第 192-193 页。

② 政协丹徒县文史资料研究委员会编《辛亥革命先烈赵伯先》，《丹徒文史资料》第六辑，1991，插图第 10 页。

③ 政协丹徒县文史资料研究委员会编《辛亥革命先烈赵伯先》，《丹徒文史资料》第六辑，1991，插图第 16 页。

有进步，甘霖一沛，源泉斯涌，不胜仰企之至。又汉民不日来星，可与面商一切，匆匆留字。即颂

　　侠安

　　　　　　　　　　　　　　　　　　　　　　　　弟声顿首

　　　　　　　　　　　　　　　　　　　　　　　　初二日

　　赵声从南洋回到香港，召见了冷遹，了解了广西革命形势，派冷遹到广西、浙江联络，约定两地革命党响应广东起义。"庚戌，浙江同志团体又与南洋陶焕卿①、龚味荪，上海陈其美②、李燮和、王文清、姚勇忱等，南京伍崇仁、章木良、陈其明，广西冷遹，广东赵声，山东杨际春，北京陆军速成学堂等互相联络，遂往来于各省间，筹划进行之方策。是年冬，冷遹由广西来浙，道出广东，受赵声密约，拟于次年在广东起事，联络浙省同志为之后援，于是浙省诸同志又在西湖开会，决议援助之办法。"③

　　12月下旬，外省的"选锋"敢死队队员陆续来到香港。

是年大事

　　1月6日　位于黄浦滩3号的上海总会大楼落成。上海总会又称上海俱乐部。

　　1月16日　咨议局代表赴都察院，递上由直隶咨议局议员孙洪伊领衔

---

　　①　陶成章（1878—1912），字焕卿，清会稽人（今浙江绍兴人），自小诚笃好学，酷爱历史。甲午战争后萌发反清革命之志，曾两次赴京刺杀慈禧太后未果。1902年只身东渡日本学习陆军。翌年回国，赴浙东各地联络会党。1904年与蔡元培等组建光复会，成为会中重要领袖。1905年与徐锡麟创办大通学堂，作为革命活动的重要据点。1906年在日本加入同盟会，任浙江分会会长。1907年回国，联络皖浙起义。事败避走日本，后赴南洋活动。1910年在日本东京重组光复会，任副会长。1911年杭州光复后，被举为浙江军政府总参议。参与江浙联军攻克南京之役，又积极准备北伐，任光复军总司令。1912年被上海都督陈其美派人暗杀于上海广慈医院。

　　②　陈其美（1878—1916），字英士，号无为，浙江湖州吴兴人，1906年赴日本留学，入东京警监学校，同年加入中国同盟会。其间与蒋介石、黄郛结为金兰兄弟。1910年与宋教仁、谭人凤等人组织中国同盟会中部总会。1911年在上海发动武装起义，上海光复后被推举为沪军都督。随即又攻克浙江巡抚衙门，组织苏浙镇沪联军攻克南京。1912年被袁世凯解除沪军都督职务。1913年二次革命爆发，陈其美被推举为上海讨袁军总司令，攻打江南制造局未果。陈其美百折不回，誓死捍卫共和，继续在江浙一带策动反袁军事行动，被袁世凯派人暗杀身亡。

　　③　顾子才：《浙军杭州光复记》，载丘权政、杜春和选编《辛亥革命史料选辑》下，湖南人民出版社，1981，第94页。

署名的请愿书,书谓"(开国会事)若更徂待之九年,九年之中,患机叵测"。要求"期以一年之内,召集国会"。代表们还遍谒亲贵大臣,进行游说。书上十余日,清廷下谕诏,仅对请愿之举说了句"具见爱国悃忱,朝廷深为嘉悦",而以筹备既未完全,国民知识又未划一为由,断然拒绝代表请求,坚持照原定九年期限,循次筹备。

2 月 20 日　立宪派喉舌《国风报》在上海创刊。主持人梁启超。

3 月　霍元甲的学生陈公哲、姚蟾伯、王维藩等在精武体操学校的基础上组成精武体育会。

3 月中旬　同盟会会员刘恩复、谢英伯、陈自觉、朱述堂、高剑父、程克等在香港组织支那暗杀团,以暗杀清廷要员为目的。

4 月 13 日　长沙因米价上涨,发生抢米事件。

4 月 15 日　浙江嘉兴王店肉商抗捐罢市,豆腐业罢工,捣毁警局。

4 月 16 日　黄复生、汪精卫等人刺杀载沣未遂被捕,清廷认为杀一二人亦难阻革命,不如慢慢软化,遂判处黄等终身监禁。同盟会南方支部书记汪精卫自宣统元年后,对支部工作不甚热衷,而孜孜于暗杀活动,认为只有冒险成功,才能"挽回党人的精神",使"灰心者复归于热,怀疑者复归于信"。春,他致信孙中山、黄兴,写下"虽流血于菜市街头,犹张目以望革命军之入都门"的豪言壮语,并不顾孙、黄等人劝阻,执意与黄复生(树中)、喻培伦(云纪)策划炸死宣统皇帝之父摄政王载沣。

5 月 2 日　湖北武穴饥民连日抢劫米店。

5 月 8 日　延吉六道沟日宪兵伤毙中国救火警察数人。

5 月 15 日　清廷公布《大清现行刑律》。

5 月 16 日　反清革命团体共和会在保定召开正式成立大会,与会者有天津、北京、保定、通州等地代表,宣示以推翻清朝专制统治,建立共和国,融合种族界限,发展全国实业为宗旨,拟俟机全体加入同盟会。代表举胡鄂公、林伯衡、熊得山等七人为干事,胡任干事长。参加共和会者多为京、津、保各学堂学生及新军第六镇士兵,共三千余人。后共和会相继在北京、天津、通州、太原、广州、桂林、武昌等地设立分会,从事反清革命活动。宣统三年(1911)十月十一日,该会并入同盟会京、津、保支部。

5 月 18 日　哈雷彗星靠近地球。

5月19日　清廷命两江总督张人骏密检巡弹压南洋劝业会场。

5月24日　清廷颁行币制则例。该则例规定暂以银为本位，以圆为单位，以一圆为主，重库平七钱二分，另以五角、二角五分、一角三种银币及五分镍币，二分、一分、五厘、一厘四种铜币为辅币，圆角分厘，各以十进，永为定制。

6月1日　霍元甲创办"中国精武体操会"。

6月5日　官商合办的南洋劝业会在南京展出陈列品24部，420类。这是官商合办的大型博览会。

6月16日　在国会请愿同志会的发动下，各省立宪派代表进行第二次请愿，拼凑成由直隶省绅民旗籍代表等17个请愿团体组成的代表团，号称代表在请愿书上署名的20余万民众，赴都察院呈递请愿书。书上后，清朝廷召开御前会议，经一番讨论，于21日下发谕诏，以"财政困难，灾情遍地"为由，坚持"仍俟九年筹备完全，再行降旨定期召集议会"，并指出"宣谕甚明，毋得再行渎请"。第二次请愿又以清廷的拒绝告终。

7月4日　曲诗文杀妻女对众盟誓，带领数万农民暴动。

7月4日　日俄两国签订了第二次《日俄协定》，联手侵夺"满洲"利益。

7月　清廷公布人口调查数字，全国人口为4.2亿。

8月2日　福州人民开拒土大会，禁邻境鸦片入省。

8月4日　江浙、安徽大雨成灾。

8月24日　清廷以日本水灾，命出使大臣汪大燮亲往慰问，并发币10万元助赈。

8月27日　托巴斯·爱迪生宣布了他的最新发明——有声电影。

8月　《小说月刊》创刊于上海。

9月5日　安徽北数府，连年灾馑，民情困苦。故饥民领袖李大志聚众起事。

夏秋之际，东三省水灾遍地，仅黑龙江省淹地达2万余亩，难民达15万人。

9月　苏北各州饥民抢粮。

10月1日　广九铁路通车。

10月3日　清廷资政院正式成立，举行开院礼，摄政王载沣宣布训辞。

10 月 7 日 借资政院开院之机，请愿代表发动第三次声势浩大的请愿活动，领衔上奏的是东三省总督锡良。

10 月 11 日 于右任继《民吁日报》后在上海公共租界又创办一份大型报纸《民立报》。

10 月 18—22 日 中国第一届全国运动会在南京南洋劝业会会场举行。1908 年，美国基督教青年会派遣体育干事爱克斯纳来华，在上海基督教青年会开办了"体育干事训练班"，组织了一些体育活动。为了扩大影响，上海基督教青年会决定发起组织较大规模的运动会。是日，全国学校区分队第一次体育同盟会在南京举行。这届运动会分三组比赛：一是全国高等组分区比赛；二是全国中等学校组分区比赛；三是圣约翰书院等 6 个学校的比赛。前两组以华北、华南、上海、吴宁（苏州、南京）、武汉 5 个区为参加单位。竞赛项目包括田径、足球、篮球、网球四大项。田径有 50 码、100 码、120 码、440 码、880 码跑，120 码低栏，880 码接力，跳高，跳远，撑竿跳高，铅球，链球等 12 个单项。经过 4 天角逐，上海区获高等组田径、网球两项冠军，总分第一。华北区获中等组总分第一。圣约翰书院获六校比赛总分第一。

10 月 22 日 立宪派发动第三次请愿。由国会请愿同志会发动的第二次请愿失败后，在京请愿代表即举行会议，决定扩大请愿代表团的组织，打破原来以咨议局议员为限的界线，吸收各界团体参加，选派专员往各地游说联络，鼓动更多的人在请愿书上签名，预定在宣统三年初举行第三次大请愿。7 月，各省咨议局头面人物在京召开联席会议，成立咨议局联合会，决定将请愿提前到资政院开议期间发动，遂加快了活动。他们一方面奔走于各省督抚门下，请封疆大吏联衔上奏；另一方面函催各省各团体加紧请愿签名活动，并于 8 月组成请愿代表团到京。8 月末 9 月初，咨政院开议前后，各省代表团已经陆续到京，号称在请愿书上签名的代表有一百万人。9 月，将请愿书交资政院。请愿书谓"时局骤变，惊心动魄者，不一而足"，外而"日本遂并吞朝鲜，扼我吭而附我背，俄汲汲增兵窥我蒙古，英复以劲旅捣藏疆，法铁路直达滇桂，……德、美旁观，亦思染指"；内而"各省饥民救死不赡，铤而走险"，若不于宣统三年召开国会，"则全局瓦解"。10 月 22 日（九月二十日），资政院议决将请愿书上呈。23 日，由东三省总督锡良领衔，共 18 个总督、巡抚、将军、都统联署的奏折又到京。清统治者感到国内革命风声日紧，危机四伏；各省咨议局、绅、商、学界再三请愿；现督抚又联名电奏，若仍胶执九年预备成见，必陷入被动。

11月4日　清廷发出谕诏，宣布将九年预备立宪之期缩为五年，实行开设议院，并称"年限一经宣布，万不能再议更张"，令各省请愿代表"即日散归"。立宪派对进行的这个决定虽极不满，但亦无可奈何。国会请愿代表团感到"既奉朝命，劝谕解散，自不能再行存在，致招干涉"。于是宣告国会请愿代表团解散。临散前，以代表团名义发出一份《通告各省同志书》，谓"甘等承全国诸父老委托之重，匍匐都门，请求国会，积态馨哀，一年于今，三次上书"，"千气万力，得国会期限缩短三年，心长力短，言之痛心"，表示了对清王朝假立宪的愤懑与无奈。但部分代表"闻此乱命，亦极愤怒"，于下诏当夜，约集国民公报报馆中，"经秘密会议，将以各省独立要求宪政"。

11月9日　鼠疫由中东铁路经满洲里传入哈尔滨，随后一场大瘟疫席卷整个东北。这场大瘟疫持续了6个多月，席卷半个中国，吞噬了6万多条生命。

11月　华侨邝佐治暗杀海军大臣载洵未成被捕。

11月　美、英、德、法组成银行团，两次向清廷贷款1600万英镑。

12月　请愿运动继续不息，群情激烈。

12月　官商合办的京师自来水公司成立。

12月　清廷首次试办国家预算，为中国历史上第一次编制国家预算。

1911 年（宣统三年，辛亥猪年）　30 岁

1月，赵声运动新军，招募"选锋"，制定预案，落实起义的各项计划，进展迅速，"预计2月起义"。但孙中山、黄兴、胡汉民在海外筹款未能如期落实。赵声发函"催款"，强调行动迟速关系着成败，不得拖延，必须按时落实军费，购买起义的军械，保障"选锋"敢死队的生活后勤。

1月9日，赵声在香港接连致电在新加坡的黄兴，"催款并询械事"①。

1月10日，黄兴致函李源水、郑螺生、李孝章，落实赵声催款事。函云："五万之数，虽所差不多，非兄等担任，不能足额。赵伯先有电来催，务乞拨冗赶速于日内收齐，汇寄港部（二十日以前可单汇，二十日以后必电汇），俾得早收一日，则早得一日之用。且腊底运动，尤为节款而有效，其中苦心，想兄等能谅察也。"②

1月11日，黄兴"致函谢乙桥③，催筹款归港。原函略云：'今英属之款，大致已有眉目，惟与十万之数，所差甚远。而前途待办之事，有如星火，不可迟以分秒。望兄前许之件，速速决心实行，驰赴港部办事。……伯先兄昨亦有函来催贵昆仲，意至恳切'"④。

1月12日，黄兴致函谢良牧、邓泽如，催践约汇款。

黄兴在致谢良牧函中告以"此次于四州府所筹之项，虽稍有眉目，然不敷已甚，非得兄提荷属之款，决难开办。伯先兄屡有函来催兄提款……我辈今日为此最后之一举，必多得资以为完全之预备，方免失败"⑤。黄兴致邓泽如函中指出："各处之款，乞兄赶速催齐，必于年内汇到。现所靠者，仅有此款，断不可失期有误。"⑥

---

① 毛注清：《黄兴年谱长编》，中华书局，1991，第167页。
② 毛注清：《黄兴年谱长编》，中华书局，1991，第168页。
③ 谢乙桥（1874—1926），也作逸桥，广东梅县人。清末留学日本，加入同盟会。归国后与其弟良牧等于潮州、黄冈等地谋发难，事败出逃。后赴南洋经营商业，为革命事业筹募款项。辛亥革命后，任同盟会汕头分部长，并与叶楚伦等创办《中华待命·新报》《大风日报》。时与乃弟同赴荷属各埠筹款。
④ 毛注清：《黄兴年谱长编》，中华书局，1991，第169页。
⑤ 毛注清：《黄兴年谱长编》，中华书局，1991，第169页。
⑥ 毛注清：《黄兴年谱长编》，中华书局，1991，第169页。

1月，赵声对"选锋"引导新军起义、民军响应的计划，做详细预案。

1月，以大办喜事等形式，转送到货的枪支弹药等物品。"军火大半由发篓之内运送，缘香港理发店积存剃落乱发，运至省城及内地可为肥料及什物之用，污贱之货置于船上污秽之处，人不注意也。又各女同志置械于下衣之内，往来运送，亦不在少数。至于运入城内，有假式茶壶、假式秤锤内置炸弹，公然携于手中而行，亦未为人识破也。……私运军火不足，陈炯明乃运动瓦木匠人，嘱其于修理军械局或子药库时，随身偷带子弹出外，不惜重价收买。匠人贪利照办，其事既密且微，亦始终未为人识破。"①

1月，各地"选锋"队员800余人到达香港。赵声秘密组织"选锋"做战前训练演习。

在赵声雷厉风行的组织下，国内起义的各项工作进展迅速，"本拟去年正月［1911年2月］，即当起义于广东，后因称种种事件，均未办理完善，故迟迟未发"②。赵声翘首以盼，只待军费，用以落实军械武器与后勤保障。

1月18日，黄兴、胡汉民等从南洋筹款回到香港，赵声立即与之会晤，介绍起义工作的进展，听取黄兴、胡汉民在南洋筹款的"苦状"，及爱国侨商"毁家纾难之义举，尽情宣告，无不奋励激发，勇气百倍"③的情况报告。面对各项工作全面开展，但经费筹集、武器购买严重滞后等问题，赵声、黄兴和胡汉民决定"组织统筹部，分职任事"。

当日，赵声与黄兴共同主持起义筹备工作会议，成立全面协调的办事机构——统筹部。胡汉民说："复设统筹部，推伯先为总指挥，克强副之，余则为统筹部秘书长……其时本部重要同志悉来港，会议结果，分为两种任务：一就统筹部分科办事；一于长江上下游谋发动应援。"④

黄兴说："设统筹处，兴自任之，赵伯先先生为总指挥。"⑤

---

① 马锦春：《三月二十九日之役与广州新军》，载丘权政、杜春和选编《辛亥革命史料选辑》上，湖南人民出版社，1981，第345、347页。

② 黄兴：《广州三月二十九革命之前因后果》，载中国文史学会主编《辛亥革命》四，上海人民出版社，1957，第167页。

③ 毛注清：《黄兴年谱长编》，中华书局，1991，第169页。

④《胡汉民自传》，载丘权政、杜春和选编《辛亥革命史料选辑》上，湖南人民出版社，1981，第196页。

⑤ 黄兴：《广州三月二十九革命之前因后果》，载中国文史学会主编《辛亥革命》四，上海人民出版社，1957，第168页。

"设统筹部，黄为部长，赵为总司令。"①

黄兴在电报中向孙中山汇报情况时强调：赵声"不欲居部长之职"，"临发动时仍请伯先任总指挥，庶于事体大益"②。"统筹部"是围绕着广州武装起义，落实总指挥赵声的武装起义方案而设的参谋部、办事部、后勤部。

统筹部的两大任务中，"分课办事"就是为总指挥赵声的预案办理事务；"发动应援"就是布置各地对起义响应与支援。

"统筹部分课办事"有两个方面：一是组织起义与配合的力量；二是同盟会各派的协调与后勤保障。对第一个方面的问题，总指挥赵声运筹帷幄，对广州本地的新军起义与配合心中有底，进展迅速。新军的发动与招募"选锋"的进展成效超出了预期。对第二个方面的问题，主要症结在"外部"的募捐与购买武器上，这一问题是赵声面临的难题。槟榔屿会议上，赵声负责"内部"发动起义，孙中山负责"外部"募集军费。现在募集军费滞后，本来准备在二月举行的起义，因各地"款械尚未到齐，特别是选锋没有足够的武器"致一再延迟改期③。起义"延迟改期"，难以保密，庚戌广州起义在相当程度上就是因此项工作滞后而失败的。为此，"面折人过"的赵声面对孙中山、冯自由等在海外募款购械的负责人时便难以控制情绪，不免责怪。考虑到这次由自己主导的起义是集中同盟会全部力量与清廷做破釜沉舟的决战，为尽快凝聚各方力量，赵声推荐在同盟会资深年长的黄兴为部长，自己为副部长，期望这位与自己肝胆相照、同心协力的长者发挥"以补其短"的作用。

对"长江上下游谋发动应援"，赵声早有布置，"至三江之陆军，其将校多半同志"④，广西与浙江也进行了联络，长江中下游的南方诸省对广州起义的响应、支援已有基础，亟待军费建立应援机关、落实军事措施。

起义筹备工作会议决定，黄兴为统筹部部长，赵声为副部长；成立统

---

①　谭人凤：《石叟牌词》，甘肃人民出版社，1983，第 86 页。

②　武昌辛亥革命研究中心组编，严昌洪主编，张笃勤编《辛亥革命史事长编》第七册，武汉出版社，2011，第 214 页。

③　姚雨平：《新军起义前后及辛亥三月二十九日之役的回忆》，载中国人民政治协商会议广东委员会文史资料研究委员会编《广东辛亥革命史料》，广东人民出版社，1981，第 38 页。

④　赵启骙：《赵声革命事迹》，载政协丹徒县文史资料研究委员会编《辛亥革命先烈赵伯先》，《丹徒文史资料》第六辑，1991，第 57 页。

筹部地点位于跑马地鹅井三十五号。统筹部"内分课，曰调度课，掌运动新旧军人之事，举姚雨平为课长。曰交通［联络、沟通］课，掌江浙皖鄂湘桂闽滇各路交通之事，举赵声为课长。曰储备课，掌购运器械之事，举胡毅［胡毅生］为课长。曰编制课，掌草定规则之事，举陈炯明为课长。曰秘书课，掌一切文件之事，举胡汉民为课长。曰出纳课，掌出纳财政之事，举李海云为课长。曰调查课，掌伺察敌情之事，举罗炽扬为课长。曰总务课，掌其他一切杂务，举洪承点为课长。其余各同志，各以所能分属于各课，共同努力"①。后有所调整，"执信、毅生仍任民军响应事"②。"陈炯明责司编制，工作较少，经已派兼调度课副课长。"③

作为起义预定的总指挥，赵声直接掌管两个最重要的部门——"调度课"与"交通课"。"调度课"负责运动新军，这一工作在统筹部成立之前赵声已经全面展开。统筹部成立后，"调度课"在赵声的领导下由其"旧部继续进行"。运动新军的关键工作做得隐秘而细致。赵声将马锦春手中的二营作为起义新军中的主要力量，派李竟成往来省港与马锦春单线联系。马锦春说："李竟成来云：赵声嘱其寓于予家，如举事，赵来省时先至予宅。此事甚密，余人均不知。并嘱予本营兵力不可无谓损失，待赵来时，生死共在一处云云。"④

曹亚伯的《广州三月二十九日之役》记载，起义的军事力量准备，有新军、巡防营、民军、选锋、警察、海军与其他七个方面。新军、巡防营、民军、选锋的运动、组织与募选在统筹部成立前进展迅速。统筹部成立后又增加了对警察、海军的预案，以及发难时派人放火都考虑得非常周到。

"警察数不甚多，且分派各街，力分而势薄，复少军械，无多实力。惟巡警教练所有学生二百余人，集之一处，枪枝［支］充足，且有智识，为

---

① 曹亚伯：《广州三月二十九日之役》，载中国文史学会主编《辛亥革命》四，上海人民出版社，1957，第186页。

② 《胡汉民自传》，载丘权政、杜春和选编《辛亥革命史料选辑》上，湖南人民出版社，1981，第196页。

③ 姚雨平：《新军起义前后及辛亥三月二十九日之役的回忆》，载中国人民政治协商会议广东委员会文史资料研究委员会编《广东辛亥革命史料》，广东人民出版社，1981，第40页。

④ 马锦春：《三月二十九日之役与广州新军》，载丘权政、杜春和选编《辛亥革命史料选辑》上，湖南人民出版社，1981，第347页。

所长者。复为同志夏寿华所统率，故最注意联络，以为发难之助。"①

海军方面，准备由李海云"携炸弹冒称督署委员往见四大兵舰之一管带，威迫其反正。袁玉云饰侍者备枪同往一舰，觅炮手迫其发炮攻击水师公所。另由陆觉生、李箕、钟某等乘小艇于距兵船稍远地备接应，如船员畏怖而凫水逃，则分任运用炮弹，为陆路助"②。

其他主要是在旗界租屋九处进驻放火人员，以备起义时放火，扰其军心。"旗界方面，派人预备放火，共有九处。"③

"交通课"由赵声兼任课长，负责各地对起义的"响应"。这步战略规划早在 1906 年赵声打入新军时就已经着手布局。通过进一步联络"交通"，长江中下游至两广的中国南方已经构成星火燎原之大势。这一步战略部署，在革命党与清廷决斗中，可谓着力的一招，这为同年十月武昌起义准备了条件，并为各省一呼百应的光复奠定了基础。

"从赵声所任职务来看，虽然因为他的谦逊辞拒了部长一职，我们不难看出在这次广州起义的筹备过程中，赵声是居于核心地位的。与上一次起义的情况相比，这次起义的决策机构在赵声自身权威的影响下是比较统一的，这是十分有利于起义的组织准备工作的。"④

腊月底，赵声与黄兴，请谭人凤、林时爽到香港。"腊月底，函招余与林时爽。……余则于辛亥正月六日（一九一一年二月四日）抵香港。"⑤

赵声立主请宋教仁到香港参与组织工作。谭人凤向赵声、黄兴建议招宋教仁来港，"黄〔兴〕因钝初〔宋教仁〕素与汉民意见不洽，颇有难色，赵〔声〕则极力赞成"⑥。

统筹部成立，各课分头入省，充实力量，加紧各项任务的落实。"陈英士〔陈其美〕、宋钝初〔宋教仁〕、谭石屏（按即谭人凤）、居觉生等皆受

①　曹亚伯：《广州三月二十九日之役》，载中国文史学会主编《辛亥革命》四，上海人民出版社，1957，第 198 页。

②　曹亚伯：《广州三月二十九日之役》，载中国文史学会主编《辛亥革命》四，上海人民出版社，1957，第 199 页。

③　曹亚伯：《广州三月二十九日之役》，载中国文史学会主编《辛亥革命》四，上海人民出版社，1957，第 199 页。

④　周勇：《赵声与辛亥革命》，载周新国、弓楷、刘婷婷编著《赵声研究综览》，江苏人民出版社，2021，第 315-316 页。

⑤　谭人凤：《石叟牌词》，甘肃人民出版社，1983，第 86 页。

⑥　谭人凤：《石叟牌词》，甘肃人民出版社，1983，第 87 页。

约束而行。密输武器与布置机关，乃为事前之重要任务；运输之事，以毅生、仲实管之；运至省城，则以女同志任秘密配送之责，淑子、宁媛与徐宗汉等日为此奔走。又设制造弹机关于城内二处，喻培伦与李应生兄弟分任之。克强以伯先与余俱为粤人所熟稔面目，乃请先入部署一切……"①

统筹部在赵声前期工作的基础上，在广州城内外及河南等处租屋扩展到三十余处，为指挥、联络、办事同志隐蔽、军械收藏之所。各机关地点如下②：

二牌楼新军管带马锦春家　赵声指挥部。李竟成、宋玉琳等寓之。

二牌楼附近张姓成衣铺　总指挥接应、护卫部。赵光、余鑫涂、石国庆等人寓之。

小东营五号　统筹部办事机关。黄兴、林文、喻云纪等寓之。

大石街　花县同志集合所。莫纪彭、徐维扬、庄汉翘、宋铭黄等寓之。

莲塘街十二号　同志招待所。何克夫、刘梅卿等寓之。

长堤嘉属会馆　姚雨平等寓之。

谢恩里　接洽军队之所。吴雨苍、饶辅廷、廖叔唐等寓之。

司后街陈公馆　陈炯明寓所。

牛巷　陈铁崖等寓之。

大北直街　军医学生寓之。

仙湖街始平书院　藏军械之所。钟秀南等寓之。

莲塘街头发店　由香港运械到此贮藏。

小北仁安里粤成公司　此乃头发店，由港运械到此。陈镜波等寓之。

粤秀里　藏军械之所。胡宁媛等寓之。

西湖街甘家巷八号　李应生与其弟妹寓之。

万福里一七八号　由港运械到此。罗锌及其妻女等寓之。

河南溪峡　由港运械藏此。徐宗汉、庄六如等寓之。

厂后街十一号　制硫黄硝黄烟弹等处。李应生等寓之。

大马站六十五号　同志来往之所。

大东门廿二号　肉行。

---

① 《胡汉民自传》，载丘权政、杜春和选编《辛亥革命史料选辑》上，湖南人民出版社，1981，第196页。

② 由编者整理。

会馆同福堂　招待男女同志之所。

小东门海旁西街宝丰米店　为担保租屋而设。黄中理等寓之。

育贤坊米店　为担保租屋而设。梁起等窝之。

高第街瓷业公司　接洽军队机关。郭冠三、郭冠雄等寓之。

天香街　同志宿所。周增辉等寓之。

三眼井　同志招待所。

容福里五号　广西同志招待所。刘古香等寓之。

长兴里江家祠　藏械之所。亦供同志住宿。

十六甫丽真影相店　藏械之所。杨光汉等寓之。

九眼井　姚雨平机关。王兴中、叶挺芬等寓之。

小南门二十四号　姚雨平机关。亦同志宿舍。

仙羊街祥龙里　旗界放火机关。陈达生、郭莲花寓之。

河南但公馆　福建党员宿舍。吴适、刘元栋等寓之

泰泉旧里　同志招待所。林树巍等寓之。

大塘街　接洽军队机关。姚右军等寓之。

炸粉街　接洽军队机关。罗俊等寓之。

司后街　接洽军队机关。邱锦芳等寓之。

观音山脚六十四号　同志招待所。

高第街联胜里　军械贮藏所。

"其时设立机关，虽有先后不同，然最困难者有二点：即租屋必须担保及有眷属，如是在海旁西街及育贤坊，先后专设二米店，以为租屋担保之用，同时即可将米包藏军械以为运械之资。至于眷属，则除有姊妹妻女者外，即由女同志伪饰家属，以掩人耳目，即佣妇亦由女同志充之。然机关多而女同志少，则女同志多往来数处，机关多标公馆名，尤多为嫁娶等事，以便借肩礼物，转运军械。其时机关至多，各不相知，恐一泄漏，累及其他处也。"①

赵声之妹赵芬在省港间穿梭联络，转运军火。蔡元培的《赵芬夫人传》载：赵芬"夫人慷慨爱国，既见于革命之不可以已，则急起直追之。是时，其兄声方以积学知兵，为国内革命党领袖，谋举事广东，夫人遂为之奔走

---

①　曹亚伯：《广州三月二十九日之役》，载中国文史学会主编《辛亥革命》四，上海人民出版社，1957，第 191、192 页。

近十年，与于民国纪元前二年广州之奋斗，世所谓黄花冈［岗］之役者也"①。

1月下旬，时近年关，张鸣岐由清广西巡抚调任两广总督，赵声抓住年关混乱与总督交接的机会加紧运动新军。黄兴说："决议开始运动，因年关紧逼之际，效力至伟。今已派员向各省联络，惟是英属五万之数，非于年内到齐，不足敷用。若兄得此信时，尚未足数，望即催促电来，祷切之。兹尤幸者，张鸣岐到省后，有同志将尊篁（浙江人）、陶茂榛（湖南人，与弟曾共事者）二人，一得委充新军协统，一得委充新军标统，其他之得为管带、队官者有数人，此诚千载一时之机。且二人与弟及伯先之感情尤好，若再预备二三月，必能得完全之作用。此节至秘，望勿宣布。"②

派胡国梁、柳聘农、黄一欧争取教练所的二百多名巡警学生和教练所所长夏寿华参加起义。巡警教练所的所长夏寿华虽然没有参加革命组织，却十分同情革命。胡国梁说："当我未进省以前，陈方度来香港说，他探听得巡警教练所有几个名额要补充，说他和那教练所所长夏寿华是知己，他可以设法介绍。赵声听见了就跳起来说：'这是一个极好机会，我们怎么能使他错过呢，你们马上就去。'当时便决定了我和柳聘农、黄一欧，三个人同去。当我们动身的时候，赵声先生向我们这样说：'那巡警教练所，我有许多部下在里面，这是我前次失败以后，他们一时没有出路，就投身进去的，都是我们的同志，你们到了里面，须要和他们联络联络。'"③

1月下旬，为进一步发动新军，重视宣传鼓动的赵声提议，请在"保亚票"中倚重的干将邹鲁来办一份面向新军的报纸。统筹部以黄兴、赵声的名义密约邹鲁到港，商量在广州办报的事宜。

"黄、赵两先生嘱人来约我。我乘星期六下午没有功课，就趁船于当晚到了香港。翌晨，赶到跑马地机关，黄、赵两先生均在，相见甚欢。黄先生详细说明这次起义的计划以后，就对我说：'现在有一件急于要办的事情，特地请你来商量，不知你肯答应去做否？'我答：'只要我有这能力，那有不乐于从命的事。'黄先生说：'我们想在广州办一间报馆，做这次起

---

① 蔡元培：《赵芬夫人传》，载裴伟选注《镇江诗文》，苏州大学出版社，2007，第182页。
② 毛注清：《黄兴年谱长编》，中华书局，1991，第171页。
③ 胡国梁：《辛亥广州起义别纪》，载中国文史学会主编《辛亥革命》四，上海人民出版社，1957，第268页。

义的宣传。但是革命工作，暗中活动易，公开从事难；尤其在敌人的势力范围下，更为困难。我们以为主持的人，必须有相当的地位，并且要和当地人士有几分好感，才容易着手。我想来想去，认为你是最适宜。'赵先生也说：'此事已经与黄先生考虑很久，除了你很难有适当的人。'我答：'既然两位先生都以为我能够胜任，我就遵命。'……同时他们告诉我：'这次办事是个别负责。假使你没有他事，就可回去，不必再见别人。'"①

邹鲁回到广州后，立即找陈炯明落实办报之事，决定经费在咨议局内部筹集，以避免妨碍起义的捐募。利用那时咨议局禁赌案投"可"票的"可"字意义，定报名为《可报》，借咨议局的招牌来做护符，增加号召力。很快，资金与馆址有了着落。

"党人革命，以主义为号召，而主义之入民众，端赖宣传。此点固党中随时随地注意。而于此次之举，则尤欲于普通宣传之外，特别注意军界，因而有《可报》之组织，主其事者为邹鲁。《可报》之名，取义于咨议局反对广东开赌投'可票'之持正派，以掩官吏耳目。时论亦多助之，故一出版，即博各方之同情，宣传至为有力。而于军界特减价号召，实则每日无价赠送，军界靡然争阅。"②

原先，"报纸宣传之职，则由朱大符、邓慕韩主之。《平报》仅发行一日，即被封闭。盖该报首页登载之论说，为革命党之大文章，故为清吏注意也。然封闭自封闭，而宣传自宣传，未数日《可报》又发行于市。曾记该报插画，画一人抡拳怒目，其冠离头上飞。题其上曰：'问天何事？有三光不辨华夷。把腥风吹向人间。看中原变了黄沙地。蓦冲冠怒起，蓦冲冠怒起。'借录旧词，宣传巧妙，极见心思"③。

1 月下旬，黄兴与胡汉民考虑，赵声是这次同盟会发动武装起义的领导核心，将成为清廷迫害的首要目标，便派人将赵声的家属从镇江接到香港。赵启騄回忆说："宣统二年岁杪［1911 年 1 月］，学校放假，余在伯先家，突有人自间道来，出一纸见示。上书，'见字全家速来港'。其人言夜间仍

---

①　邹鲁：《邹鲁回忆录》，东方出版社，2010，第 26 页。

②　曹亚伯：《广州三月二十九日之役》，中国文史学会主编《辛亥革命》四，上海人民出版社，1957，第 189 页。

③　马锦春：《三月二十九日之役与广州新军》，载丘权政、杜春和选编《辛亥革命史料选辑》上，湖南人民出版社，1981，第 346 页。

徒步回城，防为人见，且一再叮咛，由沪开港入船，阴历年内只有一次，务须速行，以免脱班。奈镜芙先生不肯行，伯先夫人更不能自作主张。经余反复敦促，始治行装，备旅费，举家偕行，星夜就道。"①

1月28日，赵声得知父亲与夫人到香港后，抽空匆匆相见，顾不得陪伴他们，便全身心忙于起义工作。马锦春说："〔农历〕十二月二十八日，赵声约予至遇兴隆，告知渠〔他〕父镜芙先生已至香港，渠〔他〕即往晤，越日仍回省；并言发难时渠〔他〕当先至予营，如未至，兵力绝不要无谓轻动；盖成功后，非有诚实可靠之军队，不足维持安宁也。"②

赵声的父亲赵蓉曾先生在《辛亥旅次》③ 中记述了到香港的情事，诗云："藐躬从未谢岩阿，垂老频教驿路过。远出曲成乌哺志，久居拼作鹊巢歌。开窗秀挹松岭峻，伏枕情牵梓里多。一卷课蒙销永昼，不知新学法如何？"

起义分队队长莫纪彭见到赵声之父，为其气质折服。他说："赵先生的老人，比先生生得魁伟，当作者在宜安里初次认识赵〔声〕先生时，看见他高挺身躯，硕长的面庞，宽阔的嘴唇，穿的黄呢袍子、黄呢褂子，很象〔像〕一座活关帝菩萨，如今再看见他的老人，始盛信名门将种的传说的确是有的。"④

2月初，香港往国内的轮船年后起航，赵声即请姜证禅送老父与妻子回镇江大港。"2月（正月），谱主〔姜证禅〕为解准备'广州起义'总指挥赵声的'内顾之忧'，赴香港，将赵声老父、赵声夫人接回镇江。"⑤ 赵声作为武装起义的主帅，一举一动皆为部下注目。他认为起义是抛头颅、洒热血的事，自己作为起义总指挥应当以身作则，否则会影响军心士气。其父镜芙公深明大义，不顾自身安危，毅然决定返乡以使其能更好地领导起义。

---

① 赵启骡：《赵声革命事迹》，载周新国、弓楷、刘婷婷编著《赵声研究综览》，江苏人民出版社，2021，第213页。

② 马锦春：《庚戌之役》，载政协丹徒县文史资料研究委员会编《辛亥革命先烈赵伯先》，《丹徒文史资料》第六辑，1991，第101页。

③ 杨积庆：《赵蓉曾和他的诗——读钞本〈镜英先生诗集〉》，载丹徒县政协文史资料研究委员会编《丹徒文史资料》第九辑，1994，第72页。

④ 莫纪彭：《同盟会南方支部之干部及庚戌新军起义之回顾》，载丘权政、杜春和选编《辛亥革命史料选辑》上，湖南人民出版社，1981，第332页。

⑤ 姜慈猷、姜奉猷、姜建猷、姜文猷编：《姜胎石姜可生诗文选》，天马出版有限公司，2009，第268页。

2 月 2 日，赵声与黄兴联名致函邓泽如，催款济急。原函①略云：

五万之数，所差尚远。除电告急外，特函恳我兄驰赴怡保，与王、郑、黄、郭、李［指王镜波、郑螺生、黄怡益、郭应章、李孝章］诸兄筹商，以足五万之额。现各方面均开始运动，需款尤急，望赶速电来，以济要用。若稍迟时日，则所差千里。此中苦情，仁明如兄，想能洞察之。

春节，赵声派人到新军二营管带马锦春处研究落实新军起义。"辛亥正月，陈炯明、姚雨平、莫纪彭皆假贺年及春宴为名，来私宅晤谈。"②

2 月 4 日，根据募款情况，赵声提议统筹部研究落实"交通课"建立各地响应机关的计划。此前，在广东、广西、浙江、江苏、安徽等地，赵声已有"交通"布局，湖北、湖南亟待军费。赵声与黄兴招谭人凤到香港，研究、商讨具体方案；委派谭人凤携款到长江流域各省联系党人，筹建机关，发动新军，组织力量，为策应广州起义做好一切准备。

"举义总计划，既在会师长江，并专设交通课以主任其事，则第一着江浙皖湘鄂等处不可不筹设机关，联络军人，以备响应。辛亥年一月六日，谭人凤至统筹部，亦以此意与赵、黄诸人言，曰：'南京之事，向谋之矣。若两湖居中原中枢，得之可以震动全国，控制虏廷，不得则广东虽为我有，仍不能以有为，愿加以注意，俾收响应之效。'黄、赵即询以办法，谭曰：'今居正、孙武二人，日夕为武昌谋。惟缺于资，不能设立机关，以张大其势力。湖南同志甚多，以缺于资，不能为进行之部署。诚能予金以分给于两湖同志，则机关一立，势力集中，广东一动，彼即响应，中原计日而可定也。'黄、赵等诺之。七日，即以二千金予谭。谭乘轮北行，自上海而武昌而长沙。"③

2 月 10 日，"选锋"敢死队的武器尚缺购买款，赵声敦促黄兴致函邓泽如速收捐款。函④云：

五万之数，尚差一万余元，现各方面皆开手运动，需用甚急。除前电恳火急催收外，用再函求拨冗驰往怡保埠，与源水、螺生、孝章、应章各

---

① 毛注清：《黄兴年谱长编》，中华书局，1991，第 172 页。
② 马锦春：《三月二十九日之役与广州新军》，载丘权政、杜春和选编《辛亥革命史料选辑》上，湖南人民出版社，1981，第 347 页。
③ 曹亚伯：《广州三月二十九日之役》，载中国文史学会主编《辛亥革命》四，上海人民出版社，1957，第 187 页。
④ 毛注清：《黄兴年谱长编》，中华书局，1991，第 173 页。

兄筹措，以竟五万一篑之功。如能逾额多筹，则更为感激。缘此间选锋效死之士甚多，专备发动时之冲锋陷阵，非有多少利器以资之，不足致胜，且不忍让其血肉相搏，致捐锐气而多失我人才也。

2月，胡汉民继续在南洋筹集军费。

2月14日，为军费不足而"焦灼殊甚"的赵声再次敦促黄兴、胡汉民向海外负责募捐的同志催款，在黄兴致邓泽如书中附笔致意。函①云：

泽如我兄鉴：

顷奉到正月五日手书，敬悉一切。英属之款，今所汇到者，共三万五千元，内有槟榔五千元，不知由何埠转来，昨据美函云：有款电汇该处，如此项果系美款，则英属只得三万，合五万之数，尚差二万。除电告速寄外，前已函达详情，想早入览矣。仍恳我兄电催各处，以竟一篑之功，不胜切祷。汉民兄由星加坡来函，暹、贡之款，约各六千。贡尚有望，今又由星往贡矣。谢良牧兄之款，尚未有着落，前有函云去文岛，结果若何，不可得知。若果如文辉兄所云，亦不必多此一助矣。今各处方面进步甚速，惟待大款一到，即可兴师。中山刻已至坎拿大之云哥华②，日内或可得多少。金山与檀岛③，亦有电去催筹，但不知能达五万之数否也。我兄血性之友最多，能有特别法以筹得否？时机逼近，焦灼殊甚，望有以救之为幸。手复即请筹安。各同志统此问安。伯先兄附笔致意。

小弟兴顿首

正月十六日

2月中旬，根据到款的情况，赵声派郑赞臣、方君瑛等携款到江、浙、皖、桂等省进一步落实起义响应之事宜。

"司江浙皖之交通者，为郑赞臣，设办事机关于上海。……郑赞臣除由统筹部拨三千元外，用去赵声选锋费千余元，并储备课购械余款二千元。广西方面，则由方君瑛、曾醒、严骥、李恢往来于香港桂林间，持黄兴、赵声书，与在桂军官方声涛、耿鹤生、何叙甫、刘建藩、赵正平、杨子明

---

① 《中华民国史事纪要　民国纪元前一年（1911）正月至十一月（初稿）》，第46页。
② 坎拿大即加拿大，云哥华即温哥华。
③ 金山即美国旧金山，檀岛即夏威夷。

等商响应，以便联成一气。"①

　　2月23日，谭人凤衔命抵达武汉，向居正等传达统筹部关于策应广州起义的指示。"谭人凤携款至上海、汉口、长沙各地，分谒苏、浙、皖、赣、湘、鄂各省党人，令准备发难以响应广州革命军。是岁正月二十五日谭到汉口，邀集居正、孙武、杨舒武诸人面授起义方略，及给与运动费八百元。居等受命，乃设置机关三处，以汉口法租界长清里八十八号为总机关，武昌胭脂山某号为分机关，武昌黄土坡某酒馆为军界招待所。"②"孙武前办共进会，武汉江湖士多在其团体中，于军界亦稍有接洽，势力远胜居正，惟所带经费无几，故仅与以二百金。"③

　　湖北胡祖舜说："惟动员资力，极感贫乏。辛亥正月，共进会得湘人谭人凤自香港携来八百元之助，由居正、孙武等筹设武汉机关部，如汉口俄租界宝善里之总机关部，邓玉麟之武昌黄土坡同兴酒楼，以及开办余所主持之武昌胭脂巷机关部，早已支用殆尽。文学社经费原由社员捐助，亦感奇绌。乃有居正、焦达峰等盗取达成庙金佛之举。"④

　　谭人凤"以六百金予居正，二百金予孙武，俾设机关于汉口租界地，竟为九月武汉起义之导线"⑤。

　　2月23日，赵声在黄兴致邓泽如书中附笔致意⑥：

泽如我兄鉴：

　　启者，前请以后函件，照开来之信箱付寄，兹因该信箱为他人窥破，请将该信箱作废，仍由中国报李以衡君转交，俟另设立妥后，再为通告。专此即请大安。

弟兴顿首
正月二十五日

　　伯先兄附笔致意。

---

　　①　曹亚伯：《广州三月二十九日之役》，载中国文史学会主编《辛亥革命》四，上海人民出版社，1957，第187页。

　　②　冯自由：《冯自由回忆录》上，东方出版社，2011，第329页。

　　③　谭人凤：《石叟牌词》，甘肃人民出版社，1983，第87页。

　　④　胡祖舜：《六十谈往》，载武汉大学历史系中国近代史教研室编《辛亥革命在湖北史料选辑》，湖北人民出版社，1981，第59页。

　　⑤　曹亚伯：《广州三月二十九日之役》，载中国文史学会主编《辛亥革命》四，上海人民出版社，1957，第187页。

　　⑥　《中华民国史事纪要　民国纪元前一年（1911）正月至十一月（初稿）》，第74页。

　　2月底（正月底），派人调查广州地形及交通路线。熊克武说："李文甫、林直勉、喻培伦、但懋辛和我上广州，调查城内外地形、交通路线和重要机关地址，画成一个简图。李、林是广东人，道路熟悉，但和我学过军事，喻则因广州房顶有可通行的走道，要勘定狙击清军的投弹地点。"①

　　2月底，从日本等地购运的军火陆续到港。

　　王子骞说："第五批军火由曾宝森、陈可钧（福建人）和我三人护运。我们都改着敞领西装，乘坐一只六千多吨的德国大海轮，绕道朝鲜，经大连、青岛、上海而抵香港……抵港，洪承点、黄一欧（克强之子）乘小火轮来接。"②

　　宫崎寅藏的夫人回忆："他们所使用的武器也是那位仓地铃吉先生给搜集的。仓地秘密搜集起来的武器，全部托在轮船上当火夫的中国革命党人运送。可是，武器的包装却是一个非常困难的问题。其中大部分是在我胞弟前田行藏家里秘密捆装的。从仓地家搬到行藏家的搬运工作，由当时尚是中学生的龙介和震作一件一件地完成，因为他们都是孩子，不太惹人注意，所以才用了这种办法。"③

　　3月6日，赵声与黄兴、胡汉民联名致函孙中山，通报广州起义计划。函云："现时方针，一依在庇原议，惟选锋人数增多，长短器亦拟增原数两倍有奇；独运动旧营方法稍异，其费约略减。以故预算之额约要十二万数千，预备费当至少有正额四分之一，则总额为十四五万余。……选锋不专取一处人才，故最多至二百人，为〔胡〕毅生之路。此外或百余人，或六七十人。总数则八百余人。……现拟购驳货五百十枝，而辅以长短杂货，此项预算数要四万几。惟购器之路甚难。……财政而外，此为最紧要之问题矣。……扬子江流域，议于沪、汉设立两机关。沪则以郑赞臣主之，联络徽、宁、浙三省，现已开办，以徽为最有势力。汉欲请居正主之，联络

　　① 熊克武：《广州起义亲历记》，载中国人民政治协商会议全国委员会文史资料研究委员会编《辛亥革命回忆录》第一集，文史资料出版社，1961，第132页。

　　② 王子骞：《辛亥广州之役前党人在日本购运军火的经过》，载中国人民政治协商会议全国委员会文史资料研究委员会编《辛亥革命回忆录》第一集，文史资料出版社，1961，第530页。

　　③ 宫崎寅藏夫人：《吴玉章在日本的故事》，载中国人民政治协商会议四川省重庆市委员会文史资料研究委员会编《重庆文史选辑》第19辑，1983，第87页。

湘、鄂两省，已派有人去。……刻以经济不足，不能推及长江以北，至为恨事。"①

3月初，加拿大域多利埠致公堂汇来军费三万元，稍解赵声燃眉之急。

3月6日，百忙之中的赵声亲自执笔，联名黄兴、胡汉民致函加拿大域多利埠致公堂，感谢汇军费三万元。函②曰：

致公堂同志列位仁兄大鉴：

前日收到尊处汇来军事费三万元，当即电复由温哥华转达，想已收悉。此间诸事俱已著实进行。规画以两粤为主，而江、浙、湘、鄂亦均为布置。经济问题自得尊处巨款后，亦已解决过半。若美洲如金山大埠等皆能实力相助，则成功必矣。尊处同志闻系先变产业，以急应军需，热度之高，洵为海外所未有，同人等不胜感服，内足以作战士之气，而他埠同志闻风而起者，当亦踊跃倍于寻常矣。不审中山君此时尚在英属否？各埠致公堂情义相通，尊处以大力为倡，想必已有电函转告，使皆倾力赞助。事机甚迫，于现时多得一分之经济，不止有百十分之效力也。专此奉报，即颂

义安。

弟　赵声、黄兴、胡汉民顿首
初六日

收单一纸附呈，乞察收，并赐复示为荷，复书乞寄香港信箱三百五十一号《中国报》。

3月上旬，谭人凤按计划抵长沙，谋策应广州起义。"湖南适谢价僧、刘承烈自日本归，道其事于同志。同志闻之，极为热烈。谭即以余款交由曾伯兴、谢价僧等，部署一切。"③ 谭人凤说："因入湘，先有谢介轩、刘承烈归，同志曾伯兴、龙铁元、龙云墀、洪春岩、文牧希、谢宅中、邹永成、唐镕、周岐及马标队长刘承烈之弟文锦，四十九标之文案吴静庵等，早已闻其事，余到时，约与密议，均颇热心。……时焦达峰不在省，留候数日

---

① 武昌辛亥革命研究中心组编，严昌洪主编，张笃勤编《辛亥革命史事长编》第7册，武汉出版社，2011，第214页。

② 冯自由：《冯自由回忆录》上，东方出版社，2011，第151–152页。

③ 曹亚伯：《广州三月二十九日之役》，载中国文史学会主编《辛亥革命》四，上海人民出版社，1957，第187页。

未至，即行，盖因来时黄、赵约余二月中旬必返也。"①

3 月，赵声潜入广州，与新军炮兵第二十五标第二营管带应德明密谋起义。"宣统三年二月，赵伯先到广州，和我密商革命起义之程序，我以待机二字答之，即在广州租赁裕隆米号三楼之客房为密议室。我营食米每月一百三四十担，皆由裕隆米号包送，所以万稳。我们的营盘在东门外燕塘，离省城十八里，裕隆米号开设城内东大街，所以消息很灵通。混成协司令部和炮兵标本部，同在燕塘大营之内。"②

起义临近，统筹部筹集军费仍有巨大差距。"据彼处资本家报谓八打威、泗水等处已筹定此数也，而岂知其后不然"③，起义的军械无法落实。"总指挥"赵声亲自上阵写信给亲朋故友，四处筹款。赵声致函柳亚子说："别来三载，想思无已。偶于近刻，得见诗文。吟诵至再，如对故人。兹有请者，弟自出亡以来，未敢少自放弃。近极意经营，所事在指顾间。惟阿堵物尚亏一篑，就力所到，已穷罗掘。焦思欲燃，若因是掣阻。殆不止王敦笑人。昔公瑾用兵，子敬指困以赠。江乡先哲，高义如许。矧用急难，遥呼将伯。千钧一发，尤甚前人。见信望即于数日内，筹措至少两千元，电汇香港，以供急用。万勿见却。他日握手中原，必有以谢君也。"④

山穷水尽的柳亚子无奈地回信说："余既得书，而力未能报。乃赋诗一章以告罪，有'此情或者皇穹谅，忍死犹堪赌凯旋'句。盖自怜蚁虱下才，谬厕同盟之末。既不能如终军之请缨，复不能如卜式之输财。内疚神明，外惭良友。幸而日月重光，冠裳再造。专车之骨，获免于涂山。羊裘之足，得加于文叔。宁非大幸！讵料平陵一蹶，蒿里再歌。地折天崩，山枯海竭。君子猿鹤，既反袂于黄花，贤者龙蛇，忍招魂于朱鸟，天实为之，谓之何哉！然而人心未死，来者难诬。沈书智井，终开大明之天。抉目胥门，会见勾吴之沼。西台皋羽，尚有余哀。南国夷吾，讵无佳传。爰以祈死之范文，勉为执简之南史。君真诸葛，大名垂宇宙之间。我愧尼山，绝笔继春

---

① 谭人凤：《石叟牌词》，甘肃人民出版社，1983，第 87 页。

② 应德明：《黄花岗起义前后杂忆》，载中国人民政治协商会议全国委员会文史资料研究委员会编《辛亥革命回忆录》第二集，文史资料出版社，1962，第 323 页。

③ 冯自由：《冯自由回忆录》上，东方出版社，2011，第 151 页。

④ 柳弃疾：《丹徒赵君传（附跋）》，载周新国、弓楷、刘婷婷编著《赵声研究综览》，江苏人民出版社，2021，第 40-41 页。

秋而后。"①

　　由孙中山保证承担的募集军费没有如约实现，赵声在呕心沥血地主持繁重的"广东军事计划"时，还不得不抽出精力来"统筹"军费的筹集。作为统揽全局的起义"总指挥"，他"已穷罗掘，焦思欲燃"②，极度透支。

　　"统筹部部长"黄兴，面临军费"统筹"的巨大压力，在临近起义的3月14日，也以"赴义"的决心，向"外部"负责筹款的干部发出哀求"救之"的催款信函。他致函邓泽如说："若英属之万余不能寄来，是所差不啻霄壤也。弟等身命何足惜，为大局计，不能不稍筹完备，冀有以不败。况今各国瓜分之局已见实行，若仍徒冒万险以为之，使国民吃苦，心何忍也。现如引弦已满，不发不得之时，公等岂能坐视？望大发仁慈，其有以救之。谨呈小像一枚，以为纪念，愿他日寻尸马革，尚能识我之真面目也。"③

　　3月19日（二月十九日），统筹部收到冯自由从海外电汇的第一、二次款项共四万元后，黄兴、赵声、胡汉民复书④如下：

自由我兄大鉴：

　　连读手书两通，敬悉。自前次收到域多利致公堂款三万元后，即具公函作复，并请转寄一函向域埠致谢，想俱收览。昨午得来电，知温哥华又汇到一万元，以加拿大一属而筹得如许巨款，微兄赞助之力，必不及此，佩感何似。第二手书云，兄尚可力任筹饷事，为源源之接济，真是余勇可贾。即从大局论之，事若发起，幸而有成，内地固不乏资，而外力仍不能无赖。以军用浩繁，无能预算，且购械购船等类有不可限之于何方面者。欧美皆须有党中可恃之人，则前途乃大得力，兄能力任于外，匪细事也。（日本于日俄战争时期中，其派任专员于欧美者，其得力不止在外交上，彼为成国且然，何况吾党。）现在时期已迫，惟款尚不足，除英属收到四万余元（日厘坤甸在内），西贡暹罗不过数千，加属四万，美属仅收过金山五千，视预算总额尚差五万元左右。（预算额中以购械为最大宗，盖新军无子

----

　　① 柳弃疾：《丹徒赵君传（附跋）》，载周新国、弓楷、刘婷婷编著《赵声研究综览》，江苏人民出版社，2021，第41页。

　　② 姜泣群：《朝野新谈戊己编》，书林书局，1914，第47页。

　　③ 毛注清：《黄兴年谱长编》，中华书局，1991，第179页。

　　④ 冯自由：《冯自由回忆录》上，东方出版社，2011，第150页。

弹，则必有为之助者，此事兄可推测而知，而其谋已经告知中山，中山亦大以为然，惟原拟购械之价，今以因于窘难，每个之价常逾于原拟，乃不得已之故。）至当时所以预算至十四五万，第一固由规模不得不大；第二则收入之预算，以为英属及西贡暹罗可得五万（今所差无几），美洲全境可得六七万，荷属可得六万，（此为谢良牧、姚雨平、刘子芬数人运动，当港军事部成立时，据彼处资本家报谓八打威、泗水等处已筹定此数也，而岂知其后不然。）今美洲加属亦已筹到四万。金山虽则仅五千，然尚曰仍筹，则美洲或亦去原预算无几。所难堪者，荷属所汇到者至今不及万元，此外则以款绌要缓之电相报，干［于］是荷属之预算收入乃差五万，于全局关系至大。中山东行，则纽约、波士顿、檀香山等处必仍有大望，然能否使时期展开，以待款来，则不可知。此次筹款以加属所得为最巨，即兄之能力可知。若于加属以外，更为中山之助，使得速举，亦所望也。尊夫人闻须待日本船，故至速亦须待月底动身。克如作好字当交带上。专此即颂

　　近安

　　　　　　　　　　　　　　弟兴、声　顿首展堂

毅生因购器事尚未归港（附及）

正面相克尚无之或须设法另晒也。

3月，派胡国梁、柳聘农、黄一欧、陈方度潜伏广州巡警教练所待命。

　　"我们进了教练所，最初感到陌生，慢慢就和同学们搞熟了，主要做了两件事：一是在同学中间暗地进行反清革命的宣传工作，有时还送些同盟会宣传革命的书报给同学们，一篇到手，竞相传阅，很能收些潜移默化之效；二是替在广州设立的秘密机关运输枪支弹药。当时为起义而临时设立的秘密机关有三十多处，我们身穿巡警制服，手夹包袱，包袱内藏着手枪和子弹，送到指定的秘密机关。农历三月间的广州，气候已很暖和，我们夹着沉重的包袱，提心吊胆穿街过巷，送到目的地常常是满身大汗了。"①

　　3月，赵声既紧锣密鼓又慎重稳妥地进行着新军工作。炮兵第二十五标

---

　　①　毛注清：《黄兴年谱长编》，中华书局，1991，第179页。

第二营管带应德明①说："伯先调兵遣将，步、炮、辎重各营，每一队有代表三人，同志九人，发给子弹手枪，准备三月二十九日［应为三月二十五日］起义矣。"② 步、炮、辎重各部队中，每营都有由三个党人代表、九个军队同志组成的领导小组，负责该营队的组织发动。他们借野操之名带领兵士至白云山或郊区幽僻处，围坐演讲革命。各兵士表决心，立誓为推翻清王朝而流血战斗！

"新军第二标内部运动早已成熟，一切准备如派谁人围攻标本部，活捉标统陶懋棻，谁杀反对党第三营管带蒋炳隆、二营左队官蒋琦及排长吴文华等，皆已布置完成。盖此次军运有鉴于庚戌之疏，故不论平时或临事，均特别较为严密与专责。平时每营每队每排均设有代表一人，以为运动与管理该营队排士兵加盟事务，全标总代表则为二营左队班长陈德洪，所有全标士兵加盟管理及官兵上下沟通与乎对外传递等，均其兼任。时余原任二营前队见习官，为便于掩护陈德洪班长工作起见，特商准于第二营马管带锦春同志（别字贡芳，江苏人，由莫纪彭介绍，始知其原为同志）保荐其为左队排长，自此官兵上下（新军纪律严肃，平时官兵不轻易交接），消息更加灵通，而陈班长之出入营门及种种工作，便利尤多矣。"③

"乃筹议乘清明扫墓之期，伪作宗族往省祖茔，混军械于祭品，租赁袍服数十袭，伪为绅耆率领子侄，掩人耳目，封用乡渡不乘外客，由火轮拖带直驰省垣，停泊油栏门外长堤码头，勇跃登岸。并在油栏城门内先赁一铺，豫藏有械者十余人，届时将城门监视，使其不得关闭阻碍师行，径入内城，计诚巧矣。"④

---

①　应德明（1883—1959），浙江省浦江人。16 岁起在郑宅药店当学徒，19 岁考入浙江武备学堂，加入同盟会。1905 年毕业后，执教于浙江弁目学堂，旋任浙江陆军第二标第一营右队排官。1908 年，在浙江炮工学校炮兵编目科进修 6 个月，到南京第九镇炮兵团见习。嗣充浙江新军第二标督队官，与赵声、叶仰高等革命志士过从甚密。1910 年，调至广东，任新军第二十五标混成协司令部参军官，兼充广东陆军炮兵第二十五标第二营管带。

②　应德明：《黄花岗起义前后杂忆》，载中国人民政治协商会议全国委员会文史资料研究委员会编《辛亥革命回忆录》第二集，文史资料出版社，1962，第 323 页。

③　何振：《广州新军之动态》，载中国社会科学院近代史研究所近代史资料编辑组编《辛亥革命资料类编》，中国社会科学出版社，1981，第 15 页。

④　邓慕韩：《辛亥三月二十九之役南顺战纪》，载中国社会科学院近代史研究所《近代史资料》编译室主编《辛亥革命资料类编》，知识产权出版社，2013，第 33 页。

马锦春在《三月二十九日之役与广州新军》① 中记载：

省城稽查素严，凡无铺保无家眷者概不租屋。铺保早有同志预备，并临时开设店铺若干处，可无顾虑；家眷固以女同志假装充数，并有临时设法雇用者。城内同志究属散居各处，军械又多半手枪炸弹，临时恐不敌大炮长枪，故亟筹新军入城之法。陈炯明主张雇定船只，由外县装载柴草来至附城河下，伪作售卖，临时即以柴草和泥带水堆放外城根，以便进城。陈说明时甚为得意，云柴草便于堆高，和泥带水则可不怕枪火。胡毅生则云彼运大炸弹数个，已在城外附近，临时用以轰毁城门而有余。予则云广东居民各家均有上神龛梯一具，若将多数梯子酌用麻绳捆缚，沿东北角城外攀跻而上，入城最近之屋，即为飞来庙军械局；既入城，该局即为我有，转将局内子弹系出城外分配新军更为便利。后决议三计并行。

…………

新军固以予之二标二营为革军主力，奈其时标统陶懋榛竭力破坏，因陶本主张革命，早年多与同志往还，自为标统后，忽变初志，对于一般军人，固极尖刻，对予尤为严虐；盖素知予与革党之关系也。予营队官、排长等，皆与予一气呵成，毫无隔阂，陶乃密保其私人吴文华充予营前队队官。吴常语人云："陶统带嘱其转告各官兵，予之命令可听受，可不听受，当视统带之言为标准。"又予之行动语言，吴皆密报于陶。一日野操，经过大北门外东西炮台，予所属略谈清军国初入广东城占领此处而制胜，其作用自系暗示种族主义而兼为临事时我军进攻之一点也。吴又密报于陶，陶唤予至标部，陶持手枪佩军刀，声色俱厉，罚予立正。其余借故为难者不计其数。其初新军防范，只将兵棚内枪弹取去，各营本部尚存子弹若干；陶则并营部之子弹一律取去；最严重时，又将士兵枪机刺刀搜去，可谓无微不至矣。然标部完全，军械子弹存积过于平时数倍之多，予使右队队官吴庆恩诈与吴文华交结，得以与陶亲近，盖临时欲借此抢夺标部军火也。

陈炯明、姚雨平知予营内详细，约定将伊等所存军械酌分若干与予，俟予营排长轮充全标卫生长时，嘱同志军官伪作私人衣箱携带入营，其所以如是者，因不论官兵凡携箱物入营者皆须一律检查也。又宪兵队在予营

---

① 马锦春：《三月二十九日之役与广州新军》，载丘权政、杜春和选编《辛亥革命史料选辑》上，湖南人民出版社，1981，第348页。

部之后身，仅隔大操场一所，所有军械，尚属完全；予已暗嘱各宪兵临时由标部后门来营会合举事。届时予任全部指挥，北校场二、三标新军交吴庆恩办理，燕塘一标及炮标等由苏慎初办理；并有遣人持陶标统首级至燕塘苏即动手之约，后惜未能践言也。

又予之私宅略藏军火，李竟成，冯锦富等住予宅内，以待赵声来省。又赵光率领余鑫涂、石国庆、马守东、韩天慰等若干人，并各带军械寓于予宅附近之张成衣铺内，亦专待赵声之来者。各事布置粗具，专待起义时期。

3 月，赵声对广州所有参与起义的力量与起义方略进行调度指挥，安排到位。"辛亥年二月〔1911 年 3 月〕赵〔声〕在港已分布省中党人一切地位，匪伊朝夕，惨淡经营，不遗余力。"①

4 月 8 日（三月初十），赵声与黄兴主持统筹部召开"发难会议"，决定于农历三月十五举行起义，明确赵声为总指挥，黄兴为副总指挥。议决起义军分为十路分队，鸣号齐攻，一举克敌。

担任起义分队队长的徐维扬记载：会议"推赵公伯先为正司令，黄公克强副之。其预定计划，则赵公任领苏〔皖〕省同志，攻水师行台；黄公克强及林公时爽任领南洋及闽省同志，攻督署；陈公竞存任领东江健儿，堵满界；朱公执信、胡公毅生任领顺属健儿，堵旗界；而维扬则任领北江健儿，攻督练公所；黄君侠毅任领东莞健儿，攻巡警道；莫君纪彭则任策应维扬、侠毅两军。此外姚君雨平，任以陆军响应。洪君成点等，刘君古香，张君醇村等，亦任各率所部分途攻守"②。

"又议赵声攻取水师行台，缘水提而兼陆提之李准氏兵力最强也。黄兴攻取督署，陈炯明占领小北门，洪承点占领大北门，予则在城外指挥新军沿东北角入城。其余各有职务，最主要者计分十三部分。

"又议赵声于发难之日，始来省城，同行随带有军械者三数百人，由港附轮抵省后，即不受检查，整队登岸，遇清军或阻挠者即杀之。

"又命令各党员事前总以沉着为是，即被查获亦不用武力抵抗，以免浪

　　① 姜泣群：《朝野新谈戊己编》，书林书局，1914，第 72 页。
　　② 徐维扬：《辛亥三月二十九日之役花县十八烈士殉难记》，载中国人民政治协商会议广东委员会文史资料研究委员会编《广东辛亥革命史料》，广东人民出版社，1981，第 52 页。

费武器且引起清吏注意，拼得个人以成大事；况举事在即，坐数日牢，或尚可生存无事。"①

4月8日（三月初十），就在赵声召开"发难会议"准备起义时，发生了同盟会会员温生才刺毙清署理广州将军孚琦的个人行动。

"当时广东各大吏，张鸣岐为两广总督，孚琦为驻防将军，李准为水师提督。张鸣岐虽狡谲，实力不属。孚琦庸劣无能。惟李准枭鸷狡诈。纪元前四年，既破巡防营之运动。纪元前二年，又破新军之举。我党人之死于其手者，实繁有徒。故同志佥以为欲谋大举，必先杀李准。李准既杀，则张鸣岐、孚琦无能为役。遂议先刺杀之，而后举义。庚戌十二月，适冯忆汉自庇能归，愿任其事。统筹部以其有热诚，任之。教以布置之方，导以掷弹之法，并以得人相庆幸。讵冯色厉内荏，言大而夸，屡次推宕，不敢前往。至辛亥正月，黄兴告以暗杀之行，不宜于发难时期过近，促之，冯诺而暗返乡。二月中始出，自云堕水染病，还乡调理。赵声怒其游疑，面责之。"②"正积极进行时，忽有温生才刺杀孚琦之事发。缘孚时为广州将军，温居南洋受党人宣传，种族观念极深，此次回国，单独以旧式手枪邀击孚琦于东门外大道之上。按孚琦是日阅飞机，于燕塘阅毕回城，护卫颇盛，温以个人向前攀轿，枪声甫发，而卫士已弃轿四散。孚死，温从容向西南行约二里余，四望无人，乃弃枪就水塘洗身上血迹，讵有警察暗随其后，致遭擒获论死。当温案发见后，省城戒备非常严密，同人举动极感困难。"③

温生才不知道同盟会正在组织武装起义，他的个人行动顷刻使赵声组织的起义陷入被动危险的境地。受惊动的清吏立即加强戒备，严格控制新军的弹药武器，管控新军的活动。"起义前发生的温生才刺孚琦事件，给党人活动带来很多困难。因孚琦被刺后，全城戒严，到处搜查，党人行动受到阻碍。同时，清吏对新军防范益严，不准请假外出，平日不发子弹，一听风声，即将枪机甚至刺刀收缴，使之赤手空拳，无能为力。再则此役筹

① 马锦春：《三月二十九日之役与广州新军》，载丘权政、杜春和选编《辛亥革命史料选辑》上，湖南人民出版社，1981，第349页。

② 曹亚伯：《广州三月二十九日之役》，载中国文史学会主编《辛亥革命》四，上海人民出版社，1957，第188页。

③ 马锦春：《三月二十九日之役与广州新军》，载丘权政、杜春和选编《辛亥革命史料选辑》上，湖南人民出版社，1981，第347页。

划工作进行过久，日露风声，兼之党内又潜入敌探，机密泄漏，使敌增加戒备。"①

形势紧张，黄兴"打了个电报到日本，叫那运输军火的人，到香港的时候，须要特别注意。那运军火的人，是周来苏、首绍南二人，他是一个学生，没有胆略，船到门司的时候，接到克强叫他注意的电报，就把大批的军火，统统都丢到海里去了。那知船到了香港，却一点事情也没有。后来那姓周姓首的到统筹部的时候，就给克强先生大大的痛骂了一顿"②。

对于这次起义，赵声在战略上主张"从速"，在具体战术上主张慎重。

面对突发情况，赵声严令各部不许轻举妄动，立即通知新军同志加强隐蔽。"于是通告同志，各宜忍耐沉着，不可徒泄小忿；又命机关报纸暂停宣传；军械由胡毅生专管，不奉总部命令，概不发给；及军营运动，军械运输，亦暂持冷静。"③

赵声发出"暂持冷静"的指令有几个原因，"美洲之款未能到齐，荷属一万五千元亦到于二十以后。所有各械购自日本安南者，多数尚未能到。加以温生才刺孚琦事件发生，清吏戒严特甚。欲俟其防备稍懈，俾易着手"④，省中党人，决定改期至二十八日（4 月 26 日）。准备以忍耐沉着麻痹一下高度紧张戒备的敌人，再发起突然袭击。

二十八日前，赵声下令由"暂持冷静"转入战斗动员。

赵声派陈炯明送信给马锦春，"盖信中所云均直言无隐，如军事方略，后更大书而特书曰：'扫除余孽，还我河山'等语"⑤。

"各路选锋队的战斗任务下达以后，赵声便深入到选锋队中作战斗动员和军事辅导。他在给各路队员的讲话中指出：'你们都是各地党人选派来的革命精英，全党同志寄托光复在此一举。我们要为推翻满清，争取祖国的

①　姚雨平：《新军起义前后及辛亥三月二十九日之役的回忆》，载中国人民政治协商会议广东委员会文史资料研究委员会编《广东辛亥革命史料》，广东人民出版社，1981，第 46 页。

②　胡国梁：《辛亥广州起义别纪》，载中国文史学会主编《辛亥革命》四，上海人民出版社，1957，第 268 页。

③　马锦春：《三月二十九日之役与广州新军》，载丘权政、杜春和选编《辛亥革命史料选辑》上，湖南人民出版社，1981，第 348 页。

④　曹亚伯：《广州三月二十九日之役》，载中国文史学会主编《辛亥革命》四，上海人民出版社，1957，第 205 页。

⑤　马锦春：《三月二十九日之役与广州新军》，载丘权政、杜春和选编《辛亥革命史料选辑》上，湖南人民出版社，1981，第 347 页。

独立富强而战！为全国四万万苦难同胞的自由幸福而战！为这次革命义举的胜利而决以死战！'"①

誓言"以身许国，断不能偷无味之生"的赵声亮出"先声夺人"印章②，他宣布："凡作战进攻的命令，允许盖印；凡退后、逃跑之命令，我赵声决不下令，也不许加我赵声之印。"③

在总指挥赵声的号召和鼓舞之下，选锋敢死队斗志高昂，"誓以身殉"，许多"选锋"同志写下了绝命书。

4月26日，林觉民④写下诀别书，他在书中对父亲说："儿死矣！惟累大人吃苦、弟妹缺衣食耳；然大有补于全国同胞也。"⑤ 对他爱人说："吾至爱汝，即此爱汝一念，使吾勇于就死也。……汝体吾此心，于啼泣之余，亦以天下人为念，当亦乐牺牲吾身与汝身之福利，为天下人谋永福也。"⑥并期望爱人对孩子"教其以父志为志，则我死后尚有二意洞在也。甚幸！甚幸！"⑦。

参加起义行动的人员中，除外地招选的800名选锋敢死队队员外，广东志士自发踊跃准备参加。"惟总计人数，初定八百人入城决死，后竟增至千六百人以上。"⑧

"于是吴、楚、闽、粤、滇、桂、洛、蜀、越、皖、赣十一省之才士乐赴国难，无所图利者，相继来集，临发前一夕置酒高会，仰天而歌，群有

---

① 肖梦龙：《赵声》，江苏古籍出版社，1984，第79页。

② "先声夺人"印章为象牙质地，印面为22毫米×9毫米，印高30毫米，顶端雕刻有一只小坐狮，现藏于南京孙中山纪念馆。

③ 凌颂芬：《关于赵伯先的印章"先声夺人"的说明》，载镇江市政协文史资料委员会编《辛亥革命与镇江》，江苏大学出版社，2011，第277页。

④ 林觉民（1887—1911），字意洞，号抖飞，又号天外生，汉族，福建闽县（今福州市区）人。少年之时，接受民主革命思想，推崇自由平等学说。留学日本期间，加入中国同盟会。1911年春回国参加起义。

⑤ 刘勇、李怡总编，林分份、黄育聪本卷主编《中国现代文学编年史》第2卷，文化艺术出版社，2015年，第94页。

⑥ 福建省新闻出版局编，郭丹主编《福建历代名篇选读.散文卷》下，海峡文艺出版社，2018，第994页。

⑦ 福建省新闻出版局编，郭丹主编《福建历代名篇选读.散文卷》下，海峡文艺出版社，2018，第995页。

⑧ 马锦春：《三月二十九日之役与广州新军》，载丘权政、杜春和选编《辛亥革命史料选辑》上，湖南人民出版社，1981，第348页。

死之之心焉。革命党人，于斯极盛。"①

4 月 23 日（三月二十五），赵声在香港指挥，起义行动开始。赵声命令，十一省之"选锋"整装待发，派黄兴带先遣队去广州按计划作临阵战斗动员与布置。赵声将来自新军九镇的亲兵徐国泰②、阮德山③、华金元④交给黄兴。徐国泰富有头脑，机智干练；阮德山和华金元忠心赤胆，枪法、投弹技术过硬。赵声将这三人派给黄兴有充当协助与警卫的考虑。

许多人说，赵声晚行一步的原因是他长期在广州任新军军官，很多人认识他，作为清廷通缉的"要犯"不宜过早露面。其实，这不是主要原因。赵声除担任起义行动的总指挥外，还有一个关键的任务就是带领苏皖选锋敢死队攻打李准。李准凶悍狡猾，曾率部镇压 1902 年的广州洪全福起义、1907 年的潮州黄冈起义和广西钦廉起义、1910 年的广州新军起义，是起义军的死敌。打蛇就要打七寸，起义必须攻克李准。能否攻克李准，直接关系起义的成败。赵声要亲率攻坚"选锋"，与李准部进行生死决战，这样能给其他九路的军事行动创造有利条件。赵声率领的"选锋"多来自九镇新军，具有攻强克坚的战斗力。但这些"选锋"多为江苏、安徽籍，多数无辫。"外地方言"与"没有辫子"都是清军抓捕革命党人的标识，他们不能住在广州，只能在临战前从香港突入广州。因此，赵声先派黄兴进广州部署，他自起义发动的前一天到广州做战前准备。起义行动以赵声这一路的行动为准，九路按预案同时联动，相辅相成。

4 月 23 日（三月二十五）晚，黄兴率先遣队在广州越华街小东营五号设先遣官指挥部。赵声的总指挥部设在马鞍街马锦春家，"委托代表宋玉琳驻省城内马鞍街，随带敢死之士及军械若干"⑤。赵声的三弟赵光带人进入附近的总指挥接应部。

---

①　章士钊：《赵伯先事略》，载周新国、弓楷、刘婷婷编著《赵声研究综览》，江苏人民出版社，2021，第 45 页。

②　徐国泰（1890—1911），江苏邳州人，新军第九镇炮标第二营右队正目。富有头脑、机智干练，为炮标全体同盟会员代表，办理党务，并发展会员百余人，率新军第九镇中 40 余人赶赴广州参加起义。

③　阮德山（1885—1911），江苏丹徒人。21 岁应赵声征兵，入南京新军。九镇三十三标一营左队一棚正目，同盟会会员。

④　华金元（？—1911），江苏南京江宁人，供职于南京新军第九镇。

⑤　马锦春：《三月二十九日之役与广州新军》，载丘权政、杜春和选编《辛亥革命史料选辑》上，湖南人民出版社，1981，第 348 页。

"黄兴至省之后，尚留港之党人，原定二十六七两日［4月24日、4月25日］悉数上省。"①

起义预案是，在香港的选锋敢死队"于二十六、二十七日两天分批全部进入广州，投入二十八日的发难战斗。同时调动顺德、番禺等县民军开至珠江南岸隐蔽集结，准备及时进攻广州。对起义主力新军，赵声指令做好充分战斗准备，以待选锋队抢占广州军械局夺取弹药，立刻接应他们进城参战。因为自庚戌之役后，清吏将新军中的所有子弹全部收缴，甚至连枪支上的撞针、刺刀也缴了去。尤其是清方得悉革命党又要在广州发起暴动的讯息，更如惊弓之鸟，预谋四月初赶快把二标全部退伍解散，当然不会让可能再生'逆变'的部队掌握弹药了。新军处于有枪无弹的地位，等于徒手，绝无抗击能力。为防止敌人对新军横下毒手，实行镇压，所以不宜过早行动和暴露，只能让新军作为起义中的强大后备力量了"②。

4月24日（三月二十六），赵声指挥选锋敢死队，分批乘客轮从香港潜入广州。

黄兴在广州面对敌情，临阵失当。"黄兴到达广州后，听说从日本运来的最后一批武器要在二十八日才能到达，便决定推迟一天，于二十九日起事。又因广州城里风声很紧，担心选锋队员全部齐集广州，可能会发生危险。黄兴于是自作主张，武断地采取了撤退措施，电阻赵声不要送选锋队进省，还把已赴广州的一些选锋人员疏散或送回香港；同时派人去珠江南岸，把赵声调集那里的民军暂行撤离，以躲避敌人耳目。黄兴抵广州后采取的这些撤退措施，打破了起义指挥部的原定布署。"③

二十六日，粤督张鸣岐因闻报大帮党人抵省，乃派兵驻守观音山及各要区，严密防卫。是时，同志中有因此倡议改期者，克强及一部同志坚持不可，谓改期无异解散，一旦前功尽弃，殊无以对海外助款之华侨同志。又有主张赵声所部同志多外乡人，易为清吏侦知，不如暂退居香港，届时再来。

黄兴派从香港过来的李竟成向新军管带马锦春传达暂停起义的命令。

---

① 曹亚伯：《广州三月二十九日之役》，载中国文史学会主编《辛亥革命》四，上海人民出版社，1957，第206页。

② 肖梦龙：《赵声》，江苏古籍出版社，1984，第82、83页。

③ 肖梦龙：《赵声》，江苏古籍出版社，1984，第83页。

"三月二十六日，予至司后街四十六号陈炯明寓及清海门外嘉应会馆姚雨平处商量事件，研究地形，尚无变更。及回私寓，李竟成忽自港来，口称事又停顿。"①

"黄兴至省之后，尚留港之党人，原定二十六七两日悉数上省。时黄以风声过紧，乃电阻其来。何克夫亦派人至河南，嘱李雁南暂行解散各人，以避耳目，并嘱区河东等数人听候调动；集省之同志，亦有返港者。廿六夜，胡汉民得黄兴电曰：'省城疫发，儿女勿回家。'港中同志皆相顾失色。会议事机危迫，总宜孤注一掷。是夜有仍进省者。"②

4 月 24 日（三月二十六）晚，赵声在香港收到黄兴阻止"选锋"行动，推迟起义的暗语电报，心急如焚。"立即召集在港的起义领导人员开紧急会议，指出：'事机危迫，不宜拖延。敌我双方已是明争暗斗，各都剑拔弩张，准备拼杀，势不可收。在这种进退维谷的情况下，从来都是'两军遭遇勇者胜！'局势愈是紧张，愈不能撤退战斗人员，必须尽快使八百选锋队员全部进入广州各战斗岗位，随时准备保证全力投入决战！'赵声进而具体分析了敌我双方的斗争形势：'清方虽然对我们的举动有所觉察，但它们始终不知义举何日。现在敌人貌似猖狂，张牙舞爪地向革命扑来，但在它们的背后潜伏着强大的革命力量，一旦八百敢死健儿揭竿发难的战斗打响，民军攻城，防营配合，新军起应，那么敌人即刻会处于覆灭之中！'香港起义指挥部在慎重作了研究之后，决定仍照计划执行。赵声当晚继续送选锋队进省；并将上述意见告知黄兴，望他阵前坚定沉着，准确掌握和分析敌方行动，采取大胆而谨慎的应变策略，果敢从事。"③

"黄兴鉴于广州地方当局对革命党人起义已有所闻，正在搜捕革命同志，形势十分紧张，遂遣阮德山、徐国泰、华金元等撤回香港待命。"④ 三人回到香港，赵声听取他们的情况汇报后，立即"命令德山、国泰、金元

① 马锦春：《三月二十九日之役与广州新军》，载丘权政、杜春和选编《辛亥革命史料选辑》上，湖南人民出版社，1981，第 350 页。
② 曹亚伯：《广州三月二十九日之役》，载中国文史学会主编《辛亥革命》四，上海人民出版社，1957，第 206 页。
③ 肖梦龙：《赵声》，江苏古籍出版社，1984，第 83、84 页。
④ 戴志恭：《黄花岗七十二烈士之一——阮德山》，载镇江市政协文史资料委员会编《辛亥革命与镇江》，江苏大学出版社，2011，第 193 页。

等一批同志再去广州"①，将新的指令带给黄兴，并履行协助黄兴的任务。

4月25日（三月二十七），清吏从顺德调回巡防营，加强广州防务。敌情的变化，让个别同志惊慌失措。姚雨平说："后因廿七日清吏调防营二营回省，胡毅生疑清吏有备，又提议改期。陈炯明、宋玉琳和之，我则极力反对。黄兴见各部如此，深感痛心，无可奈何，只得令各部速即撤退，免被搜捕，以致各部前后退去者三百余人。"②

"二十七日，两广总督张鸣岐调回巡防二营驻扎城外，胡毅生（负责购买和运送枪械的储备课课长）、陈炯明认为敌有戒备，应该慎重从事，坚主缓期。黄兴无可如何，下令除负责的基干外，其余'选锋'约三百人全部撤回港九。同志们闻讯，均甚愤慨。喻培伦、林时爽即往见黄兴，痛陈利害说：'花了海外华侨这么多的钱，南洋、日本、内地同志不远千里而来，于今中途缓期，万一不能再举，岂不成了个大骗局，堵塞了今后革命的道路？巡警就要搜查户口，人枪怎么办？难道束手待擒？革命总是要冒险的，何况还有成功的希望？即使失败，也可以我们的牺牲作宣传，振奋人心。现在形势紧急，有进无退，万无缓期之理！'喻培伦且坚决表示：'就是大家都走了，剩下我一个人，也要丢完了炸弹再说，生死成败，在所不计！'黄兴听了大为激动，决定集合同志数十人，杀张鸣岐以谢国人。"③

黄兴犹豫不决，左右为难，按赵声继续起义的指示进行怕失败，不按指示起义怕失信于海外捐助的华侨。由此，他再次临阵失当，"决心一死拼李准，以谢海外同志"，把党人全力以赴的"生死大决战"，变成一个刺杀行动。姚雨平说："身为主将者不能单凭个人一时义愤，舍身拼命，不顾其他各路准备如何，配合得好否，就一马当先带头发难，成败在所不计。因为这不是'决心一死拼李准，以谢海外同志'的问题，而是要怎样运筹帷幄，布置全局，从各方面多方周密计划，谋得一举成功以无负全党全国人

---

① 戴志恭：《黄花岗七十二烈士之一——阮德山》，载镇江市政协文史资料委员会编《辛亥革命与镇江》，江苏大学出版社，2011，第193页。

② 姚雨平：《新军起义前后及辛亥三月二十九日之役的回忆》，载中国人民政治协商会议广东委员会文史资料研究委员会编《广东辛亥革命史料》，广东人民出版社，1981，第46页。

③ 熊克武：《广州起义亲历记》，载中国人民政治协商会议全国委员会文史资料研究委员会编《辛亥革命回忆录》第一集，文史资料出版社，1961，第133页。

民重托的问题。黄兴在指挥决策上是有缺点的。"① 黄兴命令所有开赴广州的选锋敢死队迅速分散撤离，免遭敌人搜捕。就这样，由赵声已输送至广州的好几百名选锋队员被黄兴遣回香港。

"讵二十七日，有巡防营二营调省，胡毅生、陈炯明等疑官厅有备，主张再展期，先生［指姚雨平］以为不可。及闻新军二标兵士之枪，被当局收去，则亦不复坚持。因此标为新军之中坚，革命同志甚多也。黄兴见各部意见参差如此，于愤激之余，竟下令将各部遣退，决以一人或少数人死拼李准，以谢海外热心出钱之同志。"②

"在这敌我双方都在暗中运动力量，准备决斗的关键时刻，黄兴作为一个临阵指挥者，极不冷静，忒欠沉着，所考虑的不是针锋相对地布署对敌，保证起义计划的完满实施，争取起义的胜利，而是胸无全局，消极被动，完全被敌人的军事动向牵着鼻子走，缺乏一个成熟的高级指挥员和军事家应有的临危不乱、泰然处之的风度，这也正如当时党人所指出的'其个人忠勇固属可嘉，但运筹帷幄则有不足之处'。"③

4 月 26 日（三月二十八）早，被黄兴遣回的"选锋"陆续到达香港，"奉兴暂退令，纷纷旋港，伯先大惊。拟次日自行入粤规划"④。

"二十八日早，全军忽回港，烈士［赵声］惊问其故，则奉黄司令克强先生命令暂退也。烈士拟次日亲赴省察视情形，夜中又接黄［兴］电谓：'事尚可为'，促军速进。"⑤

4 月 26 日（三月二十八），赵声根据情况，做出具体应对方案，向胡汉民、宋教仁等交待安排在港选锋敢死队事宜，"拟自入粤规划"⑥，准备分出手来亲自去广州布置落实。此时，姚雨平得知，他运动成熟的巡防三营由顺德调回广州，他立刻向黄兴做了报告。他说："我得讯后即向黄兴报告，

① 姚雨平：《新军起义前后及辛亥三月二十九日之役的回忆》，载中国人民政治协商会议广东委员会文史资料研究委员会编《广东辛亥革命史料》，广东人民出版社，1981，第 49 页。

② 朱浩怀：《广州新军起义与三月二十九之役》，载中国社会科学院近代史研究所近代史资料编辑组《辛亥革命资料类编》，中国社会科学出版社，1981，第 19 页。

③ 肖梦龙：《赵声》，江苏古籍出版社，1984，第 85 页。

④ 章士钊：《赵伯先事略》，载政协丹徒县文史资料研究委员会编《辛亥革命先烈赵伯先》，《丹徒文史资料》第六辑，1991，第 40 页。

⑤ 王立：《革命伟人赵声》，社科院历史研究所三所藏，1913，第 24 页。

⑥ 柳诒徵：《赵伯先传》，载周新国、弓楷、刘婷婷编著《赵声研究综览》，江苏人民出版社，2021，第 50 页。

谓此三营内多同志，其哨官十有八九系加盟会员。"①

"廿八日陈炯明、姚雨平偕到黄兴处报告，谓调来顺德三营内多同志，其哨官十人而八同志，余二则一中立一反对，现泊天字码头，即欲乘机起事。姚陈复亲往商。未几即还报谓各人已决心，当即密电港，仍定二十九日发难，促同志上省。盖此防营三营若能反正，不患其余防营不降。且有新军之大力为后盾，巡警教练所学生二百余复决心相助，枪弹足用。有此数者，事尽可为。二十八晚，胡汉民复得黄兴电云：'母病稍痊，须购通草来。'盖即令党员悉来之隐语。"② 赵声虽然接到黄兴准备起义的消息，但他带领的数百选锋敢死队队员无交通工具，无法立即行动。他只能留在香港，通过密电指挥调动各部。

奉命担任接应小北门方面新军入城之联络的王兴中说："奉本党统筹部赵伯先、姚雨平、李济民同志之命，设机关于小北门内三眼井第九号门牌，准备举事，一面召集在顺德潭州绿林同志黄育、孙祺等五十余人来省候命，以便举事时在小北门响应新军入城。至三月二十八日午，黄克强、姚雨平召集同志在长堤嘉属会馆开会，各组首领到者五十余人，当即议决定于四月初一［应为三月二十九日］早五时举义，分四路进攻……当时同志中仅雨平与丘锦芳及兴中三人而已，然事已危急，即欲通知亦复不及，惟有分头响应。兴中即到仙湖街率同志十余人，携短枪，配炸弹，奔返三眼井会齐各同志共六十余人。"③

4月26日（三月二十八）晚上十点多钟，赵声在香港收到了黄兴关于4月27日（三月二十九）起义的电报，而这时香港开往广州的晚班轮船已经启航。4月27日（三月二十九）上午只有一艘班轮，下午才有多艘，如果上午大队人马带枪挤满一船上岸，检查时肯定会被发现，那么只有开枪攻击，即行起义，但来不及与广州的同志形成呼应，显然不行。胡汉民说："以彼此不接头必误事，请余先往。谓无论如何，必须压住一日。"④

---

① 姚雨平：《新军起义前后及辛亥三月二十九日之役的回忆》，载中国人民政治协商会议广东委员会文史资料研究委员会编《广东辛亥革命史料》，广东人民出版社，1981，第39页。
② 曹亚伯：《广州三月二十九日之役》，载中国文史学会主编《辛亥革命》四，上海人民出版社，1957，第207-208页。
③ 王兴中：《辛亥三月二十九广州革命之经过》，载中国社会科学院近代史研究所近代史资料编辑组编《辛亥革命资料类编》，中国社会科学出版社，1981，第30页。
④ 谭人凤：《石叟牌词》，甘肃人民出版，1983，第91页。

"计在港尚有三百余人，且多数无辫。省港早轮只一艘来往，晚则有数艘来往，若悉在二十九日早船上省，恐不便登岸。故定以少数乘早轮上省，多数乘夜船上省。一面电省请展缓一日。并推谭人凤、林直勉等二十九早上省，向省部陈述。

"三月二十九日之举义期决定，黄兴一面电港促党员进省。时以各部未能如计划妥办，敌情亦有变化。加以发难日期之更改，党员退出省城者亦多。乃将初十决定十路进攻之计划，临时为之改变。（一）黄兴攻两广总督署。（二）姚雨平攻小北门占飞来庙，并延防营及新军进城。（三）陈炯明攻巡警教练所。（四）胡毅以［生］二十余人守大南门。"①

赵声连夜急电黄兴，通知缓一日起义，同时派谭人凤、林直勉乘二十九日早船赶去广州向黄兴说明原因，督促落实。二十八日晚，已定早轮上省之人，全体不眠以候。至二十九日天明，谭人凤与部分"选锋"登上早班轮船，驶向广州。二十九日午后，德高望重的长者谭人凤赶到广州小东营找到黄兴，见他正集合队伍，做出发准备。谭人凤急将香港选锋队来不及全部当天赶到的情况和赵声缓一日发难的决定告诉黄兴。谭人凤说："余登时起程，次日日中到，比不知黄住所，走访竞存。竞存仓皇告余曰：'不得了！毅生、雨平均无备，余亦仅有七八十人，克强人数不满百，刻将出发，奈何！'余谓：'何不谏阻？'渠云：'已极力阻之矣，其如不听何！'余即请伤人送去，则克强装束已妥，正在分发枪弹。请休息片刻接谈，不听。再据各情形劝阻之，克强顿足曰：'老先生毋乱军心！我不击人，人将击我矣。'余见其状类狂痫，乃谓林君时爽曰：'各方面均无备，香港同志与器械尚未来，何所恃而出此？'林曰：'先生知一未知二，现有防兵两营表同情，一切可不靠矣。'余曰：'防营可恃乎？'林谓已接洽两次，决无虞。"②黄兴不听谭人凤分辩，也不告知总指挥赵声，决意孤注一掷，准备起义。这是黄兴第三次临阵失当。

"惜已遣退者多不及赶回；且港方同志，以种种原因，二十九难以赶到，电请展期至三十日，并派代表于二十九日抵省，陈述理由；而各代表

---

① 曹亚伯：《广州三月二十九日之役》，载中国文史学会主编《辛亥革命》四，上海人民出版社，1957，第207-208页。
② 谭人凤：《石叟牌词》，甘肃人民出版社，1983，第91页。

到时，黄兴已不顾一切，整装待发矣。"① 已定五时半出击。无奈之下，谭人凤挥手指示同船而来的一批选锋队员，都加入黄兴的队伍。原赵声一路尚留守在广州的宋建侯等人，也都加入黄兴的队伍参加战斗。但是，"陈炯明因据港请缓之电，至昭平书院告胡毅，谓改期三十"②。

辛亥三月二十九日五时半，黄兴指挥选锋敢死队由小东营进攻两广总督署。他们臂缠白巾作为标记，足穿黑面树胶鞋，精神抖擞，斗志昂扬，手握枪械炸弹，一时螺号齐鸣，打响了三二九之役。

与此同时，不知黄兴已经发起起义行动的赵声，按预案带领胡汉民、宋教仁、何天炯、吕天民、何克夫、黄一欧，及"选锋"主力，分乘夜班轮船，全部驶向广州。

黄兴不具备临场应变的军事指挥能力与号令革命军的威望，在主观上无意取代总指挥赵声，在客观上也没有宣布取代总指挥，且没有把自己指挥起义的预想与命令传达、落实到各方。黄兴自己说："传言兴为总指挥，误也。"③ 黄兴的指挥行动是一种情急之下忘记自己是军事"参谋"，由"统筹部长"、先遣的"副总指挥"取代"总指挥"来发号施令的失当。这种失当，造成了令出多头、指挥混乱的局面，破坏了精心规划的一盘大棋与统一行动，且直接造成三个恶果：无法实施自己的四路进攻行动、孤立无援、自相残杀。

黄兴面对瞬息万变的军事事态惊慌失措，没有合理的攻击目标，把精心组织的大决战变成刺杀绑架行动，去攻打文官张鸣岐的总督府。这种形同儿戏的军事指挥，不能令各分队指挥官信服，也调动不了各路"选锋"形成有效的力量。黄兴不知军令规则，他不听总指挥赵声下达的命令，而他指挥的三路将领也出于种种原因没有坚决执行他的命令。

黄兴率队发起攻击后，本应配合他行动的其他三路人马都没有能按他的要求展开行动。姚雨平所带一路，任务为攻占小北门枪械局，接应新军进城，但因打乱了统一的指挥，他们居然在管军械处因领枪问题"空急一

① 朱浩怀：《广州新军起义与三月二十九之役》，载中国社会科学院近代史研究所近代史资料编辑组编《辛亥革命资料类编》，中国社会科学出版社，1981，第 19 页。

② 曹亚伯：《广州三月二十九日之役》，载中国文史学会主编《辛亥革命》四，上海人民出版社，1957，第 207 页。

③ 黄兴：《广州三月二十九革命之前因后果》，载中国文史学会主编《辛亥革命》四，上海人民出版社，1957，第 168 页。

阵未及出动"。陈炯明带领一路，任务是抵御巡警，接应巡警教练所二百多名学生参加起义，由于"改期之议"，人员分散，根本没能组织起来。胡毅生带领的一路负责把守大南门，也与陈炯明一样的原因没有行动。结果，起义行动成了黄兴一路少数人的孤军奋战，特别是接应新军进城的一路没有作为，导致整个战斗寡不胜敌的败局。

赵声安插在新军二标的排长何振说："新军第二标内部运动早已成熟……又当三月二十九举义未定期之前数日，余尝偕一班同志军官苏慎初、张念雄、赖培基等应此次军运总负责人姚雨平之招，到嘉属会馆内会商举义前应准备各事项，结果决定届时由姚雨平派人来营通知，并由后门接济弹药。至临时军中一切布置指挥，则由余与苏、张等同志分任之，并约定全军由小北门入城。不料三月二十九城内黄兴等同志事起仓卒，至发难围攻督署时，吾等军中同志犹未知之。及知之，而北门城墙上八旗兵已满布枪炮口，且瞄准向吾军营房矣。吾军中平时不发弹药，此时望穿秋水，又不见接济到来，以是各同志只得袖手旁观，相对疾首而已。"[1]

担任接应小北门新军入城联络的王兴中，见机临时召集了六十余名同志参加起义。当他们赶到时，"即闻督署炸弹声与枪声杂作，知吾党已经发难矣。兴中即率各同志向小北门进攻，与防营百余人鏖战逾时，彼众我寡，殊无取胜之道，乃暗率同志三十余人分向飞来庙抄击至小北直街；又遇番禺县亲兵二百余人，扼守街口，诸同志奋不顾身，尽将炸弹轰击，互战许久，敌兵亦不敢来攻。时同志中已被击毙多人，所存者仅兴中等七人而已。乃折回小北门，则枪声已停，只见沿街尸骸狼藉，其未死之同志，想已各自逃生矣。兴中等仍恐清兵来袭，乃避入附近一米店，执枪以待，时已入黑矣。及登屋面察看，只见督署火光融融，别无声息，新军亦不见有所举动，容讵知大事竟一败至此，真愤不欲生也"[2]。

"二十九日，先生［姚雨平］集所部于长堤嘉属会馆，面授发难方略。下午，派郭典三赴仙湖街始平书院胡毅生处取枪弹，以备发交所部使用；乃胡已他去，保管人谓巡警甫来查过，挥手阻勿取。典三走告先生，先生

---

① 何振：《广州新军之动态》，载中国社会科学院近代史研究所近代史资料编辑组编《辛亥革命资料类编》，中国社会科学出版社，1981，第 15 页。

② 王兴中：《辛亥三月二十九广州革命之经过》，载中国社会科学院近代史研究所近代史资料编辑组编《辛亥革命资料类编》，中国社会科学出版社，1981，第 31 页。

急赴黄兴处，见其屋内陈列刀枪武器，整装待发。告以派人到始平书院取枪弹被阻事。黄即加派陈其尤与先生同往。保管人则谓已展期。先生告以：'甫由黄兴处来，见已整装待发，何云展期？'先生以事机急迫，声色俱厉。保管人乃指示枪弹所在处，盖皆藏于屋瓦之下。先生以方桌层叠而上，将枪弹取下，装入皮箱四口，雇轿四乘抬出，拟至长堤嘉属会馆。以枪弹笨重，轿夫力不能胜，且行且出怨言。甫出门，见街上军警，汹涌来往，知事发，已不能通过，仍将枪弹抬回始平书院安置。"①

黄兴指挥失当，但他以拼死的决心，身先士卒，英勇杀敌。他带领选锋敢死队，"风起云涌，直扑而前。途遇警察，皆枪杀之。疾行入督署，见卫队，即曰：'我辈为中国人吐气，汝等亦中国人，若赞成请举手。'卫队不悟，革命军枪弹并发，号角大鸣。杀其卫队管带金振邦，破入督署，直冲入二门。二门有兵八九，闻声走避而退入。两庑及大堂之卫队，则凭栏倚柱以狙击。杜凤书、黄鹤鸣为大堂伏狙之卫兵所击，死之。黄兴由大柱后还枪伤其一，余被截击，入署不能出，弃枪请降，求为引导。如是直入内进。黄兴、林时爽、朱执信、李文甫、严骥等，分头亲行遍索"②。他们决心生擒两广总督张鸣岐。当冲进总督衙门后，张鸣岐已闻声从后院越墙而走，逃奔水师提督李准那里报告去了。

黄兴搜索张鸣岐不得，"乃以火种置于床架上而后出。出后火光融融矣。其时死于署内者，尚有徐广滔、徐进焻、徐礼明、徐临端；死于署外者，有曾日全。及出至东辕门，遇李准调其卫队亲兵大队迎头冲来。林时爽尚闻赵声言李部下有同志，遂突前招抚，高呼曰：'我等皆汉人，当同心戮力，共除异族，恢复汉疆。不用打，不用打。'言未毕，弹中脑，立仆。是日林身服黄斜衣服，右手持枪，左手执号筒。刘元栋弹中太阳穴，林尹民弹中胸部，均死焉。其余死者尚有余人。黄兴亦中伤右手断两指"③。

张鸣岐的幕僚刘乃勋记载："黄兴愤激，力主冒险从事，遂于二十九日下午五时集合同志近二百人，臂缠白布，由小东营街整队出发，扑攻督署。

① 朱浩怀：《广州新军起义与三月二十九之役》，载中国社会科学院近代史研究所近代史资料编辑组编《辛亥革命资料类编》，中国社会科学出版社，1981，第19页。
② 曹亚伯：《广州三月二十九日之役》，载中国文史学会主编《辛亥革命》四，上海人民出版社，1957，第209页。
③ 曹亚伯：《广州三月二十九日之役》，载中国文史学会主编《辛亥革命》四，上海人民出版社，1957，第210页。

督署东西辕门驻有兵士一连，时值晚餐，突被袭击，管带金振邦及各兵士措手不及，弃箸纷逃。其持枪值守排长一名、士兵八名，皆为革党手榴弹炸毙。有张巡捕（忘其名）在内闻变，立将宅门关闭。宅门居大堂、二堂之交，两扇大门木制，外包薄洋锡，漆黑色，象［像］铁，实则并不坚实。革党枪攻宅门，洞百十孔，未破，遂向大堂暖阁纵火，并持重物撞开宅门，一拥而入，内无一兵应敌。革党直入二堂、三堂上房，遍觅张鸣岐不获。乃父张步堂及其一妻一妾瑟缩房隅。革党谓之曰：'不干汝等之事，不必害怕。'旋至他处分头搜索，署中员役均无伤害。当张巡捕关闭宅门之后，觅见张督，引至图籍所，嘱两缮校生导之登楼，转上瓦面，落厚祥街民居，送至天平街水师公所李水提处。张巡捕即与图籍所长分持电话机通知李水提及镇统龙济光、协统蒋尊簋派兵赴援。"① 水师提督李准接到求援电话，立即派部围攻总督府。

李准所派胡令宣、吴宗禹两军先到，将机关枪架设在东西两辕门。黄兴指挥队伍火烧总督署后退出辕门，便和李准部队遭遇上了，展开了激战。顿时，硝烟弥漫，弹如雨注，枪声、炸弹声震耳欲聋。起义战士们个个奋不顾身，英勇地冲击敌人，许多同志当场牺牲，黄兴也右手负伤。"革党突围冲出，中枪倒毙者二三十人，余众退回，升屋跳遁，登时被捕获十余人。"②

黄兴孤军奋战，人数处于绝对劣势。他想到要打通关卡，让新军、巡防营等革命力量能够响应支援。无奈之下，他将自己率领的一路分为三组，让徐维扬率花县（今广东花都区）数十人出小北门，拟与新军接应；让川闽及南洋同志去攻打督练公所。黄兴自己带领方声洞、罗仲霍、朱执信、何克夫、李子奎、郑坤等十人，出大南门，拟与巡防营接应，希望能拿下关键的军事目标，得到新军、巡防营、民军的响应支援。然而，由于没有全局的、有效的、统一的指挥，英勇奋战的选锋敢死队人数太少，无法拿下黄兴要求的战斗目标。

黄兴带领的去接应巡防营的一组，竟然与主动前来支援的巡防营革命

① 刘乃勋：《温生才刺孚琦案与广州起义见闻纪实》，载中国人民政治协商会议全国委员会文史资料研究委员会编《辛亥革命回忆录》第二集，文史资料出版社，1981，第332页。

② 刘乃勋：《温生才刺孚琦案与广州起义见闻纪实》，载中国人民政治协商会议全国委员会文史资料研究委员会编《辛亥革命回忆录》第二集，文史资料出版社，1981，第332页。

军发生误会，打了起来。巡防营是准备活捉李准、接应起义队伍的，他们看到臂缠白巾的选锋战士，便招呼他们，谁知高度紧张的方声洞见巡防营士兵没带白巾，开枪就把带队的革命党温带雄打死了，巡防营士兵还击打死了方声洞，双方展开激战。起义军两支最强的军事力量，竟然自相残杀，直至自己把自己全部打散。"黄兴与方声洞行最先，遇防营数百于双门底，见其无相应之臂号，且举枪相向，方乃发手枪，毙其哨官温带雄。黄兴且战且前，四顾所部，不见一人。乃以肩撞破一洋货店门板，入之。从内出两枪，左右射击，中防营七八人，防营退却。闻彼营中传语，往保护提署。实则此次双门底黄兴等所遇之防营，即顺德调回之三营，约定接济发难者。其先行之一营哨官为温带雄，哨长为陈辅臣，实党人之最热心者。其哨中党人尤多，约定城内起事，该哨即借拱卫之名，直至水师行台擒李准。因欲达此作用，决定未至水师行台前，不挂白布，以免入城及进提署之碍。温、陈得二十九日下午五时半发难之命，即于下午四时许同入城购白手巾三百方，分给各兵士，伪云赏赐，传令晚餐提早半时。餐毕，即闻警讯，温即下令整队入城，并告陈以擒李计划。陈乃以亲信兵士十余人卫温。适李准令该哨入城攻党人，温听悉即令扣留传命之人，并大呼'天授机缘，使吾党成功'。立命全队整装即入。温持刀在前，陈殿后。至双门底，猝见短衣臂缠白巾者十余人由此直趋而来，知为党人，温即口呼兄弟，队中亦有十余人呼兄弟勿走者。孰意方声洞见无臂号，且认为举枪相向，发枪击去，温为首立倒，队兵陆续死者十余人。陈伏地匍逃于方言学堂，队兵亦散。彼此误会，遂至党人自相杀伤。否则转败为胜，亦左券可操者。盖由此役为严密计，各部之事不相问亦不相告所至。惜哉！痛哉！"①

因领枪遇阻的姚雨平，在"愤激之余，与郭典三、黄嵩南、丘锦芳等数人，各持一枪，奔至双门底，冀与所预约之防营会合。盖调省巡防营三营中之革命同志，经与先生［姚雨平］约定，本下午协同举义。五时，该三营借拱卫为名，整队入城，因欲直趋水师行台，生擒提督李准，故未即带白布臂号，行至双门底，遇黄兴、方声洞一队人，彼此误会，互相攻击，

---

① 曹亚伯：《广州三月二十九日之役》，载中国文史学会主编《辛亥革命》四，上海人民出版社，1957，第210–211页。

故该三营，早经散去"①，姚雨平就做了"壁上观"。

就在黄兴混战的时候，赵声、胡汉民带领香港选锋队员几百人分乘晚轮驶向广州。几艘客轮几乎全被革命党人占据，担负侦察与联络任务的"选锋"乘坐第一艘轮船；胡汉民、宋教仁与担任通信的"选锋"跟随赵声同坐一船，他们用黑纱罩灯，相互激励，预习行动方案与任务要求，随时等候赵声的指令。各船的选锋队员个个就坐舱位，无一走动和大声喧哗者，大家保持着高度警惕，随时准备对付意外情况的发生。

在广州，赵声派给黄兴的三名亲兵阮德山、徐国泰与华金元，"随黄兴扑攻督署，猛冲大门，用手榴弹先将督署东西两辕门警卫十余人炸毙，入内厅，总督张鸣岐已逃遁，遂和黄兴火烧督署大堂复出，迎战凶狠顽固的水师提督李准部队。德山英勇杀敌，并以娴熟的枪法、准确的投弹，毙伤敌兵数十名，后在激战中和黄兴走散。德山与徐国泰、华金元三人边战斗边寻找黄兴，未遇。直转战至双门底（今永汉路）时，在与清军交火中，徐国泰中弹负伤，德山和金元为了保护战友，两人护持，始终不离左右，表现了革命同志团结战斗，同患难共生死的高尚品德。因在战斗中被警兵所围，国泰高喊：'快去杀敌，别管我！'但德山、金元坚决护持徐国泰，欲奋力冲杀，突围转移，终因众寡不敌，两人壮烈牺牲，国泰被俘，亦被害"②。而此时的黄兴"乃避至一民房中，由板壁内放枪，毙其前进者数十人"③。此役，来自新军九镇的赵声旧部"伯先乡人宋建侯、石经武、华逐电、阮德山、徐胜西、封冠卿等六人均死之"④。

这里，我们有必要看看选锋敢死队"碧血横飞"，使"浩气四塞，草木为之含悲，风云因而变色"的英勇壮举，他们舍生忘死地战斗，没有辜负总指挥赵声对"选锋"的期望。

① 朱浩怀：《广州新军起义与三月二十九之役》，载中国社会科学院近代史研究所近代史资料编辑组编《辛亥革命资料类编》，中国社会科学出版社，1981，第 19 页。

② 戴志恭：《黄花岗七十二烈士之一——阮德山》，载镇江市政协文史资料委员会编《辛亥革命与镇江》，江苏大学出版社，2011，第 193-194 页。

③ 黄兴：《广州三月二十九革命之前因后果》，载中国文史学会主编《辛亥革命》四，上海人民出版社，1957，第 170 页。

④ 章士钊：《赵伯先事略》，载周新国、弓楷、刘婷婷编著《赵声研究综览》，江苏人民出版社，2021，第 45-46 页。

曹亚伯的《广州三月二十九日之役》① 载：

何克夫、李子奎、郑坤随黄兴出大南门，至卫边街，即已冲散。三人由观莲街出流水井，在观莲街遇中协何品璋，李子奎击之，各分头走，至寺前街，遇防营约百人。三人与战，未几李中弹，犹鼓勇出大南门，至高第街而死。徐国泰、华金元、阮德三由攻督署后转战至双门底。华金元、阮德三阵亡，徐国泰受伤，被执。刘梅卿、马侣及川闽同志，由黄兴攻督署后，派往攻督练公所者，至莲塘街遇党员一队，与防军正酣战，遂加入共同作战。盖此队为莲塘街吴公馆出发之党人，其任务系攻督练公所及莲塘街口，堵截观音山龙王庙之防营救督署者。至五时三十分钟，喻培伦、饶国梁、熊克武、余济堂、但懋辛、罗允等，整队而出。至莲塘街口即与敌遇，奋战。及刘梅卿等由攻督署杀出加入共战。至夜九时，折至大石街，又与敌战。辛以众寡悬绝，随战随走。马侣在小石街阵亡，饶国梁至大北门，遇敌迷途，误入敌营，被执。余出小北门，与旗兵警察遇，又战。时已深夜，逐各散失。罗允至虹桥，又遇敌，相持二时，弹尽逃走。

由黄兴攻督署后派赴小北门接应新军之徐维扬及花县党员，未几见敌分头来，徐维扬急遣徐满凌等至洛城街，以拒观音山之敌，徐维扬则率党员向司后街，拒水师行台之敌。徐满凌等至德宣街口与敌遇，乃巷战于莲塘街。江继复当先冲敌不顾身，阵亡。时敌居高临下，势难仰攻。徐满凌等乃入莲塘街转大石街之机关部，会同莫纪彭等攀登屋瓦向观音山射击。久而不克，拟退去。徐满凌等初至省，不辨路途，莫纪彭任先导，无何，灯息相失。遇击柝者，丐其引至小北门，击柝者不北而南，反引至仓边街，与防营遇，徐等且战且走。李德山亦由攻督署战退，合焉。及小北门高阳里口，复有大队防营至，乃入源盛米店，屯米囊作垒，与敌死拒。支持一日夜，弹垂击。张鸣岐下令烧街，店前又为敌烧，乃越后垣而出。是役也，徐熠成、徐培添、徐日培死焉。徐容九则受重伤至家而殁。李德山、徐满凌被捕，不屈死。余人出险，不复成队。后徐茂振、徐茂均、徐茂燎、徐金铲四人，至二牌楼之莘庆里，复为敌围，一日夜不食，乃取人渐米之水以充腹。徐茂燎因中弹而死，余越檐而走。徐维扬率党员至司后街应敌，

① 曹亚伯：《广州三月二十九日之役》，载中国文史学会主编《辛亥革命》四，上海人民出版社，1957，第211~213页。

敌由新丰街正南街纷至，奋勇与战。徐允潜、徐佩疏等在前，陈镇庐、徐满枢等在后，手枪炸弹齐发。徐允潜、陈镇庐虽炸伤，弗顾。敌乃退保水师行台。徐等乃折入小东营，由都府街锦荣街二牌楼环攻之。敌垂败矣，而援军至，乃突围出。陈镇庐、徐振益、陈洪基、徐纪垣、徐满枢先后被执，后均保出，奇矣。徐维扬退后，遇李文甫等，乃谋会袭飞来庙，夺弹库，不克，徐佩疏、徐廉辉伤焉，乃退。李文甫率数人，由北校场向东南去。后李被执死之。徐维扬越山至三元里，仅余徐佩疏、徐廉辉、徐松根、徐保生、徐昭良、徐应安、徐怀波七人，乃嘱徐佩疏六人扶伤归里，而与徐怀波返城西。乃徐佩疏等六人至高唐火车站，与清兵遇。此时弹尽人伤，不能再战。急将枪弃水中，已为所觉，遂均被执，送至水师行台，后悉就义。此役之受伤者，尚有朱执信、欧阳俊、王振国、严骥等，仙湖街始平书院炸弹轰发，军警围之。陈潮从内掷炸弹伤其数人，己亦殉焉。

与选锋敢死队拼命死战不同，黄兴指挥的各路队长都没有有效的行动。曹亚伯的《广州三月二十九日之役》[1] 载：

当二十九日举义时，将原定十路进攻计划，改为四路。同时并由新军防营民军等接应，一面放火以乱敌人军心。孰意自黄兴所部按时间按计划发难外，胡毅所部初本合东莞党员有百五十人，因二十七有改期之议，遂遣之退。二十八晚由朱执信驰往某乡测度其情，不及复来。乃由其择陈炯明所部二十人守大南门。讵临时胡毅谓与陈炯明所部言语不通，请陈炯明另行派人指挥。复误信改期之报，亲至大水圳阻所部入城。及见火起，再集所得百数十人往助。得报东门已闭，已不及矣。因胡毅任守大南门之责，故派驳壳枪亦多。否则加入黄兴所部，亦可加增战斗力。（黄兴所部只驳壳枪三枝，马侣、何克夫、刘梅卿各携其一。）陈炯明始任攻巡警教练所，其所属为马育航、陈达生、钟秀南、陈其尤、马时辉等，已到选锋有七八十人。及闻胡毅让回其部下二十人，则谓以全众守大南门，后则并大南门而未守。姚雨平领去三千五百元自购枪枝，当日复由女同志收到子弹三千余，所部选锋多已藏于小北门内附近织布房一带，头目则在嘉属会馆候枪弹。姚雨平二十九日上午叠遣吴雨苍、郭典三持黄兴条往始平书院领枪枝炸弹，

① 曹亚伯：《广州三月二十九日之役》，载中国文史学会主编《辛亥革命》四，上海人民出版社，1957，第 213-214 页。

不获。姚雨平正在嘉属会馆调集新军防营选锋主要人授发难方略，见此乃急同郭典三、黄嵩南、丘锦芳进城，晤黄兴，由黄兴令陈其尤偕往始平书院领取。姚等亲装夹内雇肩舆四乘，抬出。至归德门，则事发城闭，仍将枪弹置回始平书院。仅各取枪一枝，到双门底，冀与所约防营接应，然已败散。各选锋在嘉属会馆者，以姚雨平不回，未发枪械，一无所动。至新军自子弹刺刀被收后，已无自动能力。担任发难者，原定到嘉属会馆领少数手枪炸弹，俾得夺军械局取子弹应用。及姚雨平进城不获出，遂束手作壁上观。至防营方面，由顺德调回之吴宗禹三营驻天字码头者，温带雄率队入应，及双门底，温被击毙，遂星散。各处放火机关，火亦不举，只见黄兴所率百余健儿，横直冲突，与督署之烈焰融融相应而已。设当时各部能如计而悉起，清吏实莫如何。新军能由北入，防营不致误会，则清兵孰能抵抗。盖革命军举义风声泄露之后，敌胆早寒，加以炸弹之烈，党人之众，尤为清吏谈之而色变。故平时已竞慄万分，事起旗兵皆弃城不守也。

4月28日（三月三十）凌晨，赵声率部乘坐的轮船驶入珠江，前方广州城里传来零星的枪声，江面上兵轮往来如梭，情形大异。赵声感到不妙，"立即向胡汉民说：'通知各路队伍做好战斗准备，等船停靠码头，制造混乱，蜂拥上岸。登岸后各路照预定布署行动，动作要迅速，不许有人掉队。'这时，天已大亮，赵声的命令下达给各选锋队后，战士们心情激动，坐立不住，恨不得立即冲向敌人。轮船停靠码头后，在一片无法制止的混乱拥挤和吵闹声中，各路队伍顺利登岸"[1]。赵声"督战继进，城门闭，莫得入，悲痛几绝……是役功败垂成"[2]。

黄兴的队伍在晚上已被敌人全部冲散，起义战士各自为战。最后，除少数同志被清军中的革命党人营救出城外，都被敌人残杀或逮捕。集同盟会当时的所有人力物力，赵声竭尽心力、精心准备数月的起义，就这样在一夜之间失败了。侦探联络小分队回来向赵声报告说，战事已经沉寂，城门紧闭不得入，清军把守森严。赵声急忙示意队伍隐蔽待命。去河南民军机关部联络的"选锋"向赵声报告说，民军已被黄兴指示撤离了，新军也因封城得不到弹药无法作为。赵声见事败如此，无法挽回，便吩咐胡汉民

---

① 肖梦龙：《赵声》，江苏古籍出版社，1984，第89页。
② 程德全：《赵君伯先墓碑》，载赵蓉曾续编《赵氏文翁分谱》卷一，1913，第28页。

保存实力，带同志们分散回港，而自己在满怀失望和痛愤中独自奔往顺德，想会同民军头领谭义、陈江、张炳等组织力量寻找战机，收拾败局。路上巧遇党人庄六如，得知黄兴已被营救出城就住在河南。4 月 28 日（三月三十）早晨，"次早庄六如出购止血药，途遇赵声，急率往。……故庄六如见而引晤黄兴。黄、赵一见，相抱而哭。黄晕无药以救，乃以葡萄酒饮之"①方醒。

赵声忍着巨大的悲痛向黄兴了解起义的过程及失败的情况。黄兴一面坦诚表示"盖兴当日若不坚持迅发，则陈姚不得愆期，又何至以孤军无援，陷入重地，死我英俊如此之多"②，一面痛斥姚雨平、陈炯明、胡毅生不听号令，"徒作壁上观"。赵声闻之口吐鲜血而一时晕厥了过去。

懊恼至极、愤恨至极、失望至极的黄兴"欲裹手渡河与清吏拼，赵、徐等力阻始止"③。赵声安慰黄兴好好养伤，吩咐随从："党员来询，以黄战死对，欲以避人注意也。"④ "是夜声疾作，庄六如送之由澳门归港寓。（刘揆一黄克强先生传）感愤百集，疾益甚。初犹急欲离港，弗允医治。"⑤ 赵声不肯就医，因为他发出三十日起义的指令后，"顺德民军集乐从圩者，于三十日依期竖旗举事"⑥。急于到顺德指挥战斗的赵声被黄兴、胡汉民等人阻拦，他们认为败局已定，不能再做无谓牺牲。未几，赵声"及闻顺德兵亦创于李准，不复振，则益纵酒狂歌，大呼继之以哭"⑦。

"三月二十九日起义失败后，清军戒备森严，下令闭城三日，搜查革命党人。凡属没有辫子的、穿黄军衣的以及来路不明白的人，一律格杀勿论，

_____

① 曹亚伯：《广州三月二十九日之役》，载中国文史学会主编《辛亥革命》四，上海人民出版社，1957，第 222–223 页。

② 黄兴：《广州三月二十九革命之前因后果》，载中国文史学会主编《辛亥革命》四，上海人民出版社，1957，第 170 页。

③ 曹亚伯：《广州三月二十九日之役》，载中国文史学会主编《辛亥革命》四，上海人民出版社，1957，第 223 页。

④ 曹亚伯：《广州三月二十九日之役》，载中国文史学会主编《辛亥革命》四，上海人民出版社，1957，第 223 页。

⑤ 束世澂：《赵声传记考异》，载周新国、弓楷、刘婷婷编著《赵声研究综览》，江苏人民出版社，2021，第 68 页。

⑥ 曹亚伯：《广州三月二十九日之役》，载中国文史学会主编《辛亥革命》四，上海人民出版社，1957，第 215 页。

⑦ 束世澂：《赵声传记考异》，载周新国、弓楷、刘婷婷编著《赵声研究综览》，江苏人民出版社，2021，第 68 页。

制台衙门前，伏尸累累，被杀的人约有二三百人之多。所谓七十二烈士者，是有根据可查的同志，其余殉难的人无可稽考，约在二倍以上。"①

这次失败的原因很多，但最直接、最致命的是黄兴多次临阵失当。

"窃维黄兴此举，纠合革党不满二百人，别无援应，是为硬干，事安有济？其意殆学曹沫〔曹沫：手拿匕首劫持齐桓公的鲁国将军〕，期得张鸣岐而劫持之。惟李水提、龙镇统、蒋协统各握重兵，此外尚有四营将官。张鸣岐虽兼署镇粤将军，但有左右都统所辖八旗官兵。传言：'丧君有君'断不因张鸣岐身被劫持，遂至蛇无头而不行，及各存投鼠之忌，则事又安有济？第失败为成功之母，东隅虽逝，后来人当为补于桑榆。"②

谭人凤指责黄兴不听赵声的指令，乱指挥导致失败，他写道："痛恨羊城劫，倒四颠三错铸九州铁。行止一连三变更，两地隔离莫测。驰赴叮咛耳不接，整队排班情急迫。八百敢死队，屈指一数不满百。举发五时天半犹未黑，仗着黑铁红血，天崩地裂，一颗弹丸响遏五云声暴烈。两耳惊鸣，六街震吓，一炬火冲天，把点点愤气发泄。"③

黄兴痛心地说："此役之失败，至是完毕。统计百二十人中，存者无多，而所亡者皆吾党之精华，推原其故，均由兴一人之罪。"④ 黄兴后悔，即便推迟一夜，到三十日凌晨发难，也能与赵声相呼应，不至于如此惨败。

黄兴对指挥不灵，哭诉道："姚〔姚雨平〕又逢人运动，以巡防为最可恃，使弟部牺牲多人，姚之罪亦不少减。又可愤者：既约定时刻陈〔陈炯明〕破巡警局，毅〔胡毅生〕率二十人守大南门（毅自云，欲驳壳十余支，只给弟部六支。后毅亦不知何往。若当时自己不出，多给弟十余支，则殪贼必多，或全部击出城外，亦未可知。弟思及此，尤叹毅之无良）。姚部即不能出，则驰往新军，必可成功。何姚并此不为，徒作壁上观耶？是可忍，孰不可忍也。"⑤

---

① 应德明：《黄花岗起义前后杂忆》，载中国人民政治协商会议全国委员会文史资料研究委员会编《辛亥革命回忆录》第二集，文史资料出版社，1981，第324页。

② 刘乃勋：《温生才刺孚琦案与广州起义见闻纪实》，载中国人民政治协商会议全国委员会文史资料研究委员会编《辛亥革命回忆录》第二集，文史资料出版社，1981，第333页。

③ 谭人凤：《石叟牌词》，甘肃人民出版社，1983，第90页。

④ 黄兴：《广州三月二十九革命之前因后果》，载中国文史学会主编《辛亥革命》四，上海人民出版社，1957，第170页。

⑤ 武昌辛亥革命研究中心编，严昌洪主编，张笃勤编《辛亥革命史事长编》第七册，武汉出版社，2011，第258页。

　　与指挥官们的表现不同，被捕的"选锋"以视死如归的大无畏之革命精神，展示出革命者的英雄气概。我们从曹亚伯的《广州三月二十九日之役》① 中列举几例：

　　林觉民被执，张鸣岐、李准等亲讯之。烈士侃侃而谈，综论世界大势，各国情事，张李为之心折。烈士初坐地，至是张李命去镣扣，延坐堂上，假以笔墨。烈士纵笔一挥，立尽两纸，洋洋数千言。书至激烈处，解衣磅礴，以手捶胸，若不复忍书者。书罢一纸，李持与张阅，更书第二纸。……供毕，又在堂上演说，至时局悲处，捶胸顿足，劝清吏洗心革面，献身为国，革除暴政，建立共和，始能使国家安强，汉族巩结，则吾死瞑目矣。

　　…………

　　李德山临刑，监斩吏语其轻生，则厉声骂曰："大丈夫为国捐躯，分内事也。我岂不能致富贵者，特不能如汝辈认贼作父，不知羞耻耳！"

　　李雁南……问官驳之，烈士曰："尔辈甘为奴隶言，讵足挠吾志！"言毕，求速死。清吏命警兵以枪击之，烈士蹶然起，自赴营内空地，告警兵曰："请弹从口下。"即张口饮弹而死。

　　…………

　　宋玉琳被严讯数次，供起事时……军人性质有进无退，即奉命令来粤进攻，若不战而退，则如军令何，如邻国讪笑何。当时问官及观审者，无不动容。又供革军败时，司令部即发紧急命令，不准多放火器，危害商民生命财产，自保救国吊民之名誉云。

　　罗仲霍将就刑，犹于南海县署鼓吹革命，视死如归，清吏惊叹。

　　喻培伦讯时自认为王光明。王光明者，四川语无是公也。述其制炸弹之精及革命宗旨，对问官曰："学术是杀不了的，革命尤其杀不了。"

　　饶辅廷研讯数次，施惨刑，不吐实。且责清吏以大义。四月八日被害。

　　陈更新，清吏见其少年貌美，谓之曰："子年尚少，何故倡乱，自贻伊戚？"烈士厉声叱曰："同胞梦梦，起义所以醒之也。奚谓倡乱！杀身成仁，古有明训，尔曹鼠耳，奚知大义！今既见获，请速死我。"

　　程良受讯，李准诱其招供，烈士詈曰："余与满奴，无可言者。"问其

---

　　① 曹亚伯：《广州三月二十九日之役》，载中国文史学会主编《辛亥革命》四，上海人民出版社，1957，第216-220页。

事不答，问其姓氏里居，亦不答。

这次广州起义，同盟会集全国革命之精华，苦心经营了半年多，结果遭到惨重损失，在战斗中牺牲和被捕就义的革命党人计八十六名。事后，广州群众收得殉难者尸骸七十二具，葬于广州东郊黄花岗，世称"黄花岗七十二烈士"。这次震惊中外的广州起义也被称为"黄花岗之役"。

黄花岗之役的惨败，让赵声痛大志未遂。党内大批精英旦夕而殁，使他悲愤欲绝。然而更加使赵声忧愤的是，由于黄兴临阵失当，起义失败，使得党人组织涣散、意志难以统一的致命问题在领导人身上集中爆发，同盟会面临四分五裂的局面。吴玉章在《论辛亥革命》中指出：黄花岗起义失败，"同盟会失去了主宰。孙中山先生虽然继续在美国华侨中进行筹款，准备起义，但并没有实际领导同盟会的工作。……黄兴因失败而心灰，束手无策；胡汉民躲在香港，连人都找不到。……一个革命团体在革命胜利之前就已陷入这样一种分裂、涣散和瓦解状态"①。

同盟会领导人的问题，从"为人鲠直，爽朗坦率"的谭人凤的记载中，可见一斑："时克强早已到港，余等投函慰劳，劝其暂时静养，未尝以事扰之。及是时，始邀商后事。克强乃谓同盟会无事可为矣，以后再不问党事，惟当尽个人天职，报死者于地下耳。余苦口劝之，谓当以一身担负死者之责，断不宜讲个人行动，冒死轻生。克强卒不听。后且竟不面矣。有夏寿华先生者，吾湘耆硕也，在广州办警察学堂，克强之子一欧、湘人李燮和、陈方度、胡国梁、柳聘侬皆仗保护得去，挂误开缺来港，克强亦不接见。而各同志之鸟飞兽散，未得领承方略，更无论矣。越数日，遣人送余与钝初旅费各百金，谓粤政府已与港督订有条约，将逮捕党人，劝余速去。问克强将何往？则曰：'于日内往美。'余叹其无可为也，乃投函要求香港所存之枪械，带入长江。克强复以未经手，转托当日办理庶务之巴杰臣问汉民，巴君则曰：'胖子［黄兴］与汉民同住，何必再问汉民？'余乃心志俱灰，与钝初同返。钝初仍入民立报，余则决志归家，不愿再问党事也。"②

面对这样的局面与后果，作为"以身许国"的革命者，作为这次起义

---

① 吴玉章：《论辛亥革命》，载政协丹徒县文史资料研究委员会编《辛亥革命先烈赵伯先》，《丹徒文史资料》第六辑，1991，第111—112页。

② 谭人凤：《石叟牌词》，甘肃人民出版社，1983，第95页。

的发动者，作为总指挥，赵声没有退路，他必须为革命党止血疗伤。赵声痛责自己指挥不到位，有负中山先生的重托，有负众望，有"负死难同胞"；"及黄兴至，声面数其矫令之非"①，斥责胡毅生、姚雨平、陈炯明不积极作为。赵声懊恼、后悔、忧愤，他没有想到自己看重、尊重、信任的黄兴在起义中会如此失常。他对耳听计从的姚雨平、胡毅生、陈炯明三位分队指挥也深感失望。他们如果能像徐国泰、阮德山、华金元那样，在劝阻不了黄兴的情况下，舍生忘死地投入战斗，起码不会如此惨败。起义中，各级指挥，如此"令天下人缺望"，以后还怎么号召革命？赵声心痛甚于病痛，他不顾病体，勉力支撑瘫痪的统筹部。

谭人凤记载："伯先由河南带克强血书返港，内痛斥胡毅生揹械不与，居心莫测，姚雨平负心爽约，军队表同情之说，纯系捏谎，陈竞存作壁上观，临时规避……。胡毅生隐匿广州不返，同人益疑忌。汉民乃代辩护曰：'成则归功于己，败则诿罪于人，庸非笑话？'伯先拍案斥之曰：'胡毅生甚么东西！'汉民由是悻悻去，诸事不理矣。时财权在汉民私人李海云手，善后各事，急需款料理。次日，余因往商，适汉民接省报，有胡衍鸾〔胡毅生〕被杀之说，卧床痛哭。李海云，林植勉二人，亦跪床前涕泣。余问知其故，因责之曰：'七十二烈士，无一非我辈兄弟，未见君堕泪，何闻汝弟噩耗，竟如是之悲伤？且报纸多谣言，何足信！'汉民泣对曰：'彼负不白之冤而死，与人之取义成仁者异，是可悲也。衍鸾是乳名，无人知道，必是亲供，决死无疑。'余谓：'是尤可异，果被捕，认党人足矣，何必供乳名？有无不白之冤，自当水落石出，暂可不管。善后事要紧，请往总部商议。'强之起行。至则伯先与之握手曰：'我辈血性交，直率之言，请勿介意。'伯先真可人也。而孰知其愤气之郁结，遂致满肠绞痛而病哉。"②

面对失败后同盟会党人四分五裂的局面，赵声的意志再坚强、身体再年轻强壮，在体力透支和心情郁闷下，也经不住极度的忧愤了。黄花岗起义后九天，"四月八日（5 月 6 日）气大痛不可止，医者断为盲肠炎，必割

①　沈云龙：《革命先烈赵伯先的一生奋斗》，载周新国、弓楷、刘婷婷编著《赵声研究综览》，江苏人民出版社，2021，第 185 页。

②　谭人凤：《石叟牌词》，甘肃人民出版社，1983，第 95～96 页。

治，而迁延久，割不知痛"①。他"拒打麻药"，怎么会不知道疼？一直在身边的谭人凤痛心地说："两番事业一身担，被同人弄坏，三焦火烈一气伤肝，五衷犹抱一点丹。"②

病倒的赵声"三番四转，时将善后策，斜倚枕畔长谈"③。赵声有什么"三番四转"的问题？有什么"善后策"？与何人"长谈"？他投身革命，从1904年起就加入同盟会前期的多种组织。在同盟会领导广州庚戌新军起义以来，对党人组织松散、意志不能协调统一、目标不尽一致等问题，有着切身感受。赵声发动新军武装革命，对武装起义的战略规划，以及革命胜利后创建共和的建国问题也都有考虑。10个月前，赵声应孙中山之召到日本会面时，与宋教仁相识。他们在日本都学习过法学，对推翻专制，创建共和有着共同理念，对"改良党务"及"以长江为进行［起义］地点"④等同盟会之重要问题，都有讨论与共识。组织黄花岗起义前，谭人凤向黄兴提出，请在上海办《民立报》的宋教仁来助一臂之力，黄兴感到为难，赵声坚持请宋教仁。宋教仁从上海来到香港后，赵声对同盟会的组织制度建设，特别是取得胜利后的政治问题都与宋教仁有过深入的交流。赵声专门安排宋教仁在统筹部起草"临时各约法"。"声病笃时，宋教仁问后事，声力主长江发动。"⑤ 谭人凤记载，赵声"当初病时与余等言善后办法，并敦促钝初［宋教仁］将临时各约法继续编成（钝初到港时即任此事），其雄心固犹未已也。不料病势日剧，两次割肠，卒以不起。呜呼，痛哉！"⑥。

"四月十七日［5月15日］施行手术，乃知盲肠炎以拖延太久，转成肠痛，腐烂的地方，已无知觉，成为不治之症了。翌日，吐黑色甚多，渐入昏迷状态，时作呓语，时或狂呼黄帝岳飞，同志闻之，为之心酸下泪。十九日稍清醒，朗诵杜甫：'出师未捷身先死，长使英雄泪满襟。'诵时，泪流满枕，痛不可言！"⑦

---

① 束世澂：《赵声传记考异》，载周新国、弓楷、刘婷婷编著《赵声研究综览》，江苏人民出版社，2021，第68页。
② 谭人凤：《石叟牌词》，甘肃人民出版社，1983，第93页。
③ 谭人凤：《石叟牌词》，甘肃人民出版社，1983，第93页。
④ 谭人凤：《石叟牌词》，甘肃人民出版社，1983，第80页。
⑤ 束世澂：《赵声传（注一）》，载周新国、弓楷、刘婷婷编著《赵声研究综览》，江苏人民出版社，2021，第57页。
⑥ 谭人凤：《石叟牌词》，甘肃人民出版社，1983，第95页
⑦ 惜秋：《民初风云人物》上，台湾三民书局，1976，第132页。

在赵声的精神中，黄帝与岳飞是两个重要支柱，赵氏家谱中就以黄帝开宗明义而叙"赵氏源流"。赵声有太多无人可说、无法言表，也来不及说的话，此时化作病中呓语，化作火山岩浆般的热泪。作为炎黄子孙，赵声投身革命，"开四千余年之新眼界"，要"先行革命后立宪"，"推翻旧局，改良新政"，"修明宪法参英美"，"议员公举开明堂"，创立"共和大国"，①开这样的千年大变局，能不向炎黄先祖汇报乎？在与孙中山合作发动新军革命的过程中，谭人凤批评他："赵伯先既得新军两标士卒心，有此最好机缘，何不径直发难，岂必借重绿林？……何必希望海外？……继则以中山款未汇来，定期而又欲议改，满腔欲望，别有肺肠，欲其不贻误事机也得乎？"②赵声投身革命，"岂为官禄富贵来耶？"本着"四方豪杰一齐来，虚怀延揽惟其才"的革命胸怀，赵声尊敬孙中山。在日本第一次会晤时，赵声就坦率地对孙中山说，"候君至八月，款仍未就，则决志他适矣！"③对于党务，谭人凤、宋教仁等指责孙中山"以总理资格，放弃责任，而又不自请辞职"④。赵声在公开场合没有与之附和，因为在他看来，孙中山是一位合格的外交部长，是"折冲樽俎之才"，是应"虚怀延揽"与之齐心协力干革命的长者。是自己把孙中山有关募款保证的外交语言，当作"军无戏言"的军令状，同盟会不能按计划完成军费的募集，导致一再贻误战机，这能怪谁呢？在起义失败后，同盟会面临瘫痪的情况下，为了同盟会的团结与革命大业，赵声埋在肚子里的怨气，能向谁诉说？赵声自幼崇拜岳飞，投笔从戎即以岳飞为楷模，带兵打仗以岳家军为标杆，赵声推荐黄兴为"统筹部部长"，派黄兴为先遣队指挥，但他没有想到黄兴接连临阵失当，导致惨败。"自惭不是岳家军"的赵声能不念岳飞乎？起义失败，赵声不顾治病，急于挽回败局，深感有"负死难诸友"，有负海外捐款的华侨，有负新军革命党与会党的众望。对此，人质之曰："赵先生对朋友的义，重于对国家的忠，以这样一位才气纵横，深明大义的革命志士，拘于小义，而忽视大忠，我们为赵先生的生命太短惜，更为其忠义之辨失当，不能不表示重

---

①　赵声：《保国歌》，载周新国、弓楷、刘婷婷编著《赵声研究综览》，江苏人民出版社，2021，第 36 页。

②　谭人凤：《石叟牌词》，甘肃人民出版社，1983，第 77 页。

③　束世澂：《赵声传记考异》，载政协丹徒县文史资料研究委员会编《辛亥革命先烈赵伯先》，《丹徒文史资料》第六辑，1991，第 96 页。

④　谭人凤：《石叟牌词》，甘肃人民出版社，1983，第 81 页。

大的遗憾了。留此有用之身，为革命做更多的贡献，并没有负朋友的义，惜哉，赵先生对此认识，未作更深的思索，以致作践太深，其临终时之朗诵杜甫诗，其泪流之满枕，或先生对大节大义已有觉悟之表示欤？"① 作为总指挥，赵声的生死忠义问题与谁辩之？

四月十九日，这位"忠义勇兼备的血性志士"②、"文武兼资"的同盟会领导人星陨南天。临终，赵声深切勉励同志说："我负死难诸友矣，雪耻唯君等。"自后再不能说话。党人都感动得大放悲声，悲慨愤激，发誓雪恨。谭人凤痛心道："不料两三日，梦入邯郸。怨天公太酷残，倾绝地维天柱，两点泪难干，与黄花岗九泉烈士，同留遗恨在人间。"③

黄花岗起义20天后，辛亥四月十九（1911年5月17日）下午1时，赵声与世长辞，时年30岁。

"'吾负死友，君等当为死者雪恨。'这是赵先生最后的遗言，他的心目中，只有国家，只有革命，只有为死难同志复仇，故临终无一言涉及于家务和私事，对同志有何企求。赵声是为国家而生，为革命而死，虽然没有参加黄花岗诸烈士的起义，其捐躯实与黄花岗的义烈，完全相同。"④

1974年，笔者在大港文化站听大家谈起年轻体壮的赵声不至于死于盲肠炎，大港耆老冷德安先生平静而肯定地说了一句："黄花岗起义失败，赵声死路一条。"是的，赵声别无退路，除非他不是负责起义的主要领导，除非他不是一个真正的革命家。作为起义的"总指挥"，作为组织这次起义的同盟会实际领导核心，作为新军革命党的英雄偶像与领袖，他不能像孙中山那样相对超脱，不能像黄兴那样躺倒不干，也不能"引枪自裁"一死了之，更不能"令天下人缺望"。起义惨败，起义的领导人个个"全身而退"，给外界以"苟且偷生"的形象，以后还凭什么"激后起"？还凭什么领导革命？他不顾个人病痛竭力收拾残局，不顾个人生命而急于挽救革命，他为革命而生。他说："不急，生又何用？"⑤ 他"以身许国，不偷无味之生"，他为革命鞠躬尽瘁死而后已。江苏省史学学会会长周新国教授在与其学生

---

① 惜秋：《民初风云人物》上，台湾三民书局，1976，第133页。
② 惜秋：《民初风云人物》上，台湾三民书局，1976，第105页。
③ 谭人凤：《石叟牌词》，甘肃人民出版社，1983，第93页。
④ 惜秋：《民初风云人物》上，台湾三民书局，1976，第133页。
⑤ 束世澂：《赵声传记考异》，载政协丹徒县文史资料研究委员会编《辛亥革命先烈赵伯先》，《丹徒文史资料》第六辑，1991，第96页。

合著的《赵声研究综览》中，将赵声之死定性为"殉国"。

赵声之死，减轻了外界对同盟会领导人的质疑责难，黄兴与胡汉民从灰心丧气的消极状态中惊醒过来，怀着哀痛的心情，代表统筹部作"告南洋同志书"，并致函孙中山，报告这个不幸的消息。函曰："以伯兄平日之豪雄，不获杀国仇而死，乃死于无常之剧病，可谓死非其所。彼苍无良，歼我志士不已，又夺我一大将。相公等闻之，亦将悲慨不置，若弟等则更无可言矣。"①

同盟会各派领导人对无私无畏、勇于担当、献身革命的赵声无不肃然起敬。一身铮铮傲骨，与孙中山分道扬镳的章太炎②，不因赵声与孙中山合作而心存芥蒂，立即向海内外传报国殇。

赵声之死，"其最表示哀痛的，莫如亲炙赵先生革命大义而受赵先生亲自训练的江南陆军，他们失声痛哭，他们不约而同的登山遥祭，其得军心如此之深"③。赵声用生命点燃的新军革命烈火更加"不可遏抑"。

当时在英国苏格兰的杨守仁④与章士钊听到噩耗后痛不欲生。7 月 8 日（六月十三），杨守仁竟在利物浦大西洋岸蹈海自杀。章士钊说："伯先死耗，愚与长沙杨守仁居泥北淀，共闻之，守仁至狂愤自沉其身。"⑤

"海内外革命人士都为在革命征途上失去这样一位杰出的革命家、一员领导革命武装斗争的英勇将领，而悲痛万分。'世人无论识与不识咸痛悼之'，为他的一生革命奋斗精神所鼓舞，激起对满清反动统治者的更深仇恨！赵声许多生前好友和受过他教育培养的革命党人，闻赵声去世噩耗，痛不欲生，纷纷聚集在一起设奠哭祭，庄严宣誓：坚决继承他的'雪耻'遗志，为推翻清王朝而更加英勇顽强地战斗！"⑥

---

① 毛注清：《黄兴年谱长编》，中华书局，1991，第 193 页。
② 章太炎（1869—1936），即章炳麟，又名绛，字枚叔，号太炎。浙江余杭人。中国民主革命思想家，学者。1904 年与蔡元培等创立光复会。1906 年参加同盟会，主编同盟会机关报《民报》。1911 年上海光复后主编《大共和日报》。他赞赵声"是这样豪雄"之烈士，批"争什么势位"之会党，发"革命军起，革命党消"之净言。
③ 惜秋：《民初风云人物》上，台湾三民书局，1976，第 134 页。
④ 杨守仁（1871—1911），字笃生，号叔壬，原名毓麟，参加革命活动后为躲避清廷的追捕改名守仁。
⑤ 章士钊：《赵伯先事略》，载周新国、弓楷、刘婷婷编著《赵声研究综览》，江苏人民出版社，2021，第 46 页。
⑥ 肖梦龙：《赵声》，江苏古籍出版社，1984，第 92—93 页。

苏曼殊闻知好友赵声逝世，万分悲痛，忆当初在南京策马郊游，畅谈革命时，答应为赵声画一幅饮马图，遂将无限思念寄之笔墨而画之，托人将画带到香港焚于墓前。他在答肖公书中说："今托穆弟奉去《饮马荒城图》一幅，敬乞足下为焚化于赵公伯先墓前，盖同客秣陵时许赵公者，亦昔人挂剑之意。此画之后，不忍下笔矣。"①

限于当时起义刚失败后的恶劣形势，同盟会南方支部将赵声遗体暂时安葬在香港茄菲公园附近的山巅上，以其故居"天香阁"的名义，匿名树碑"天香阁主人之墓"。

赵声之死，对新军、对同盟会、对社会的影响，一如江苏都督程德全所曰："以一匹夫持民族民权主义，日与专制之政府相激战，其败也固宜。然坚绝之情性，英飒之风姿，屡仆屡振，不达所蕲的不止。迫于身死，尤足以振荡天下之人心。继此接踵而兴，投袂以起，以发扬神州之光荣者，何莫非君之英声义气有以扇被之耶？"②

"惜乎功败垂成，一恸遂绝，不及见中华民国之成立。天乎帝乎，此苍苍而冥冥者，何吝烈士以数月之寿乎？抑天之吝烈士之寿，即所以促民国之成乎？烈士不死黄花岗不失败，中国人心或犹不至如此激昂。烈士死，而后中国人人乃无不印一革命主义于脑海。嘻，烈士之死大矣，非烈士一死之精诚，推坚撼深，磁飞电激，有以震荡人心，即武昌义旗动未必遂告成功也。"③

黄花岗之役是我国民主革命中一次规模和影响巨大的起义。黄花岗的历史丰碑是烈士的鲜血与赵声的生命铸就的。孙中山评价"黄花岗之役"说："是役也，碧血横飞，浩气四塞，草木为之含悲，风云因而变色。全国久蛰之人心，乃大兴奋。怨愤所积，如怒涛排壑，不可遏抑，不半载而武昌之革命以成。则斯役之价值，直可惊天地，泣鬼神，与武昌革命之役并寿。"④ 赵声为组织、指挥黄花岗之役耗尽心血，为挽救失败耗尽生命，其英名与是役共光辉。

---

① 狄膺：《苏曼殊与赵伯先》，载周新国、弓楷、刘婷婷编著《赵声研究综览》，江苏人民出版社，2021，第 174 页。

② 程德全：《赵君伯先墓碑》，载赵蓉曾续编《赵氏文衾分谱》卷一，1913，第 29 页。

③ 王立：《革命伟人赵声》，社科院历史研究所三所藏，1913，第 28、29 页。

④ 富金壁主编《中华文化经典选读》，黑龙江人民出版社，2010，第 625 页。

是年大事

1 月中旬　英兵 2000 人进犯云南西部的片马地区。

1 月 18 日　美国飞行员尤金·伊利驾驶"蔻蒂斯"双翼机在"宾夕法尼亚"号重巡洋舰上降落，宣告海军航空兵的诞生。

1 月 23 日　武汉各界数万人集会，抗议汉口英租界巡捕房枪杀人力车工人。

1 月 25 日　中国第一部专门刑法典颁布。

1 月 30 日　湖北革命党人在武昌成立文学社。

1 月 31 日　哈尔滨一带疫死者已达 2600 余人，双城、长春、新城、宾州、阿城、呼兰、绥化等地亦死去 1000 人以上。

2 月 11 日　黄玉阶等在台湾发起第一次断发大会。

2 月 16 日　俄要求扩大在华权益。

3 月 4 日　慈禧太后的总管大太监李莲英病逝。

3 月 12 日　上海商界成立武装商团。

4 月 26 日　清华学堂成立。

4 月 29 日　全国教育联合会在上海召开。

5 月 8 日　清廷成立责任内阁，被讥为"皇族内阁"。

5 月 9 日　清廷宣布铁路干线收归国有，激起全国怒潮。

5 月 14 日　长沙万人集会掀起保路运动。

6 月 1 日　清廷路款双夺，四川省成立保路同志会。

6 月 6 日　广东铁路股东反对铁路国有，力争商办。

6 月 17 日　为抵制清政府出卖已集股兴工的粤汉、川汉铁路权利，川汉铁路股东代表在成都开会，成立四川保路同志会。

6 月 18 日　孙中山抵旧金山，命同盟会会员均加入致公堂。

6 月下旬　中国在上海建立最早的电影检查制度。

7 月 5 日　清廷严饬各省议员，不得干预朝政。

7 月 6 日　四川士绅电盛宣怀，反对借款丧权。

7 月 31 日　宋教仁在上海成立同盟会中部总会。

8 月 1 日　四川保路同志刘声元等入京廷哭无门。

8 月 2 日　赵尔丰任成都总督。

8 月 5 日　上海晋昌等四丝厂女工 2000 余人罢工。

8月17日　湖广总督下令查封《大江报》，逮捕主笔。

8月29日　江苏圩堤溃决成灾，浙江杭、嘉、湖、绍四府亦一片汪洋。

8月30日　直隶东安永定河漫口。济南等处发水灾。

9月7日　赵尔丰大开杀戒，激起民愤，各路同志军猛扑成都，四处开花。

9月25日　荣县独立，为全川及全国的独立先导。

10月10日　武昌新军起义，10日成为中华民国的国庆节。

10月11日　革命党人宣布成立中华民国军政府。武昌全城光复。黎元洪出任中华民国军政府鄂军都督，发《致全国父老书》。

10月22日　长沙独立，成立湖南军政府。陕西新军攻占西安。

10月23日　江西九江、南昌光复。毛泽东投入湖南新军二十五混成协五十标第一营左队当列兵。

10月25日　李沛基炸死新任广州将军凤山。

10月27日　清廷授袁世凯为钦差大臣。

10月28日　黄兴偕宋教仁抵武昌，指挥汉口保卫战。

10月29日　山西独立，阎锡山任军政府都督。

10月30日　蔡锷等于昆明起义成功。

10月31日　湖南共进会领导人焦达峰、陈作新被立宪派谋杀。

11月1日　清廷宣布解散皇族内阁，任命袁世凯为总理内阁大臣。

11月3日　上海光复，陈其美任沪军总督。

11月4日　贵州独立，浙江独立。

11月5日　江苏独立。清廷诏命迅订议院法、选举法。清廷准革命党人按照法律，改组政党。

11月7日　广西独立。

11月8日　安徽独立。

11月9日　广东独立。

12月1日　在沙俄政府策动下，外蒙古宣布独立。

12月3日　各省酝酿北伐，广东发兵抵沪。

12月5日　汉口各省代表讨论和议大纲：推倒满清政府，主张共和政体。

12月7日　清廷以袁世凯为全权大臣，委托代表驰赴南方，讨论大局。

12 月 13 日　云南都督蔡锷主张迅速组织中央政府，定国名为"中华民国"。

12 月 20 日　清廷与沙俄签订不平等条约——《满洲里界约》。

12 月 22 日　赵尔丰被斩首，全川局势大定。

12 月 26 日　袁世凯命汪精卫赴上海斡旋南北议和。

12 月 29 日　孙中山归国，17 省代表选举孙中山为临时大总统。

1912 _{年后}

辛亥革命胜利后，孙文、黄兴发起江皖烈士追悼会。启曰①：

天不祚汉，宸极失纲，曼珠窃发，入据神州，农胄轩裔，悉隶奴籍，沉沦黑狱，垂三百年。其间志士仁人锐志光复，慷慨蹈难不旋踵者，何可胜数？大江上下，夙多豪杰之士，十稔以还，烈士奋起，或潜谋狙击，或合举义旗，取义成仁，项背相望。如赵君声、吴君樾、熊君成基、倪君映典者，尤其卓然著称者也。人心思汉，胡运告终，鄂师崛起，天下应之，曾不十旬，区宇统一。今者共和之帜方张，民国之基已定，抚今思昔，能不怆还！呜呼，大江东去，逝者如斯！吾曹食共和自由之福，以及于吾曹孙子而至于无穷，向非诸先烈士之断脰决项，前仆后起，曷克臻此！而河山依旧，日月重光，吾诸先烈士乃不克睹其成也，斯足悲矣！用特开会追悼，以慰忠魂，并励来者。凡我族类，亮有同心。爰詹某日开会南部，届时务望贲临襄礼。承锡鸿词，乞先惠邮，以昭香花之供。谨闻。

发起人：孙文、黄兴同启。

民国元年（1912），中华民国南京临时政府成立，临时大总统孙中山表示要追赠赵声为上将军，"国父缅念勋烈，追赠上将军"②。中华民国南京临时政府为了表彰赵声的革命功业，决定迁葬烈士于故乡，营建陵园。因赵声青年时游镇江竹林寺曾有"竹林深处赵公坟"之言，赵声同乡党人战友共议建烈士墓于竹林寺旁。"今者共和国成立，孙中山先生特命其弟，现充驻镇进行队旅长赵念伯君往迎骸骨，并拟为之建立祠宇，用励首功。既而孙都督更为鸠资铸象，以示来者。兹驻镇第十六师师长顾忠琛君暨李竟成、柳翼谋、王则宾、梁鸿卓等发起，拟俟灵輀抵镇，即择期假琴园开追悼大

---

① 《孙中山等发起江皖烈士追悼会通启》，载周新国、弓楷、刘婷婷编著《赵声研究综览》，江苏人民出版社，2021，第161页。

② 同盟会：《赵声传》，载周新国、弓楷、刘婷婷编著《赵声研究综览》，江苏人民出版社，2021，第85页。

会，以慰忠魂。"①

《申报》报道："兹悉赵君灵榇业于五月十八日早七时，由沪宁专车载抵镇江，维时驻镇第十六师各营兵士，咸至车站列队恭迎，绵延约三里许，队容整肃，观者如堵，灵榇下车后暂厝琴园，园中遍悬各种素色灯彩，辉煌夺目。有顷，顾忠琛师长以及各营长官等均莅园致祭，舆马喧阗，颇极一时之盛。"②

5 月 20 日，隆重举行赵烈士追悼会。1912 年 5 月 23 日《申报》报道："赵烈士伯先灵辀归镇，暂厝琴园，已纪报端。五月二十日上午九时，镇属大港、辛丰、谏壁三处义务团约六七百人整队莅园追悼，先由招待员导至休息室，少顷，至整仪亭，由纠仪员告以礼节，导引入场，至烈士灵前排班立正，奏军乐，行三鞠躬礼。礼毕，赵氏答礼。该团复排班而出，十一时，僧界全体莅会，所有礼节亦如前。午后一时，赵氏家奠，计男女戚族来会者亦有五六百人之多，由纠仪员排班，男宾东序立，女宾西序立，立定后，鸣铃开会。烈士介弟念伯、翊三两君主祭，职员蒋宗汤君高唱礼节：一、升炮；二、下半旗；三、入场；四、排班脱帽；五、左方奏军乐；六、立正；七、行三鞠躬礼；八、升二十一响哀炮；九、宣读烈士介弟念伯、翊三祭文，及赵祠公祭文；十、右方奏军乐；十一、上供，开祭礼；十二、再行三鞠躬礼；十三、礼毕、退班。全体摄影，遂散会。"③

1912 年 5 月 29 日《申报》以"赵烈士举殡盛况"为题，报道了赵声追悼大会的盛况："赵伯先烈士灵枢，自运回镇江暂厝琴园后，镇郡政、军、警、商、学各界自五月二十日起，至二十四日止，连日续开追悼大会，迭纪报端。兹闻赵烈士灵枢已于二十五日九时出殡。当灵枢起行时，有马队百余名前导，次由军乐队附送，中有花亭安设烈士肖像，继为各学堂学生及驻镇第十六师混成旅、宪兵部、各炮台兵士约五六千人，列队整齐军乐悠扬，执绋者亦不下万人，襟上均簪黄白花以志纪念。灵枢由京畿岭经过南马路至大街，迤逦入西城过堰头街、中街，转至五条街，直出南城门至

① 《〈申报〉关于追悼赵伯先的新闻报导》，载政协丹徒县文史资料研究委员会编《辛亥革命先烈赵伯先》，《丹徒文史资料》第六辑，1991，第 117 页。
② 《〈申报〉关于追悼赵伯先的新闻报导》，载政协丹徒县文史资料研究委员会编《辛亥革命先烈赵伯先》，《丹徒文史资料》第六辑，1991，第 118 页。
③ 《〈申报〉关于追悼赵伯先的新闻报导》，载政协丹徒县文史资料研究委员会编《辛亥革命先烈赵伯先》，《丹徒文史资料》第六辑，1991，第 119 页。

竹林寺安葬。沿途观者拥挤异常，均由宪兵岗巡妥为照料，故秩序极形正肃云。"①

民国初建，百事繁忙，军政各界要人仍敬呈挽联，代表性的有：

黄兴挽联②：

当年领革命军，起义羊城，犹觉惊涛动天地；

今日是共和国，归魂江表，料应含笑看山河。

章太炎挽联③：

是这样豪雄，创起共和，推翻专制，所恨义旗大举，不在生前，致未能铁血齐飞，亲觇改革；

争什么势位，真元难复，外侮频来，倘知覆辙堪忧，速筹善后，应各以冰心相矢，藉慰英灵。

李竟成致赵声挽联④：

幼同学，长同盟，同泽同袍，患难更同经粤海；

仁可成，义可取，可歌可泣，精诚直可格星天。

徐宝山⑤致赵声挽联⑥：

天下几人，当得宝山一哭；

万方多难，安能伯先再生。

---

① 《〈申报〉关于追悼赵伯先的新闻报导》，载政协丹徒县文史资料研究委员会编《辛亥革命先烈赵伯先》，《丹徒文史资料》第六辑，1991，第119-120页。

② 佚名：《先烈赵声轶事》，载周新国、弓楷、刘婷婷编著《赵声研究综览》，江苏人民出版社，2021，第98页。

③ 赵桢如：《哀悼赵声的几副挽联》，载镇江市政协文史资料委员会编《辛亥革命与镇江》，江苏大学出版社，2011，第292页。

④ 李竟成：《致赵声挽联》，载周新国、弓楷、刘婷婷编著《赵声研究综览》，江苏人民出版社，2021，第160页。

⑤ 徐宝山（1866—1913），江苏镇江人。在辛亥革命时期附势加入革命党，率军光复了扬州、泰州等地，官至扬州军政分府都督，并被孙中山大总统任命为北伐第二军上将军长。

⑥ 徐宝山：《致赵声挽联》，载周新国、弓楷、刘婷婷编著《赵声研究综览》，江苏人民出版社，2021，第160页。

赵念伯、赵光挽联①：

数年来岭峤追随，冀胡氛扫荡，民国奠安，那堪几日腥风将雁行吹断；

万里外灵辁浮寄，恐痛隐严亲，哀衔寡嫂，特藉大江流水运马革归来。

追悼大会盛况空前。赵声的生前同党、好友及其许多部下到会献词致哀。赵其义抄录了"诗词 53 首""祭文 19 篇""挽联 208 副"。② 现存部分祭文如下：

柏文蔚祭文③：

维年　月　日，柏文蔚谨以香花清酌之仪，致祭于先烈百先赵君之灵曰：云霄万古，同仇奋殉义之心；天地重新，赤血还苍生之福。钢成侠骨，原百折而不回；金铸元功，恸一灵之不返。忆共矢丹忱之日，正未开黑幕之年。深宵抚剑，克汉魂褫；薄暮挥戈，鲁阳绩伟。属天时之不顺，岂人事之不臧。春去秣陵，虚掷苦心于潭水；山横北固，竟抛乡国以长征。遂乃我去廛乡，君行岭表。孑黎仅在，浮弱水以无援；素抱长存，矢昊苍而不悔。愿辑咆哮于中国，敢伤身世于飘蓬。羌以踪迹不亲，笺简仅达。白山黑水，健儿之身手难间；五岭三山，伟杰之旌旗倏指。干城玉折，万里鹏伤。闻恶耗以惊心，抚寸衷而涕血。交论性命，恸哭岂为私情；公系安危，前路谁支残局。际玄黄之未判，竟失干城；幸灵爽之式凭，不忘胞与。汤汤汉水，涤瑕秽于三秋；炯炯朝阳，照国旗之五色。铸就黄金世界，我辈观成；可怜碧血郊坰，哲人予萎。兹以灵辁返驾备妥，英魂翘瞻丹旐；遥临弥伤旧侣，赋大招而陨涕。恸忆前徽，酹清酌以陈辞。庶几来格，尚飨。

洪承点祭文④：

维中华民国　年　月　日，同人以赵百先先生遗榇归葬润州，开追悼

① 赵桢如：《哀悼赵声的几副挽联》，载镇江市政协文史资料委员会编《辛亥革命与镇江》，江苏大学出版社，2011，第 290 页。

② 赵桢如：《薄海同悲录（之一）》，载丹徒县政协文史资料研究委员会编《丹徒文史资料》第九辑，1994 年，第 16 页。

③ 《柏文蔚祭文》，载丹徒县政协文史资料研究委员会编《丹徒文史资料》第九辑，1994 年，第 23 页。

④ 《洪承点祭文》，载丹徒县政协文史资料研究委员会编《丹徒文史资料》第九辑，1994 年，第 26-27 页。

大会于琴园，承点不文，谨以庶馐清酌，致祭先生之灵，而奠以词曰：呜乎哀哉，神州莽莽，京江汤汤，恫彼朱明，紊乱朝纲。笃生烈士，冥漠昊苍。广州拔帜，起义慨慷。黄花萎谢，流断珠江。鄂渚再举，璀璨武装。东南响应，五色旌扬。还我祖国，授者谁烈；惟大英雄，购以铁血。出死入生，功成身裂。揽涕前旌，哽声故辙。溯厥古悲，乌忌魁杰。桓桓百先，叱咤风雷。挥泪孝陵，放歌粤台。客岁三月，计就仍贲。落花满地，时乎不来。匪病在痛，而国是痛。谈笑刿肠，奄忽入梦。惊山之颓，摧邦之栋。揆厥初志，万折不挠。革命健者，剑胆诗豪。民族暗弱，太息呼号。力除妖孽，誓扫腥臊。率一旅众，敌万人骁。提师粤岭，顿起龙蛟。雄飞未遂，形蜕尘嚣。呜乎哀哉，锺期已死，伯乐难遭。戎衣大定，汗马功高。河山再造，旌旆飘摇。观成拭目，济济英髦。如何壮士，萎志蓬蒿。汉符天祚，重启炎精。死而不死，浩气尚新。权舆缔造，悲且益忻。有肉在俎，有酒既盈。魂其归止，神其来歆。尚飨。

张斯麟①祭文②：

维民国元年　月　日朔越日，同里小弟张斯麟谨以庶羞清醴致奠于百先仁兄烈士之灵曰：呜乎！惟公卓荦，毓秀三山。英风瀣气，杰出人寰。早岁投笔，军旅间关。壮猷硕画，积毁伤谗。往在金陵，欢言握手。述志有诗，销愁借酒。灌夫骂座，闻者却走。惟我知公，足致不朽。江南失意，乃走五羊。丹忱忧国，雪涕淋浪。波涛出没，恝然心伤。此志不懈，奔走旁皇。广州之役，投袂而起。鼓枻重洋，怒涛迅驶。前驱挫钮，城墉不启。海枯石烂，涕下如雨。载归香港，中心屏营。泪枯力瘁，忧疾交并。昊天不吊，殒我干城。风凄鲸岛，日落鲲溟。在天英气，炳若日星。曾几何时，风飞云拥，义旅驰驱，烟尘顽洞。指顾成功。环球竦动。虽惜公才，未竟其用。九原有知，亦可无恫。岁星一转，忠榇归来。三单洒涕，二广衔哀。竹林古寺，兆域新开。枯簧竹籁，如诉壮怀。察使旧廨，崇祠崔巍。千秋

---

① 张斯麟（1885—1967），江苏镇江人。1905年在日本陆军士学校学习，结识孙中山。回国后任新军第九镇教练官、三十五标第一营管带。1911年武昌起义时第九镇官兵闻风响应，张斯麟出任江联军总司令部参课。第一次世界大战时，张斯麟为北京政府派驻俄沃木斯克的中国军事代表。

② 《张斯麟祭文》，载丹徒县政协文史资料研究委员会编《丹徒文史资料》第九辑，1994年，第28-29页。

庙貌，风雨不隤。壮我江山，舍公其谁。惟公英灵，眷怀乡国。御灾捍患，佑我民族。江水汤汤，金焦屹屹。丹荔黄蕉，灵其来格。尚飨。

程德全①祭文②：

维中华民国年　月　日，江苏都督程德全偕同朱熙、卢世仪、张一爵、邱震、张鼎勋、陈有珍、张连胜、朱葆诚、钟鸿钧、刘荣盛、仇志鹏，谨以清酌庶馐致祭赵君百先之灵曰：翼翼名山，南都之阻；混混江流，大波如舞。禀兹淑灵，乃生异材。邦家不造，梁木中摧。维君龆龄，神童蜚誉。龙见乌澜，文成矩度。斗鸡驰马，周知里闾。任侠放纵，朱郭为徒。邑有豪骨，刓圆毁璞。糜烂良懦，供其刑拶。君闻斯语，肝胆怒张；扶囚而走，众莫敢当。蒿目忧时，纲维荡析。毁我儒冠，学万人敌。精闲术艺，讲习戎韬。凡所受业，悉冠其曹。民之殿屎，天方沉醉。吊民伐罪，伊谁之志。如荼如墨，盛我军容。慷慨陈誓，草偃从风。风声遝播，将以为罪。弃官遁逃，乃入于海。振臂一呼，侪侣云集。相时而动，譬彼潜蛰。月离于毕，大雨滂沱。唯圣知几，其几伊何？岁在重光，谋成后举。东南得朋，欢欣鼓舞。咄嗟竖子，乃败公谋。祸机猝发，不可以收。甘心丧元，拂衣长往。懦夫有立，捷于景响。短兵既接，日月晦盲。虤阚之卒，凌躐余行。僵尸枕藉，威灵犹怒。间关独生，时与命啎。忧伤憔悴，故不永年。虽病思奋，质菱神全。不死疆场，而死床第［第］。赍恨九原，没而犹视。呜乎哀哉，岁星初易。大业告成。邦基未奠，天其降祯。穆穆旐旗，魂归故土。魂若有知，瞻今吊古。报功崇祀，箫鼓齐音，春兰秋菊，灵兮来歆。

顾忠琛祭文③：

维　年　月　日，陆军第十六师师长顾忠琛，以清酌庶羞之奠，祭于亡友赵君百先之灵曰：呜乎，江东义士，胡守其雌。景行伯阳，南国大师。挺生吾师，头角崭焉。轶迈群伦，不可方肩，金山之焦，大江东行。磅薄

---

① 程德全（1860—1930），字雪楼，四川云阳人。1911 年武昌起义时任江苏巡抚，11 月宣布江苏独立，自任都督。1912 年南京临时政府成立，任内务总长。

② 《程德全祭文》，载丹徒县政协文史资料研究委员会编《丹徒文史资料》第九辑，1994 年，第 30—32 页。

③ 《顾忠琛祭文》，载丹徒县政协文史资料研究委员会编《丹徒文史资料》第九辑，1994 年，第 33—34 页。

扶舆，郁产斯英。甚敏而文，声发自幼。峨峨儒冠，吾子之秀。吾子曰：
恶，儒何为哉，学万人敌。意量雄恢，将军秣陵。孝陵跃马，选徒百骑。
霆骋九野，子骑俟驻。撼怀故明，榛莽雁途。中埋帝躯。委骨荒丘。帝姓
氏朱，龚行天罚，逐北穹胡。光复河山，天锡贞符。阅世三百，建夷是喝。
黎民靡遗，同此劫灰。北邙帝邱，终古崔嵬。心摧故国，陈辞纵横。从骑
泪渍，矢誓剪清。丙午之冬，我旅秣陵，枉吾子车，倾盖抒情。夺朱非正，
止我训兵。辱子我知，不敢告行。惟我与子，专志扶倾。逢豕负涂，忽张
之弧。我戍塞北，射猎自娱。子飘南海，岭峤驰驱。屡踬不回，积恨捐躯。
身屯道塞，使以踬死。岂伊人尤，天实为之。剥极而复，今酬子志。子逝
不见。我生逢时。撼辞侑樽@，以慰吾子。呜乎哀哉，尚飨。

茅乃封祭文①：

嗟我百先，生为英豪，立志既定，万折不挠。痛神州之鱼烂，藐君王
于鸿毛。薄致汤武，为东亚之卢骚。当其与余肆业于金陵陆师学堂也，锐
志鼓箧，继晷焚膏。方为功名之念，热于同曹；及与纵谈世变，互究兵韬。
悲民族之衰弱；恒太息以呼号。聆其议论，如饮醇醪，不觉志为之折而订
为心交。及其与余同游于东瀛也，挹文化于先进，接欧美之风涛；竟理想
之新异，开予心之塞茅。固已誓扫匈奴之余孽，冀洗大地之腥臊。及其与
余共役于三江师范学堂也，怀激昂之素志，暂屈节于衰朝。适东邻之剧战。
愤封豕之天骄。创义勇之军队，致政界之兴谣。遂避地于湘渍，觅枝栖于
憔寥。公为明德学堂之监督，而予亦应赣省军界之招。虽两心之印合，睽
千里之迢遥。欲询访其踪迹，竟蓬断而萍漂。时为沪上客，时作燕中侨，
盖驰驱于改革之事而不惮子憔劳，忽同游于白下，共清话于良宵；仍嗟唶
于勤务，灌思想于同袍。初任教练之职，继统带夫三十三标，以革命为教
育精神，若日月之同昭，逢彼族之嫉忌，来谗口之喧啄。忝附予于骥尾，
思共适于东郊。公乃供积于粤东，奉调于潮。予亦教练于广郡，又喜并马
而连镳，分兵权于予手，师一营之干旌。钦州起义，转战往剿。黄公健者，
从使潜逃。助豪杰之成立，曾不愧夫四万万之同胞。因嫌疑而解任，乃抑
郁而无聊；间养疴于北海，缅苍茫之寂寥。维时予亦奔走无定，家室飘飘。

---

① 《茅乃封祭文》，载丹徒县政协文史资料研究委员会编《丹徒文史资料》第九辑，1994年，
第35-37页。

或归江南而小憩，或赴滇边而服劳，音信不通者盖五六载，徒嗟夫鸡鸣风雨之胶葛。迨之清之末造，肆雄飞于岭峤，为先烈首，抵万人骁。悔一蹶之不振，觉愤火之中烧。惨肝肠以寸裂，倏形蜕于尘嚣。痛朝菌之易逝，渺大海之一泡。殚精竭力者十余年，曾不睹夫民国之建设，岂不令英雄气短、朋辈魂销。然论其志则天日可表，论其功则山岳齐高。世之人无论识与不识，莫不钦其铁血之性，冰雪之操。自古皆有死，百先之死宁同朽蓬蒿。鄙图形于麟阁，铸铜像以凌霄。是岂以成败死生之际，而致憾于秋凋。而余之所大悲者，钟期已死，伯乐难遭。惭无功而食禄，恋薄职于悬匏。惧无以副死友之期望，而增予怀之恫忉。呜乎哀哉，尚飨。

吴介麟祭文[1]：

维 年 月 日，谱弟吴介麟致祭于赵君百先之灵曰：呜乎百先，播革命种子，倡民族主义。缔造经营，不惜牺牲性命，奔走十余年，未克黄龙痛饮，徒贲志愤懑，惨死于异域。一念及之，有不觉涕泗之泫然矣。麟得缔交君，实自江南陆师学堂始。其时同起居，同学业，异苔同岑，相契最深。课余披读法兰西、美利坚革命战史，纵谈世界大事，即以天下为己任。值庚子之役，八国联军入京，君受时事激刺，慨然言曰：二十世纪列强争雄，优胜劣败，我支那欲免灭亡，非改革政体不可；欲改革政体，非推翻专制，建设共和不可。当今之世，欲拯救四万万同胞出水火、登衽席，舍我辈其谁乎。迨毕业后，君抱前定宗旨，只身赴沈阳，密约关东豪杰，思图扫穴犁庭之举，以时机未至而未果也。麟则分道入湘，亦以同一之目的进行。丙午卫戍总督徐公固卿创办征兵于江南，知君最深，特召之归。麟亦由广西回宁，与君同隶徐公麾下佩军符焉。君之训练新兵也，督之以严正，感之以诚信，如大冶之镕铸，或圆或方，任其制造。如孔子之弟子，自东自西，听其指挥，故乃时江南军队，经君教导感化，无不大义凛然，冠各军焉。麟枕戈待旦，方冀佐君同图义举，卒以不获于上而赴皖。后君亦以端方督两江，疑君防君益甚。使君志终不得逞，郁郁归里，然其鼓吹革命宗旨于南洋军队，已如春风时雨，大地韶光，有日增月盛之机矣。丁未麟在皖以徐烈士光复事处于嫌疑之际，遂辞差归。后得书知君先诣粤西，

---

① 《吴介麟祭文》，载丹徒县政协文史资料研究委员会编《丹徒文史资料》第九辑，1994 年，第 38-40 页。

既诣粤东，实行方针，首注重于两粤，诚以两粤为根据地，则南洋各省有一呼而就之势。厥后钦廉起义，实君举动。惜有某某顿食前言，功败垂成。君愤甚大呼不平。循是以往，名震全国，疑谤交集，不能安于中土矣。香港同志迎君再入机关部，一意提倡，招集海外豪杰，图谋大举，盖君之志愈挫而愈坚，君之才愈炼而愈精，君之革命心亦以愈磨折而愈奋励。迨辛亥黄花岗之役，死义者七十二烈士，皆革命巨子也。君愤气填胸，热血达于沸点，竟致一病不起而死于香港旅舍矣。呜乎，闻君易箦时，尝呼岳武穆者之功未成身先死，抱恨于九原，古今如一辙耳。吁，天之待吾最可敬最可爱之百先，使不获竟厥志，以观厥功而遽没异域，何其酷耶？虽然不数月后武汉起义，全国响应，专制告终，共和建始，岂即天之所以慰君耶？抑君生为豪杰，死后犹为雄鬼，默佑吾民族以成此大功耶？今者侠骨忠魂，归埋故土，铜像巍巍，万古流芳，如君有知，当亦含笑于地下矣。麟愧不能文，第以交同鲍管，谊切孙周，于两人离合之感情。遭际之不偶，精诚所格，时形梦寐，有不禁流露于楮墨间者，愿英魂归来时一鉴之也可。呜乎哀哉，尚飨。

赵声灵柩入葬镇江竹林寺陵寝。

1913 年，南京临时政府内务部总长程德全撰写墓志铭[1]：

呜呼！一世成败兴亡之际，岂易言哉，吾观于赵君伯先平生节概，名成身殉，辄为太息流涕而不能自已。

云：君讳声，字伯先，江苏丹徒人也，少卓荦有大志，求学甚笃。季清失政，国步日蹙，君一志于军学，值欧风东渐，心醉于民族、民权主义，投身其间，遂与相终始。君之卒业于南京陆师学堂也，复游日本。及归，任两江师范学堂讲习，因开会演说于北极阁，为当事者所忌而去。南游湘鄂，北走燕赵，与桐城吴君樾善。吴君樾者，以炸弹狙击考察宪政五大臣于正阳门外者也。君与计甚密，事后得脱，归南京充督练公所参谋官。嗣统领第三十三标，尝与士卒游孝陵，陈说明太祖逐元功烈，涕泪交集，众皆感动，微为当事所闻，益怪之以是，卒不得志于江南。萍乡事败，内不自安，赴广东统带新军第二标。钦廉军起，自提兵诣，前敌谋联合，会为

---

① 程德全：《赵君伯先墓碑》，载赵蓉曾续编《赵氏文翕分谱》卷一，1913，第 28-29 页。

同行者所牵制，钦廉军亦渐衰，不果。上官知其情，骤夺其兵权，君遂去广东，旋丹徒寻携旧部。倪映典再之广东，谋不成，映典死之。君于是潜入香港，与同志结纳益坚。未几而有广州之役。

当是时，清廷日侦伺党人，思得而甘心。列国眈眈相环视，瓜分之说大唱于国中，其机无可缓，乃率同盟会精锐，谋规复广州，而君被推为总司令。事少泄，当事者戒备极严，同志奋不顾，血战相枕。藉死者多党中俊杰，后收葬于黄花岗，即世所称黄花岗七十二烈士也。君督战继进，城门闭莫得入，悲痛几绝，乃离粤图再举，是役功败垂成，同志熸尽，君神体亦为之耗矣，自是病发往往。纵酒狂歌，大呼继之以哭，寻患腹痛喀血，竟卒于香港。中外之士，识与不识，闻之皆为流涕。夫以一匹夫持民族民权主义，日与专制之政府相激战，其败也固宜。然坚绝情之性，英飒之风姿，屡仆屡振，不达目的不止。迨于身死，尤足以振荡天下之人心。继此接踵而兴，报袂以起，以发扬神州之光荣者，何莫非君之英声义气有以扇被之耶？由此观之，君之事败身殒，食其患者实在后人，即谓君之功成无不可也。彼清廷懵懵世所变弗察，天人所弗恤，举爱国之士，捕之戮之逐之，唯恐其弗尽姿会。不几时，革命风潮已漫弥于全国，一方发难，万地响应，民国之由兴，清廷之由亡，其在兹乎，其在兹乎！君卒未数月，吾蜀首与政府有铁路政策之战，今副总统黎公元洪建义鄂中，为天下倡，德全亦勉率三吴将士规复江南，建临时政府于金陵，第一任临时大总统孙公文，盖君同志之魁也，袁公世凯旋斡北方持维和局得被举为第二任临时大总统，南朔同轨，五族统一，用以奠我民国丕丕基〔石〕。君皆不得及身而见之矣，可悲也。

夫君弟念伯继绍君志，领镇江军积功授少将。兹于元年三月迎遗骨归葬于镇江之竹林寺前，使使来乞文曰：请有以信吾兄。应曰诺，乃述君之荦荦大端，并详参成败兴亡之所由，出而著之于碑。呜呼，可以风已！

中华民国二年三月

云阳程德全撰并书

墓前树碑：大烈士丹徒赵伯先之墓。

墓道正门建立巨型雕刻石牌坊，镌刻坊联："巨手劈成新世界，雄心恢复旧山河。"

墓门前一川溪水潺潺流过，象征先烈的革命精神长流不断。

1926 年，故乡人民为纪念赵声烈士的不朽革命业绩，以冷御秋为首发起筹建"伯先公园"于镇江云台山。著名园艺专家陈植先生主动担任设计，经近五年的施工建设，至 1931 年 6 月公园落成开放。公园迎门耸立着赵声穿军服、佩大刀、手持望远镜做战斗指挥姿态的铜像，山顶建有伯先祠。公园前街道命名为"伯先路"。同时在竹林寺伯先陵墓前增建纪念亭，亭中所竖巨型石碑上依据赵声生前的一幅照片精刻戎装骑马像，额题"烈士赵声之像"。①

1931 年，民国政府根据孙中山的遗愿，明令追赠赵声为上将军。"赵先烈声，当逊清末叶，倡导革命，追随总理，首先发难，赍志以殁。民国肇建，虽经褒恤，策赠犹虚。宜晋崇阶，彰显遗烈，着追赠陆军上将，以昭党国崇德报功之至意。此令。"②《申报》于 1931 年 12 月 5 日报道："国府四日晨举行二十次常会，出席陈果夫、马福祥、王伯群、邵元冲、于右任、戴传贤、邵力子、朱培德、何应钦。讨论事项如下：……（六）决议明令追赠革命先烈赵伯先以陆军上将衔。"

中华人民共和国成立后，人民政府对伯先陵墓及伯先公园进行修葺和保护，这里遂成为国内外人士游览、瞻仰和凭吊烈士的名胜。改革开放后，重塑伯先雕像。1979 年 8 月，中华人民共和国副主席宋庆龄为缅怀先烈，亲笔书写了"伯先公园"的题字。伯先烈士墓与伯先公园皆列为文物保护单位。

1985 年 7 月，丹徒县（今江苏镇江丹徒区）人民政府将赵声故居列为县级文物保护单位。1992 年，大港镇划出为镇江经济开发区；1998 年 2 月，镇江经济开发区改名为镇江新区。1999 年 12 月，镇江市人民政府将赵声故居列为市级文物保护单位。2006 年 6 月，镇江新区党工委、管委会本着"修旧如故，以存其真"的原则，对故居主体及周边环境进行了修缮与整治；在故居东厢房开设"赵声革命事迹展"。2007 年 3 月 28 日，故居工程竣工，对外开放。当日，江苏省文化厅和镇江市政府有关领导及各界人士

① 戴志恭：《镇江赵伯先墓今昔修建实况》，载镇江市政协文史资料委员会编《辛亥革命与镇江》，江苏大学出版社，2011，第 250 页。

② 《行政院公报》第 313 号，载中国第二历史档案馆编《国民政府行政院公报32》，档案出版社，影印本，第 465 页。

数百人参加了竣工和开放仪式。2009 年 7 月，赵伯先故居修缮工程荣获第二届江苏省文物保护优秀工程"特别贡献奖"。2011 年 12 月 19 日，赵声故居列入江苏省第七批省级文物保护单位。

2014 年，大港中学南校区更名为"伯先中学"。

赵声是我国民主革命家。他运动新军、战略布局、点燃新军革命的火种，为辛亥革命做出了不可磨灭的历史贡献。

是年大事

1 月 1 日　中华民国成立。孙中山就任临时大总统。

1 月 1 日　清古北口提督姜桂题及冯国璋、张勋、曹锟等 15 位将领致电内阁，反对共和，主张君主立宪。

1 月 3 日　孙中山领导的国民临时政府组成。

1 月 3 日　直隶滦州新军起义，宣布独立，成立北方革命军政府。

1 月 5 日　孙中山发布《告友邦书》，表示承认清政府的一切"耻辱遗产"。

1 月 12 日　清廷王公亲贵秘密集会。良弼等反对清帝退位，决定组织宗社党。

1 月 14 日　沪军都督陈其美，派遣蒋介石设计谋害光复会主要领导人陶成章，前光复会会员王竹卿将陶成章暗杀于上海法租界广慈医院。

1 月 16 日　北方革命党人组织行刺袁世凯。上午，袁世凯乘马车途经祥宜坊酒店时，一颗炸弹从店内飞出来。炸弹没有击中马车，只是炸死了袁的八名卫士。军警搜查刺客，捕获十人，其中张兴培等当天被杀。

1 月 18 日　清廷召开第二次御前会议，载泽等仍反对共和。

1 月 20 日　南京临时政府向袁世凯正式提出清帝退位优待条件。

1 月 20 日　同盟会南京会议选举汪精卫为总理。

1 月 22 日　孙中山提出辞临时大总统五项条件，并经各省代表会议通过。

1 月 24 日　南京临时政府改大清银行为中国银行。

1 月 25 日　袁世凯及各北洋将领通电支持共和。

1 月 26 日　段祺瑞等 46 名将领电请清廷明降退位谕旨，确定共和。

1 月 26 日　同盟会京津分会暗杀部策划了刺杀良弼的行动。彭家珍与良弼同归于尽。坚持反对清帝退位的王公贵族闻讯后，纷纷逃离北京。

1月28日　孙中山电令各省都督，制止仇杀保皇党人。

1月30日　庆亲王奕劻主张清室接受优待条件，自行退位。

1月　沙俄强占黑龙江呼伦贝尔地区（今内蒙古呼伦贝尔地区）。

2月1日　清廷再开御前会议，拟定采用虚君共和政制，并筹商宣布召开国会，颁发君主不干预国政诏旨等事宜。

2月4日　沙俄军队强占胪滨府（今满洲里）。

2月5日　中国银行在上海汉口路3号大清银行旧址进行交易，宣布开业。

2月10日　临时参议院推举唐绍仪为国务总理，并通过优待清室条件八款。

2月11日　清室决定退位，袁世凯急电临时政府，表示赞成共和，永不使君主政体再存。

2月12日　清宣统帝下诏退位。

2月13日　袁世凯通电拥护共和。孙中山辞职，荐袁世凯为临时大总统。

2月13日　各国驻华公使举行外交团会议，相约在中国统一政府未成立前，不予承认。

2月15日　临时参议院选举袁世凯为第二任临时大总统，决定临时政府仍设在南京。

2月18日　临时参议院派蔡元培、宋教仁等为专使，赴北京促请袁世凯南下。迎袁专使抵达北京，袁世凯为他们举办了盛大欢迎仪式，邀蔡、宋等人开茶话会，表示"极原南行，一俟拟定留人选，即可就道"。晚上，袁即授意曹锟策动兵变，骚扰专使住所。此后两天，保定、通州、天津相继发生兵变。袁世凯借口北京局势混乱，拒绝南下。

2月20日　临时参议院选举黎元洪为临时副总统。

3月3日　中国同盟会改为公开政党，推举孙中山为总理。

3月5日　临时大总统孙中山自南京通令全国官民剪辫，十日之内，男性辫发一律剪除净尽，违者依法论处。但因政令不畅，限期满后，仍有不少民众蓄发留辫。

3月5日　意土战争，意大利首次在战争中使用空军。

3 月 6 日　临时参议院议决统一政府组织办法六条，允许袁世凯在北京就职。

3 月 7 日　保定陆军军官学校建立。

3 月 8 日　临时大总统孙中山向全国发布通令，要求厉行禁烟禁毒。通令指示，继续吸食鸦片者，应被剥夺公民权。

3 月 10 日　袁世凯在京就任临时大总统。

3 月 11 日　孙中山劝禁缠足。

3 月 11 日　北京外交部照会各国政府，所有满清与各国缔造之条约，均由民国政府承担履行。

3 月 11 日　南京临时政府宣布《中华民国临时约法》。

3 月 28 日　隆裕太后下令解散宗社党。

3 月 29 日　唐绍仪组阁，袁世凯任命的国务总理唐绍仪出席参议院会议，发表政见，并提出 20 位总长的人选。参议院投票结果为：外交陆征祥，内务赵秉钧，财政熊希龄，教育蔡元培，司法王宠惠，农林宋教仁，工商陈其美。原提议的交通总长梁如浩因未获半数同意，决定先由唐绍仪兼任。4 月 6 日，参议院同意施肇基为交通总长。

3 月 31 日　袁世凯任命黄兴为南京留守。

4 月 1 日　孙中山解除临时大总统职务，并公布《参议院法》。

4 月 2 日　参议院议决临时政府迁往北京。

4 月 6 日　黎元洪解大元帅职。

4 月 13 日　厉汝燕在上海江湾表演飞行。厉汝燕毕业于英国航空学校，是中国第一代飞行家。是年，厉汝燕受革命政府委托，在奥地利选购两架"鸽式"单翼机回国，沪军都督陈其美以这两架飞机组建了中国第一支飞机队，厉汝燕被任命为队长。

4 月 14 日　袁世凯电令陆征祥向俄国声明，"外蒙"之事如不经过中国政府承认，一律无效。

4 月 21 日　中华民国国务院成立。

4 月 29 日　参议院在北京举行开院礼，议长林森主持。

5 月 1 日　参议院改选吴景濂、汤化龙为正、副议长。

5 月 3 日　在教育部长蔡元培的要求下，京师大学堂正式更名为北京大学，由严复代任校长。

5月7日　参议院议决国会两院制，定名为参议院与众议院。

5月10日　英国借口护侨，派兵入侵西藏，占领亚东、江孜。

5月13日　英国成立空军。

5月15日　京师大学堂改称北京大学。

5月20日　戴季陶身陷文字狱。

5月30日　吴稚晖、汪精卫等发起留法俭学运动。

6月　中华工程师会成立，詹天佑任会长。

6月　流亡印度两年多的十三世达赖喇嘛重返西藏。

6月1日　沙俄军队借口"保护侨民"，入侵伊犁。

6月2日　袁世凯下令保护八旗人的私有财产。

6月8日　中华民国临时大总统袁世凯公布以五色旗为中华民国国旗，另以十八星旗为陆军旗，青天白日旗为海军旗。武昌起义革命军使用的是铁血十八星旗。是年1月10日，南京临时政府各省代表会议议决：以五色旗为中华民国国旗，旗面取红、黄、蓝、白、黑五色，表示汉、满、蒙、回、藏五族共和之意。孙中山极力反对，并主张以青天白日旗为国旗。上月10日，参议院重新讨论国旗统一案，议决以五色旗为国旗。

6月10日　国务院通电各省不得自行制定省临时约法。

6月14日　袁世凯下令撤销南京留守府，黄兴解职。

6月15日　国务总理唐绍仪辞职赴津。

6月17日　袁世凯任命陆征祥暂代国务总理。

6月24日　新疆和田县发生中俄流血冲突。沙俄借此派兵入侵喀什噶尔（今西藏阿里地区），要求赔偿。袁世凯政府以支付"赔偿费"和惩处中国有关官民了结此案。

7月　西藏叛乱发生后，袁世凯任命四川都督尹昌衡为川军西征军总司令，同时电令云南都督蔡锷派劲旅驰援，与川军联合进藏平叛。正当川滇军基本收复川边藏区，准备乘胜深入西藏腹地平叛之际，英国驻华公使朱尔典于17日向北京政府提出抗议，声称中国不得干涉"西藏内政"，并以不承认中华民国、助藏独立为要挟。

7月1日　华安合群人寿保险公司在上海正式开业。这是中国第一家纯粹华资、专营人寿保险业务的大规模保险公司。

7月1日　陆征祥、熊希龄拒绝六国借款条件。

7 月 8 日　日、俄第三次订立密约，划分内蒙势力范围。

7 月 9 日　西方各国大力发展海军。

7 月 10 日　四川都督尹昌衡出征西藏。

7 月 14 日　袁世凯批准宋教仁、王宠惠、蔡元培、王正廷、熊希龄五总长辞职，总长职由次长代理。

7 月 16 日　同盟会改组。

7 月 18 日　第二任国务总理陆征祥向参议院提出新内阁人选，遭参议院否决。

7 月 25 日　北京军警召开特别会议，警告参议院勿持私见，否则即予解散。

7 月 28 日　德国和大不列颠就巴格达铁路达成协议。

7 月 30 日　日本明治天皇去世，中国政府决定举哀 27 天。

7 月 31 日　袁世凯任命詹天佑会办粤汉铁路事宜。

8 月 1 日　袁世凯聘用英国人莫理逊为政治顾问。

8 月 15 日　武昌起义重要将领张振武和随员方维，在北京被袁世凯以"破坏共和，昌谋不轨"的罪名杀害。

8 月 18 日　藏兵攻占巴塘。

8 月 22 日　奉天后路巡防队吴俊升部奉命进剿东蒙古叛军。20 日，乌泰在葛根庙宣布"独立"，并发布《东蒙古独立宣言》。同时宣布"独立"的还有扎赉特旗和科右后旗。吴俊升部以洮南为中心三路出击，到 9 月平定了叛乱。

8 月 24 日　孙中山一行经天津到达北京，袁世凯以迎接国家元首的礼节隆重欢迎。

8 月 25 日　中国最早的飞机设计师冯如，在广州燕塘表演飞行时，因飞机失速下坠而殒命。他被追授陆军少将军衔，遗体安葬在广州黄花岗烈士陵园。

8 月 25 日　孙中山、宋教仁以同盟会为基础联合其他党派成立国民党。

8 月 27 日　京师图书馆正式开馆。该馆筹建于 1909 年，后改名北京图书馆。

9 月 1 日　驻藏办事长官钟颖将达赖喇嘛所提五项求和条件电告北京政府。这五项条件是：一、西藏人当与汉人有同等权力；二、民国政府每年补助西藏银洋 450 万两；三、西藏人可以用矿山向外国抵押借债；四、西藏人自由练兵，民国政府不得干涉，但同意内地军队 1450 人驻西藏；五、一切官制虽照民国政府规定，但须录用西藏人才。北京临时政府的答复是，第三条不予承认，第二、四两条须说明理由，其余均可答应。

9 月 7 日　黎元洪、黄兴、段琪瑞被授予陆军上将军衔。

9 月 8 日　冯国璋被任命为直隶都督兼禁卫军统领。

9 月 9 日　袁世凯特授孙中山筹划全国铁路全权，督办全国铁路。

9 月 11 日　皇室宴请孙中山。清皇室在北京金鱼胡同那琴轩宅（那家花园内）设宴会欢迎孙中山和黄兴。宴会上，贝子浦伦致词，赞扬"孙黄二君皆今日中国非常之人，故能建非常之业"。黄兴答词，言及"非隆裕皇太后之明哲及诸公之辅佐，成功绝不能如此之神速"。

9 月 20 日　袁世凯下令全国尊孔。

9 月 25 日　赵秉钧任国务总理。

10 月 1 日　北京大学校长严复辞职，章士钊继任。

10 月 3 日　《民国服制》公布。

10 月 8 日　梁启超结束了自戊戌变法失败后长达 14 年的流亡生涯。

10 月 10 日　袁世凯特授孙中山和黎元洪以大勋位。

10 月 14 日　中国铁路总公司在上海成立，孙中山任总理。

10 月 22 日　国务会议不准达赖以藏境矿山向外人抵押借款。

10 月　外蒙古哲布尊丹巴分兵两路入侵内蒙古地区。

11 月 3 日　俄国密使与外蒙古库伦当局代表签订《俄蒙协约》及附约《通商章程》。《俄蒙协约》签订的消息一经传出，全国舆论大哗，革命党人一致指责袁世凯北京政府应付无方，坚决主张不予承认。以那彦图亲王为会长的蒙古王公联合会，也于 15 日发出反对《俄蒙协约》的《通告》。23 日，内蒙古六位盟长联衔致电政府，宣布《俄蒙协约》"辱民丧权""与全蒙绝无关系"。蒙藏局副总裁贡桑诺尔布郡王举行记者招待会，再次表达各蒙旗反对《俄蒙协约》的呼声。

11 月 9 日　俄国公使将《俄蒙协约》通告中国，外交部提出严重抗议。

11 月 15 日　梁如浩辞职，袁世凯任命陆征祥为外交总长。

11 月 22 日　詹天佑任汉粤川铁路会办。

11 月 28 日　袁世凯任命黄兴督办汉粤川铁路事宜。

11 月 30 日　陆征祥与俄国公使就外蒙古问题在北京开始谈判。

12 月　根据户口统计，全国共有 76961058 户，413638462 人。

12 月 16 日　蒋方震任保定陆军军官学校校长。

12 月 23 日　外交部发表声明，回答英国驻华公使关于西藏问题的要求，重申中国政府拥有西藏主权的立场。

谱后

辛亥革命是中国历史上的一次伟大变革。辛亥革命的爆发和军事上之所以取得成功，是因为连续的新军起义动摇了清廷统治的支柱，造成改天换地的大势。黄花岗起义总指挥、新军武装革命的开创人与领导人赵声，英年早逝，他的革命生涯多湮没在历史的尘烟中，他的革命功绩与历史作用远没有得到客观的评价。限于水平与时间，笔者以收录在《镇江历史文化名城研究会论文集》（2020 年、2021 年）中的两篇拙文，即《黄花岗起义中的赵声与黄兴》和《赵声对辛亥革命的历史贡献》，并根据新材料略加修改，作为"谱后"及对赵声历史贡献的概括。

黄花岗起义中的赵声与黄兴

赵声（字伯先）与黄兴（号克强）是同盟会中肝胆相照、志同道合、关系密切的领导人。在黄花岗起义中，赵声任"总指挥""统筹部副部长"，黄兴任"副总指挥""统筹部部长"。辛亥革命以来，人们对"总指挥"与"统筹部部长"之关系认识，不是语焉不详，就是主次颠倒，淡忘赵声。本文阐述赵声与黄兴在黄花岗起义中的真实经历，说明赵声是黄花岗起义的主要领导人。

一、策划起义，黄兴推荐赵声担当主帅

1910 年春节，赵声组织的新军"广州庚戌起义"，产生了重大影响。1910 年春，"孙中山在美国先后发电报，致长函到香港给黄兴，提出在广东再次发动起义"① 的想法。

黄兴与赵声研究后，黄兴执笔于 5 月 13 日复函孙中山，推荐赵声担当武装起义的主帅。他说："赵伯先兄于军事甚踊跃担任，此次款项若成，可委广东发难之军事于伊，命弟为之参谋，以补其短，庶于事有济。伯兄刻虽不能入内地，以军界多属望于伊，为之自亦易易。若能得一次大会议，

---

① 毛注清：《黄兴年谱长编》，中华书局，1991，第 150 页。

分担责任，各尽其才，事无不成矣。"①

1910 年 6 月，孙中山电邀赵声、黄兴、谭人凤、林文等去日本会面，赵声向孙中山提出："果图再举，当恢复内外机关，且指挥各省同志分任进行，如是种种，实需巨宗款项。"② 孙中山"答允他革命经费以一万元为度，用来维持南方支部，如有大事，设法再筹。又说过：广东军事计划，一听赵先生主持"③。

1910 年 11 月，孙中山在槟榔屿"乃约赵声、黄兴、胡汉民来会，以商卷土重来之计划。……赵声以为欲即再举，必当遣人携数千元回国接济同志，免彼散去。然后图集合而再设机关，以谋进行。吾等亦当继续回香港，与各方接洽。如是则日内须川资五千元。如事有可为，则非数十万元不可。孙乃函约南洋各埠党员于庇能开会"④。史称"庇能会议"，又称"槟榔屿会议"。

"槟榔屿会议"决定集中同盟会的精英，做好充分准备，与清廷在广州举行"破釜沉舟"的大决战。

会议"议定设总机关于香港，即以〔赵〕声为内部总长主持之"⑤。

"君〔赵声〕偕黄兴至庇能，与中山商决大举之策，策定，回香港设总机关部，同志举君为内部总长。中山为外部总长。"⑥

"还香港，设同盟会，伯先被推为总部部长，议以广东为发难地。"⑦

孙中山"将国内军事重任界诸伯先，而己则在南洋一带募款并为鼓吹，

---

①　《黄兴上孙中山论革命计划书》，载中国人民政治协商会议湖南省委员会文史资料研究委员会编《湖南文史资料选辑》第二集，湖南人民出版社，1981，第 232 页。

②　《胡汉民自传》，载丘权政、杜春和选编《辛亥革命史料选辑》上，湖南人民出版社，1981，第 196 页。

③　莫纪彭：《同盟会南方支部之干部及庚戌新军起义之回顾》，载丘政权、杜春和选编《辛亥革命史料选辑》上，湖南人民出版社，1981，第 335 页。

④　曹亚伯：《广州三月二十九之役》，载中国史学会主编《辛亥革命》四，上海人民出版社，1957，第 173 页。

⑤　张相文：《赵声传》，载周新国、弓楷、刘婷婷编著《赵声研究综览》，江苏人民出版社，2021，第 73 页。

⑥　柳诒徵：《赵伯先传》，载周新国、弓楷、刘婷婷编著《赵声研究综览》，江苏人民出版社，2021，第 49 页。

⑦　章士钊：《赵伯先事略》，载周新国、弓楷、刘婷婷编著《赵声研究综览》，江苏人民出版社，2021，第 45 页。

相与配合，其倚重又如此"①。

我们从各种传记的记载中不难看出，此时的赵声已经是同盟会的军事主帅。

具有军事实力与领导能力的赵声担当同盟会的军事主帅，对同盟会形成团结稳固的领导核心起到了决定性的作用。同盟会主要是来自广东、湖南、浙江的三个革命组织的松散联盟，本来三个组织对起义的地域、募款等重大问题就难以统一。同盟会内部有过两次"倒孙风潮"，一次是由光复会创始人陶成章发起，另一次是由南洋的同盟会会员发起。1910 年 3 月，孙中山在美国与纽约财团洽商贷款以充军费。外面传言同盟会内部发生分裂，经办人提出要有同盟会的权威文件，作为向美方贷款的保证。黄兴与赵声商量后，以同盟会军事权威组织的名义，给孙中山出具了"革命计划书"与"委任状"。② 1910 年 6 月，同盟会在日本商讨起义大计时，谭人凤、宋教仁"晤中山，责改良党务"未果，而"大不慊于中山矣。因与赵伯先等商改组、以长江为进行地点"③，同盟会没有形成统领全会的领导核心。赵声作为同盟会领导人中的军事权威，在起义这一核心问题上支持孙中山，统一各方意见而形成广州起义的决定，并凝聚各派力量共同行动。在这个过程中，孙中山、赵声、黄兴志同道合、肝胆相照，形成了同盟会的领导核心。在这个领导核心中，赵声担任发动国内武装起义的重任，孙中山负责募捐与购买武器，黄兴协助孙中山筹款、购买军火，协助赵声组织武装起义，是协调沟通"外部"与"内部"的桥梁。领导核心的形成，使同盟会领导层有了强大的凝聚力。比如，在黄花岗起义统筹部召集各路精英时，"黄因钝初［宋教仁］素与汉民意见不洽"④，上海的同志也反对宋教仁到香港参与广州起义，但宋教仁听从赵声召唤，放下己见，与胡汉民共同效力于赵声组织的行动中。

在黄花岗起义中，"孙中山先生虽然继续在美国华侨中进行筹款，准备

---

① 赵启騄：《赵声革命事迹》，载周新国、弓楷、刘婷婷编著《赵声研究综览》，江苏人民出版社，2021，第 212 页。
② 《中华民国史事纪要 民国纪元前一年（1911）正月至十一月（初稿）》，第 196 页。
③ 谭人凤：《石叟牌词》，甘肃人民出版社，1983，第 80 页。
④ 谭人凤：《石叟牌词》，甘肃人民出版社，1983，第 87 页。

起义，但并没有实际领导同盟会的工作"①。孙中山则说自己"专任筹款"。在这个武装革命的特殊历史阶段，孙中山是一位精神领袖，主帅赵声是同盟会实际的主要领导，这是同盟会的历史使命决定的。

二、组织起义，黄兴为赵声统筹事务

"槟榔屿（庇能）会议决定倾全力发动广州起义。会后，赵声往香港联络广州新军，黄兴、胡汉民等分往南洋各埠筹款。"②

赵声在"庚戌广州起义"的基础上，全面展开起义的规划、组织工作：

在广州新军二营管带马锦春家设秘密指挥机关。马锦春掌控的二营是赵声早已运动成熟的起义主力。赵声对这支主力的掌握极其缜密，马锦春说："李竞成往来省港，予与赵之关系事件皆由其口达。"③ 马锦春与李竞成都是赵声的可靠老乡，外加赵声之弟赵光在指挥机关旁设立了警卫，做好保卫、接应与保障工作。

派人潜回广州，运动新军。考察新军中的同盟会会员，根据表现"分别授以任务"；对新军中"确有新思想及性质良好者"的官佐，介绍"其加入同盟会"；吸收士兵中"性质较好者"入盟，"并选其热心勇敢者为主动员，每队至少二十人"，起义时"听总司令官指挥，分占要地"。④

将"庚戌广州起义"中未遭破坏的秘密据点加以恢复，增设各处秘密机关。这些据点，"各不相知，恐一泄漏，累及其他处也"⑤。

对新军中顽固不化的军官，赵声派在"新旧军皆当过兵士"的会党运动其马弁护兵，起义时对其实施控制。

组织人员转送枪支弹药等物品，开展选募选锋敢死队工作。

派冷遹到广西、浙江，约定两地革命党响应广东起义。"是年冬，冷遹由广西来浙，道出广东，受赵声密约，拟于次年在广东起事，联络浙省同

---

① 吴玉章：《论辛亥革命》，载政协丹徒县文史资料研究委员会编《辛亥革命先烈赵伯先》，《丹徒文史资料》第六辑，1991，第111页。

② 毛注清：《黄兴年谱长编》，中华书局，1991，第164页。

③ 马锦春：《三月二十九日之役与广州新军》，载丘权政、杜春和选编《辛亥革命史料选辑》上，湖南人民出版社，1981，第347页。

④ 曹亚伯：《广州三月二十九日之役》，载中国文史学会主编《辛亥革命》四，上海人民出版社，1957，第195页。

⑤ 曹亚伯：《广州三月二十九日之役》，载中国文史学会主编《辛亥革命》四，上海人民出版社，1957，第192页

志为之后援，于是浙省诸同志又在西湖开会，决议援助之办法。"①

1910年12月下旬，外省的"选锋"陆续到达香港。

1911年1月，"选锋"800余人齐聚香港。赵声制定选锋敢死队引导新军、巡防营、民军响应的起义预案；秘密组织"选锋"战前训练。

在赵声的有力组织下，国内的各项军事准备进展顺利，可于"正月即当起义于广东"②。但是海外的军费募集没有完全落实。赵声考虑时间拖长，难以保密，直接关系着起义的成败。为此，赵声在香港接连致电在新加坡筹款的黄兴，"催款并询械事"。

"赵声亦自香港来电催款并询械事。"③

"赵伯先有电来催，务乞拨冗赶速于日内收齐，汇寄港部。"④

"伯先兄昨亦有函来催贵昆仲，意至恳切。"⑤

"伯先兄屡有函来催兄提款。"⑥

从1910年11月的槟榔屿会议后到1911年1月18日，孙中山在欧美募款，黄兴与胡汉民在南洋募款，武装起义的规划组织工作由赵声独立主持。这段时间里，在赵声的有力领导下，武装起义的规划组织工作已成大型，但孙中山、黄兴与胡汉民所承担的募款远远没有达到计划的要求。

1月18日（十二月十八），一直在南洋筹款，但无法如期完成筹款计划的黄兴、胡汉民等回到香港。赵声立即与之会晤，交流情况，决定"组织统筹部，分职任事"⑦。毕竟这是同盟会破釜沉舟集全部力量的大决战，必须统筹安排起义的各项工作，把具体任务落实到人。

当日，赵声与黄兴共同主持起义筹备工作会议，成立统筹部。胡汉民说："设统筹部，推伯先为总指挥，克强副之，余则为统筹部秘书长。……

---

① 顾子才：《浙军杭州光复记》，载丘权政、杜春和选编《辛亥革命史料选辑》下，湖南人民出版社，1981，第94页。

② 冯自由：《冯自由回忆录》上，东方出版社，2011，第140页。

③ 毛注清：《黄兴年谱》，中华书局，1991，第167页。

④ 毛注清：《黄兴年谱》，中华书局，1991，第168页。

⑤ 毛注清：《黄兴年谱》，中华书局，1991，第169页。

⑥ 毛注清：《黄兴年谱》，中华书局，1991，第169页。

⑦ 邓慕韩：《焚攻两广督署战况纪实》，载三水县政协文史委员会、三水县文学艺术工作者联合会编《三水文史》第十三辑，1986，第21页。

会议结果，分为两种任务：一就统筹部分科办事；一于长江上下游谋发动应援。"①

谭人凤说："返港设统筹部，黄为部长，赵为总司令。"②

黄兴在电报中向孙中山汇报说，赵声"不欲居部长之职"③。设立统筹部是为了调动全党力量，实现起义目的。赵声推荐在同盟会资历深厚的黄兴为部长，自己为副部长，有三个原因：一是尊重黄兴，凝聚力量；二是需要黄兴分担事务；三是指望黄兴调动资源，解决募款难题。

统筹部"内分课，曰调度课，掌运动新旧军人之事，举姚雨平为课长。曰交通课，掌江浙皖鄂湘桂闽滇各路交通之事，举赵声为课长。曰储备课，掌购运器械之事，举胡毅为课长。曰编制课，掌草定规则之事，举陈炯明为课长。曰秘书课，掌一切文件之事，举胡汉民为课长。曰出纳课，掌出纳财政之事，举李海云为课长。曰调查课，掌伺察敌情之事，举罗炽扬为课长。曰总务课，掌其他一切杂务，举洪承点为课长。其余各同志，各以所能分属于各课，共同努力"④。后有所调整，"执信、毅生仍任民军响应事"⑤，"陈炯明责司编制，工作较少，经已派兼调度课副课长"⑥。

作为起义主帅，赵声一直参与关系起义的"调度课"与关系响应的"交通课"的工作。在"调度课"，赵声通过马锦春等新军旧部调度起义的主力——新军；派课长姚雨平"专司军队的联络，使新军、防营、民军三者能取得一致行动"⑦。

"交通课"由赵声兼任课长，负责全国各地对起义的"响应"。这步战略规划早在1906年赵声在新军担任标统时就已经着手布局了。这次通过进

① 《胡汉民传》，载丘权政、杜春和选编《辛亥革命史料选辑》上，湖南人民出版社，1981，第196页。

② 谭人凤：《石叟牌词》，甘肃人民出版社，1983，第86页。

③ 武昌辛亥革命研究中心组编，严昌洪主编，张笃勤编《辛亥革命史事长编》第7册，武汉出版社，2011，第214页。

④ 曹亚伯：《广州三月二十九日之役》，载中国文史学会主编《辛亥革命》四，上海人民出版社，1957，第186页。

⑤ 《胡汉民传》，载丘权政、杜春和选编《辛亥革命史料选辑》上，湖南人民出版社，1981，第196页。

⑥ 姚雨平：《新军起义前后及辛亥三月二十九日之役的回忆》，载中国人民政治协商会议广东委员会文史资料研究委员会编《广东辛亥革命史料》，广东人民出版社，1981，第40页。

⑦ 姚雨平：《新军起义前后及辛亥三月二十九日之役的回忆》，载中国人民政治协商会议广东委员会文史资料研究委员会编《广东辛亥革命史料》，广东人民出版社，1981，第39页。

一步"交通",长江中下游至两广的南方中国已经构成星火燎原之大势。

"从赵声所任职务来看,虽然因为他的谦逊辞拒了部长一职,我们不难看出在这次广州起义的筹备过程中,赵声是居于核心地位的。与上一次起义的情况相比,这次起义的决策机构在赵声自身权威的影响下是比较统一的,这是十分有利于起义的组织准备工作的。"①

统筹部成立后,黄兴全力配合赵声落实起义计划。我们从黄兴向邓泽如哀求军费的信函中可见黄兴之赤诚忠心。函云:"现如引弦已满,不发不得之时,公等岂能坐视?望大发仁慈,其有以救之。谨呈小像一枚,以为纪念,愿他日寻尸马革,尚能识我之真面目也。"②

在黄兴的统筹下,"辛亥年二月[1911年3月]赵[声]在港已分布省中党人一切地位,匪伊朝夕,惨淡经营,不遗余力"③。

三、指挥起义,黄兴是赵声副手

4月8日(三月初十),赵声与黄兴主持统筹部召开"发难会议",决定农历三月十五举行起义,明确"赵公伯先为正司令,黄公克强副之"④。

在计划的十路选锋敢死队中,赵声率来自三江新军的选锋敢死队作为主攻,攻打水师行台。水师行台的李准兼任水师提督与陆师提督,他兵力最强,为人精明凶狠。拿下李准这个多次镇压革命起义的刽子手是起义的关键。黄兴率队攻打两广总督张鸣岐所在的督署。捉拿文官张鸣岐相对容易,但具有重要的象征意义。

就在赵声召开"发难会议"准备起义时,发生了温生才刺孚琦事件。孚琦被刺后,"广州戒备特别严密,党人活动困难"⑤。面对突发情况,赵声当机立断,急令各部加强隐蔽。"于是通告同志,各宜忍耐沉着,不可徒泄小忿;又命机关报纸暂停宣传;军械由胡毅生专管,不奉总部命令,概不

---

① 周勇:《赵声与辛亥革命》,载周新国、弓楷、刘婷婷编著《赵声研究综览》,江苏人民出版社,2021,第315-316页。

② 毛注清:《黄兴年谱长编》,中华书局,1991,第179页。

③ 姜泣群:《朝野新谈戊己编》,书林书局,1914,第72页。

④ 徐维扬:《辛亥三月二十九日之役花县十八烈士殉难记》,载中国人民政治协商会议广东委员会文史资料研究委员会编《广东辛亥革命史料》,广东人民出版社,1981,第52页。

⑤ 姚雨平:《新军起义前后及辛亥三月二十九日之役的回忆》,载中国人民政治协商会议广东委员会文史资料研究委员会编《广东辛亥革命史料》,广东人民出版社,1981,第38页。

发给；及军营运动，军械运输，亦暂持冷静。"①

鉴于美洲的筹款尚未到齐，荷属南洋一带的一万五千元也要在三月二十（4月18日）以后寄到，购自日本、越南的武器多数未能如期运到，赵声与黄兴研究决定将起义期延至三月二十八（4月26日）举行。

临近起义，"伯先调兵遣将，步、炮、辎重各营，每一队有代表三人，同志九人，发给子弹手枪"②。

赵声作战斗动员，他派人送信给马锦春，"盖信中所云均直言无隐，如军事方略，后更大书而特书曰：'扫除余孽，还我河山'等语"③。对选锋敢死队亮出他的"先声夺人"印章，宣布："凡作战进攻的命令，允许盖印；凡退后、逃跑之命令，我赵声决不下令，也不许加我赵声之印。"④

三月二十五（4月23日），赵声在香港指挥起义，命令吴、楚、闽、粤、滇、桂、洛、蜀、皖、赣、越十一省之选锋敢死队整装待发，派"副总指挥"黄兴带先遣队潜入广州，按计划做临战布置。黄兴说："赵伯先先生为总指挥，事后外间传言兴为总指挥，误也。"⑤ 总指挥赵声后续赴省的原因：一是坐镇总部，指挥全局；二是他长期在广州担任军官，为人熟悉，作为清廷通缉的要犯不宜过早露面；三是他亲率的攻坚"选锋"来自江苏与安徽，只要开口露出方言便是抓捕的目标，只能在临战前从香港突入广州。

三月二十六（4月24日），总指挥赵声调度选锋敢死队，分批乘客轮从香港潜入广州。副总指挥黄兴在广州市越华路小东营五号展开工作。

四、黄兴临阵失当，赵声功败垂成

"黄兴至省之后，尚留港之党人，原定二十六七两日悉数上省。时黄以风声过紧，乃电阻其来。……集省之同志，亦有返港者。廿六夜，胡汉民

① 马锦春：《三月二十九日之役与广州新军》，载丘权政、杜春和选编《辛亥革命史料选辑》上，湖南人民出版社，1981，第348页。

② 应德明：《黄花岗起义前后杂忆》，载中国人民政治协商会议全国委员会文史资料研究委员会编《辛亥革命回忆录》第二集，文史资料出版社，1981，第323页。

③ 马锦春：《三月二十九日之役与广州新军》，载丘权政、杜春和选编《辛亥革命史料选辑》上，湖南人民出版社，1981，第347页。

④ 凌颂芬：《关于赵伯先的印章"先声夺人"的说明》，载镇江市政协文史资料委员会编《辛亥革命与镇江》，江苏大学出版社，2011，第277页。

⑤ 黄兴：《广州三月二十九革命之前因后果》，载中国文史学会主编《辛亥革命》四，上海人民出版社，1957，第168页。

得黄兴电曰：'省城疫发，儿女勿回家。'港中同志皆相顾失色。"① 二十六日晚，先遣进入广州的三百"选锋"被黄兴遣回香港。黄兴的指挥失当打乱了总指挥赵声的全局布置。

赵声接到黄兴推迟起义的暗语电报后，心急如焚，立即召集在港的胡汉民、谭人凤、宋教仁等人开紧急会议，决定"事机危迫，总宜孤注一掷"②。赵声将决定电告黄兴，继续派遣选锋敢死队进入广州，伺机起义。

"诇二十七日，有巡防营二营调省，胡毅生，陈炯明等疑官厅有备，主张再展期，先生〔姚雨平〕以为不可。及闻新军二标兵士之枪，被当局收去，则亦不复坚持。因此标为新军之中坚，革命同志甚多也。黄兴见各部意见参差如此，于愤激之余，竟下令将各部遣退，决以一人或少数人死拼李准，以谢海外热心出钱之同志。"③

"廿八日陈炯明、姚雨平偕到黄兴处报告，谓调来顺德三营内多同志。"④ 黄兴又"密电港，仍定二十九日发难，促同志上省。……二十八晚，胡汉民复得黄兴电云：'母病稍痊，须购通草来。'盖即令党员悉来之隐语"⑤。

三月二十八（4月26日）晚上十点多钟，赵声在香港收到黄兴关于二十九日起义的电报，而这时香港到广州已无轮班。"省港早轮只一艘来往，晚则有数艘来往。"⑥ 赵声"一面电省请展缓一日。并推谭人凤、林直勉等二十九早上省，向省部陈述"⑦。黄兴坚持二十九日起义，但人数不足，便将原来十路进攻的计划改为四路进攻。

---

① 曹亚伯：《广州三月二十九日之役》，载中国文史学会主编《辛亥革命》四，上海人民出版社，1957，第206页。
② 曹亚伯：《广州三月二十九日之役》，载中国文史学会主编《辛亥革命》四，上海人民出版社，1957，第206页。
③ 朱浩怀：《广州新军起义与三月二十九之役》，载中国社会科学院近代史研究所近代史资料编辑组《辛亥革命资料类编》，中国社会科学出版社，1981，第19~20页。
④ 曹亚伯：《广州三月二十九日之役》，载中国文史学会主编《辛亥革命》四，上海人民出版社，1957，第207页。
⑤ 曹亚伯：《广州三月二十九日之役》，载中国文史学会主编《辛亥革命》四，上海人民出版社，1957，第207页。
⑥ 曹亚伯：《广州三月二十九日之役》，载中国文史学会主编《辛亥革命》四，上海人民出版社，1957，第207页。
⑦ 曹亚伯：《广州三月二十九日之役》，载中国文史学会主编《辛亥革命》四，上海人民出版社，1957，第207页。

二十九日午后，谭人凤赶到广州，陈炯明告诉他说："'不得了！毅生、雨平均无备，余亦仅有七八十人，克强人数不满百，刻将出发，奈何！'余谓：'何不谏阻？'渠云：'已极力阻之矣，其如不听何！'余即请饬人送去，则克强装束已妥，正在分发枪弹。请休息片刻接谈，不听。再据各情形劝阻之，克强顿足曰：'老先生毋乱军心！我不击人，人将击我矣。'余见其状类狂痫。"①

黄兴临阵失当，不听总指挥指令，以"吾愿己身一死，与李准辈相拼"②的刺客精神，去攻打文官张鸣岐的总督府。五时半，一百多名选锋敢死队队员在黄兴的率领下，打响了黄花岗之役。

黄兴率队发起攻击后，选锋敢死队队员精神抖擞，斗志昂扬，以一当十，英勇作战，而其他三路都没有按要求展开战斗。姚雨平所带一路，因"领枪延时"，未及出动；陈炯明与胡毅生所带领的两路都因为"改期之议"，临时没能组织起来。结果起义成了黄兴一路少数人的孤军奋战。姚雨平、陈炯明、胡毅生这三路队长没有发挥作用，除了客观原因外，当有他们不认可黄兴指挥的因素。

黄兴带领的"选锋"在撤退转战中，又与前来接应起义的巡防营发生误会而激烈交火，一枪打死了带队接应起义的巡防营哨官温带雄，双方混战，死伤多人。"五时，该三营借拱卫为名，整队入城，因欲直趋水师行台，生擒提督李准，故未即带白布臂号。行至双门底，遇黄兴、方声洞一队人，彼此误会，互相攻击。"③ 仅有实际行动的两支起义队伍自相残杀，全部被打散。副总指挥黄兴一而再、再而三地临阵失当，打乱了总指挥赵声的布署，这是黄花岗起义失败的重要原因。

五、不该忘却的历史

起义惨败，赵声痛大志未遂，党内大批精英旦夕而殁，更使他悲愤欲绝。更让总指挥赵声忧愤的是，同盟会领导人因起义失败而陷入一种分裂、

---

① 谭人凤：《石叟牌词》，甘肃人民出版社，1983，第91页。
② 《中华民国史事纪要 民国纪元前一年（1911）正月至十一月（初稿）》，第648页。
③ 朱浩怀：《广州新军起义与三月二十九之役》，载中国社会科学院近代史研究所近代史资料编辑组《辛亥革命资料类编》，中国社会科学出版社，1981，第19页。

涣散和瓦解的状态。"克强乃谓同盟会无事可为矣，以后再不问党事。"①"黄兴因失败而心灰，束手无策；胡汉民躲在香港，连人都找不到……一个革命团体在革命胜利之前就已陷入这样一种分裂、涣散和瓦解状态。"②

总指挥赵声以惊人的意志力支撑自己收拾残局，他要赶赴顺德带领民军挽救败局，他要检讨失败的原因、要向同盟会做出交代、要为失败止血疗伤、要收拢同志凝聚力量继续起义。"而孰知其愤气之郁结，遂致满肠绞痛而病哉。当初病时与余等言善后办法，并敦促钝初将临时各约法继续编成（钝初到港时即任此事），其雄心固犹未已也。不料病势日剧，两次割肠，卒以不起。呜呼，痛哉！"③ 四月十九（5月18日），30岁的赵声死于阑尾炎。

领导这次起义，赵声致信孙中山说："凡为伟人者，须不令天下人缺望……弟以身许国，断不能偷无味之生。"④ 赵声之死，是用生命激发党人、激发新军、激发后起。他殚精竭虑运动新军、献身民主革命的心血没有白流，"不半载而武昌之大革命以成"⑤。

从1910年5月赵声、黄兴提出"革命计划书"到1911年5月赵声逝世，也就是黄花岗起义的过程中，我们不难看出，赵声不仅是黄花岗起义的主要领导人，而且在三大派系构成的同盟会中是重心压舱石。在以推翻专制王朝为目的历史阶段，赵声在这一年中是同盟会的核心领导，发挥着无人可以替代的领导作用。

黄花岗起义失败的主要原因，一是以孙中山为代表的同盟会领导人没能按计划完成军费军械的募集任务，导致起义时间一拖再拖，给清廷提供了防范的时间。二是作为副总指挥的黄兴，一而再、再而三地临阵指挥失当。

黄花岗起义失败，赵声以生命为代价为革命事业止血疗伤，挽回同盟会领导人的形象，如今我们应该记住这段历史，不应该忘却最不该忘记的赵声。

---

① 谭人凤：《石叟牌词》，甘肃人民出版社，1983，第95页。

② 吴玉章：《论辛亥革命》，载政协丹徒县文史资料研究委员会编《辛亥革命先烈赵伯先》，《丹徒文史资料》第六辑，1991，第112页。

③ 谭人凤：《石叟牌词》，甘肃人民出版社，1983，第95页。

④ 赵声：《致孙中山信》，载周新国、弓楷、刘婷婷编著《赵声研究综览》，江苏人民出版社，2021，第27页。

⑤ 孙文：《黄花岗烈士事略（序）》，载富金壁主编《中华文化经典选读》，黑龙江人民出版社，2010，第625页。

赵声对辛亥革命的历史贡献

　　黄花岗起义总指挥赵声，是具有军事学与法学素养的中国近代民主革命家。他用毕生精力将新军改造为革命主力；在南方诸省做武装起义的战略布局；组织发动庚戌新军起义与黄花岗起义，点燃武昌新军武装起义的烈火；他以崇高的人格与"以身许国"的献身精神激励革命党人，为辛亥革命做出了不可磨灭的历史贡献。

一、杰出的近代民主革命家

　　赵声天赋异禀，在天香阁受父亲教育，打下了厚实的文化基础。他投考江南水师学堂的论文《江防要策》，在全部 700 余名考生中"以第一名录取"①。在陆师学堂，同学章士钊称他"文章风义冠绝于堂"②，盛赞他的文章的思想性、艺术性。南社文人柳亚子评价赵声的诗词为"尤饶奇气，舒卷云霓，吞吐海岳"③。

　　赵声志在救国。他走出天香阁投考军校就是要成为一名军事家，要掌握军队，进行武装革命。赵声在江南水师学堂、陆师学堂学习军事，后又受业日本军事教官竹松井三郎。思索救国之道的赵声在学习军事的过程中，接触到西方文化与民主革命思想，激发出心性良知的火花。他对外来文化的文明精神感叹道："此我胸中所欲言者。乃有人先我发之。"④ 他利用官派日本学习考察的机会，进修"于早稻田大学法科"⑤，考询日本军政及民主

　　① 惜秋：《民初风云人物》上，台湾三民书局，1976，第 106 页。
　　② 章士钊：《赵伯先事略》，载周新国、弓楷、刘婷婷编著《赵声研究综览》，江苏人民出版社，2021，第 44 页。
　　③ 柳弃疾：《丹徒赵君传（附跋）》，载周新国、弓楷、刘婷婷编著《赵声研究综览》，江苏人民出版社，2021，第 40 页。
　　④ 张相文：《赵声传》，载周新国、弓楷、刘婷婷编著《赵声研究综览》，江苏人民出版社，2021，第 72 页。
　　⑤ 姜泣群：《朝野新谈戊己编》，书林书局，1914，第 50 页。

革命的理论，系统地学习了有关政治制度的知识，形成了自己的民主革命救国思想。

1903 年，赵声撰写革命檄文《保国歌》，明确地提出了反专制、反帝的民主革命、宪政治国主张。歌曰："我今奋兴发大愿，先行革命后立宪""议员公举开明堂""修明宪法参英美"，就是说要在推翻清王朝后建立一个共和国，要参照英美模式制定宪法，设立宪政政府；"第三武备要时习，权利收回期独立"就是说要收回外国特权，做到主权独立。

为了实现推翻帝制、创建共和的目的，赵声投入新军。在带兵治军、秋操演习、军事历练、组织起义等实践中，赵声成为一名军事家与革命领袖。他训练的新军被誉为"文明为全国陆军冠"①。新军第九镇统制徐绍桢评价赵声道："方今能扎硬寨，打死仗者，唯伯先一人耳！"② 他以崇高的人格魅力、超凡的领导能力受到军人的崇拜与敬重，南京新军部下对他誓言"惟主将令是从！"③。国民党粤系军人李汉魂称赞："伯先先生是军中之圣。"④ 前察哈尔抗日同盟军领袖方振武于 1936 年在巴黎对留学的赵俊欣说："你伯父是个旷世奇才。"⑤

1905 年，中国同盟会成立。当一群知识分子立誓要推翻清王朝的时候，年轻的赵声已经由一名知识分子转化为一名脚踏实地的革命家、军事家；当同盟会各派发动会党前仆后继，策动"乌合之众"与"绿林"进行起义探索时，赵声已经准备并实施了改造新军、战略布局、联动起义等一整套的武装革命路线，成为同盟会中能够运筹全局，组织、发动、指挥武装革命的杰出领导人。对此，谭人凤评论说："党人往日一空拳，专与三山五岳连。伯先别抱一思想，冀统六师洗腥膻。"⑥

---

① 佚名：《赵烈士事略》，载周新国、弓楷、刘婷婷编著《赵声研究综览》，江苏人民出版社，2021，第 94 页。

② 赵启騄：《赵声革命事迹》，载周新国、弓楷、刘婷婷编著《赵声研究综览》，江苏人民出版社，2021，第 212 页。

③ 柳诒徵：《赵伯先传》，载周新国、弓楷、刘婷婷编著《赵声研究综览》，江苏人民出版社，2021，第 48 页。

④ 赵俊欣：《纪念伯父、辛亥革命先烈赵伯先》，载周新国、弓楷、刘婷婷编著《赵声研究综览》，江苏人民出版社，2021，第 214 页。

⑤ 赵俊欣：《纪念伯父、辛亥革命先烈赵伯先》，载周新国、弓楷、刘婷婷编著《赵声研究综览》，江苏人民出版社，2021，第 214 页。

⑥ 谭人凤：《石叟牌词》，甘肃人民出版社，1983，第 75 页。

在组织黄花岗起义期间，赵声在军事之外所关心的就是政治。他请来宋教仁"即任""临时各约法"的制定起草。赵声与宋教仁都曾在日本学习法学，有着宪政的理念与知识，对同盟会的组织制度建设和对取得胜利后的政治问题都有深入的交流与共识。黄花岗起义失败，谭人凤、宋教仁向病危的赵声请示"善后办法"，赵声交待：军事上赞成"以长江为进行地点"①，政治上"将临时各约法继续编成"②。赵声的这两点善后意见，前者是推翻清王朝的军事之策，后者是创立共和的政治大计，切准了辛亥革命的关键问题与根本问题。

赵声天赋过人，具有超凡特质与高尚人格；文武兼资，具有军事学与法学专业知识；知行合一，高效实干。他是中西优良文化在特殊时代造就的有思想、有能力、有实力、有切实可行路线与行动的中国近代民主革命家。

二、将新军改造为革命主力

新军是 1894 年甲午战争后，清政府为维持统治新编的"习洋枪，学西法"的陆军。赵声立志民主革命，认为"有文事者必有武备"③，"无枪杆子不好革命"④。他进入新军，将新军改造成武装革命的主力。除赵声之外，革命党走的是暗杀与会党起义两条路线，多次的实践证明这两条路都无济于事。

赵声在运动新军、改造新军中，首先培植中下级军官，再以中下级革命军官为核心，由军官到战士，自上而下，成建制地对新军进行民主革命的思想启蒙。

赵声改造新军主要经历了几个阶段。1906 年初，赵声在新军九镇担任军官，利用招兵机会将他在社会中结识的革命志士与在家乡集中培训的大批热血青年都招入新军。这些有思想、有知识的志士进入新军后，迅速壮大了南京新军的革命力量，奠定了运动新军、改造新军的基础。因招兵有

---

① 谭人凤：《石叟牌词》，甘肃人民出版社，1983，第 80 页。
② 谭人凤：《石叟牌词》，甘肃人民出版社，1983，第 95 页。
③ 佚名：《赵烈士事略》，载周新国、弓楷、刘婷婷编著《赵声研究综览》，江苏人民出版社，2021，第 92 页。
④ 江谦吾：《赵伯先在新军三十三标》，载周新国、弓楷、刘婷婷编著《赵声研究综览》，江苏人民出版社，2021，第 180 页。

功，赵声升任九镇三十三标标统。他随即将一批可靠的革命同志，陆续保荐、安排到三十三标各级领导岗位上，主要有一营管带伍崇仁、二营管带顾忠琛、三营管带柏文蔚、一营左队队官江谦吾、二营右队队官冷遹、宪兵正目李竟成、炮兵队官熊成基、倪映典等。在赵声的组织领导下，一支革命新军不断发展壮大。1906 年春，赵声带领柏文蔚、倪映典、林述庆、林之夏、冷遹、伍崇仁、李竟成、陶骏保、赵念伯等第九镇军官加入同盟会。

赵声以新军训练条例要求"练兵"与"训兵"并重为由，在军中开办"阅书报社"，每周对士兵做"精神讲话"，以军人养成教育为名，行革命宣传之实。时任新军三十三标队官的江谦吾在回忆录中写道："为了培养部下，成立官长与正副目（即中下士）讲堂，每天两次外操，两班讲堂，外设特别讲堂。他严督训练，每逢星期六行军一次，他亲自率领全营到南京孝陵卫一带野外演习，并作精神讲话。休息时间，常与官兵讲述元、明、清史略，如朱元璋起义推翻元朝统治，满清如何入关，并暗示清政府如何昏庸无能，立下不平等条约等等故事。言词激奋慷慨，闻者莫不泪下。"① 赵声在南京新军中培养了大批革命人才，三十三标被他打造成反清救国的革命堡垒，在苏皖地区播下了革命火种。后来，两江总督端方有"将假是以兴大狱。有三十三标皆革命党，可用炮轰之之语"②。可见短短一年的时间，赵声运动新军、改造新军取得的成效。

1907 年初，赵声进入广东新军。他以超人的能力与崇高的人格，在广东新军中有效地进行了宣传和组织工作，迅速形成了以赵声为核心、以中下级革命军官为主体的新军革命党群体。1908 年春，赵声改任黄埔陆军小学监督，超凡的个人特质使他成为青年军人的偶像，被军校师生称为"活关公"。他借机调朱执信、张醁村、姚雨平、胡毅生、姜证禅等革命党人来校执教，大力发展革命党；培植起"如冯轶裴、陈铭枢、蒋光鼐、邓演存、演达、张竞生、周址、邓刚、吴文献、方书彪等"③ 一批新军革命的后备力

---

① 江谦吾：《赵伯先在新军三十三标》，载周新国、弓楷、刘婷婷编著《赵声研究综览》，江苏人民出版社，2021，第 178 页。

② 柳诒徵：《赵伯先传》，载周新国、弓楷、刘婷婷编著《赵声研究综览》，江苏人民出版社，2021，第 48 页。

③ 柳弃疾：《丹徒赵君传（附跋）》，载周新国、弓楷、刘婷婷编著《赵声研究综览》，江苏人民出版社，2021，第 42 页。

量。赵声人格高尚、才华横溢，他"对上不谄，对下不拿大"，他"愿交天下士，馨我怀中藏"。① 他"聊持肝胆与君期"②，在革命党中具有很高的威望。广东军界革命党原有两派，以姚雨平、张醁村为代表的巡防营革命党与新军革命党不相往来，各自为战。在赵声的感召下，广东军界的各派革命力量都能团结在赵声麾下。

1908 年，南方新军扩建，赵声安排革命党人倪映典任新军炮兵军官，安排冷遹到广西开展运动新军工作。同年冬，赵声调任新军第一标任标统，又大量安插革命党人到各部队任职。在赵声的不懈努力下，"广州新军中的同盟会员骤增至三千多人"③。在赵声统领的一标及倪映典的炮营中，"加盟人数已达百分之七八十以上"④。

时任同盟会南方支部部长的胡汉民说："伯先军事学甚优，且有经验，天资豪迈，能为诗文。其为陆军学校监督及将［统领］新军，辄以民族大义鼓励学生士兵，俱悦服之，亦以此为清吏所恶。江南、广东两省军界革命种子，大半伯先所培植也。"⑤

三、在南方诸省作呼应起义的战略布局

在南京，赵声改造新军的同时就着手"谋合苏皖赣""约同发难"。他在本部标营设"俱乐部"，作为秘密联络机构，对江苏、安徽、江西共同举事进行布局。

1906 年，当革命党的死敌、号称"杀人之枭"的端方出任两江总督时，"同志有劝他［赵声］乘端方莅任时，即狙杀之以起义的"⑥。赵声认为，九镇新军虽然具备了相当的革命力量，但安徽、江西方面还未准备和联络

---

① 赵启騄：《赵声革命事迹》，载周新国、弓楷、刘婷婷编著《赵声研究综览》，江苏人民出版社，2021，第 211 页。

② 赵声：《己酉初度寄友》，载周新国、弓楷、刘婷婷编著《赵声研究综览》，江苏人民出版社，2021，第 31 页。

③ 岳志：《岳相如将军传记史料》，黄山书社，2015，第 65 页。

④ 张醁村：《庚戌新军起义前后的回忆》，载中国人民政治协商会议全国委员会文史资料研究委员会编《辛亥革命回忆录》第二集，文史资料出版社，1962，第 284 页。

⑤ 《胡汉民自传》，载丘权政、杜春和选编《辛亥革命史料选辑》上，湖南人民出版社，1981，第 190 页。

⑥ 同盟会：《赵声传》，载周新国、弓楷、刘婷婷编著《赵声研究综览》，江苏人民出版社，2021，第 77 页。

好。他说，"孤立无响应必败"，"非俟苏皖赣运动成就不可，否则亦必联络南京征兵以外之军队，同时并起，方足以举大事"①。

对于孙中山要求在广东起义的意见，赵声顾全大局，做了全面战略规划。后来，赵声对革命党人赵启骓说："四川天府之国，攻守两宜，惟向外推动作用迟缓。武汉地点适中，一旦发动，足以震撼全国，唯败则难于久守。广东地方富庶，民气开通，交通便利，易与海外取得联系，优点特多。将来首先发难，其在百粤间乎。"② 这里所说的"百粤同乎"实为东南沿海与长江中下游协同呼应之意。

赵声应孙中山之邀去广东发展前，授意熊成基等同志去安徽运动新军。让冷遹、倪映典等同志继续积蓄江南革命力量，待与广东相互策应。

1908 年春夏之交，赵声在广东新军频繁的革命活动受到当局的注意。为避敌耳目，麻痹敌人，他借口"回镇江省亲，同时与江、浙、皖、赣诸地同志有所联系"③。他根据形势的发展，进一步落实与协调这一战略布局。赵声根据战略布局制定的北伐规划是：光复广东后，军分东、西两路，自己带东路军贯江西出湖口，直下江南控制南京；黄兴带西路军经广西入湖南会师武汉。两路北伐大军饮马长江，集聚力量后，挥师北上，直捣幽燕，推翻清王朝。

1910 年 5 月，黄兴复函孙中山说："新军一营，驻广州者为伯先旧部，今正闻广州之事，已跃跃欲试。"④ "至三江之陆军，其将校半多同志，今岁闻伯先兄在粤举事，皆有握拳透爪之势。"⑤ 亲历两次广州新军起义的莫纪彭回忆，同盟会长江支部由郑赞臣、宋玉琳等人所组织，与赵声声气相通，相互配合。倪映典与熊成基是安庆新军起义首领。失败后，倪映典应赵声之招南下。由郑赞臣在长江支部为赵声代理招募起义的选锋敢死队队员。

① 佚名：《赵烈士事略》，载周新国、弓楷、刘婷婷编著《赵声研究综览》，江苏人民出版社，2021，第 95 页。
② 赵启骓：《赵声革命事迹》，载周新国、弓楷、刘婷婷编著《赵声研究综览》，江苏人民出版社，2021，第 212 页。
③ 赵启骓：《赵声革命事迹》，载周新国、弓楷、刘婷婷编著《赵声研究综览》，江苏人民出版社，2021，第 211 页。
④ 《黄兴上孙中山论革命计划书》，载中国人民政治协商会议湖南省委员会文史资料研究委员会编《湖南文史资料选辑》第二集，湖南人民出版社，1981，第 230 页。
⑤ 《黄兴上孙中山论革命计划书》，载中国人民政治协商会议湖南省委员会文史资料研究委员会编《湖南文史资料选辑》第二集，湖南人民出版社，1981，第 231 页。

赵声在香港遥控领导，与各地新军同志时通声气，隐然为一个统摄全局的核心。赵声通过五年艰苦卓绝的工作，在南京与广州运动新军、精心布局，影响长江中下游与两广地区，造就了中国南方新军革命的大势。

在黄花岗起义的准备过程中，赵声兼任交通课课长。交通课的职责就是联络长江中下游及南方诸省，负责运动新军，为响应起义与北伐做准备。长江中下游的布局就是他亲手实施的，是他运筹帷幄的一盘大棋。赵声委派谭人凤、郑赞臣等人带着必要的资金到江浙赣湘鄂等地启动党人，设立机关，准备响应。

庚戌和黄花岗两次新军起义虽在广东，但参与两役的领导者和重要革命党人却遍及中南各省，这与赵声多年经营长江和广东新军形成革命力量的网络直接相关。虽然黄花岗起义失败，北伐流产，但赵声的先期发动与布局为武昌起义和东南各省的相继光复奠定了坚实的基础。武昌起义后，赵声同党余部领导的江浙联军迅速光复上海、江苏，攻克南京，控制了江南这条清廷的经济命脉与南京这一兵家必争的战略要地，发挥着影响全国、震慑朝廷的作用。江苏巡抚程德全上奏朝廷说"不患武昌之失陷，而患各处之响应"①，可见赵声战略部署的意义重大。

四、接连发动新军革命引爆武昌起义

1908 年 11 月 19 日，赵声的部下熊成基、倪映典、冷遹等人在安徽新军发动了安庆起义。这次起义是赵声革命路线的初步实践，突破并改变了会党举事的观念、策略和模式，给同盟会带来了希望。

安庆起义失败后，倪映典应赵声之召，加入广东新军，在赵声的领导下策划、组织广州起义。12 月，赵声、朱执信、倪映典、邹鲁等人在朱执信寓所秘密会商，"新军因赵声先生以革命党嫌疑去职，不能即刻指挥发动"②，决议通过谭馥等人的关系，以广州巡防营官兵为主力，以赵声的新军、朱执信的绿林为策应，发动武装起义。虽然起义因失密而流产，但赵声改造新军为武装革命打下了坚实的基础。

1909 年，赵声"为迷惑清方，遂委命倪映典负责起义准备，暂离广州，

---

① 程德全：《抚吴文牍》，载扬州师范学院历史系编《辛亥革命江苏地区史料》，江苏人民出版社，1961，第 48 页。

② 邹鲁：《邹鲁回忆录》，东方出版社，2010，第 18 页。

扬言回里"①。他以回乡探亲为名，到江南广泛联系新军旧部，为策应广东新军起义做准备。夏，赵声回到广州领导广州新军起义。1909 年底，赵声、黄兴、胡汉民等聚会香港，决定起义以新军为主力，由城外进攻广州，巡防营在城内响应配合，内外夹攻，同时发动惠州等地的会党民军起义响应；举赵声任总指挥，倪映典任副指挥。

1910 年 2 月 12 日，倪映典率新军千余人发动"庚戌新军起义"。起义虽然因意外事件而失败，但影响巨大。"庚戌新军起义犹如霹雳一声，震动了清廷，振奋了人心。清廷看到自己的武装部队竟会哗变起义，也知道它的统治已到了岌岌可危之势。在新军起义前，一般人认为，在科学昌明的时代，船坚炮利，非有充足的武力，不足以谈革命；革命党人只凭赤手空拳，充其量只凭民军、会党、绿林的一点力量，是无能为力的。新军起义后，观感为之一新，大大增强了革命的信心，加速了革命形势的发展；特别是在华侨方面，影响更大，大部分华侨都愿输财资助革命，基本上解决了革命党人进行革命活动所需经费的问题。"②

1910 年 6 月，孙中山与赵声会面，把武装革命的重担交给了赵声。1910 年 11 月，同盟会在马来西亚槟榔屿召开主要领导人会议。"参加会议的同志，咸感屡次起义失败……大家都摇头叹息，表示悲观，主张再度起义不妨暂缓。独有赵氏昂然起立，力排众议，主张再接再厉，继续努力，不可稍有间断。"③赵声清醒地看到，气可鼓不可泄，新军革命之火刚刚点燃，必须再接再厉，才能营造革命的大势。赵声的意见得到孙中山、黄兴的支持，会议决定以新军为主力，另外组织八百人的选锋敢死队作为起义先导。

同盟会领导人在槟榔屿会议后，对从速发动武装起义仍有不同意见与各种顾虑，赵声于 12 月 3 日致信孙中山说："今日午前九时抵星（新加坡—编者注），午后一时离埠。先生到欧，似仍以速进为是。克强天时之说，原属不成问题。然天道远，人道迩，即今事言之，实有不可终日之势。

---

① 江慰庐：《赵声事迹系年》，载周新国、弓楷、刘婷婷编著《赵声研究综览》，江苏人民出版社，2021，第 149 页。

② 姚雨平：《追忆庚戌新军起义和辛亥三月二十九日之役》，载中国人民政治协商会议全国委员会文史资料研究委员会编《辛亥革命回忆录》第二集，文史资料出版社，1981，第 290 页。

③ 杜英穆：《革命先烈赵声》，载周新国、弓楷、刘婷婷编著《赵声研究综览》，江苏人民出版社，2021，第 204 页。

凡为伟人者，须不令天下人缺望。若迟迟不发，亦何赖乎伟人。"① 信中说明革命领导人必须创造条件，推动革命，批评等待投机的心态，指出犹豫不决的危害。

槟榔屿会后，赵声雷厉风行，谋定起义的大局，后因孙中山、黄兴与胡汉民在海外不能如期完成军费募集而推迟起义时间两个月。

辛亥年三月二十九（1911 年 4 月 27 日），震惊中外的黄花岗起义爆发，新军的革命烈火被点燃，全国的革命大势已经铸成。新军本是清廷用来维持统治的支柱，却接二连三地起义，这让清廷苟延残喘的心理彻底崩溃。武昌的新军战士说："三月二十九日，广东之败耗达来武汉，同志等更愤求速进。"② 胡汉民说："至于这一役后，全国人士以及国民革命之所受之影响，实在不小。自此全国人民都知道大势所趋，必须推翻满清，大家也再不能守着以前不问政治、不负责任态度了，连满清的官吏之中，竟也有因此役而和革命党表同情的。……这一役实在筑成了辛亥革命成功的基础。有了这个基础，不久武昌起义，才得于数月之间全国响应，这是我们同志同胞所公认的"③。孙中山高度评价赵声组织发动的黄花岗起义，他说："是役也，碧血横飞，浩气四塞，草木为之含悲，风云因而变色，全国久蛰之人心，乃大兴奋。怨愤所积，如怒涛排壑，不可遏抑。不半载而武昌之革命以成。"④

五、以身许国奠基共和

起义惨败，赵声痛大志未遂，党内大批精英旦夕而殁，更使他悲愤欲绝。黄兴一面坦诚表示失败"均由兴一人之罪"，一面痛斥姚雨平、陈炯明、胡毅生"徒作壁上观"⑤。"克强乃谓同盟会无事可为矣，以后再不问

---

① 《致孙中山先生信》，周新国、弓楷、刘婷婷编著《赵声研究综览》，江苏人民出版社，2021，第 27 页。

② 金冲及、胡绳武：《辛亥革命史稿 2. 中国同盟会》，上海辞书出版社，2011，第 787 页。

③ 胡汉民：《七十二烈士的成仁就是成功》，载政协丹徒县文史资料研究委员会编《辛亥革命先烈赵伯先》，《丹徒文史资料》第六辑，1991，第 116 页。

④ 孙文：《黄花岗烈士事略（序）》，载富金壁主编《中华文化经典选读》，黑龙江人民出版社，2010，第 625 页。

⑤ 黄兴：《广州三月二十九革命之前因后果》，载中国文史学会主编《辛亥革命》四，上海人民出版社，1957，第 170 页。

党事"①，竟躺倒不干了。对此，赵声痛责自己指挥不到位，有负中山先生的重托，有负众望，有"负死难同胞"；斥责胡毅生、姚雨平、陈炯明不积极作为。赵声懊恼、后悔、忧愤，他没有想到自己看重、尊重、信任的黄兴在起义前后会如此失常，他对耳听计从的姚雨平、胡毅生、陈炯明三位分队长未能积极补救黄兴之失深感失望。总指挥赵声强忍悲痛与愤怒，以惊人的意志力支撑自己收拾残局，安排善后。谭人凤记载，赵声在"面折人过"后，复"至则伯先与之握手曰：'我辈血性交，直率之言，请勿介意。'伯先真可人也，而孰知其愤气之郁结，遂致满肠绞痛而病哉。当初病时与余等言善后办法，并敦促钝初〔宋教仁〕将临时各约法继续编成（钝初到港时即任此事），其雄心固犹未已也。不料病势日剧，两次割肠，卒以不起。呜呼，痛哉！"②

黄花岗起义失败 20 天后，赵声积劳忧愤，死于阑尾炎。赵声投身的中国民主革命是一场推翻两千多年专制，开创中华文明新纪元的伟大历史变革。实施这种变革谈何容易？反动统治者要拼死反扑，社会的帝制意识根深蒂固；在革命党的内部，变革的目标不尽明确；革命队伍的成分复杂、纪律松散；同盟会领导人的意志难以统一；等等，有着先天不足的缺陷。吴玉章在《论辛亥革命》中说：黄花岗起义失败，"同盟会失去了主宰。孙中山先生虽然继续在美国华侨中进行筹款，准备起义，但并没有实际领导同盟会的工作。……黄兴因失败而心灰，束手无策；胡汉民躲在香港，连人都找不到。……一个革命团体在革命胜利之前就已陷入这样一种分裂、涣散和瓦解状态"③。

赵声作为两次广州新军起义的同盟会核心领导人，深知同盟会的现状与缺陷。赵声以革命为己任，在同盟会主导新军武装革命，上天不可能给他准备现成的条件，万事开头难，成功必然以失败为代价，革命必须以牺牲来奠基。在同盟会的主要领导人中，孙中山、黄兴与赵声志同道合、肝胆相照。孙中山、黄兴十分信任和倚重赵声，赵声对长自己 15 岁的孙中山与长自己 7 岁的黄兴十分尊重。赵声担当起组织策划发动新军武装起义这个

① 谭人凤：《石叟牌词》，甘肃人民出版社，1983，第 95 页。
② 谭人凤：《石叟牌词》，甘肃人民出版社，1983，第 95 页。
③ 吴玉章：《论辛亥革命》，载政协丹徒县文史资料研究委员会编《辛亥革命先烈赵伯先》，《丹徒文史资料》第六辑，1991，第 111 页。

重任，实际上就处于同盟会领导的核心地位，但他推荐黄兴担任起义统筹部部长，自己做副部长，是要凝聚同盟会的精英，做到齐心协力与清廷作"破釜沉舟"的生死决战。

行动中，赵声致信孙中山说："成败之关头，不在巧拙，而在迟速。弟以身许国，断不能偷无味之生。此别不知能否再见，故书此。即颂，行安！"① 赵声这是以自己的生命担当来统一同盟会的意志，消除孙中山与黄兴的疑虑。

起义失败，同志牺牲，先天不足的同盟会出现四分五裂、灰心丧气、互相埋怨的严重问题。这意味着"破釜沉舟"的同盟会将因此瘫痪。赵声忧虑，忧虑出现章太炎所说的"革命军起，革命党消"的严重问题，忧虑出现吴玉章所记载的涣散瓦解的一幕。赵声愤恨自己没有来得及在起义中发挥一点作用，起义窝囊地"被同人弄坏"，愤恨作为总指挥，他的话已无法改变同盟会的消极局面。

赵声忧愤致病，顾不得医治腹痛，他想的是赶往顺德，带领民军挽回失败。开刀时他拒施麻药，还能有什么疼痛能痛过失败之痛呢？还能有什么疼痛能痛过对同盟会的绝望之痛呢？大概只有这刀割之痛才能冲淡他的心痛，冲淡他的忧愤。年轻体壮的赵声竟死于阑尾炎。

谋划、组织起义，他殚精竭虑；指挥起义，他透支劳累；起义出现意外，他急心如焚；收拾残局，他舍身忘我。诚然，赵声之死没有死在战场的壮烈，没有夺人眼球的亮相，殊不知赵声这种无我的牺牲精神更加难能可贵。他"以身许国"，或为革命鞠躬尽瘁死而后已；或功成身退，"得归且卧大江湄"。

赵声"以一匹夫持民族民权主义，日与专制之政府相激战，其败也固宜。然坚绝之情性，英飒之风姿，屡仆屡振，不达所蕲的不止。迫于身死，尤足以振荡天下之人心。继此接踵而兴，投袂以起，以发扬神州之光荣者，何莫非君之英声义气有以扇被之耶？"② 史家曰："烈士不死，黄花岗不失败，中国人心或犹不至如此激昂。烈士死，而后中国人人乃无不印一革命主义于脑海。嘻，烈士之死大矣，非烈士一死之精诚，推坚撼深，磁飞电

---

① 《致孙中山先生信》，周新国、弓楷、刘婷婷编著《赵声研究综览》，江苏人民出版社，2021，第27页。

② 程德全：《赵君伯先墓碑》，载赵蓉曾续编《赵氏文翕分谱》卷一，1913，第29页。

激，有以震荡人心，即武昌义旗动未必遂告成功也。"① 赵声之死可谓是用生命来奠基革命。因为赵声"以身许国"的无我献身精神正是同盟会各路山头所缺失的，这种缺失让同盟会的先天不足暴露无遗。正因如此，邹鲁、汪兆铭才到赵声的坟上痛哭，他们说：要是赵声在，同盟会绝不会四分五裂。但同盟会党人们是否知道，赵声的无我牺牲精神正是他留给同盟会医治缺陷、医治创伤的宝贵遗产，是奠基共和不可或缺的基石。

六、辛亥之功不可磨灭

在纪念辛亥革命 100 周年时，香港联合出版集团总裁陈万雄撰写《百年庆典岂能忘怀斯人》一文，指出：孙中山在"《有志竟成》一文中，总结由同盟会领导的起义战役有十次，而列庚戌和黄花岗两役为第九和第十次。身与该两役的重要革命党人莫纪彭曾指出，此两役之前的革命军事力量为会党，为绿林，为乌合之众，到庚戌之役由新军为军事主力，为革命力量的一个转折点。在广东该两役的新军起义，军事策划者和领导者是赵声（伯先，1881—1911）。赵声可以说是晚清人［从］事新军革命的先行者，而结集起来的新军革命力量成效最大。庚戌和黄花岗两役虽在广东，但预其役的领导者和重要革命党人，却遍及中南各省，这与赵声多年经营长江和广东新军形成革命力量的网络有关"②。

回顾赵声短暂的一生，他文武双全、军政兼备，将新军改造为武装革命的主力，在南方诸省建立相互响应的战略布局，发动接二连三的新军武装起义，动摇了清廷统治的基础，铸就改天换地的大势，这才有武昌起义，才有全国风起云涌的响应，才有清吏的树倒猢狲散，才有逼使皇帝退位的威慑。可以说，没有赵声，中国民主革命的进程将大大地往后推移，辛亥之年未必能发生"辛亥革命"。赵声对辛亥革命做出了不可磨灭的历史贡献，他的历史作用在当时无人能替代。孙中山、黄兴在《孙中山等发起江皖烈士追悼会通启》中说："大江上下，夙多豪杰之士，十稔以还，烈士奋起，或潜谋狙击，或合举义旗，取义成仁，项背相望。如赵君声、吴君樾、

---

① 王立：《革命伟人赵声》，社科院历史研究所三所藏，1913，第 29 页。
② 陈万雄著，东莞市政协编《陈万雄集》，广东人民出版社，2015，第 158 页。

熊君成基、倪君映典者，尤其卓然著称者也。"①

赵声是中国近代杰出的民主革命家，他短暂的生命闪耀着光照千古、激励后人的宝贵精神。他"先声夺人"，锐意进取，开创新军革命，行动之快、能量之大、效率之高无人能比；他光明磊落，胸怀博大，无论在哪里都能聚集一批肝胆相照、生死与共的革命同志；他知行合一，注重实干，一生践行"革命贵在实行"的主张；他顾全大局，以革命为重，尽力维护同盟会的团结，维护孙中山、黄兴的领导地位；他"以身许国"，投身革命，不为官禄所动，百折不回，直至献出生命；他以无我之精诚，振荡天下之人心，激发后起，奠基革命。

赵声的革命精神我们不可忘记，对辛亥革命做出重大历史贡献的赵声我们不可忘记，因为历史的每一个部分都不是孤立的。试问：缺失赵声这种"以身许国"的无我献身精神，淡忘赵声历史功绩的同盟会后继者们，能取得辛亥革命的完全成功吗？一百多年前，章太炎追念赵声所作挽联②意味深长，联曰：

是这样豪雄，创起共和，推翻专制，所恨义旗大举，不在生前，致未能铁血齐飞，亲觇改革；

争什么势位，真元难复，外侮频来，倘知覆辙堪忧，速筹善后，应各以冰心相矢，藉慰英灵。

---

① 《孙中山等发起江皖烈士追悼会通启》，载周新国、弓楷、刘婷婷编著《赵声研究综览》，江苏人民出版社，2021，第 161 页。

② 赵桢如：《哀悼赵声的几副挽联》，载镇江市政协文史资料委员会编《辛亥革命与镇江》，江苏大学出版社，2011，第 292 页。

后记

　　2006 年镇江新区修缮赵声故居，我承担展室布置工作。在撰写展陈文案中，我第一次系统地接触并探究赵声的革命经历。在这个过程中，我强烈地感觉到：才能过人的赵声为辛亥革命做出了无人能替代的历史贡献，而这种贡献竟湮没在历史的尘雾中，被世人所淡忘，远远没有得到客观的评价。听奶奶与父亲说过："伯先家中堂画上的龙是真龙，可惜没有了。"我想请名家重绘，但没有经费，只好遵贺书平副局长之命，拿起搁置多年的画笔，兢兢业业地画起来。几天后，当我画好最后一笔时，正好听到央视播音员在播报"今天是 3 月 20 日，农历二月初二，是龙抬头的日子"，这令我惊讶不已。

　　布展后，我应邀领队新区的"全国第三次非物质文化遗产普查"与"全国第三次文物普查"，自此与新区历史文化结下了不解之缘。十多年来，我自发地为新区收集整理、研究挖掘文化遗产，在吴文化、南宋移民文化、辛亥革命历史文化三个方面多有收获。其间，我呼吁学者研究赵声，期待社科联将赵声研究立项，约名人在《扬子晚报》呼吁将赵声列入南京历史文化人物塑像的计划，皆无结果。

　　2016 年，镇江新区首修地方志与编撰地方历史文化丛书，政协镇江新区工委主任孙家政说："新区是先秦吴国故邑，吴文化在这里发端、发祥，生生不息，积淀丰厚，这是新区赖以发展的根基与资源。新区经过 25 年的快速开发，地方文史工作亟待跟上，我们现在不做，会留下难以弥补的遗憾。"我作为"文化志愿者"有幸参与其编撰工作。

完成《镇江新区近现代名人》《镇江新区·镇江经济技术开发区志》的编撰工作后，政协镇江新区工委办公室主任王文提出在纪念辛亥革命110周年之际编撰《赵声年谱长编》。他认为，赵声运动长江新军和广东新军，结集起来的新军革命力量成效最大，为辛亥革命的胜利奠定了基础。赵声之革命史不仅是新区的宝贵遗产，也是中国近代史不可分割的重要部分。对此，我心情激动，以一种强烈的责任感与使命感，做了一年之内完成《赵声年谱长编》的计划，获得批准，并顺利实施。

本书在现有资料的基础上，对赵声的生平事迹进行"填补空白、考异修正"的主要有以下几点：

1. 家族、家乡人文环境、社会历史背景对赵声的影响。

2. 赵声名字的由来与误传。

3. 赵声的超凡特质与高尚人格，他的军事学与法学的专业素质，知行合一、高效实干的精神，以及他作为中国近代民主革命家的思想、能力、实力、路线与行动。

4. 赵声与袁世凯各有所图的依存关系。

5. 赵声在1905年底正式加入同盟会。

6. 地方汉吏对具有革命倾向的赵声采取爱才使用、避免是非、明哲保身、有所提防的官场生态。

7. 赵声与孙中山优势互补的合作关系。

8. 黄花岗起义中，赵声是主要领导，孙中山负责募款，黄兴协助孙中山募款、协助赵声组织起义。

9. 赵声未提前进入广州指挥黄花岗起义的主要原因：赵声所率的选锋敢死队主力队员多是苏皖口音且不留辫子的外地人，他们无法提前进入戒备森严的广州。

10. 赵声的死因和性质：组织起义殚精竭虑，对孙中山承诺的军费不能到位心急如焚；指挥起义中对黄兴接连临阵失当急愤成疾；收拾败局舍生忘死；"以身许国"激发后人。

赵声殁于1911年那风起云涌、翻天覆地的大革命中，他的革命历程、光辉人生未被充分记载。要还原赵声的革命经历，就要像破案一样，需要在间接的史料中挖掘、甄别、判断、考查。这使原先规划的一年时间远不够使用，加上我水平有限，这本年谱编得不免粗糙。按计划出版，填补空白，是还原赵声光辉人生的客观需要。其问题与不足有待以后在史料的搜集、挖掘与研究中不断完善。敬请专家与读者提出宝贵意见。

本书的编撰、完善、出版，得到了镇江新区关工委常务副主任赵衡泽、沈阳赵明宇先生、政协镇江新区工委办公室宋艺卉和宁宁、镇江初心文化创意有限公司吴刚和王雪松、江苏大学出版社编辑常钰和特邀编辑李迎新的大力支持和热情帮助，在此感谢他们的辛勤付出！江苏省史学会会长周新国教授特为本书写序，一并表示衷心感谢！

赵金柏

2022 年 10 月